KB116000

1

2

1 교황으로부터 황제의 관을 받는 카롤루스 대제(장 푸케, 1450년)
2 제3차 십자군 원정을 떠나는 리처드 사자왕과 그의 신료들(루아제 리아데, 15세기)

3

3 아서왕과 원탁의 기사들(미상, 15세기)

4

4 개사냥(미상, 1440년경)

5

6

5 바퀴 달린 무거운 쟁기로 갈이질하는 농부(폴 드 랭부르 외, 1440년경)
6 밀을 거두고 양털을 깎는 모습(랭부르 형제들, 1440년경)

7

7 깃털이 달려 있는 꿩 구이(14세기 유명한 요리사 타이유방이 쓴 『타이유방의 요리서』를 토대로 재
현한 음식 복원도)

8

8 가금과 통돼지 구이(14세기 유명한 요리사 타이유방이 쓴 『타이유방의 요리서』를 토대로 재현한 음식 복원도)

9

9　그리스도의 삶을 형상화한 스테인드글라스(프랑스 샤르트르 대성당, 1170년경)

10

10 샤리바리(미상, 14세기 초)

낯선
중세

낯선 중세

잃어버린 세계, 그 다채로운 풍경을 거닐다

제1판 제1쇄 2018년 12월 20일
제1판 제7쇄 2024년 5월 7일

지 은 이 유희수
펴 낸 이 이광호
주 간 이근혜
편 집 김가영 박지현
펴 낸 곳 ㈜문학과지성사
등록번호 제1993-000098호
주 소 04034 서울 마포구 잔다리로7길 18(서교동 377-20)
전 화 02)338-7224
팩 스 02)323-4180(편집) 02)338-7221(영업)
전자우편 moonji@moonji.com
홈페이지 www.moonji.com

ISBN 978-89-320-3399-0 03920

이 도서의 국립중앙도서관 출판예정도서목록(CIP)은 서지정보유통지원시스템 홈페이지(http://seoji.nl.go.kr)와
국가자료공동목록시스템(http://www.nl.go.kr/kolisnet)에서 이용하실 수 있습니다.
(CIP제어번호: CIP2018041932)

낯선
중세

잃어버린 세계, 그 다채로운 풍경을 거닐다

·❋·❋·

유희수 지음

문학과지성사

중세에 살았던 모든 사람에게

혼자서, 아무것도 가진 것 없이, 낯선 도시에 도착하는 공상을 나는 몇
번씩이나 해보았다. 그리하여 겸허하게, 아니 남루하게 살아보았으면
싶었다. 무엇보다도 그렇게 되면 비밀을 간직할 수 있을 것이다.

— 장 그르니에, 『섬』에서

차 례

일러두기

1. 인명과 지명 표기는 현재 속해 있는 국가의 언어 표기를 따랐다. 다만 프랑크 왕국 시기(대략 6세기부터 10세기 말까지)의 인명과 근동의 일부 옛 지명(아크라·에데사·트로야·안티오키아·콘스탄티노폴리스 등)은 라틴어 이름으로 표기했다.

2. 인명 뒤의 '( )'는 생몰 연대를 표기한 것이고, 인용문 내의 역주는 '〔 〕'로 표기했다.

3. 맞춤법과 외래어 표기는 1989년 3월 1일부터 시행된 「한글 맞춤법 규정」과 『문교부 편수 자료』『표준국어대사전』(국립국어원)을 따랐다.

프롤로그

낯선 중세를 위하여

역사에 대한 성찰은 대개 역사 현실에 대한 불만에서 비롯된다.
— 레셰크 코와코프스키, 『마르크스주의적 인문주의를 향하여』

중세는 서양사의 다른 시대에 비해 역사적 관점과 해석의 스펙트럼이
가장 넓고 다양한 시대다. 고대 그리스-로마는 서양 문명의 원형을 제
시한 창조적인 시대요, 근대는 자유의 확대와 물질적 조건의 개선을
이룩한 진보의 시대다. 이에 비해 중세는 암흑기로 보는 관점에서부터
황금기로 보는 관점까지 극단적인 평가가 존재한다. 과연 중세란 실체
가 있는 것인지 의심스러울 정도다. 우리가 알고 있는 다양한 중세는
사실 시대와 역사가들이 만들어낸 것이다. 그렇다면 다채로운 중세는
어떻게 형성된 것인가?

***

'어두운 중세'는 중세를 보는 다양한 관점들 가운데 가장 오래된 중세
관이다. 중세를 이른바 '암흑시대Dark Ages'로 보기 시작한 것은 14세

기 이탈리아의 인문주의자 프란체스코 페트라르카가 중세에 대해 '어
둠tenebrae'이라는 말을 사용하면서부터다. 이탈리아 중부 아레초 출신
인 그는 1341년 생애 처음으로 로마를 여행했다. '그랜드 투어'의 일
환으로 1764년 로마를 방문했던 에드워드 기번이 로마의 폐허를 보고
로마제국의 '쇠망'(『로마제국 쇠망사』)을 떠올렸다면, 페트라르카는
동일한 대상에서 로마 문명의 '위대함'을 발견하고 그 '부활'을 꿈꿨
다. 실제로 자신의 삶과 작품을 통해 동시대인들에게 '영원한 도시'의
위대한 전통을 인식시키는 데 진력했던 그는, 로마가 몰락한 이후를
"유럽에 빛이 사라진 시대"로 보면서 "어둠이 사라질 때 우리의 후손
은 옛날의 찬란한 빛 속에 다시 살게 될 것"이라고 했다. 이 말은 과거
의 찬란한 '고대'와 미래의 행복한 '근대' 사이에 어두운 '중세'가 끼
어 있음을 지적한 것이다. 이처럼 페트라르카는 '어두운 중세'를 분기
점으로 삼아 서양사를 고대·중세·근대로 나누는 3시대 구분법의 기
본 착상을 제시했다.

'부활' 또는 '재탄생'을 뜻하는 르네상스(14~16세기 문예부흥) 운동
은 고전고대의 재발견으로 표현되었다. 문화적 측면에서 그것은 순수
한 고전 라틴어의 재발견을 의미했다. 14세기부터 이탈리아의 인문주
의자들은 변질된 중세 기독교 라틴어로부터 정화된 순수한 고전 라틴
어 속에서 고전고대의 원전을 찾으려 시도했다. 그러한 시도의 대표적
성취는 로렌초 발라(1407~1457)가 쓴 『라틴어의 우아함Elegantiae linguae
Latinae』이다. 그는 언어학적 사료 비판 방법을 이용해, 4세기에 작성되
었다는 「콘스탄티누스 기진장Constitutum Constantini」이 사실은 8세기 중엽
에 날조된 위작임을 밝혀냈다. 또한 르네상스 운동은 종교개혁을 자극
했다. 종교개혁은 '성서 원전'으로 돌아가서 원시 기독교를 재발견하
고, 세속 세계에 빠져 하느님 나라의 복음적 이상에 무관심해진 로마

가톨릭 교회를 비난했다. 결국 종교적 측면에서 르네상스는 성서 원전과 초대 교회로의 복귀를 의미했다.

중세를 암흑기로 보는 관점은 17~18세기 과학혁명과 계몽운동 시기에 하나의 중세 사관史觀으로 확실하게 자리 잡았다. 독일의 고전학자 크리스토프 켈라리우스는 『보편사Historia universalis』(1676)에서 중세를 콘스탄티누스 황제 시기(재위 306~337)부터 오스만제국의 콘스탄티노폴리스 함락(1453)까지로 규정하며 3시대 구분법을 명확히 했다. 프랑스의 계몽사상가 볼테르는 『여러 민족의 풍습과 정신에 대한 시론Essai sur les moeurs et l'esprit des nations』(1756)에서 성직자의 몽매주의에 대한 계몽운동의 승리, 중세의 거칢과 야만에 대한 세련된 문명의 승리를 찬양하기 위해 3시대 구분법을 원용했다. 중세는 이성으로 타파해야 할 무지·야만·몽매·폭력의 시대였다.

이리하여 부정적 중세관이 확고하게 정착했다. 문명의 두 절정기인 고전고대와 근대 사이에 끼어 있는 중세는 차후 몇 세기 동안 문화적·지적·예술적 영역에서 이성의 빛이 몰아내야 할 어둠의 시대로 타매되었다. 르네상스와 계몽운동 시기에 중세적 어둠과 그 가치에 대한 선전포고였던 '암흑시대'란 말은 중세적 세계관과 삶과 문화를 거부하는 구호가 되었다. 오늘날 일상 담화에서 '중세적 마녀사냥'이니 '봉건적 가부장제'라는 구절처럼, '중세적' '봉건적'이란 말은 '척결해야 할 낡은 폐습'을 수식하는 부정적 의미로 쓰이고 있다.

***

'어두운 중세'는 19세기 초 낭만주의와 더불어 극복되기 시작했다. 역사가들은 중세에 대해 심지어 '황금시대'니 '밝고 희망차고 찬란한 아침'이니 하는 표현을 서슴지 않는다. '밝은 중세'가 등장한 것이다.

이성적 존재로서의 인간 본성의 보편성을 강조하는 고전주의에 반발하며 등장한 낭만주의는, 감성적 존재로서의 인간의 개체성을 강조했다. 고전주의자들이 주장한 인간 본성의 보편성에 대해, 낭만주의자들은 역사의 매 순간은 이전과 이후의 시대로 환원할 수 없는 일회성Einmaligkeit과 고유성Eigentlichkeit을 지니고 있으며, 역사의 매 순간을 그 나름의 독특한 리듬을 존중하면서 고유한 색깔로 복원해야 한다고 맞섰다.

이리하여 다른 시대로 환원할 수 없는 고유한 개체성을 지닌 시대로서 중세가 복권되었다. 중세의 복권은 우선 중세 문화유산의 복원과 대중적 활용에서 확인할 수 있다. 대성당과 도시를 대대적으로 복구했는데, 중세 때 지은 유명한 대성당들이 현재까지도 온전하게 보존되고 있는 것은 19세기에 이뤄진 이러한 복원 덕택이다. 또한 십자군이나 영웅적 기사의 전투가 회화의 주요 소재로 활용되었다. 20세기 대중문화 시대에는 영웅들(아서왕과 원탁의 기사들, 아이반호, 엘시드, 로빈후드, 잔 다르크 등)과 주요 사건들(십자군·이단·페스트 등)이 영화와 드라마의 단골 소재로 등장했다. 오늘날에는 대성당이 주요 관광 코스 중 하나가 되었다.

중세는 징치적 선전에 이용되기도 했다. 프랑스에서는 '마녀'로 처형되기까지 한 잔 다르크가, 1870년 보불전쟁(프로이센-프랑스 전쟁)에서 패배한 이후에 우파는 물론 좌파와 가톨릭으로부터도 국가 영웅으로 추앙받았다. 독일에서는 신성로마제국Heiliges Römisches Reich의 기억이 히틀러에 의해 활용되었다. 히틀러는 '천년 제국'의 주도主都 뉘른베르크에서 나치당 대회를 열고, 이어진 군사 퍼레이드에서 신성로마제국의 황제 프리드리히 1세의 구호("하나의 신, 하나의 교황, 하나

의 황제")를 자신에 대한 환호("하나의 제국, 하나의 인민, 하나의 지도
자")로 사용했다.

또한 종교개혁 이후 수세에 몰렸던 가톨릭이 부활한다. 그것은 근
대 문명 비판과 연결되어 있다. 러시아의 종교철학자 니콜라이 A. 베
르댜예프의 『역사의 의미*The Meaning of History*』(1936)와 프랑스의 가톨릭
철학자 자크 마리탱의 『스콜라 철학과 정치*Scholasticism and Politics*』(1940)
는 가톨릭의 전성기인 13세기를 중세 문화의 통일기일 뿐 아니라 유
럽 문화 발전의 최절정기로 보았다. 중세적 기준으로 보면, 16세기 종
교개혁 이후 근대는 타락의 시대였다. 인간의 내면적 삶은 인간이 영
적인 일에 종사하고 기독교 신앙과 창조의 중심에 위치해 있던 중세
에서 발견할 수 있다고 보았다.

'밝은 중세'의 경향이 20세기에 이룩한 최대 업적은 12세기를 새
롭게 발견한 것이다. 미국의 중세사가 찰스 H. 해스킨스의 『12세기 르
네상스』(1927)는 선도적 역할을 했다. 그는 서문에서 12세기를 이렇게
기술했다.

> 12세기는 많은 점에서 새롭고 활기찬 시대였다. 이 시기 서유럽
> 에서는 십자군 운동이 일어나고 도시와 초기 관료제 국가가 태동했
> 다. 로마네스크 예술이 절정에 달하는 가운데 고딕 예술이 싹텄다. 속
> 어 문학이 나타나고 라틴어 고전과 로마법이 부활했다. 아랍의 과학
> 지식이 가미된 그리스의 과학과 철학이 부활하고 대학이 탄생했다.
> 12세기는 고등 교육, 스콜라 철학, 법률 체계, 건축과 조각, 종교극, 라
> 틴어 문학과 속어 문학 등과 같은 분야에 큰 족적을 남겼다.

중세를 연구하는 역사가들은 12세기에 인구의 증가와 농업의 성

장, 상업과 도시의 발전, 기독교 세계의 팽창 등 양적 성장뿐 아니라 개체의 발견, 합리적·다원적 사고의 출현, 노동 개념의 등장 등 질적 혁신을 이뤘음을 밝혀냈다. 프랑스의 중세사가 자크 르고프에 따르면, '긴 12세기'(11세기 말 그레고리우스 개혁에서부터 13세기 초 탁발 수도회의 출현까지)는 고전고대의 재발견이라는 르네상스를 넘어 "사상과 지식에서 위대한 도약"을 이룬 계몽의 맹아기였다. 이러한 낙관적 중세관은 중세를 막간기·정체기·휴식기로 보는 기존의 부정적 중세관을 결정적으로 극복하게 해주었다. '찬란한 중세'가 '어두운 중세'를 몰아낸 것이다.

***

1970년대 이르러 역사학계에 새로운 조류가 등장했다. 이것은 직간접적으로 1960~1970년대 신세대의 대항문화 운동과 관련이 있다. 제2차 세계대전 이후 소위 '영광의 30년' 동안 태어나 자란 '68혁명'의 주역들은 페미니즘, 마약과 프리섹스 등 대항문화 운동을 통해 통일과 질서, 위계와 가부장적 권위를 내세우는 기성문화에 정면으로 도전했다. 이러한 운동을 주도하거나 이에 영향을 받은 이들은 기존 권위와 권력 등 근대적 토대에 대해 깊은 회의를 느끼며 중세를 새롭게 인식했고, 이로부터 '포스트모던적 중세'가 탄생했다.
　중세는 포스트모던적 역사 연구의 이상적 실험실이다. 포스트모던적 중세 연구는 중세와 근대의 관계를 규정해주는 각별한 범주로 '다름difference'에 주목한다. 이에 반해 모더니티(근대성)는 '동일성identification'을 기본 규범으로 삼는다. 그것은 '같음'을 정상의 기준으로 삼아 '다름'을 비정상으로 규정하고 차별·배제한다. 반면에 포스트모던은 '다름'을 공감하고 관용한다. 그러므로 새로운 중세 연구는 근대가 만들어놓은 정상/비정상, 중심/주변의 이분법적 규정에 맞서 '다름'과 '타자성'에 주목한다.

중세의 포스트모던적 신조류를 이끈 것은 여성사다. 전통 역사학에서는 인구의 절반을 차지하는 여성이 역사의 무대에서 전적으로 배제되거나 남성의 지배 논리에 종속된 위치에서 '엑스트라'로만 간혹 등장한다. 반면에 1970~1980년대 출현한 새로운 역사학에선 관심의 초점을 전통 역사의 무대인 공공 영역에서 사적·가정적·육체적 영역으로 돌려 여성의 존재를 역사 무대의 '주연'으로 가시화한다. 그리고 여성의 존재를 당시의 가부장적 지배 전략과 이데올로기의 관점에서 어떻게 바라보았는지 조명하고, 여성 혐오가 가부장 체제에 의해서 어떻게 형성되었는가를 드러낸다. 그리하여 페미니즘적 접근은 기존의 '정상적·보편적 성적 범주화'가 가부장적 이익과 권력관계에서 역사적으로 형성된 것임을 폭로한다.

중세의 포스트모던적 신조류의 또 다른 경향은 '낯설게 하기'다. 이에 반해 낭만주의적 중세('밝은 중세')는 '친숙하게 하기'다. 19세기 낭만주의자들은 이를 위해 사실 고증을 충분하게 하지 않은 채 중세를 미화하는 시대착오적 오류를 범하는 경우도 있었다. 반면에 포스트모던적 중세 연구는 낯설게 하기 위해, 개체를 그것이 발생한 시공간적 맥락 속에서 이해하는 '신역사주의'에 기댄다. '낯설게 하기'는 그로테스크로의 복귀에 다름 아니다. 그것은 기이하고 환상적이며 우스꽝스럽고 황당해 보이는 것들의 고유한 논리에 주목한다. 기존 권위와 문화에 대한 깊은 회의가 중세의 그로테스크를 하나의 담론으로 만들었던 것이다. 중세 때의 금식·폭력·성·죽음 등과 같은 몸의 역사, 기적·경이·마법 등과 같은 상상의 역사가 여기에 해당한다.

한편 '낯설게 하기'의 역사는 '밝은 중세'가 발견한 찬란한 중세의 그늘에 가린 어두운 이면을 폭로했다. 포스트모던적 조류는 진보적 중세에 대한 낙관적 견해를 퇴조시키고, 중세의 '타자성'에 대한 관심을 불러일으켰다. 특히 '다름'을 '비정상'으로 규정하고 차별·배제하는 근대의 '동일성' 인식 체계에 대한 미셸 푸코의 공격은, 중세 전성기 중앙집권적 관료 국가로 발전해가고 있던 왕권과 교회 권력을 새롭게 보게 하는 계기를 제공했다. 이를 통해 일부 중세사가들은 12~13세기를 유대인·한센인·이단자·동성애자 같은 소수자들을 억압하는 '박해 사회'로 보았다. '밝은 중세'가 새롭게 밝혀낸 '가장 위대한 세기들'이 더는 진보적 근대의 맹아기가 아니라, 지배 규범에서 벗어난 자들을 길들이고 처벌하는 규율과 식민화의 시기로 규정된 것이다.

***

이와 같이 페트라르카 이래 지금까지 시대별로 '어두운 중세' '밝은 중세' '낯선 중세'처럼 다채로운 중세관이 있었다. 자크 르고프는 「긴 중세를 위하여Pour un long Moyen Âge」(1983)에서 중세 문명의 어둠과 밝음, 낯섦을 포괄할 수 있는 개념으로 '긴 중세'를 제안했다. '긴 중세' 개념하에서는 5세기부터 15세기까지 1,000년간을 중세로 보지 않고 그 상한과 하한을 확장해 3~4세기부터 18~19세기까지 약 1,500년간을 중세로 본다. '긴 중세'가 겨냥한 비판의 과녁은 주로 15~16세기 르네상스에 맞춰져 있다. 장기 지속의 구조에서 볼 때 그것은 근대의 시작이 아니라 '긴 중세' 속에 있는 하나의 에피소드에 불과하다. 다시 말해, 16~18세기가 근대가 아니라 중세라는 것이다.

르고프는 이를 입증하기 위해 르네상스에 아랑곳하지 않고 18세기까지, 때로는 19세기까지 이어진 중세의 장기 지속적 현상들을 제시한다. 첫째, 질병의 지속적 현상이다. 사회경제사가들이 중세와 근대로 가르는 분기점으로 보았던 14세기 페스트는 르네상스와 상관없이 1720년대까지 지속되었다. 둘째, 왕의 연주창連珠瘡 치료 기적의 지속성이다. 프랑스의 중세사가 마르크 블로크는『기적을 행하는 왕』(1924)에서 프랑스와 잉글랜드 왕이 11~12세기부터 18~19세기 초까지 연주창에 손을 대 치유하는 기적을 연구했다. 이에 따르면 왕의 치유 기적에 대한 민중적 인기는 르네상스 이후 더욱 증가했다. 셋째, 3신분제의 지속성이다. 13세기 초 세 위계에서 발전한 3신분제는 르네상스와 무관하게 18세기 시민혁명 때까지 지속되었다. 넷째, 봉건적 생산양식의 지속성이다. 영주와 농민 사이의 불평등 관계, 잉여가치의 봉건지대로의 흡수, 단순재생산을 특징으로 하는 봉건적 생산양식은 18~19세기 산업혁명을 거치면서 결정적으로 소멸하게 된다. 마지막으로 민중의 삶과 문화에 직접적으로 영향을 미치는 철도의 등장, 치료 기능을 가진 병원의 설립, 보통교육의 보급을 통한 문자 해독력의 증대 등이 모두 19세기에 이르러 일어난 현상이라는 점이다.

시기별로 더 세분하면 '긴 중세'는 복합적 중세를 포괄할 수 있다. 4~9세기는 '지체된 고대'이면서 중세 초로서 봉건제의 발생기다. 중세에 대해 '암흑시대'란 말을 사용한다면 그것은 이 시기로 국한해야 한다. 10~13세기는 중세 중기로, 봉건사회의 발전기다. '황금시대'로서 중세는 이 시기에 해당한다. 14~16세기는 봉건제가 위기에 처하는 시기다. 17~18세기는 봉건제의 최후 발악기다. 결국 프랑스혁명과 산업혁명으로 종말을 맞는 '긴 중세'는 중세의 어둠과 빛을 포용한다. 중세 초는 정체의 시기였지만, 12세기는 진보의 시대였다. 중세는 한편으로는 기근과 전쟁과 역병과 종말에 대한 공포의 시대였지만, 다른 한편으로는 도시와 대학과 고딕 예술과 노동 개념을 발명한 창조적인 시기이기도 했다.

***

폴란드 역사가 비톨트 쿨라Witold Kula가 말한 것처럼 모든 시대가 "비공시성非共時性의 공존coexistence d'asynchronismes"을 보이듯이 중세도 빛과 어둠, 아름다움과 추함이 뒤섞여 있는 복합적인 시대다. 그것은 또한 로마적·게르만적 다양성을 기독교적 단일성으로 묶어 유럽을 탄생시킨 시기이기도 하다.

유럽인에게 중세는 가까이 있다. 그들에게 중세는 자신들이 지나온 삶이기도 하거니와, 그 유산이 '지금 여기'에 헤아릴 수 없을 정도로 널려 있다. 오래된 도시들의 지형이며 석조 건물들이며 문화적·종교적 준거들이며 언어들이 그렇다. 한편 중세는 유럽인에게 멀기도 하고 때로 낯설기까지 하다. 오늘날 유럽인은 기적과 악마를 더 이상 믿지 않을 뿐더러 내세의 영원을 생각하며 사후 세계를 준비하는 습관도 잃어버렸다. 중세는 그것이 풍기는 무수한 매력에도 불구하고 르네상스와 계몽운동 시기의 '어두운 중세'에 맞서 낭만주의자들이 상상한 '밝은 중세'와 사뭇 거리가 있다는 사실을 잊어서는 안 된다. 중세 사람들은 자연의 가혹함 앞에서 신산한 삶을 살았다. 그들의 삶은 모질었고 수명은 짧았다.

유럽인에게 중세는 이처럼 친숙하면서도 낯설다. 그렇다면 시공간의 차이뿐 아니라 역사적으로나 문화적으로 아주 멀리 떨어져 있는 우리 한국인에게 서양 중세는 무슨 의미가 있을까? 2000년을 전후한 시기부터 한국에서도 서양 중세에 대한 대중적 관심이 증가했는데, 이는 중세 관련 책들이 서양사의 다른 시대에 비해 훨씬 많이 출간(대부분 외국 서적의 번역 출간)된 것으로 알 수 있다. 그것은 지난 몇십 년 동안 급속한 산업화를 이룩하면서 그 과정에서 잃어버린 전통 세계와 그 가치에 대해 되돌아보고 새롭게 관심을 갖게 되었기 때문이 아닐까 생각된다. 이 점에서 중세는 여태까지 그래 왔듯이 앞으로도 현재에 대한 문제의식과 미래에 대한 기대 지평에 따라 끊임없이 재평가되고 재구성될 것이다.

나는 이 책에서 중세 문화의 신비를 푸는 열쇠가 되는 주제들을 중심으로 큰 이야기에서부터 작은 이야기까지 일상의 작은 경험 세계와 그것을 에워싸고 있는 큰 테두리를 서로 관련지으면서 중세의 낯선 풍경을 보여주고 싶었다. 이를 위해 1970년대 이후에 이룩한 포스트모던적 혹은 역사인류학적 연구 성과들을 되도록 많이 반영하려 노력했다. 특히 이 책의 제3부와 제4부가 그러하다. 제3부에서 다루고 있는 주제들, 이를테면 시간의 기독교화, 가축과 동숙하는 농민의 복합 가옥, 영적 친족제, 자연주의적 성 풍속, 망자와 생자의 공존 등은 중세 문화의 색다른 측면을 보여줄 것이다. 제4부에서 다루고 있는 주제들은 더욱 그렇다. 중세를 풍미한 신비주의 신앙·기적·미신·악마·환상 등은 계몽사상가들이 이성의 힘으로 타파해야 할 무지와 야만의 잔재로서 합리주의적 근대가 지워버린 낯선 세계다. 나는 독자들이 중세의 낯선 풍경을 거닐면서 "우리가 잃어버린 세계"를 되돌아볼 수 있기를 희망한다.

2018년 늦가을
개운산 기슭 우재愚齋에서
유희수

제1부

❈·❈

쌍두마차의 사회

중세 때 교권과 속권 사이의 갈등은, 자율적인 독립 집단으로서의 국가와 교회 사이에 일어난 갈등이 아니라, 단일한 공동체로서 기독교 사회 내부에서 벌어진 투쟁이었다.

— 발터 울만, 『서양 중세 정치사상사』

나는 프랑크 시민으로 로마군에 복무한 군인이다.
— 3세기 로마 국경수비대 병사의 묘비명

중세는 쌍두마차의 사회였다. 한편에는 왕이, 다른 한편에는 교황이 지배 권력의 정점에 자리했다. 교권의 우두머리인 교황과 속권의 우두머리인 왕은 각기 교회와 국가의 자율적 수장이 아니라 기독교 공동체라는 하나의 몸통에 달려 있는 두 머리였다. 중세 때 교황과 왕은 서로 다른 '인민'의 민의에 의해 또 그들을 위해 성립된 것이 아니라 동일한 하느님으로부터 권력을 받았기 때문이다. 중세인은 이러한 왕과 교황을 정점으로 위계적으로 조직된 속권과 교권의 이중적 지배를 받았다.

교회가 하나의 국가처럼 조직·운영되고 교황을 정점으로 하는 교황 군주국으로 발전한 것은 이슬람교나 불교 등 다른 종교에서는 볼 수 없는 중세 기독교 사회의 색다른 점이다. 한편 지상에서 하느님의 대리인 역할을 하는 주교가 도유塗油 의식을 통해 왕을 '만들었다.' 그러므로 왕은 하느님의 또 다른 지상 대리인이었고 따라서 왕은 사제와 유사한 성격을 지녔다.

중세 사회가 이렇듯 독특한 지배 체제를 갖게 된 것은 역사적 상황의 산물이다. 세속 권력이 제구실을 다하지 못했던 로마제국 말기와 중세 초의 혼란한 시절에 주민들의 정치적·사회적·경제적·영적 삶을 돌봐준 것은 황제나 왕이 아니라 가까이 있는 주교들이었다. 특히 교회는 로마의 통치 조직과 행정 조직의 주형을 이용해 자신의 위계 조직과 교구 조직을 만들었다. 교회 권력이 강성해짐과 동시에 로마 주교는 상징적으로건 실제적으로건 로마 황제의 권위를 전유하여 영적인 탈을 쓴 황제가 되었다.

중세 왕과 교황의 권력은 태생적으로 이러한 속성을 갖고 있었기 때문에 권력의 정점에서 때로는 제휴하고 때로는 갈등하면서 중세사를 이끌었다. 중세 정치사가 서양사의 다른 어느 시대보다도 갈피를 잡을 수 없을 만큼 복잡하게 전개된 것은 부분적으로 이 때문이다.

그럼 게르만의 대이동을 중심으로 단일한 로마제국에서 복수의 게르만 왕국으로 지배 권력이 교체되는 과정을 먼저 살펴보자.

제 1 장

게르만의 대이동

476년 서로마제국의 마지막 황제 로물루스 아우구스툴루스의 폐위는 로마제국의 멸망을 상징하는 사건이지만, 로마 세계는 이미 몰락해가고 있었다. 게르만의 대이동은 숨을 헐떡거리고 있던 단일한 로마제국을 다수의 게르만 왕국으로 교체한 것에 지나지 않는다. 게르만의 침략이 찬란한 로마 문명을 파괴하여 '암흑'을 초래했다는 르네상스와 계몽운동 시기의 고전적 단절설은 오늘날 많은 역사가들에 의해 사실과 부합하지 않음이 밝혀지고 있다.

1. 로마 세계와 게르만 사회

로마 세계의 위기

제정 성립 이후 200여 년 동안 평화와 번영을 누리며 전성기를 구가했던 로마제국은 2세기 말부터 위기의 조짐을 보였다. 이른바 팍스 로마나*Pax Romana*의 종언이 시작된 것이다. 마르쿠스 아우렐리우스 황제(재위 161~180)가 무능한 아들 콤모두스(재위 180~192)를 황제로 지명한 것은 제국의 앞날에 불길한 징조였다. 제정 초기부터 황위 계승 원칙의 모호함은 언제나 정정政情 불안의 불씨를 내포하고 있었지만, 5현제賢帝 시대(96~180)에는 원로원 의원 가운데서 스토아적 현인을 양자로 삼아 황위를 계승시킴으로써 황실의 안정을 꾀할 수 있었다. 스토아 철학에 따르면, 권력은 신의 위탁물로서 정당하게 행사해야 하며 군주는 주인이 아니라 국가의 종이므로 구도자의 자세로 백성에게 선정을 베풀어야 한다. 그러나 아우렐리우스가 후계자로 지명한 아들 콤모두스는 이러한 스토아적 군주상과는 거리가 멀었다. 그는 스토아 철학에 동조하지 않고, 검투에 대한 열정 이외에는 아무런 관심도 능력도 없는 인물이었다. 주변 사람들을 의심하며 원로원 의원을 처형하고 재산을 몰수하는 등 '제2의 네로' 같은 폭군이었다.

콤모두스가 192년 궁중 음모 세력에 의해 암살된 뒤부터 로마 정치는 돈으로 세력을 키운 친위대장과 속주 총독 등 군인들에 좌우되었다. 다뉴브 속주 총독 셉티미우스 세베루스(재위 193~211)는 속주 군대를 이끌고 로마로 진격하여 친위대를 접수하고 황제가 되었다. 그가 남긴 "일편단심으로 군대를 부유하게 하라. 그 외에 어떤 것도 신경 쓰지 마라"는 유언은 당시의 무인武人 금권 정치 상황을 잘 요약해준다. 연속된 혼란 끝에 등장한 군인 황제 시대(235~284)에는 50년 동안 무려 26명의 군인이 황제로 등극해 거의 다 피살되었다.

이와 동시에 사회경제적 상황도 위기를 맞았다. 인구가 줄고 노동력이 부족해졌다. 메릴 K. 베넷의 유럽 인구 통계에 따르면, 로마 세계의 인구수는 팍스 로마나 말기인 200년경에 약 6,700만 명으로 절정에 다다랐다가 이후 감소하기 시작해 700년경에는 약 2,700만 명으로 떨어졌다. 노예제의 쇠퇴는 노동력 부족 현상을 더욱 심각하게 했다. 노예 공급이 고갈되고 노예 가격이 공화정 시기에 비해 8~10배로 등귀했다. 양육을 통해 노예를 재생산하는 것도 비효율적이었고, 군대의 인력 충원도 어렵게 되었다. 2세기 말부터 제국 변경 지방에서 게르만의 압박이 시작되어 군대의 수요가 증가했지만 시민들은 군복무를 기피했다.

세베루스 황제 시절부터 정권을 유지하는 데는 많은 정치자금이 필요했다. 이를 감당하기 위해 함량 미달의 악화를 발행하고 주민들을 갖은 세금 명목으로 수딜했다. 세베루스의 아들 카라칼라 황제(재위 211~217)가 그랬다. 그는 군단 병사들에게 봉급을 지급하기 위해 은화의 순도를 25퍼센트 줄이고, 세수를 증대하기 위해 모든 속주민들에게 로마 시민권을 부여하는 칙령(212)을 내렸다. 그러나 관리와 지주 등 지배층은 세금을 회피했으며, 그 부담은 고스란히 소작농과 노예들에게 전가되었다. 농민들은 과중한 국세 부담, 세금 징수관의 가렴주구, 지주의 강탈에 못 이겨 토지를 떠나 유랑민이 되거나 반란을 일으키고, 게르만 세계로 자유와 안정을 찾아 망명하기도 했다. 이러나저러나 국세로 나라를 운영하던 로마 세계는 점차 국세가 없는 게르만 세계처럼 변해가고 있었다.

이런 추세에서 콘스탄티누스 황제(재위 306~337)가 330년에 비잔티움(황제 이름을 따 콘스탄티노폴리스가 되었고 지금은 이스탄불이다)으로 천도하고 동로마제국(395년 서로마제국과 분리된 후 1453년 멸망할 때까지 공식 명칭은 여전히 '로마제국Imperium Romanum'이지만, 편의상 '동로마제국' 또는 '비잔티움제국'이라 부른다)의 터를 닦은 것은 로마문명의 중심이 서방에서 동방으로 이동되었음을 상징한다. 그가 콘스탄티노폴리스로 천도한 이후에 재임한 7년 중 6개월만 로마에 머물렀다는 사실은, 영원하리라 믿었던 세계의 중심 '로마'가 4세기 초에 이미 포기되었음을 의미한다. 이제 황제한테 버림받아 영광은 아스라한 옛일이 되어버린 로마, 게다가 상업의 쇠퇴로 생활필수품마저 제대로 공급받을 수 없게 된 로마는 주민들한테도 버림받기 시작했다.

게르만의 대이동은 이러한 쇠퇴를 가속화했다. 하지만 5세기 게르만의 침략이 르네상스와 계몽운동 시기의 지식인들이 주장한 것처럼 로마 문명을 단절시킬 만큼 파괴하지는 않았다. 서고트족(비지고트족)이 로마를 방화·약탈한 410년도, 반달족이 로마를 침략한 455년도 그 정도의 단계는 아니었다. 이들 게르만이 끼친 손실은 곧바로 어렵지 않게 복구되었다. 비잔티움의 수도사 풀겐스가 로마를 방문하고 "지상의 도시가 이렇게 아름다울진대 천상의 예루살렘은 어떠하겠는가?"라고 경탄할 정도로 로마는 500년경까지도 여전히 건재했다. 로마가 결정적으로 쇠퇴한 시기는 6~7세기다. 인구 감소 추세가 그것을 암시해준다. 조사이어 C. 러셀에 따르면 서유럽의 인구는 500년경 약 900만에서 650년경 약 550만으로 한 세기 반 만에 거의 40퍼센트나 감소했다. 로마시로 한정해보면 사정은 더욱 심각하다. 5세기 중반까지만 해도 30~35만 명에 달하던 로마시의 주민 수가 6세기 후반에는 약 5만 명으로 급감했다. 그 이유는 롬바르드의 침략, 동로마제국의 동고트 왕국 재정복 전쟁, 기근과 페스트, 기타 역병 때문이었다.

이처럼 기울어가는 로마 세계 한가운데로 게르만이 들어오고 있었다. 프랑스의 로마사가 앙드레 피가뇰의 로마 암살론에 대해 자크 르고프가 반박한 것처럼 로마는 타살된 것이 아니라 자살한 것이다. 그러나 로마는 죽지 않았다. 문명은 쉽게 소멸되지 않기 때문이다. 로마제국은 쇠망했지만 로마 문명은 게르만을 통해 유럽 문명으로 거듭났다.

게르만 사회

우리가 흔히 쓰는 '게르만'이라는 말은 뜻이 모호할 뿐 아니라 근대의 국가주의적·인종주의적 색조가 스며 있어 조심스럽게 사용하지 않으면 안 된다. 여기서는 이 말의 어원에서 본래 의미의 단서를 찾아보기로 하자.

중세 초 세비야의 주교를 역임한 이시도루스(560?~636)가 쓴 백과사전 『어원 Etymologiae』에서는 라틴어 동사 gignere(산출하다)에서 '게르미니이 Germania'(게르만 세계)란 말이 파생했다고 설명한다. "그 땅은 [……] 주민이 많고 사나우며 사람을 풍부하게 산출한다 하여 게르마니아라고 한다." 이 말은 게르만 세계가 지중해 세계보다 인류 증식에 더 적합한 풍토와 문화를 갖고 있다는 의미다. 이것은 자식 양육 방식에서 두 세계가 차이가 있다는 것을 가리킨다. 고대 로마 사회에서는 자식을 적게 낳을 뿐 아니라 심신이 허약한 아기는 유기하고, 건강한 소수의 자식에게만 유모의 젖을 물려 엄격한 규율 아래 양육했다. 반면에 게르만 사회에서는 출산 통제를 하지 않고 자식을 자유방임적으로 양육했다. 자식을 많이 낳고 어머니가 모유를 먹여 키우는 게르만 사회의 양육 방식에 대해 로마 역사가 타키투스(55~120)는 호기심 어린 눈초리로 기술한 바 있다. 기원전 250년경 켈트인이 갈리아(켈트인이 정착한 옛 프랑스를 갈리아라 하고 그곳에 사는 켈트인을 갈리아인이라 한다)로 침입해온 퉁그리족에게 '게르만Germani'이라는 명칭을 붙인 이후로, 이 말은 라인강 동쪽에 거주하는 이들을 통틀어 부르는 명칭이 되었다. 이와 관련하여 '게르만'을 갈리아인과 인접해 있는 라인강 동쪽의 '이웃 사람germanus'이라는 의미로 해석하기도 한다.

게르만 사회를 알 수 있게 해주는 자료는 극히 적기도 하거니와 있다 해도 간접적이다. 게르만은 1세기경부터 룬문자를 사용한 것으로 알려져 있으나, 이들이 초기에 자신의 문화에 대해 기록한 것은 남아 있지 않다. 초기 게르만 문화를 전해주는 자료는 카이사르가 기원전 52년경에 쓴 『갈리아 전쟁기』다. 이 책은 제1차 삼두정 체제에서 원로원과 로마 시민들에게 갈리아에서 자신이 세운 훌륭한 전략과 혁혁한 무공을 선전하기 위해 저술한 정치 팸플릿 성격이 짙다. 이것으로 게르만에 대해 알 수 있는 정보는 소략하다. 다른 자료로는 타키투스가 게르만의 지리·기후·산물·관습·제도·민속 등에 관해 비교적 소상하게 쓴 『게르마니아Germania』가 있다. 대부분 현존하지 않지만 당시까지 존재했던 고대 그리스와 로마 역사가들의 기록, 변경 지방에서 복무한 군인들의 증언, 그리고 게르만과 거래했던 상인들의 구술을 토대로 씌어진 일종의 게르만 민속 보고서다.

타키투스에 따르면, 게르만의 종족적 기원은 땅의 신 투이스토Tuisto의 아들 만누스Mannus의 세 아들이다. 큰아들에게서 튜턴족과 킴브리족이, 작은아들에게서 수에비족이, 막내아들에게서 나머지 부족이 갈라져 나왔다. 이들은 스칸디나비아 반도 남부(스웨덴)에서 기원한 인도-유럽어족으로, 기원전 1000년경부터 발트해 연안에서 장기간에 걸쳐 흑해 연안까지 이동했다. 이 과정에서 동쪽으로는 발트인과 슬라브인, 남쪽으로는 켈트인과 같은 선주민과 조우했다. 기원전 2000년 이전부터 중부 유럽에 자리하고 있던 켈트인은 기원전 450~250년 사이, 인구 증가와 게르만의 압박으로 라인강을 넘어 프랑스, 이베리아 반도, 브리튼으로 이동하여 청동기 문화를 제압하고 철기 문화를 전파했다. 켈트인이 로마 지배를 거쳐 게르만의 대이동 이후에 남긴 인종적·문화적 흔적은 에스파냐 북부의 바스크, 프랑스 서부의 브르타뉴, 아일랜드·스코틀랜드·웨일스에서 오늘날까지 발견된다. 한편 슬라브인은 로마제국 말기의 훈제국과 중세 초 아바르Avar제국 같은 아시아계 유목민 연합체의 지배가 사라진 뒤 자신들의 정체성을 유지하며 서서히 동부 유럽의 주인이 되었다.

　게르만이 거주했던 지역은 울창한 숲과 불결한 습지였고, 땅은 비옥했으나 과일나무는 적었다. 이들은 숲속에서 아무런 구속 없이 자유롭게 살기를 원했으며, 촌락은 숲속에 집이 띄엄띄엄 떨어져 있는 산촌散村 형태였다. 이들이 대대적으로 이동한 4~5세기에는 라인강 하류 동쪽과 발트해에서부터 흑해 연안에 이르기까지 프랑크·색슨·수에비·앵글·주트·부르군드·롬바르드·반달·고트 등 수많은 부족이 널리 분포해 있었다. 대이동 당시 이들은, 미국의 중세사가 패트릭 J. 기어리가 강조하듯이, 하나의 혈통과 언어를 가진 단일한 종족 집단이 아니라 귀족 전사 가문의 지휘 아래 다양한 문화적·언어적·지리적 기원을 가진 집단들이 결합된 연합체였다. 예컨대 고트족은 흑해 연안에서 에스파냐까지 이동하여 정착하는 동안 유능한 군사 지도자 아래 다양한 배경을 가진 소규모 집단들이 뭉쳐진 연합체였다. 6세기의 고트족은 더 이상 3세기의 고트족이 아니었다.

게르만 사회가 어떤 사회구성체를 갖고 있었는지는 논쟁거리다. 19세기 독일의 법제사가 게오르크 L. 폰 마우러에 따르면, 게르만 사회는 토지를 공동으로 소유하고 경작하는 마르크공동체였다. 마르크공동체란 공동의 경제적·법률적 질서를 갖춘 촌락공동체를 말한다. 여기서는 촌락공동체가 개인의 사유 재산과 공동 재산을 엄격하게 감독하고 주민 총회가 법정 역할을 했다. 마우러는 낭만주의적·민족주의적 시각에서 로마 사회에 비해 게르만 사회가 더 순수하고 우월하다고 보고 게르만의 사회적 평등성을 강조했다. 이러한 견해는 마르크스와 엥겔스의 원시공산사회 개념에 영향을 주었다.

마우러의 주장대로 게르만 사회가 과연 사적 소유가 없는 평등한 사회였는가? 카이사르는 게르만 사회에서는 사유지가 없으며, 경작을 하려면 해마다 다른 땅을 분배받아야 한다고 썼다. 한 세기 반 뒤 타키투스는 "토지는 경작자의 수와 지위에 비례하여 분배하였으며, 연달아 경작 집단들에 의해 경작지로 간주되었다"라고 썼다. 이 말은 공동체가 토지 소유권을 갖는 가운데 경작자는 지위가 높을수록 더 많은 토지를 분배받았음을 의미한다. 따라서 게르만 사회에서 주택을 제외하고 엄격한 의미의 사적 소유는 규칙이 아니었다고 볼 수 있다. 그러나 이러한 범주 안에서도 경작지와 숲을 나눠서 생각해볼 필요가 있다. 경작지는 사적 소유권까지는 아니더라도 사적 권리가 어느 정도 보장되었던 반면에 숲은 공동체적 성격이 강했다. 숲에서 사냥과 방목으로 살아가는 사람들에게 사유지는 그러한 활동에 방해물로 작용했기 때문이다. 아무튼 전통 사회에서 오랫동안 숲은 공동체적 권리(방목과 땔나무 채취)가 농민들에게 허용되는 공간이었다.

대이동 당시 게르만은 이미 사유 재산과 사유지를 상당히 소유하고 있었던 것 같다. 매장 관습에서 그 흔적을 찾아볼 수 있는데, 타키투스 시대에는 부장품이 소박했으나 후대로 갈수록 무기 등 고가의 부장품이 발견되었다. 서로마제국 판도에 정착한 정복자 게르만은 로마인들로부터 막대한 토지를 할양받았다. 6세기 초 부르군드 부족법에 따르면 부르군드족은 로마인으로부터 토지의 2/3, 노예의 1/3, 임야의 1/2, 택지와 과수원의 1/2을 넘겨받았으며, 이와 비슷하게 서고트족도 로마인으로부터 토지의 1/2을 할양받았다. 게르만은 이러한 땅을 자기들끼리 지위에 따라 차등 분배하고 토지 소유자가 되었다.

이와 관련하여 대이동 당시 게르만이 유목민이었는가 아니면 농경민이었는가 하는 문제가 제기된다. 이것은 사유 재산의 소유 문제 말고도 이들에게 덧씌워진 야만적 파괴성이라는 해묵은 문제를 해명하는 중요한 단서가 된다. 일반적으로 유목민은 농경 정착민에 비해 약탈적이고 파괴적인 성향을 지녔다고 인식되어왔기 때문이다. 카이사르와 타키투스는 게르만이 사냥과 목축(방목)뿐 아니라 농경도 한 것으로 기술했다. 농경은 부녀자와 노인이 담당했고, 진정한 재산은 양과 소였으며, 곡물과 채소보다는 고기·우유·치즈를 주식으로 했다는 점으로 미루어 이들에게 수렵과 목축은 무시 못 할 비중을 차지했음을 알 수 있다. 그러나 타키투스가 기술한, "매년 경작지가 바뀌고 여전히 토지가 남아 있다. 그들은 토지를 혹사시킴으로써 토질과 지력을 고갈시키지 않았기 때문이다"라는 유명한 구절은 그들이 매년 휴경지를 두며 농경에 종사했음을 암시한다.

게르만의 정치와 사회 제도는 단순하기 그지없었다. 타키투스는 로마의 용어를 빌려 *rex*(왕)란 말을 사용하고 있으나 그 실체가 명확하지 않다. 귀족 중에서 가장 용맹스러운 자를 왕으로 선출했다고만 기술했다. 그러나 아직까지 국가 개념이 존재하지 않았으므로 게르만 사회는 오히려 부족의 우두머리가 지배하는 일종의 군장君長사회 chiefdom가 아니었나 생각된다. 이것을 대표적으로 보여주는 것이 종사제從士制다. 게르만 사회에서 자유민들은 전사로서 지배층을 이뤘다. 이들에게 창과 방패 같은 무기를 소지하는 것은 성인成人이 되었다는 표지였고, 무기는 곧 자유민을 보증하는 신분증이었다(반면에 로마에서는 성인복을 착용하는 것이 이런 표지였다). 이들은 전사적 기상을 약화시킨다며 농사일을 멀리하고 오로지 사냥과 전쟁에만 열정을 쏟았다. 군장은 이러한 전사를 많이 거느리는 것이 명예였고, 전사는 군장의 종사가 되는 것을 영광으로 여겼다. 군장과 종사 모두에게 최고 덕목은 무용武勇이었다. 전투에서 무기를 버리는 것, 군장보다 더 오래 살아남는 것, 전장에서 말짱하게 돌아오는 것은 종사에게 수치였고, 오히려 전사하는 것이 최고 명예였다. 한편 군장이 전장에서 종사보다 더 오래 살아남는 것은 그에게 치욕이었다. 이러한 종사제는 나중에 등장하는 봉건사회의 주종제나 기사제와 자못 유사한 측면이 있다.

게르만 사회가 부계제 사회인가 모계제 사회인가의 문제는 엥겔스 이래로 뜨거운 논쟁거리였지만, 최근 연구들은 애초부터 양계제 사회였음을 밝혀주고 있다. 이름을 짓는 방식에서도 부계와 모계의 이름을 차별 없이 따다 자식에게 붙여주었다. 여성은 공동체 수호에서도 적극적 역할을 했다. 이것은 신랑이 신부에게 결혼 예물로 주는 말·소·재갈·방패·검에 강력하게 암시되어 있다. 이 무기들은 시어머니로부터 며느리에게 대물림되었고, 남편은 이것들로 싸웠음을 의미한다. 여성들도 전장에 참여했다. 그들은 비록 무기를 들고 직접 싸우지는 않았지만, 뒤에서 사기를 불어넣으며 부상자를 치료했다. 여성은 부상자 치료에 각별하게 효과를 발휘하는 신비한 힘이 있다고 여겨졌기 때문이다.

2. 게르만의 대이동과 새로운 구조

게르만의 대이동

다뉴브강 변경에서 2세기 말부터 로마군을 압박했던 게르만은 4세기 후반 본격적으로 로마 세계로 이동하기 시작했다. 이동의 직접적인 원인은 동쪽에서 밀려오는 아시아계 유목민 훈족의 압박 때문이었다. 이들이 왜 서쪽으로 이동했는지는 확실하지 않지만, 아마도 장기간에 걸쳐 중앙아시아에 불어닥친 이상 한파 때문이었던 것으로 추측된다.

훈족의 기원에 관해서는 두 견해가 팽팽히 맞서고 있다. 하나는 훈족을 중국의 북방 유목민 흉노匈奴와 동일한 민족 집단으로 보는 것이다. 18세기 프랑스의 동방학자 조제프 드 기뉴Joseph de Guignes가 주창한 이 견해는 끊임없는 논쟁을 불러왔다. 다른 하나는 '민족형성론 ethnogenesis'이다. 이에 따르면 훈족은 용맹한 전쟁 지도자를 중심으로 나른 십단을 정복하여 흡수한 이질적인 유목민 연합체로, 이들을 하나로 묶어낸 것은 혈연이 아니라 문화(고도한 황금 예술과 강력한 철제 무기)였다는 것이다. 최근 아시아 초원 지대 옛 인류의 게놈을 조사한 덴마크 코펜하겐 대학 지리유전학센터 연구팀은 훈족이 흉노와 유전적으로 섞였다고 발표했다(『네이처』, 2018). 이것은 훈족의 지도층이 끈질기게 지켜온 부계 혈족에 흉노의 피가 이어졌을 가능성을 시사한다.

코카서스산 북쪽에 거주하던 훈족은 370년 볼가강과 돈강, 375년 다뉴브강을 건너 서쪽으로 침입하면서, 흑해 연안에 있던 알란인·헤룰리인·고트인을 압박했다. 침입해 온 훈족에게 합류한 로마인과 게르만도 있었으나, 훈족에게 쫓긴 게르만은 새로운 터전을 찾아 대이동을 시작했다.

날랜 기마술에 강력한 활로 무장한 훈족은 아틸라Attila(406?~453) 휘하에서 다뉴브강 유역에 거점을 둔 제국을 건설하고 로마 세계를 위협했다. 훈제국(434~453)이 붕괴한 지 한 세기 뒤, 고트족 출신으로 콘스탄티노폴리스에서 활동한 역사가 요르다네스는 『고트족의 기원과 업적들De origine actibusque Getarum』에서 훈족을 '야만인'으로 묘사했다.

이들의 가무잡잡한 모습은 너무 끔찍해서 적들을 공포에 떨게 한다. 이들은 말하자면 눈은 바늘구멍만큼 작고 머리는 어깨에 파묻혀 있어 땅딸이처럼 흉측한 몰골을 하고 있다. 이들의 강인함은 야만적인 외모에서 분명하게 드러난다. 이들은 태어나는 바로 그날 신생아를 잔인하게 다루었다. 어미의 젖을 먹이기도 전에 상처를 참는 방법을 배울 수 있도록 사내아이의 뺨에 칼로 생채기를 냈다. 이렇게 볼품없는 젊은이들은 나이가 들면서 수염도 없이 늙어갔다. 얼굴에 난 상처가 수염의 자연미를 앗아갔기 때문이다. 이들은 체구가 작고, 어깨가 딱 벌어지고, 행동이 민첩하고, 언제나 활을 쏠 태세가 되어 있고, 말 타는 기술이 뛰어났다. 이들의 곧추세운 뻣뻣한 목은 교만함을 자아냈다. 이들은 인간의 탈을 쓴 야수 같았다.

훈족의 침략을 받은 '피해자'의 진술만, 더군다나 인종적 혐오의 기미마저 보이는 진술만 소개하는 것은 공정하지 못하다. 로마 세계로 들어와 제국을 형성한 아틸라 휘하의 훈족은 방금 소개한 것과 같은 '야만인'이 아니었다. 448년 갈리아의 저명한 의사 에우독시우스 Eudoxius는 농민 반란에 가담했다는 혐의로 쫓기게 되자 훈족에게 피신했다. 훈족에게 인질로 잡혀간 한 로마인은 훈족의 사회조직이 로마에 비해 손색이 없다고 자랑하기도 했다. 훈제국의 궁정에는 고트어·그리스어·라틴어가 훈족의 언어와 함께 사용되었으며, 아틸라 측근 중에는 게르만과 로마인도 상당수 있었다.

게르만이 375년에 대이동을 하게 된 것은 더 강한 훈족에게 쫓겼기 때문이다. 쏜살같이 달리며 화살을 퍼붓는 훈족 기마대는 창·검·방패로 무장한 게르만 전사를 압도했을 뿐만 아니라, 최고 덕목으로 숭앙받는 그들의 용맹함마저 무색하게 만들었다. 그리하여 게르만은 적에게 쫓긴 탈주병처럼 서쪽으로 도망쳤고, 도미노처럼 인근 부족들에게 연쇄 반응을 일으켰다. 4세기 말 밀라노 주교 성 암브로시우스는 "훈족은 알란족에게, 알란족은 고트족에게, 고트족은 타이팔리족 Taifali과 사르마타이족Sarmatae에게 덤벼들었다. 본거지에서 쫓겨난 고트족은 일리리쿰에서 우리 로마인을 밀어냈다. 그리고 그것은 끝이 없었다"라고 썼다. 동로마제국은 이렇게 밀려오는 고트족이 서로마제국 방면으로 방향을 틀도록 하는 정책을 채택했고, 이들이 다뉴브강을 건널 수 있도록 인적·물적 지원을 했다.

이러한 이방인들에 대해 로마인은 수용과 배척의 양면적 태도를 보였다. 변경의 로마인은 3세기부터 게르만을 '동맹시민foederati'으로 받아들였다. 게르만의 관습과 법을 존중해주고 이들을 소작인과 병사로 활용했다. 앞에서 살폈듯이 사실 이 시기부터 자영농의 몰락으로 인력 부족에 시달리던 로마는 이들에게서 농업 노동력과 병사를 공급받을 필요가 있었다. 현지에서 징집한 인력으로 군인을 충원한 변경의 '국경수비대'는 로마인과 게르만의 구분이 무의미할 정도로 게르만이 많았다. "나는 프랑크 시민으로 로마군에 복무한 군인이다*Francus ego civis, miles romanus in armis.*" 이것은 3세기 판노니아Pannonia의 다뉴브강 유역에서 로마군에 복무한 프랑크 전사의 묘비명이다. 이 비명에 사용된 라틴어 *civis*(시민)란 말은 게르만에게 로마 문화가 상당히 침투했음을 암시한다. 제국 말기에는 게르만 출신으로 로마군 장교를 역임한 이들이 많았는데 프랑크족의 아르보가스트, 반달족의 스틸리코, 헤룰리족의 오도아케르가 대표적이다. 민족적 정체성보다 로마의 관직과 지역적·계급적 이익이 우선했던 이들에게 로마와 게르만의 구분은 특별한 의미가 없었다. 두 세계 간의 이러한 접촉으로 인해 제국 말기 로마 사회에 게르만 문화가 상당히 침투했던 것 같다. 호노리우스 황제(재위 393~423)가 소매 없는 외투며 통바지며 장발 등 게르만 관습을 금지하는 칙령을 내린 것은 이에 대한 반증이다.

로마의 불의와 타락을 개탄했던 모럴리스트들은 오히려 게르만에게서 순수한 인간성을 발견했다. '마르세유의 사제'라 자처한 5세기 기독교 저술가 살비아누스는 로마 몰락의 원인을 게르만보다는 로마 내부의 타락에서 찾았다. "로마인은 밖에 있는 적보다 더 사악한 적을 자신의 내부에 두고 있다. 그들은 야만인들에 의해 파멸되었다기보다는 오히려 그들 자신에 의해서 자멸했기 때문이다." 그는 로마인들이 유력자들에게 수탈당하면서도 자유를 얻기 위해 그들의 보호 아래 들어가 사실상 농노가 되는 상황을 개탄하며 이렇게 말했다. "우리의 압박받는 비참한 빈민들이 모두 이런 짓〔게르만으로 망명〕을 하지 않는 것이 나는 의아스럽다. 〔……〕 그들이 이렇게 하지 못하는 이유는 자신들이 이미 유력자들의 감시와 보호 아래 들어가 있기 때문이다." 알라리쿠스Alaricus(370~410)가 이끈 고트족이 410년 로마를 약탈·방화한 사건에 즈음하여 성 아우구스티누스는 게르만의 인간애를 찬양했다. "최근 로마의 저 재앙에서 보인 초토화·살인·약탈·방화, 비인간적 대우 등에 의해 저질러진 범죄 행위는 전쟁 때 으레 있는 일들이다. 그런데 여기서 새로운 현상은 게르만적 야만성이 형세의 큰 변화로 인해 거대한 교회를 선택·지정하여 그곳에 사람들을 수용할 정도로 순화되었다는 점이다. 교회 안에서 구타와 약탈이 없고, 많은 사람이 인정 많은 적들에 의해 해방되기 위해 모여들었으며, 잔인한 적들에게조차 포로로 잡혀 가는 사람이 결코 없었다." 제국 정부로부터 버림받고 지주들에게 착취당한 사람들은 게르만에게서 새로운 정체성을 찾아야 하는 시대가 된 것이다.

로마에 애착을 가진 전통주의자들은, 동방 편향 정책을 펼쳐 결국 게르만에게 문을 열어준 꼴이 되게 한 로마 황제들을 비난했다. 5세기 그리스 역사가 조시무스는 콘스탄티누스 황제가 새 로마 콘스탄티노폴리스를 창건한 것을 두고 이렇게 말했다. "콘스탄티누스 황제가 야만인들에게 문을 열어주었다. 이것이 제국이 멸망한 원인이다." 4세기 로마 역사가 암미아누스 마르켈리누스는 376년 고트족의 다뉴브강 도강을 도와준 황제 발렌티니아누스 2세(재위 375~392)를 비난했다. "이러한 목적으로 저 야만인들을 수송할 장비와 함께 여러 명의 관리가 파견되었다. 비록 로마제국은 중병에 걸려 있긴 했지만, 그들은 이 로마제국을 파멸시킬 사람들이 강 건너에 한 명도 남아 있지 않도록 각별한 주의를 기울였다. 〔……〕 그런데 그러한 소란 법석은 로마 세계의 파멸로 귀결되었다."

그렇다면 게르만은 로마 문화에 어떤 태도를 갖고 있었는가? 게르만이 애초부터 로마 문화를 파괴한 약탈자는 아니었다. 고트족이 410년 로마를 약탈·방화한 것은 이들에게 먹을 것과 토지를 주지도 않으면서 오히려 개고기와 같은 혐오 식품을 금값으로 팔고 그 자식들을 노예로 삼았기 때문이다. 게르만은 로마 문화를 수용했다. 이들이 기독교로 개종한 것이 그 대표적 사례다. 고트족 출신 울필라스 Ulfilas(310?~383)는 어려서 콘스탄티노폴리스에 인질로 잡혀가 그곳에서 그리스-로마 문화에 심취하고 기독교로 개종했다. 주교 서품을 받은 그는 그리스어로 된 성경을 고트어로 번역하고 동포들에게 복음을 전파했다. 그런데 그가 전파한 기독교는 공교롭게도 아리우스파 기독교였다. 당시는 아직 기독교 신학이 확립되지 않아 교리 논쟁이 활발하던 시절이었다. '아리우스 논쟁'은 그중 하나다. 알렉산드리아 출신의 사제 아리우스(256?~336)는 하느님 아버지의 신성神性이 예수 그리스도의 인성人性보다 더 우월하다며 두 위격位格, persona이 같은 실체임을 인정하지 않았다. 이에 대해 알렉산드리아의 주교 아타나시우스(296?~373)는 두 위격이 같은 실체라고 주장했다. 325년 콘스탄티누스 황제가 소집한 제1차 니케아 공의회에서 주교들은 아타나시우스파의 주장을 받아들여 삼위일체설을 정통으로 인정하였다. 아리우스파로 개종한 게르만이 로마 교회와 제휴하는 데는 불리했을지 몰라도, 이들이 스스로 기독교로 개종했다는 것은 로마 문화를 받아들일 준비가 되어 있었다는 증거다.

게르만은 로마의 지식인들을 등용하고 제국의 권위를 존중했다. 게르만 왕 가운데 가장 로마화한 동고트족(오스트로고트족)의 왕 테오도리쿠스(재위 475~526)는 로마 최후의 지식인들인 보에티우스와 카시오도루스를 자문역으로 고용하고 동로마 황제의 권위를 인정했다. 그는 동로마 황제에게 보낸 편지에서 "나는 당신의 종이며 아들입니다. 나의 유일한 희망은 나의 왕국을 당신을 모방한 왕국, 경쟁자가 없는 당신의 제국을 복제한 제국으로 만드는 것입니다"라고 썼다. 오도아케르가 476년 서로마 황제 로물루스 아우구스툴루스를 폐위하고 동로마 황제에게 서로마 황제의 휘장을 보내면서 "황제는 한 명으로 충분합니다. 우리는 우리끼리 수여한 관직보다 황제가 수여하는 관직을 더 흠모할 것입니다"라고 했다. 서유럽에서 게르만이 황제가 된 것은 800년에 이르러서다.

그렇다고 해서 게르만이 이동해 정착하는 과정을 평화적 이동으로만 보는 것은 사실과 거리가 있다. 이들이 이동 과정에서 초래한 혼란과 공포와 살육과 약탈을 무시할 수 없기 때문이다. 우선 혼란과 파괴는 잡다한 집단의 혼합에서 기인했다. 부족들끼리 싸우고 서로 노예로 삼았으며, 로마는 이들 사이를 이간하고 싸움을 부추겼다. 다음은 에스파냐 주교 히다티우스(400?~469?)가 이들이 이동 과정에서 초래한 참상을 기술한 것이다.

> 야만인들이 에스파냐에서 광기를 터뜨렸다. 전염병의 재앙 역시 맹위를 떨쳤다. 그들은 포악한 착취자들이 도시에 숨겨둔 재화를 약탈하고, 그들의 오합지졸들이 그것을 탕진했다. 이로 말미암아 기근이 더욱 심해졌기 때문에 기아의 제국 치하에서 사람들은 인육으로 배를 채웠다. 어머니는 자식을 죽여서 요리해 먹었다. 기근·칼·전염병 등으로 죽은 사람들의 시체를 먹는 것에 익숙해진 야수들은 시체의 살로 배를 채우는 데서 그치지 않고 산 사람까지도 필사적으로 잡아먹었다. 이처럼 기근·칼·전염병·야수 등 네 가지 재난은 세계 도처에서 맹위를 떨쳤고, 하느님이 선지자를 통해 한 예언이 현실로 나타났다.

게르만은 전쟁에서의 용맹과 죽음을 최고 덕목으로 삼은 전사 사회였다. 4세기 로마 역사가 암미아누스 마르켈리누스가 묘사한 게르만의 호전적인 모습은 그보다 수백 년 앞서 게르만 사회에 대해 묘사한 타키투스의 기술과 크게 다르지 않다.

조용하고 평화 애호적인 사람들이 망중한 속에서 추구하던 기쁨을 그들은 전쟁과 죽음에서 찾았다. 그들이 보기에 최고의 영광은 전쟁터에서 생명을 잃는 것이었다. 나이가 차거나 우연으로 죽는 것은 치욕스럽고 비겁한 것이었고, 따라서 그들은 끔찍하고 과도한 행동으로 이를 은폐했다. 살인은 아무리 찬양해도 지나치지 않은 영웅적 행위였다. 가장 영광스러운 전리품은 적의 머리 가죽에서 벗겨낸 머리털이었다. 그것은 군마軍馬의 장식으로 쓰였다.

이로써 기근·칼·전염병·야수는 중세를 위협하는 사악한 '4인방'이 된다.

게르만의 대이동으로 서양의 정치지도는 대폭 수정됐다. 406년 라인강을 넘어 갈리아 북부로 이동해온 부르군드족은 444년 갈리아 동남부에 부르군드 왕국(프랑스어로는 부르고뉴 왕국)을 세웠으나 534년 프랑크 왕국에 통합되었다. 409년 에스파냐로 이동한 반달족은 반도 남부에 '안달루시아'라는 지명을 남긴 채, 429년 튀니지와 알제리 동부 등 로마의 아프리카 속주를 정복하고 그곳에 반달 왕국을 세웠다. 반달 왕국은 455년 바다를 건너 로마까지 침공했으나 534년 동로마에 정복된다. 수에비족은 포르투갈 북부로 이동해 409년 왕국을 세웠다. 툴루즈를 수도로 삼고 남프랑스를 지배한 서고트족은 5세기 후반 에스파냐로 팽창하는 한편, 507년 프랑크족에게 아키텐을 넘겨주었다. 585년 수에비 왕국을 정복하고 589년 아리우스파에서 정통 기독교로 개종한 서고트 왕국은 이베리아 반도에 한동안 기독교 문화를 꽃피웠다. 그러나 632년 시작된 성전을 통해 페르시아만에서 모로코까지 근동 지역 대부분과 북아프리카를 정복한 이슬람은 711년 서고트 왕국을 멸망시키고 이베리아 반도를 장기간 지배하게 된다.

앵글족·색슨족·주트족은 원주민의 강력한 저항을 받으며 힘겹게 브리튼으로 이동해 정착했다. 이 과정에서 원주민의 전쟁 영웅 아서왕에 관한 신화와 전설이 배태되었다. 이들 게르만으로부터 형성된 잉글랜드는 한동안 대륙과의 관계가 소원한 가운데 앵글로색슨 문화를 발전시켰다.

동고트족은 493년 이탈리아 중북부 지역인 라벤나를 장악하고 테오도리쿠스왕 때 '제2의 팍스 로마나'를 구현했으나 553년 동로마에 정복되었다. 롬바르드족은 568년 가장 뒤늦게 이탈리아 북부(이들이 남긴 지명이 '롬바르디아')로 이동·정착한 후 한동안 번성하다가 774년 프랑크 왕국에 정복되었다. 프랑크족은 원거주지를 버리지 않은 채 486년부터 갈리아로 팽창하여 인근 부족들과 방대한 영토를 정복하고 강력한 프랑크 왕국으로 발전하여 중세 유럽사의 주역을 담당하게 된다.

이러한 가운데 476년, 서양사에서 상징적 의미를 갖게 된 사건이 일어난다. 판노니아 출신의 로마인으로 아틸라의 측근이었던 오레스테스는 453년 아틸라가 죽자 그의 산류병들과 함께 이탈리아 주둔 로마군에 복무했다. 그는 자신을 로마군 사령관에 임명한 황제 율리우스 네포스를 폐위시키고, 475년 자신의 어린 아들 로물루스 아우구스툴루스를 황제로 옹립했다. 이에 반기를 들고 오레스테스를 살해한 동고트족의 오도아케르는 476년 로물루스를 폐위시키고, 서로마 황제의 휘장을 동로마 황제 제노(재위 474~491)에게 보냈다. 이로써 서로마제국의 정통성은 동로마로 넘어갔으며, 이후 서로마제국의 영토는 동로마의 관할 아래 들어갔다. 우리가 흔히 고대와 중세의 분기점으로 삼는 476년 사건(서로마제국의 멸망)은 이렇게 슬그머니 지나가고 있었다. 연대기 작가 마르켈리누스 코메스는 이 사건을 담담하게 기술했다. "고트족의 왕 오도아케르가 로마를 손에 넣었다. 초대 황제 옥타비아누스 아우구스투스가 로마력 709년(기원전 44년)에 통치하기 시작했던 서로마제국은 젊은 황제 로물루스와 함께 끝났다."

새로운 구조

게르만의 이동 이후 새로운 구조가 형성되어 중세 문명의 기초가 만들어지기 시작했다. 우선 눈에 띄는 것은 상업이 쇠퇴했다는 점이다. 동방과의 무역뿐만 아니라 속주들 간의 상업도 마찬가지였다. 지중해의 올리브, 라인강 유역의 유리 제품, 갈리아의 도자기 등 대외 무역용 농산물과 공산품의 수요가 감소했다. 이와 동시에 도시가 쇠퇴하고 화폐 사용이 국지화하는 등 교환 경제가 한층 위축되었다. 이로 인해 고대의 육상 상업망이 붕괴하고, 대신에 강을 중심으로 하는 수로가 유일한 교통로가 되었다. 이를테면 지중해와 북해를 잇는 론강·손강·모젤강·뫼즈강·라인강이 그러했다(반면에 아바르족과 슬라브족의 수중으로 넘어가 치안이 불안한 다뉴브강·엘베강·비스툴라강은 흑해와 발트해를 잇는 교통로 역할을 하지 못했다).

이런 현상의 원인은 게르만의 이동 탓인가? 물론 도시보다는 농촌에 거주하길 선호했던 게르만 문화도 영향을 미쳤을 것이다. 그러나 상업과 도시의 쇠퇴는 게르만의 이동 이전에도 이미 상당히 진척되고 있었다. 또한 세리의 가렴주구와 지주의 수탈은 농민들을 토지에서 이탈하게 했고 농촌의 구매력을 감소시켰다. 외부에서 물품을 공급받아야만 생존할 수 있는 도시민들은 상업의 쇠퇴로 인해 생활필수품을 제대로 공급받지 못했으므로 생존을 위해 식량 생산지 근처로 이동하지 않을 수 없었다. 6~7세기에는 이런 현상이 더욱 심화되었다. 롬바르드의 북이탈리아 정복, 동로마제국의 반달 왕국과 동고트 왕국 재정복 전쟁, 해상무역 쇠퇴로 인한 대도시의 식량 보급 체계 붕괴 등과 같은 인재에다 기근, 페스트, 기타 역병 같은 천재가 겹쳐 로마 같은 대도시조차 유기되었다. 4세기 초 콘스탄티누스 황제 시절까지만 해도 80만 명에 달하던 로마시의 주민 수는 6세기 후반에 5만 명으로 확 쭈그러들었다. 632년 성전을 시작한 이슬람이 시리아·이집트·북아프리카를 거쳐 에스파냐까지 지중해 연안 지방 대부분을 쉽게 정복할 수 있었던 것도 이러한 쇠퇴 때문일 것이다.

이 결과로 서유럽의 경제적 지도는 농촌적인 풍경으로 변모했다. 농민들이 토지를 떠나면서 경작지 유기가 증가했고, 황무지와 산림 등 '숲-사막'이 유럽을 뒤덮었다. 이러한 숲속의 빈터에 장원이며 (한층 위축된) 도시며 수도원 등과 같은 문명의 외딴섬들이 사막의 오아시스처럼 점점이 흩어져 있게 된다. 그리하여 도시 문명이 지배했던 고대 세계는 종말을 고하고 농촌이 압도하는 중세 세계가 열린 것이다.

게르만 자체도 도시에 낯설었다. 타키투스가 기술한 것처럼, 게르만은 울타리 친 좁은 공간에서 서로 달싹 붙어 있는 집에서 살기를 싫어하고 개방된 넓은 공간에서 자유롭게 살기를 좋아했다. 게르만 왕들 역시 왕으로서 도시 궁정에서 사는 것보다는 지주로서 농장에서 사는 것을 더 좋아했다. 이러한 이유로 농촌에 게르만 마을이 증가했다. Racheringa나 Fère-champagne처럼 중세 초 많이 등장한 '-inga'나 'fère'가 붙은 마을 이름은 게르만 정착촌을 의미했다.

농촌화가 진전됨에 따라 '붙박이 사회'의 이데올로기가 등장했다. 이것은 제국 말기부터 조짐을 보였다. 농민들이 세리의 가렴주구와 지주의 착취에 못 이겨 토지를 이탈하자 디오클레티아누스 황제(재위 284~305)는 직업 이탈을 금지하는 법령을 공표했다. 이에 따라 자유로운 소작농은 거주 이전의 자유를 상실하고 지주의 토지에 긴박되어 노예와 유사한 '콜로누스colonus'로 전락했다. 자신의 분수를 벗어나고자 하는 욕구를 중죄로 여긴 중세 기독교 사회는 영주에게 장원을 탈주한 농민에 대한 추적권을 부여했다. 특히 농노는 소속 장원을 떠날수 없었다. 영민領民은 '붙박여 사는 사람manant'이었으며, 장원은 '영민들이 사는 사회manor'였다. 이념이 초래한 것이든 불가피한 현실이 초래한 것이든 이것은 중세 농민의 운명이었다.

게르만은 로마 세계에 분산·정착하고 난 뒤 기존의 로마 문화에 적응하는 과정에서 여러 장애에 직면했는데, 그중 가장 심각한 문제는 그들이 대부분(고트족·반달족·부르군드족·롬바르드족) 아리우스파였다는 것 말고도 수적으로 열세였다는 점이다. 서로마제국으로 이동해 온 게르만의 수적 비중을 정확히 파악할 수 없지만, 이동한 각 부족의 인구는 점진적으로 팽창한 프랑크족을 제외하면 10만 명을 넘지 않았으며, 이동한 게르만의 총인구는 서유럽 전체 인구의 5퍼센트 미만이었을 것이다. 이들은 정치적으로는 지배자였지만 수적으로는 소수파였다. 따라서 한편으로는 로마 문화를 수용하면서도 다른 한편으로는 소수파로서 자신의 문화에 대한 정체성을 유지하려 하였다.

게르만은 법체계에서도 자신의 정체성을 이어갔다. 로마는 속주민에게 로마시민권을 부여한 카라칼라 황제의 칙령(212) 이래로 속지주의屬地主義, 즉 제국 내의 모든 주민들에게 동일한 로마법을 적용했다. 그러나 중세 초에는 속인주의屬人主義가 지배했다. 이것은 같은 지역에 여러 부족이 거주할 경우, 동일한 법이 아니라 그가 속한 부족의 법을 적용받는 것을 의미한다. 예컨대 같은 지역에 거주하더라도 로마인은 로마법, 프랑크인은 프랑크 부족법, 부르군드인은 부르군드 부족법을 적용받았다. 따라서 동일한 범죄라도 자신이 속한 민족 집단과 그에 적용되는 법에 따라 처벌이 달랐다. 예를 들어 처녀를 강간한 경우 로마법에서는 사형을, 부르군드 부족법에서는 벌금형을 내렸다.

중세 초에는 속인주의가 우세한 상황이었다. 우선, 비록 왕과 왕국이 있었지만 잡다한 민족 집단을 하나로 통합할 수 있는 정치적 통일체가 존재하지 않았다. 이와 더불어 경제적 측면에서도 왕국의 영토를 통일적으로 관리하고 계승하는 국가 개념이 부재했고, 상속제의 결함으로 토지의 파편화 현상이 발생했다. 또한 중세는 지방주의와 지역적 동족애의 심성이 오랫동안 지속되는 가운데 복수의 정체성이 공존할 수 있는 사회였다. 그러나 속인주의 법은 속지주의로 전환될 요인들을 내포하고 있었다. 게르만의 법들은 서로 비슷하고 각 왕국에 하나의 법전이 최고법으로 통일되는 경향이 있었다. 큰 단위로 정치적 통합을 이룬 카롤루스제국 시기(800~888)에 속지주의가 등장하게 된다.

중세는 두 개의 언어를 사용하는 사회였다. 하나는 교회의 거룩한 언어인 라틴어가 국제 공용어로 쓰였고, 다른 하나는 속어俗語, 즉 각국어 또는 각 지방어가 일상어로 사용되었다. 일찍부터 로마 문명의 영향을 받아 로마화가 상당히 신척된 이탈리아·프랑스·에스파냐에서는 라틴어에서 파생된 로망스어가 사용되었던 반면, 그렇지 않은 라인 강 동쪽 지역, 브리튼, 북유럽에서는 게르만어가 사용되었다. 그렇다면 로망스어는 언제부터 라틴어와 결정적으로 분리되었을까? 달리 말해 로망스어를 사용하는 사람들은 언제부터 라틴어를 알아들을 수 없게 되었을까? 로망스어를 사용하는 지역의 주민들은 9세기경에는 라틴어를 알아듣지 못했던 것 같다. 평신도들도 알아들을 수 있도록 라틴어 대신에 속어로 설교하라는 9세기 일련의 공의회 결정과, 동프랑크의 루도비쿠스 독일왕(재위 843~876)과 서프랑크의 카롤루스 대머리왕(재위 843~877)이 휘하의 병사들에게 라틴어 대신 튜턴어(옛 독일어)와 로망스어로 선포한 「스트라스부르 서약」(842)은 이를 단적으로 말해준다.

또한 게르만 이동 이후 사람들의 감수성이 더 무디고 거칠어졌다. 이것은 3중의 야만성, 즉 게르만의 야만성과 로마의 야만성에다 사회적 혼란이 초래한 야만성이 덧붙여진 탓이다. 성적 탈선과 폭력, 구타와 상해, 폭음과 폭식이 횡행했다. 투르의 주교 그레고리우스(재임 573~593)는 『프랑크족의 역사Historia Francorum』에서 "당시에 많은 범죄가 발생했다. 각 개인은 자신의 욕망 속에서 정의를 발견했다"라고 썼다. 『살리 프랑크 부족법Lex Salica』에서 상해 배상을 언급하는 무정한 어투는 당시에 만연한 폭력의 실상을 증언한다. 인상적인 조항 몇 개만 들어보자. "누가 타인의 손이나 발을 부러뜨리거나 그의 눈을 빼내거나 코를 자를 경우에는 4,000데나리우스를 배상해야 한다." "팔에 상해를 입혀 그 팔이 쓸모없이 너덜너덜 매달려 있는 경우에는 2,500데나리우스를 배상해야 한다." "누가 타인의 머리를 때려 뇌와 그것을 덮고 있는 뼛조각 3개가 드러날 경우에는 1,200데나리우스를 배상해야 한다." 이처럼 만연한 폭력과 이에 대한 무감각한 태도는 중세 천 년을 특징짓는 장기 지속적 현상이 되었다.

사회구조가 그랬던 것처럼 사고방식도 단순해졌다. 미국의 중세사가 찰스 M. 래딩에 따르면 중세 초에는 어린이처럼 유치한 사고가 지배했다. 당시 사람들은 행위의 의도를 고려하지 않고 결과만으로 도덕적 판단을 했는데, 그는 이것을 '도덕적 결과주의moral realism'라고 불렀다. 앞서 언급한 『프랑크족의 역사』에서 이와 관련된 사례를 하나들어보자. 프랑크 왕국을 수립한 클로비스(라틴어로는 클로도베우스 또는 클로도베쿠스, 재위 481~511)는 왕국을 확장하는 과정에서 친척 시게베르투스Sigebertus와 그 아들 클로데리쿠스Chlodericus를 왕궁으로 불러들였다. 클로비스는 수하를 시켜 이들이 보석 상자를 구경하는 도중 상자 뚜껑으로 목을 눌러 죽여버렸다. 중세 초 최고의 지성인 가운데 한 사람이었던 그레고리우스조차 이 살인 사건을 기술하면서 클로비스는 죄가 없다고 주장했다. 국왕이 직접 죽인 것이 아니라 그의 대리인이 죽였기 때문이라는 것이다. 오늘날 같았으면 살인 교사 정범으로 처벌을 받아 마땅하겠지만 그때는 그러한 개념이 없었다. 당시 사람들은 어린아이처럼 단순하게 결과만 가지고 선악을 판단하고 그 의도나 미세한 차이는 무시해버렸다. 이처럼 중간이 없는 흑백논리와 마니교적 단순성이 그들의 사고방식을 지배했다. 그러나 12세기에 이르면 행위의 결과와 함께 상황·의도 등 다양한 요인과 미세한 차이를 고려하여 판단하는 합리적 사고방식을 배태할 새로운 사회가 출현하게 된다.

제 2 장

왕과 국가

중세 기독교 사회를 이끈 두 머리 중 하나는 '왕'이었다. 중세 왕은 '이교적인 왕'(왕-전쟁 영웅)에서 '기독교적인 왕'(왕-사제 또는 왕-성인)으로 변모했다. '하느님을 모방한 왕'으로서 중세 왕은 그리스도와 특별한 관계에 있었고, 이로부터 '메시아적인 왕'의 이미지가 탄생했다.

'기독교적인 왕'은 성서에서 그 근거를 찾을 수 있다. 구약성서에서 가장 많이 활용되는 중세 왕의 모델은 이스라엘 왕 다윗이다. 이를 본떠 카롤루스 대제는 "새로운 다윗"이라고 불렸다. 중세 왕은 구약성서로부터 이중적 이미지, 즉 왕으로서의 이미지와 고위 사제로서의 이미지를 물려받았다. 신약성서에서 물려받은 왕의 이미지는 '마술사적 왕'이다. 마술적 치료자로서 그리스도의 전통적 이미지는 '기적을 행하는 왕'에 대한 신앙의 근거가 되었다. 중세 때 대관식에서 도유된 왕은 신성성을 부여받고 치유 기적을 수행할 수 있다고 여겨졌다. 예컨대 11~12세기부터 프랑스 왕과 잉글랜드 왕은 연주창 치유의 기적을 행하는 왕이 되었다.

중세 왕이 이러한 '기독교적인 왕'의 성격을 획득하는 공식 의례는 기름 바름을 받는 축성 의식, 곧 도유 의식이다. 이것은 '하느님의 은총'으로 권력을 내림받는 의식이다. 특히 프랑스 왕은 하늘에서 가져온 성유聖油로 도유되었다 하여 다른 나라 왕들에 비해 더 우월하다고 주장하고 스스로를 '가장 기독교적인 왕'이라 불렀다. 에스파냐 왕도 '재정복Reconquista'을 완료하고 에스파냐를 통일한 뒤 '가톨릭 왕'으로 인정받았다. 프랑스 왕은 클로비스 때부터 랭스에서, 잉글랜드 왕은 윌리엄 정복왕 때부터 웨스트민스터에서 도유를 받고 대관되었다. 신성로마제국 황제는 아헨에서 독일 왕으로 즉위하고 나서 로마에서 교황이 주관하는 황제 대관식을 치렀다(그러나 후대로 갈수록 선제후들이 선출한 독일 왕은 로마에서 교황이 주관하는 대관식을 치르지 않고도 선제후에 의한 선출만으로 황제가 되었다).

하느님을 모방한 '기독교적인 왕'으로서 중세 왕은 카롤루스 왕조 때부터 '사제적인 왕'이 되었다. "하느님으로부터 대관된 왕"은 또한 교회에 의해 축성된 왕이다. 그로부터 기독교 신앙과 백성을 보호할 직무를 부여받은 왕은 교회를 존중하고 그에 종속되어야 했다. 그러나 왕은 성사를 수행할 수 없다는 점에서 사제가 아니었다. 11~12세기 불거진 성직서임권 투쟁에서 교회는 왕의 사제적 특성을 부인했고, 교황과 맞섰던 독일 왕(신성로마제국의 황제)은 사제적 특성을 박탈당했다.

한편, 위/아래의 기독교적 공간 가치 체계는 중세 왕을 위계 체계에서 '높은 곳,' '위'에 자리하게 했다. 또한 12세기부터 등장한 유기체적 정치사상에서 왕은 사회적 육체의 머리에 해당했다. 14세기 초 교황과 왕의 투쟁에서 교황파와 국왕파는 제각기 교황을 기독교 세계의 머리로, 왕을 심장으로 비유했다. 국왕파는 신경계를 관할하는 머리보다는 사회에 피를 수혈하는 심장이 더 우월하다고 주장했다.

왕은 유구한 귀족 가문 출신이어야 했다. 왕(영어의 king, 독일어의 König)의 어원인 고트어 쿠니kuni는 '출중한 귀족'을 의미했다. 중세 때는 왕을 "동등한 자들 가운에 일인자"로 격하하는 경향이 있었지만, 왕만이 도유되어 신성한 성격을 지녔다.

황제 및 교황과 관련해 왕이 차지하는 위상은 이론과 실제 사이에 차이가 있었다. 이론상으로 왕은 황제와 교황보다 아래에 있었지만, 황제와 교황의 역사는 왕에게 유리한 방향으로 전개되었다. 독일 왕이면서 로마인의 왕인 신성로마제국의 황제는 로마에서 교황에 의해 도유될 때만 황제가 되었는데, 실제로 대관되는 경우는 많지 않았다. 또한 이 세 인물의 즉위 의식과, 권력의 상징물인 관冠과 옥좌는 이들 모두를 동일한 반열에 있게 했다. 이들의 권력을 상징하는 이름을 '레갈리아 *regalia*'(왕권)라고 했는데, 이것은 이들이 공통적으로 왕권에 준거하고 있다는 것을 뜻했다. 그러나 황제와 교황의 군주적 이미지는 점차 약화되었다. 혈통이 아니라 선거를 통해 계승했기 때문이다. 귀족들은 자신들의 이해관계에 따라 황제와 교황을 옹립하거나 선출했으며, 이로 인해 발생한 황위의 공백(1254~1273), 대립 교황의 양산과 교황권의 분열(1378~1417)은 이들의 권위를 크게 약화시켰다. 중세 말에 황제와 교황은 그 이름에 값할 만한 보편적 권위를 갖지 못했다. 그러나 왕권 투쟁은 그 정도로 심각하게 왕의 권위를 약화시키지는 않았다. 오히려 시간이 흐를수록 "왕은 그의 왕국에서 황제다"라는 이론이 현실이 되었다. 권력의 정점에서 역사의 시계추는 황제와 교황 쪽이 아니라 왕 쪽으로 기울었다.

이와 관련하여 중요한 것이 왕의 정통성을 승계하는 방식이다. 중세의 권력 승계 방식에는 선거, 혈통 승계, 군주에 의한 후계자 지명, 결투를 통한 신의 간택, 왕조 찬탈 등 여러 가지가 있었지만, 정통성을 획득하는 주요한 방식은 선거와 혈통 승계였다. 선거는 독일과 중·동부 유럽, 교황청에서 지배적으로 사용된 방식이고, 혈통 승계는 대부분의 서유럽에서 채택된 방식이다. 부계 우위의 양계제가 지배적이었던 대다수 서유럽 국가에서는 직계 가운데서 아들(특히 장자)이 우선이었고 아들이 없을 경우에는 딸이 승계했다. 서양에서 중세 이래로 간혹 여왕이 등장한 것은 이러한 직계 혈통 승계 원칙에 따른 것이다. 그러나 프랑스는 예외였다. 여계를 왕의 승계에서 배제한 발루아 왕조의 출범(1328)과, 여계 승계 배제를 법으로 못 박은 샤를 5세의 칙령(1374) 이래로 프랑스에서는 여왕이 존재하지 않는다.

중세 왕은 '순회하는 왕,' 말하자면 떠돌이였다. 약탈-선물 경제가 지배한 중세에 그렇게도 많았던 전쟁에서 왕은 사령관으로서 왕국을 주유해야 했다. 그뿐만 아니라 멀리 떨어져 있는 백성에게 자신을 드러낼 정치적 필요가 있었고 순례를 가기 위해 돌아다녀야 했다. 이로 인해 왕의 숙영권宿營權이 행사되는 여정은 수많은 수행원들과 관련 상인들을 몰고 다니면서 도시 발전을 자극했다. 도시 입성식入城式을 통해 극적으로 드러나는 이러한 순행巡幸 여정은 또한 민생을 보살필 기회이기도 했다. 12세기의 한 문헌에서 언급하듯이 "왕이 자주 찾는 곳에선 빈자들의 아우성과 신음이 들리지 않았다."

따라서 왕이 한곳에 상주하면서 정사를 펴는 근대적 의미의 수도 개념이 중세 때는 미약했다. 왕이 도시보다는 농촌 장원에 거주하고 국가 개념을 갖지 못했던 중세 초에 특히 그러했다. 어느 정도 중앙집권을 이뤘던 카롤루스 왕조조차도 수도가 7개나 되었다. 수도는 왕의 거주 기능에서 비롯되었다. 거주 기능이 강한 곳의 성이 왕궁으로 사용되었기 때문이다. 런던은 노르망디 공작 윌리엄의 정복(1066)을 계기로 잉글랜드의 수도가 되었고, 파리는 필리프 2세(재위 1180~1223) 시절부터 수도의 면모를 갖추기 시작했다. 로마는 이론적으로나 상징적으로나 신성로마제국 황제와 교황의 수도였다는 점에서 독특한 성격을 지녔다. 반면 독일은 잦은 왕조 교체로 인해 아헨, 뉘른베르크, 고슬라어 등이 각 왕조의 수도가 되었다. 이베리아 반도에서는 서고트 왕국 시절부터 이슬람의 지배를 거쳐 '재정복' 시기까지 톨레도, 코르도바, 그라나다가 수도 역할을 했다. 폴란드에서는 그니에즈노가 종교도시로 발전했지만 정치적으로는 크라쿠프가 수도로 발전했다.

이제는 이러한 개괄적 지식을 배경으로 하여 중세 왕권과 국가가 발전하는 양상을 시기별로 나누어 구체적으로 살펴보자.

1. 왕국의 통합과 분열

중세 정치사는 갈피를 잡을 수 없을 정도로 아주 복잡하게 전개되었다. 중세 초 수많은 게르만 왕국들의 정치적 판도는 자주 바뀌고 일부 지역에서는 왕조 교체가 잦았다. 여기서는 이런 현상을 초래한 원인을 중심으로 중세 초 정치사의 주요 맥락만을 살필 것이다.

메로베우스 왕조

프랑크 왕국은 대륙의 여러 세력을 규합하여 서유럽의 주요 국가들을 탄생시키며 창창한 미래를 만들어나간다.

프랑크족은 라인강 하류 동쪽과 북쪽에 거주하던 살리인Salii을 중심으로 다양한 부족들(샤마비인Chamavi, 시캄브리인Sicambri, 리부아리인Ribuarii 등)이 규합된 부족 연맹체였다. 프랑크 왕국의 첫 왕조는 살리 프랑크족의 전설적인 지도자 메로베우스Meroveus(411?~458?)의 이름을 딴 메로베우스 왕조다. 그의 손자인 클로비스 때 이르러 프랑크 왕국은 인근 부족을 정복하고 서유럽에서 가장 강력한 왕국으로 부상한다.

프랑크 왕국이 이처럼 강국으로 발전한 배경에는 여러 요인이 작용했다. 우선 지정학적 요인을 들 수 있다. 프랑크족은 라인강 하류의 원주지를 버리지 않고 팽창했다. 이로써 원주지를 버리고 아주 먼 거리를 이동하여 낯선 지역에 정착한 다른 부족들에 비해 정복지에서 정치적·경제적·문화적 갈등을 줄일 수 있었다. 따라서 갈리아 토착민들은 새로운 지배자의 정체성을 다른 지역에 비해 더 빨리 받아들였다. 또한 프랑크족은 비잔티움 세계의 중심부에서 멀리 떨어져 있었기 때문에 6세기 반달 왕국과 동고트 왕국을 정복했던 유스티니아누스Justinianus 황제(재위 527~565)의 재정복 관심권에서 벗어나 있었다.

프랑크족은 남쪽으로 영토를 확장하며 단기간에 지중해 인근까지 정복했다. 서로마 황제가 폐위되고 난 뒤인 486년 파리에 주둔했던 최후의 로마 군대와 그들을 이끈 장군 시아그리우스Siagrius를 괴멸시키고, 파리 인근 수아송을 수도로 삼았다. 북부 갈리아를 정벌한 이들은 496년 쾰른 인근 톨비악 전투에서 알레마니족Alemanni에 승리함으로써 동부 갈리아를 정복했다. 507년 프랑스 서부의 부예Vouillé 전투에서 승리하고 서고트족을 피레네산 남쪽으로 몰아내면서 아키텐 지방을 포함한 남서 갈리아 지방이 그들 차지가 되었다. 511년에는 갈리아 중남부를 정복하고, 534~537년에는 부르군드족을 비롯한 갈리아 동남부(오늘날의 부르고뉴와 프로방스)를 통합했다. 이처럼 프랑크 왕국은 팽창을 시작한 지 반세기 만에 나르본Narbonne을 제외한 오늘날 프랑스 영토의 거의 전역을 자신의 영토로 만들었다.

또한 프랑크족이 가톨릭으로 개종한 것은 왕국의 앞날에 큰 행운을 가져다주었다. 대부분의 게르만이 이단인 아리우스파로 개종한 것과는 달리 프랑크족은 정통 기독교로 개종했다. 투르의 주교 그레고리우스가 쓴 『프랑크족의 역사』에 따르면, 클로비스는 부르고뉴(부르군드) 왕국의 공주 출신으로 성인의 반열에 오를 정도로 신심이 깊었던 부인 클로틸다의 영향으로 496년 12월 25일 휘하 병사 3,000명과 함께 랭스 대성당에서 주교 레미기우스Remigius에게 도유(사실은 세례)

를 받았다. 511년 클로비스의 주도로 열린 오를레앙 공의회에서 그는 이단 아리우스파와의 투쟁 문제를 처리하고 자신의 동의 없이는 누구도 성직자가 될 수 없다고 선언했다. 이러한 종교적 선택이 낳은 씨앗은 두 세기 반이 지난 뒤 큰 결실을 맺게 된다.

프랑크 왕국은 구심력보다는 원심력이 더 크게 작용할 요인을 많이 갖고 있었다. 가장 큰 분열의 요인은 원시 게르만 사회에서처럼 국가 개념과 주권 개념이 부재한 것이었다. 그러니 왕국의 영토를 사유재산처럼 자식들에게 분할 상속해주고, 심지어는 서출들과 첩들에게까지 땅과 재산을 나누어주었다. 이로 인해 중세 초 서유럽의 정치 판도는 자식의 유무나 다소多少에 따라 뭉치고 흩어짐을 반복했다. 511년 클로비스가 죽자 이런 일이 벌어졌다. 왕국은 네 아들에게 분할되고 네 개의 수도(수아송·파리·랭스·오를레앙)가 생겼다. 이러한 가운데 6세기 중반 메로베우스 왕조의 정치지도는 동북부의 리부아리 정체성을 핵심으로 한 아우스트라시아Austrasia(샹파뉴·랭스·메스), 중서부의 살리 정체성을 핵심으로 한 네우스트리아Neustria(수아송·파리·투르·루앙), 중동부와 동남부의 부르군드 정체성을 핵심으로 한 부르군디아(부르고뉴), 서남부의 토착(바스크, 갈리아-로마) 정체성을 핵심으로 한 아키타니아(아키텐)를 중심으로 통합과 분열을 거듭했다.

메로베우스 왕조 후기에 왕은 명목상으로만 존재하고 궁재宮宰, *majordomus*가 실질적인 통치권을 행사했다. 궁재는 왕이 의전 기능만 수행하는 오늘날의 입헌군주제 아래서 실권을 행사하는 수상과 비슷했다. 에인하르두스Einhardus(아인하르트Einhard)는 『카롤루스 마그누스 전기*Vita Karoli Magni*』(9세기 초)에서 "그는 왕이라는 허울뿐인 칭호와 궁재가 허용하는 불안정한 지지를 넘어서 자신이 주도하여 처리할 수 있는 일이라곤 전혀 없었다"라고 썼다. 특히 형제·친척 간인 인근 왕들과의 전쟁이 계속되는 와중에서 대대로 세습되는 궁재는 궁내에서 사실상 왕과 같은 역할을 했다. 그 당시 가장 큰 세력을 이뤘던 아우스트라시아의 궁재가 그러했다. 국왕 다고베르투스(재위 623~639)가 639년 사망하고부터 피피누스Pippinus 가문 출신의 궁재가 잇달아 실권을 장악하고, 왕은 그야말로 "허수아비 왕do-nothing king"이 되었다. 궁재의 권력과 권위가 최고조에 달한 시절은 카롤루스 마르텔루스 Carolus Martellus(688?~741)가 아우스트라시아의 궁재로 있던 시기였다. 그는 피레네산을 넘어 북진하는 이슬람 군대를 격퇴시킨 투르-푸아티에 전투(732)를 승리로 이끈 주역으로 이름을 날렸다.

카롤루스 왕조와 카롤루스제국

카롤루스 마르텔루스 이후 명목상으로만 이어진 메로베우스 왕조를 대체하고 후대 역사가들이 그의 이름을 따 '카롤루스 왕조'라 부르는 새 왕조가 들어설 대내외적 상황이 전개되고 있었다.

카롤루스의 두 아들 중 카를로마누스Carlomannus(?~754)는 아우스트라시아의 궁재가, 피피누스(714~768)는 네우스트리아와 부르군디아의 궁재가 되었다. 카를로마누스는 힐데리쿠스Hildericus 3세(재위 743~751)를 통일 프랑크 왕으로 옹립하고 난 뒤, 747년 동생에게 권력을 넘기고 몬테카시노 수도원의 수도사가 되었다. 이렇게 해서 통일 메로베우스 왕조의 궁재 권력을 장악한 피피누스는 귀족들의 도움을 받으면서 쿠데타를 꾸몄다.

실권은 없고 칭호만 갖고 있던 "허수아비 왕" 힐데리쿠스 3세는 백성의 조롱거리가 되었다. 사실상 왕권을 행사하고 있던 궁재 피피누스는 751년 초 교황 자카리아스Zacharias(재위 741~752)에게 사절을 보내 물었다. "더는 왕으로서의 실권이 없는 프랑크 왕에 관해 여쭙겠습니다. 이러한 사태가 적절하다고 보십니까?" 이에 대해 교황은 "왕으로서의 실권이 없는 자보다는 실권을 가진 이가 왕으로 불리는 것이 더 좋다"라고 대답하고 힐데리쿠스 3세를 폐위시켰다. 메로베우스 왕조의 마지막 왕은 신비스러운 힘을 지녔다고 여겨지던 왕권의 상징인 '긴 머리'를 삭발당하고 수도원에 유폐되었다. 751년 말 수아송에서 열린 귀족회의에서 피피누스는 프랑크 왕(피피누스 단신왕)으로 선출되었고, 이듬해 마인츠 대주교 성 보니파티우스Bonifatius(675?~754)에게 도유를 받았다. 자카리아스를 이은 교황 스테파누스Stephanus 2세(재위 752~757)는 754년 파리 인근 생드니까지 몸소 가서 피피누스에게 두번째 도유를 해주고 '로마인들의 보호자Patricius Romanorum'라는 칭호를 주었다.

교황은 어떤 사정이 있었기에 피피누스에게 도유를 해주고 쿠데타를 승인한 것일까? 8세기 중엽 이탈리아 반도는 명목상 동로마 황제의 관할 아래 있었지만, 실제로는 롬바르드 왕국과 동로마 황제와 교황, 이 세 권력이 서로 각축을 벌이고 있었다. 파비아에 본거지를 둔 북부의 롬바르드 왕국은 중부와 남부에 있는 스폴레토Spoleto와 베네벤토Benevento 공국에 영향력을 미치고 있었고, 교황은 로마시와 그 인근의 로마 공국을 지배하고 있었다. 동로마 황제는 이탈리아 반도 중북부 라벤나에 총독을 파견하여 봉치권을 행사하고 있었다. 이처럼 여러 세력이 각축하는 중에 롬바르드 왕국은 리우트프란트Liutprand왕(재위 712~744) 때부터 국내의 안정을 꾀하고 대외로 팽창하여 스폴레토와 베네벤토 공국에 대한 실제적 지배권을 회복하고 라벤나 총독령과 로마 공국까지 위협했다. 이런 대외 정책을 계승한 아이스툴프Aistulf왕(재위 749~756)이 751년 라벤나를 정복하면서 로마를 압박했다.

이처럼 롬바르드의 위협에 처한 교황은 이론상으로 후견인인 비잔티움 황제에게 도움을 청해야만 했다. 그러나 이것은 726년부터 '성상 파괴iconoclasm 논쟁'으로 불거진 동로마 황제와의 갈등으로 무망한 일이 되었다('성상 파괴 논쟁'에 대해서는 제1부 3장 1절 참조). 그렇지 않아도 궁재 카롤루스 마르텔루스 시절부터 동로마 황제의 간섭으로부터 벗어나 궁재를 새로운 세속 파트너로 삼으려 시도한 바 있던 교황권은 당시 권력을 장악하고 있던 실세 피피누스를 지지할 수밖에 없었다. 이에 대한 보상으로 피피누스는 군대를 이끌고 알프스산을 넘어 롬바르드 국왕 아이스툴프를 굴복시키고, 로마 공국과 라벤나 총독령을 교황에게 기증했다. 이것이 유명한 '피피누스의 기진Donation of Pippinus'이며, 이를 계기로 교황이 이탈리아 반도의 중부 지방에 대한 세속적 통치권을 갖는 '교황령 국가Papal State'가 공식 출범했다.

피피누스 단신왕을 계승한 두 아들 가운데 카롤로마누스 1세가 771년 사망하자 카롤루스C(K)arolus('위대한'을 의미하는 '마그누스 *Magnus*'란 별명이 붙어 흔히 '카롤루스 마그누스' '카롤루스 대제' '샤를마뉴'라고 불린다)가 단독 통치자가 되었다. 그는 선왕의 유업을 이어 인근 지역을 정복하는 일에 착수했다. 남쪽으로는 잔존하는 롬바르드 왕국을 정복하고 왕관을 탈취해 '롬바르드의 왕'이 되었다. 동쪽으로는 라인강을 넘어 정복과 함께 살육을 동반한 강제 개종을 통해 주민들을 기독교도로 만들었다. 작센 지방을 차지하고 개종에 반대하는 4,500명을 처형했으며, 바이에른Bayern과 아바르족을 정벌해 세력이 엘베강까지 이르렀다. 남서쪽으로는 아키텐 지방을 위협하는 바스크인들과 이슬람교도들을 공격해 나르본과 카탈루냐를 정복했다. 그러나 이 원정에서는 쓰디쓴 대가를 치르지 않으면 안 되었다. 사라고사를 정복하고 귀국하던 카롤루스의 후위 부대는 778년 8월 15일 피레네산의 롱스보Roncevaux 협로에서 바스크인들의 매복에 걸려 대패했

〈그림 11〉 롱스보 전투(미상, 1460년경)

다. 〈그림 11〉에서 보듯이 후위 부대를 지휘하던 그의 조카 롤랑Roland
이 장렬히 전사한 이 사건은 후대에 기사문학의 전범이 될 무훈시『롤
랑의 노래Chanson de Roland』로 되살아난다.

　800년 12월 25일 교황 레오 3세(재위 795~816)는 이 책 맨 앞에
수록된 〈그림 1〉에서 볼 수 있듯이 로마의 성 베드로 성당에서 기습적
으로 대관식을 거행하며 카롤루스에게 황제의 관을 씌워주고 '로마인
들의 황제Imperator Romanorum'란 칭호를 주었다. 이로써 476년 서로마제
국이 멸망한 지 300여 년 만에 서유럽에 제국이 부활한다.

　카롤루스가 황제가 된 것이 자신의 뜻이었는지 아니면 타의에 의
한 것이었는지는 확실하지 않다. 그의 측근 사제들이 그에게 제국의

이념을 고취시켰던 것 같다. 잉글랜드 출신 측근인 알쿠이누스Alcuinus
는 799년 카롤루스에게 쓴 편지에서 이렇게 말했다.

> 우리의 주 예수 그리스도가 당신이 기독교 신도들을 다스리도록
> 주신 왕의 위엄은 다른 두 위엄[동로마 황제와 교황]을 능가하며 현명
> 함에서 이들을 압도합니다. 이제 기독교 교회가 자신을 의탁하고 만
> 인이 구원을 요청할 데는 당신밖에 없습니다. 죄인을 처벌하고, 헤매
> 는 자들을 바르게 인도하고, 고통받는 자들을 위로하고, 선한 자들을
> 받들 이는 당신뿐입니다.

대관식을 주도한 교황 역시 나름의 정치적 계산을 하고 있었다.
한때 로마 귀족들한테 감금된 적이 있는 데다 동로마 황제로부터 독
립하길 바라고 있던 교황은, 자신이 집전하는 대관식을 통해 '신의 은
총'으로 만들어진 황제가 로마 교회와 기독교 신앙을 보호하는 후원
자가 되어주길 바랐다. 교황이 왕들에게 내린 '로마인들의 보호자'
'로마인들의 황제'란 칭호에는 그런 뜻도 담겨 있었다.

카롤루스 대제는 비록 황제라는 칭호의 가치를 알고 있었지만, 제
국에 대한 확고한 이념을 갖고 있지 않았으며 그에 걸맞은 조치도 취하
지 않았다. 그는 제국이 자신과 함께 소멸될 것이라고 생각했다. 황제
가 되고 나서도 여전히 '프랑크 왕'과 '롬바르드 왕'이라는 칭호를 포기
하지 않았다. 신민과 측근들로 하여금 황제에게 충성서약을 하게 한 것
을 제외하고는 통치 정책에 아무런 개혁도 하지 않았다. 806년 미리 작
성한 유언장에서 그는 황제의 위엄에 대해서는 한마디도 하지 않고 프
랑크인의 관습에 따라 왕국을 아들들에게 분할 상속해주었다. 각각 북
갈리아와 롬바르디아를 상속받은 장남과 막내가 죽자 남은 아들이 왕

국을 단독 상속받아 루도비쿠스 경건황제(재위 814~840)가 된다.

로마제국의 유일한 정통 계승자인 비잔티움 황제(동로마 황제)는 카롤루스의 황제 대관을 황위 찬탈로 규정하고 그를 인정하지 않았다. 반면 카롤루스는 동로마 황제와 동등한 관계를 요구했다. 이를 위해 그는 동로마 여제 이레네Irene와의 결혼 정책을 포함한 외교 교섭을 벌였으나, 이것이 수포로 돌아가자 아드리아해 북안에서 군사적 충돌이 일어났다. 함대를 갖추지 못했던 카롤루스는 달마티아와 베네치아를 동로마에 진상하고, 812년 아헨 강화 조약을 통해 가까스로 황제 칭호 ("황제라 불리는 프랑크인의 왕 카롤루스")를 인정받았다.

카롤루스 왕조는 최초로 중세 국가의 모습을 보여주었다. 물론 메로베우스 왕조처럼 중앙과 지방의 행정이 여전히 보잘것없었고 국가라고 해봐야 아직도 약탈 국가 수준이었지만, 점차 공공 이념이 강화되고 지방 행정의 효율성이 향상되었다. 대관식 때 왕은 교황으로부터 정의와 평화 수호, 교회와 약자 보호라는 공공 이념을 부여받았다. 829년 열린 파리 공의회에서 주교들은 이렇게 선언했다. "왕의 임무는 특히 하느님의 백성을 공명정대하게 다스리고 이끌며, 평화와 화합을 도모하는 데 있다. 그는 무엇보다도 교회며 하느님의 종이며 홀어미며 고아며 기타 모든 극빈자들을 보호해야 한다." 이것은 중세 때 주교들이 거듭해서 왕에게 교시한 '군수 보감寶鑑'의 전형이다. 카롤루스 왕조의 국왕들은 방백方伯·주교·순찰사 등과 같은 왕의 대리인들을 핵심으로 하여 전국을 봉건적 주종관계로 조직함으로써 공공제도(재판과 군대)를 유지하고 왕의 명령이 실행되도록 했다.

또한 소위 '카롤루스 왕조 르네상스'라고 부르는 지적·문화적 부흥 운동이 일어났다. 루아르강 이북의 왕조 중심지에서는 7~8세기 아일랜드와 잉글랜드 선교사들의 활동 덕택에 최소한의 문화 활동이 이어지고 있었다. 잉글랜드 출신인 알쿠이누스는 카롤루스 대제의 교사가 되었고, 이탈리아 출신인 파울루스 디아코누스Paulus Diaconus는 카롤루스 왕조의 궁정 아헨에서 라틴 시詩를 부활시켰다. 외국에서 초빙된 문인과 프랑크 지식인 들은 아헨 궁정에서 시인 동우회로 활동하면서 그동안 변질된 라틴어를 순화하고 교정했다. 궁정·수도원·성당에 학교를 설립하고, 성직을 지망하는 어린이들에게 라틴어를 교육시켰다. 또한 수도원에서 쓰던 기존의 다양한 서체들을 읽고 쓰기가 더 편리한 새로운 '카롤루스 소문자체carolina'로 통일하고(이로부터 현재의 서체가 비롯되었다), 키케로와 카이사르 등이 쓴 고전 라틴 작품을 필사하여 후세에 넘겨주는 가교 역할을 했다.

카롤루스제국의 붕괴

그러나 방대한 제국을 이뤘던 카롤루스 왕조는 내부 구조가 불안정한 데다 사방으로부터 외침을 받아 곧 위기를 맞았다.

북쪽으로부터는 '노르만'(북쪽 사람) 혹은 '바이킹'(노르웨이·스웨덴·덴마크의 해적－상인들)이라고 불리는 사람들이 몰려왔다. 이들은 이동할 당시 통일적인 문화를 갖지 못한 이교도로, 이상 한파로 인해 생존의 위협을 받던 9세기 중엽부터 해로와 수로를 따라 유럽 각지를 휩쓸고 다니며 교회와 수도원의 보물을 약탈했다. 이들은 강을 거슬러 내륙 깊숙이 침투했는데, 이것은 이들이 갖고 있던 배의 기동성에 힘입은 바가 크다. 바이킹의 배는 길이가 20미터, 폭이 2~3미터, 배가 물에 잠기는 깊이가 1미터밖에 되지 않았기 때문에 수심이 얕은 곳까지 침투할 수 있었으며, 따라서 강변 유역은 오지조차 이들의 침탈로부터 안전하지 못했다. 서쪽으로는 잉글랜드와 아일랜드를 넘어 심지어 아이슬란드와 그린란드까지 진출했고, 남쪽으로는 지브롤터 해협을 지나 남부 에스파냐·북아프리카·시칠리아와 이탈리아 반도 남부, 성지 예루살렘까지 진출했다. 동쪽으로는 발트해를 거쳐 볼가강을 타고 카스피해까지 진출해 이슬람 세계에 모피와 노예를 수출하고 아랍의 화폐를 들여왔다. 이 과정에서 바이킹 출신 지도자 류릭Riurik이 860년경 노브고로드Novgorod에 나라를 세우고, 후임자 올레그Oleg가 882년 전략적 요충지인 키예프(현재는 키이우Kyiv)로 천도하여 '키예프 루시 공국Kievan Rus'(우크라이나·러시아·벨라루스의 기원)이 탄생했다.

특히 서유럽 강변에 있는 도시들은 바이킹의 침략에 큰 타격을 받았다. 843년에는 루아르 강변의 낭트와 가론 강변의 툴루즈를, 845년과 858년에는 센강 유역의 샤르트르와 파리를, 859년에는 우아즈Oise 강 유역의 보베Beauvais와 누아용Noyon을 약탈했다. 881년에는 모젤 강변의 아헨에서 카롤루스 대제의 무덤을 방화하기까지 했다. 이들의 침략을 받았던 지역에 있는 교회와 수도원에서는 보물, 특히 성인의 유골을 내지의 안전한 곳으로 대피시키는 대소동이 일어났다. 약탈은 계속되었지만, 일정한 거점을 중심으로 상업과 농업에 종사하며 정착하고 싶어 했던 이들은 서프랑크 왕국과 지속적으로 교섭했다. 911년 조약을 통해 카롤루스 단순왕Carolus Simplex(재위 898~922)은 노르만의 우두머리 롤로(860?~930?)에게 아르모리크Armorique 지방에 토지를 양여했다. 이곳은 이들의 이름을 따 '노르망디'(노르만의 땅)라 불리게 되었고, 그 우두머리는 서프랑크 왕의 봉신이 되었다. 기독교로 개종한 이들은 잉글랜드, 시칠리아와 남부 이탈리아를 정복하고 그곳에 강력한 봉건 왕국을 건설한다.

남쪽으로부터는 사라센인이 북아프리카와 서부 지중해 섬을 거점으로 남프랑스와 이탈리아를 약탈했다. 북아프리카에 있는 아글라비드 왕조Aghlabids의 후예가 칼리프의 지배로부터 벗어나 함대를 건설한 다음 해적이 되어 806년부터 코르시카Crosica에 나타났고, 827년 시칠리아를 정복하기 시작했다. 이들은 그 후 한 세기 동안 시칠리아를 거점으로 이탈리아 반도로 진출한다. 846년에는 로마의 성 베드로 성당을 약탈하고, 847년부터 881년까지는 남부 도시 바리Bari를 점령·지배했다. 이와 동시에 에스파냐에 거주하는 사라센인이 프로방스·리구리아Liguria·토스카나 지방을 약탈했다. 특히 이들은 알프스산에 숨어 있다가 로마로 가는 순례자들을 인질로 잡고 몸값을 요구해 "알프스의 염소"라 불리기도 했다. 함대를 갖추지 못했던 카롤루스 왕조는 이들의 침략에 속수무책이었다. 그러나 장기간에 걸쳐 형성된 이들에 대한 적대감과 끔찍한 기억은 '성전'의 이념으로 진화해 에스파냐와 성지를 되찾기 위한 십자군 원정으로 표출된다.

동쪽으로부터는 마자르인Magyar(헝가리인)이라 불리는 유목민이 쳐들어왔다. 이들의 초기 역사는 잘 알 수 없으나, 튀르크인의 침략을 받아 볼가강 하류에서 서쪽으로 이동하면서 약탈 활동을 벌였다. 899년부터는 베네토·롬바르디아·바이에른·슈바벤 등 알프스산 인근 지역을 침탈하고, 10세기 초부터는 샹파뉴·알자스·로렌·부르고뉴·프로방스·랑그도크 등 프랑스 동부와 남부로 진출했다. 924~926년에는 베르됭Verdun·파비아·로마를 약탈했다. 그러나 955년 아우크스부르크Augsburg 인근 레히펠트 평원에서 독일 왕 오토Otto(재위 936~962, 황제 재위 962~973)에게 패하면서 기세가 한풀 꺾였다. 도로의 부재와 습지로 인한 노획물 수송의 어려움, 떠돌이 생활의 난점 때문에 결국 이들도 노르만처럼 약탈 포기-정착-개종이라는 침략자들의 운명을 겪었다. 이렇게 10세기 말에 헝가리가 탄생했다.

이러한 외침에 대해 카롤루스 왕조가 적극적으로 대응하지 못한 것은 노르만과 사라센의 게릴라 전법에 기인한 군사적 대응의 어려움도 그 원인이었지만 왕가의 내분이 더 크게 작용했다. 프랑크인은 로마 문명으로부터 정치적·문화적 유산을 차용하려 노력했지만 그때까지도 국가 개념을 확보하지 못했다. 프랑크 왕들은 왕국을 마치 사유재산처럼 생각하고 자식들에게 쉽게 분할 상속했다. 왕권과 왕령지를 한 자식에게, 특히 장자에게 상속한다는 개념이 없었으므로 자식들이 많을 때는 언제나 왕국이 분할될 운명이었다. 예외적으로 왕국이 통일성을 비교적 온전하게 유지하는 경우가 있었는데, 피피누스 단신왕이 정권을 잡은 751년부터 루도비쿠스 경건황제가 사망한 840년까지 90년 동안이 그러했다. 이것은 우연한 요인으로 한 사람이 왕국을 단독으로 상속받았기 때문이다. 피피누스는 형 카롤로마누스의 수도원 입회로, 카롤루스는 형제의 요절로, 루도비쿠스 역시 두 형제의 요절로 말미암아 왕국을 단독으로 상속받은 것이었다.

그러나 팔팔하게 살아 있는 형제들이 많을 경우에는 사정이 달랐다. 루도비쿠스 경건황제의 아들들이 그랬다. 814년 사망한 카롤루스 대제로부터 단독으로 제국을 물려받은 루도비쿠스 경건황제는 즉위 직후인 817년 분할의 전통과 제국의 통일성을 조화시키는 협약을 통해 장남 로타리우스Lotharius(795~855)에게 제권의 우위를 보장해주고, 나머지 두 아들 피피누스 1세와 루도비쿠스에게 각각 아키텐과 바이에른을 분할해주었으나, 그러나 후에 둘째 부인에게서 얻은 넷째 아들 카롤루스에게 왕국의 일부를 할양해주고 싶은 나머지 817년의 협약을 수정하려 했다. 그리하여 루도비쿠스 경건황제 치세기에는, 특히 830년대부터는 부왕에 대한 아들의 반란과 아들들 간의 싸움이 그칠 날이 없었고, 이러한 와중에 황제는 모든 권위를 상실하고 말았다. 838년 둘째 아들 피피누스 1세를 앞세우고 2년 뒤 황제가 죽었다. 제권을 물려받은 장남 로타리우스에 맞서 두 아들 루도비쿠스(나중에 루도비쿠스 독일왕이라 불림)와 카롤루스(나중에 카롤루스 대머리왕이라 불림)가 연합하여 반기를 들었다. 이것이 유명한 「스트라스부르 서약」(842)으로, 장형에 대항하기 위해 두 형제가 서로 협조할 것을 천명한 선언이다(양측의 군사들이 알아들 수 있도록 로망스어와 튜턴어로 쓰였다는 점에서 언어학적으로 매우 중요한 문건이다). 결국 843년 체결된 베르됭 협약으로 카롤루스제국은 세 왕국으로 분할된다. 장자 로타리우스 황제는 제국의 수도 아헨을 포함해 북해에서 라인강 유역을 따라 이탈리아에 이르는 긴 통로 같은 중부 지역(중프랑크)을 차지했다. 루도비쿠스 독일왕은 동부 지역(동프랑크)을, 카롤루스 대머리왕은 서부 지역(서프랑크)을 할양받았다.

중프랑크의 황제 로타리우스는 855년 죽음을 앞두고 영토를 분할하여 장남 루도비쿠스 2세(재위 855~876)에게 이탈리아(반도 중남부 제외)와 황제의 관을, 차남 로타리우스 2세에게 로타링기아(라인강 유역)를, 막내아들 카롤루스(845~863)에게 프로방스를 주었다. 막내 카롤루스가 863년 요절하고 둘째 로타리우스 2세가 869년 후사 없이 사망했다. 황제 루도비쿠스 2세가 바리에서 사라센을 소탕하느라 여념이 없는 사이 동프랑크와 서프랑크는 메르센 협약(870)을 통해 이탈리아를 제외한 나머지 중프랑크를 분할해 가져갔다.

카롤루스제국은 카롤루스 비만왕(재위 881~888) 치하에서 잠시 통일을 이루었으나 그의 사후 와해되었다. 동프랑크는 911년 이후 카롤루스가 단절되고 새 가문이 왕위를 이어갔다. 결국 작센가의 오토 1세가 962년 신성로마제국의 황제로 등극한다.

중프랑크의 이탈리아는 소영주들이 지배하는 가운데 924년부터 황제 칭호가 완전히 사라진다. 951년 동프랑크 왕 오토 1세가 이탈리아 왕의 미망인 아델라이데Adelaide와 결혼해 이탈리아를 차지한다. 이후 이탈리아 역사는 신성로마제국의 간섭 아래 북부의 도시국가, 중부의 교황령 국가, 남부의 시칠리아(나폴리) 왕국을 중심으로 전개된다.

서프랑크는 선거제를 통해 카롤루스가와 로베르Robert가가 번갈아가며 왕위를 계승했다. 결국 일드프랑스Île-de-France('프랑크의 섬'이란 뜻으로 센강, 우아즈강, 엔Aisne강, 마른Marne강으로 둘러싸인 파리와 그 인근 지역의 옛 이름)의 방백으로 노르만의 침략에 영웅적으로 저항했던 로베르가의 후손들이 지역 민심을 얻어 987년 새 왕조를 창출하게 된다.

로마제국이 멸망한 뒤 처음으로 방대한 제국을 이뤘던 카롤루스제국의 해체는 유럽사에 큰 의미를 남겼다. 형제들 사이의 권력 투쟁 과정에서 각기 자파 세력을 증대하기 위해 토호들에게 토지를 아낌없이 나누어주었고 이에 왕권이 약화됨에 따라 공권력이 분해된다. 이들 대신 성을 거점으로 약탈을 일삼던 성주城主들이 권력을 잡고 공권력을 전유하면서 자유민들까지도 그들에게 예속되는 현상이 발생했다. 카롤루스 왕조의 해체는 결국 전형적인 봉건사회를 탄생시켰다.

한편 카롤루스제국은 유럽 의식의 씨앗을 뿌리고 서유럽 주요 국가들의 윤곽을 남겼다. 로마제국이 멸망한 뒤 처음으로 옛 제국의 상당 부분을 통합하고 제국을 부활시킨 카롤루스 대제는 대관되기 전부터 "유럽의 아버지Pater Europae"라고 불렸으며, 오늘날에도 프랑스인과 독일인에게 자신들의 선대 황제로 기억되고 있다. 카롤루스와 관련이 많은 아헨·프랑크푸르트·랭스 같은 독일과 프랑스의 도시들에서는 오늘날까지도 그의 축일(1월 28일)에 추모 미사를 올리고 있다. 이러한 공동의 조상 의식을 배태한 카롤루스제국은 서유럽 국가의 모체가 되었다. 동프랑크, 서프랑크, 중프랑크는 각각 독일, 프랑스, 이탈리아의 기원이 되었다.

2. 봉건 왕정

제후령의 탄생과 성주의 지배

카롤루스제국이 해체되는 과정에서 서로 경쟁하던 왕들이 자기 세력을 강화하기 위해 토호들에게 토지를 양여함에 따라 이들의 세력은 상대적으로 더 강대해졌다. 게다가 토지와 방백의 직능을 몰수할 수 없는 상황에서 이들로부터 안정적인 충성을 얻어내기 위해서는 봉을 세습화시키는 편이 더 나았다. 그래서 카롤루스 대머리왕은 877년 칙령을 통해 자신의 봉신들이 갖고 있는 봉을 그 자식에게 세습하는 것을 인정했다. 그후 이들은 봉신의 의무, 즉 군역과 궁정 출사를 거부하고 스스로 제후prince가 되어 각지에서 독립을 선언하고 자체적으로 통치했다. 프로방스 왕국은 카롤루스 대머리왕이 처남 보종Boson에게 통치권을 준 영지로, 왕이 죽자 879년 왕위를 선언했다. 부르고뉴 왕국은 888년 방백 로돌프Rodolphe가 독립을 선언했다. 아키텐 공국은 카롤루스 대머리왕 사후에 형성된 제후령이다. 플랑드르Flandre 백령伯領의 경우 왕령지가 많아 왕권의 영향이 비교적 강하게 미친 지역이어서 제후령이 성립되기 쉽지 않았으나, 로베르가와 카롤루스가 사이에 왕위 다툼이 일어나는 동안 플랑드르 백이 세력을 장악했다. 노르망디 공국은 앞에서 살폈듯이 911년 노르만의 우두머리 볼로가 카롤루스 단순왕에게 땅을 할양받았다. 브르타뉴 공국은 브리튼(오늘날의 영국)에서 앵글인과 색슨인의 침략에 저항하다 바다를 건너 프랑스 서부에 정착한 브리튼인(특히 켈트인)에게서 비롯되었다. 작센 공국은 962년 오토 1세가 황제로 등극함에 따라 강력한 가문으로 성장했고, 프랑켄 공국 역시 작센 공국처럼 황제를 배출한 독일의 유력한 가문이었다. 독일 남부의 슈바벤 공국과 바이에른 공국 역시 황제를 배출하며 유력한 가문으로 성장하게 된다.

제후들은 왕과 어떤 관계였으며 어떤 차이가 있는가? 이들은 왕의 봉신이지만 실제로는 독립된 지위를 갖고 있었다. 왕의 대관식에 참석하고 형식적으로 충성을 서약할 뿐 왕에 대한 군역의 의무가 없었다. 이들은 자신의 영지에 있는 교회와 수도원에 대한 통제권을 보유했으며, 왕의 이미지를 모방해 화려한 궁정을 짓고, 귀족과 전사로 이루어진 자체의 지지 세력을 갖고 있었다. 그러나 이들은 왕이 갖는 카리스마, 즉 도유 의식과 대관식, 이로부터 비롯된 신성한 특성과 초자연적인 치유력이 없었다. 왕권의 중앙집권화가 가속화하는 중세 말에 브르타뉴·노르망디·부르고뉴 공국 같은 대제후국이 독립해 왕국을 이루고자 했을 때 그 지배자들에게 결여된 것 중 하나가 바로 왕의 이러한 카리스마였다.

제후들은 자신들의 방대한 영지를 어떻게 통치했는가? 각 제후가 영지를 직접 통치하는 것은 불가능했다. 10세기 말까지 외침으로부터 영지와 영민을 보호하기 위해 직접 지배를 꾀했으나, 외침의 종식과 더불어 대리인으로 하여금 소지역을 관할 통치하게 했다. 이때 등장한 것이 성주들이다. 이들은 성을 보유하고 왕은 물론 제후로부터도 독립하여 사법권을 행사했다.

성은 노르만 침략 이후 많이 건조되기 시작했다. 그러나 외침이 없는 11~12세기에는 유력자들 간의 내부 권력 투쟁이나 소규모 전쟁 때문에 성이 축조되었다. 노르망디 지방에서 제작된 '바이외 태피스트리Tapisserie de Bayeux'로 불리는 자수품에서 볼 수 있듯이 초창기의 성은 나무로 지은 사각형 형태의 '둔덕 성탑'이었다. 둔덕 성탑은 천연 돌출물이 없는 평지에서 많이 발견되는 것으로, 해자를 깊게 파는 과정에서 나온 흙으로 둔덕을 만들고 그 위에 탑을 세운 형태다. 반면에 천연 돌출물이 있는 지역에서는 그곳에 성을 세웠다. 1층은 식량 창고로, 2층은 거주지나 대피소로 이용되었다. 목조 둔덕 성탑은 3일 내지 몇 주 만에 지을 수 있어 건축이 용이했지만 적의 방화 공격에 취약하다는 약점이 있었다.

11세기 말부터 강력한 요새 형태를 갖춘 성채가 등장했다. 해자와 성곽을 두르고 성문에는 도개교를 설치했으며, 성곽 위에 관측소와 총안을 만들고 중앙에 아성을 지었다. 모든 성곽과 아성은 벽돌이나 돌로 지었다. 성은 평상시 성주와 그 가족, 경비대와 하인들이 생활하는 거주지였지만, 외침과 같은 위기 시에는 인근 주민들이 가축과 재산을 가지고 도피하는 피난처 역할을 했다.

성은 이러한 거주지와 피난처 기능 외에 성주 권력의 보루이자 상징이었다. 크기에 따라 다르지만 대체로 백령마다 10개 정도의 성이 존재했고, 하나의 성이 20~30개 마을을 관할했다. 그러면 성을 축조한 주체는 누구였을까? 대부분은 성주보다는 지역의 방백이나 주교 같은 제후들이 지었고, 일부만이 작은 지역의 영주가 주민들을 강제로 동원해 축조하기도 했다. 성주는 기본적으로 인근 제후의 봉신으로서 전쟁 때 주군의 기사로 봉사해야 했다.

그러나 성주는 주군으로부터 독립적인 권력을 행사했다. 특히 카롤루스 왕조의 정치 구조가 이식되지 않고 왕권이 더 일찍 쇠퇴했던 아키텐과 오베르뉴 같은 남부 프랑스에서는 10세기 말부터 그러했다.

부르고뉴 지방의 마콩Mâcon 백령과 일드프랑스의 왕령지 등 중·북부 프랑스에서는 1030년경부터 성주들이 주민에 대한 직접 지배권을 요구하기 시작했다. 성주의 권력이 장자상속에 의해 하나의 가산처럼 세습되어 이들이 작은 지역의 주인이 된 것이다.

주민들이 보기에 성주 권력의 상징은 그의 직함보다는 그가 보유한 성에 있었다. 성은 경제적·사법적인 모든 권력을 흡수하면서 지역 권력의 본산이 되었다. 영주는 그의 성 때문에 한 지역의 지배자가 되었고, 공권력을 사유화하여 무소불위의 권력(포고권·처벌권·징발권)을 행사했는데 이를 '공권 영주제seigneurie banale'라 부른다. 그러므로 주민들이 보기에 봉건적 통치란, 너무나 멀리 떨어져 있는 추상적 존재인 왕이나 제후에 의한 지배가 아니라 얼굴을 대면할 기회가 있는 성주의 지배와 보호 아래 있는 것을 의미했다.

그러나 성주의 직접 지배 형태는 북프랑스의 경우 12세기 후반과 13세기 초 사이 약화되었고, 대신 제후 또는 왕에 의해 보다 큰 단위인 영역 제후령이나 왕령으로 통합되면서 중앙집권적 지배가 등장하기 시작했다.

봉건제

봉건제feudalism는 카롤루스 왕조 때부터 싹트기 시작해 1000년경 만개했다. 그것은 지역과 시기에 따라 다양한 형태를 띠었다. 프랑스와 독일, 특히 루아르강과 라인강 사이에 있는 지역에서는 비교적 완전한 고전적 형태를 보였다. 봉건제는 노르만을 통해 잉글랜드와 시칠리아 왕국으로 이식되었다. 이탈리아에서는 고대적 요소가 집요하게 잔존하고 영주들이 일찍이 도시 생활에 편입됨에 따라 봉건제가 완전한 발전을 이루지 못했다. 에스파냐에서는 '재정복' 과정에서 두드러진 역할을 한 왕들이 영주의 권력을 제한하고 자신의 기사들과 농민들에게 자유를 부여했기 때문에 봉건제의 영향력이 미미했다. 북유럽과 동유럽에서는 13세기경 뒤늦게 변형된 형태로 등장했다.

봉건제는 관점에 따라 크게 두 형태가 있다. 하나는 프랑수아-루이 강쇼프François-Louis Ganshof가 말한 좁은 의미에서의 '고전적 봉건제classical feudalism'다. 이것은 사회 지배층을 계서제적으로 결합한 개인적 유대 관계를 말한다. 다른 하나는 생산양식으로서의 봉건제다. 이것은 영주가 농민을 대상으로 한 생산과 수취 관계를 골자로 삼는다(이에 대해서는 나중에 제2부 4장 2절의 '농민의 의무와 부담' 부분에서 자세히 다룰 것이다). 마르크 블로크는 9세기 중엽부터 13세기 중엽까지 지속된 이 두 형태의 봉건제적 특징과 현상 들을 모두 포괄하는 넓은 의미로 '봉건사회'란 표현을 사용했다.

고전적 의미의 봉건제는 '신종臣從서약hommage'으로 맺어진 주종관계vassalage와, 영주가 봉신에게 봉사(주로 군역)와 충성의 대가로 양여한 봉fief을 그 핵심으로 한다. 영주와 그의 봉신 사이에 맺어진 주종관계는 계약의 성격을 띤다. 11세기 초부터 각지의 문서에 등장하는 신종서약은 주종관계 계약의 핵심을 이룬다. 신종서약은 일련의 인상적인 몸짓으로 이뤄진 의식이다. 봉신이 무릎을 꿇고 자신의 두 손을 모아서 서 있거나 의자에 앉아 있는 영주의 손에 넣으면 영주는 이 손을 감싼다(자신의 인격person을 영주에게 의탁한다는 의미를 지닌 이런 행위는, 전통적 예배 의식에서 두 손을 하늘로 쳐들어 기도하던 것을 두 손을 모아 기도하는 방식으로 대체하게 했다). 그리고 나서 봉신은 자신을 영주에게 맡긴다는 의지가 담긴 관례적인 상투어("주인님, 저는 주인님의 봉신이 되겠습니다")로 선언한다. 그런 다음 영주에게 충성서약을 하고 키스가 뒤따른다. 그리하여 그는 "손 잡기와 키스로 맺어진 봉신"이 된다. 주종관계 계약에 따라 봉신은 영주에게 자문consilium과 부조auxilium의 의무가 있다. 자문은 주요한 사안(전쟁, 십자군 원정, 영주가 인질로 잡혔을 경우에 몸값 액수 결정, 재판 등)에 대해 영주가 소집하는 회의나 재판에 참석할 의무를 말하며, 부조는 군역을 바치고 영주의 애경사(영주의 석방을 위한 몸값, 영주의 장남 결혼식이나 기사 서임, 영주의 십자군 출정 등)에 재정적 지원을 할 의무다. 이에 대한 대가로 영주는 봉신에게 봉을 수여하고 그를 보호할 의무가 있다. 그러므로 주종관계는 쌍무적 성격을 지닌 계약이다. 이 의무를 수행하지 않을 경우 영주는 불충한 봉신('배반자')에게 자문회의 의견을 들어 봉의 몰수를 골자로 한 제재를 선언할 권리가 있고, 봉신은 영주로부터 충성서약을 철회할 수 있는 '저항권'이 있었다. 이런 점에서 봉건제는 비록 농민에게는 무거운 수탈과 압제를 의미했지만, 근대적 계약사회(특히 대의제)의 맹아를 담고 있었다.

봉건제의 또 다른 핵심은 봉이다. 영주에 대한 군역의 대가로 봉신이 받는 봉은 주로 토지였다. 따라서 봉건제는 농촌에 토대를 둔 토지 보유 및 경영과 관계가 있다. 영주가 봉신에게 주는 봉은 분봉서임 의식을 통해서 이루어지는데, 문서가 사용되지 않던 이 시절에는 깃발·지팡이·반지·막대기·단도·장갑·지푸라기 등과 같은 상징물을 건네주는 행위면 충분했다. 봉은 원칙적으로 관직의 성격을 띠고 있으므로 그 범위를 한 세대로 특정하는 것이 원칙이지만, 영주가 봉신의 충성을 항구적으로 확보하기 위해서는 봉의 세습을 보장하는 것이 유리했다. 그리하여 봉은 세습되는 것이 일반적이었다. 봉에 대해 영주는 허유권虛有權을, 봉신은 용익권用益權을 갖고 있었지만, 봉이 대대로 세습됨으로써 봉신은 용익권을 넘어 사실상 소유권에 버금하는 권리를 갖게 되었다.

프랑스—카페 왕조의 발전과 신성한 왕권

카페 왕조가 출범하는 데는 파리와 그 인근 지역, 즉 일드프랑스의 방백으로 바이킹에 저항하여 이름을 떨친 선조들의 음덕이 크게 작용했다. 로베르 강건백Robert le Fort(?~866)은 잇따른 바이킹의 침략을 막다가 전사한 영웅이었으며, 그 아들 외드(852~898) 역시 885~887년 파리를 포위·약탈한 노르만에 끝까지 저항한 영웅이었다. 888년 외드는 카롤루스가의 카롤루스 비만왕(재위 881~888)이 폐위·사망한 뒤, 성직자와 귀족으로 구성된 명사층에 의해 서프랑크의 왕으로 옹립되었다. 로베르 강건백의 증손자 위그 카페Hugues Capet(재위 987~996)에 이르러 카페 왕조가 개창된다. 당시 카롤루스가의 루도비쿠스 5세(재위 986~987)가 후사 없이 사망하자, 명사회의는 위그를 왕으로 선출하고 랭스의 주교 아달베롱Adalbéron이 그를 축성해주었다.

카페 왕조란 이름은 위그의 별명 '카페Capet'에서 따온 것이다. 카페라는 말은 위그가 투르의 생 마르탱 수도원장으로 재직하던 시절에 입었던 '후드 달린 망토capuchon'의 라틴어 표기 '카파cappa'에서 유래했다. 생 마르탱Martin(316~397, 라틴어로는 마르티누스Martinus)은 로마제국의 기병장교 시절, 아미앵 성문에서 한겨울 추위에 떠는 헐벗은 거지를 보고 자기 망토의 반을 잘라 나눠준 일화로 유명하다. 그 뒤 투르의 주교와 수도원장을 역임한 그는 사후에 기독교 세계의 저명한 성인이 되었으며, 그를 기리기 위해 세워진 투르의 생 마르탱 성당은 국제적 순례지가 되었다. 그러므로 카페라는 이름은 마르탱 성인의 망토 일화에서 비롯된 거룩한 전설을 담고 있다.

일드프랑스와 그 인근 지역에 산재한 땅에 한정되었던 카페 왕조의 영지는 오늘날 프랑스 국토 면적(55만 평방킬로미터)의 3~4퍼센트(약 2만 평방킬로미터)에 불과했다. 그 주변은 플랑드르·노르망디·앙주·아키텐·부르고뉴 같은 강력한 제후령으로 포위되어 있었고, 파리 인근에 진을 친 성주들이 왕조를 위협했다. 이렇게 작은 영지에서 미약한 세력으로 출범한 카페 왕조가 몇 세기 만에 프랑스를 유럽 최강국 반열에 올려놓았다(1340년에 잉글랜드인은 450만, 독일인은 1,400만, 프랑스인은 2,100만이었다). 카페 왕조가 이처럼 빠르게 강성할 수 있었던 데는 여러 요인이 복합적으로 작용한 것으로 보인다.

먼저 파리 인근 성직자들의 지지는 카페 왕조의 성립과 발전에 큰 힘이 되었다. 무정부적 폭력이 난무하던 시절, 랭스와 랑의 주교들이 지상의 평화 회복을 위해 '싸우는 위계'의 머리로서 카페가의 왕들에게 기대면서 그들에게 '세속적 칼'의 임무를 부여했다. 또한 11세기 말 신성로마제국 황제와 교황 사이에 일어난 성직서임권 투쟁의 중심에서 파리가 비켜 있던 것도 성직자들의 지지를 획득하는 데 유리하게 작용했다.

카페 왕조는 왕국을 분할 상속했던 카롤루스 왕조와는 달리 장자상속제를 철저하게 시행했다. 태조 위그 카페는 즉위 즉시 장남 로베르를 간왕簡王, *interrex*으로, 말하자면 세자로 책봉했다. 후임자를 미리 결정한 것은 국왕이 유고할 시에 왕권을 안정적으로 이어가게 하기 위한 것일 뿐만 아니라, 왕조 교체기에 선조들이 경험한 바대로 선거를 통해 왕가가 교체될 가능성을 미연에 방지하기 위한 것이기도 했다. 그 후 국왕들은 이를 모방해 고위 귀족들의 동의 아래 현왕의 재임 중 장남을 간왕으로 미리 대관하는 전통을 이어갔다. 카롤루스 왕조가 방대한 영토를 자식들과 귀족들에게 헤프게 나누어주어 쇠망했다면, 카페 왕조는 왕령지를 조금씩 확대하고 중앙집권을 이뤄가면서 왕국의 살림을 알뜰하게 늘려나갔다. 카페가의 왕들 중 유일하게 '성인'으로 시성될 만큼 어질고 신심 깊었던 루이 9세(재위 1226~1270)조차도 음유시인 뤼트뵈프Rutebeuf로부터 후덕이 결여되었다고 신랄한 비난을 받을 정도로 짠돌이였다.

국왕들은 재임 기간 동안 후사를 확보하기 위해 처절하게 노력했다. 로베르 경건왕, 필리프 1세(재위 1060~1108), 루이 7세(재위 1137~1180), 필리프 2세 등은 조강지처가 후사를 낳지 못하거나 외동 왕자가 병약할 경우, 교회의 결혼 준칙을 무시하고 이혼이나 중혼 또는 재혼을 밥 먹듯 했다. 예컨대 루이 7세는 전쟁을 하지 않고도 방대한 땅을 통합할 수 있는 좋은 배우자로 아키텐 공국을 단독 상속받은 알리에노르Aliénor와 결혼했으나 딸만 둘을 얻었다. 그러자 근친혼 금기를 위반했다는 구실을 내세워 그녀와 '이혼'하고, 세번째 부인에 이르러서야 바라던 늦둥이 아들(소위 "하늘이 주신 왕자" 필리프 2세) 하나를 얻는다.

수도 파리의 입지 또한 카페 왕조에게는 크나큰 행운으로 작용했다. 경제적 측면에서 파리는 매우 유리한 환경을 갖추고 있었다. 파리 인근 지역은 대도시에 충분한 식량을 공급하고 왕국의 재정 확보에 기여할 수 있는 비옥한 곡창지대요, 상업과 도시가 발전하기에 안성맞춤인 수로와 육상 교통의 중심지였기 때문이다. 그뿐만 아니라 파리는 문화적으로 유럽의 수도로 발전할 수 있는 조건을 갖추고 있었다. 파리 대학은 유럽 학문의 본산이자 다른 대학의 모델로 발전했고, 특히 기독교 교리의 산실이자 '교회의 맏딸' 역할을 했다. 파리는 13세기 초 필리프 2세 때 수도의 면모를 갖추기 시작했다. 그는 센강의 모래섬에 왕궁과 주교좌가 자리한 구시가지 시테Cité를 중심으로 우안(북쪽)에 루브르 궁전과 상업 지구, 좌안(남쪽)에 학교 지구 등으로 신시가지를 조성하고 새 성곽을 구축했다.

카페가 왕들의 신성성은 그것을 전혀 갖지 못한 다른 나라 왕들이나 그것을 보유한 잉글랜드 왕조차도 부러워하는 카리스마였다. 도유와 대관식을 통해 하느님으로부터 신성한 왕권을 부여받은 프랑스 왕은 왕-사제로서 지상에 있는 신의 대리인 역할을 했다. 사후에 '경건왕'이란 칭호를 받을 정도로 신심 깊었던 로베르왕은 빈자들을 초대하여 손수 음식을 나누어주고 겸양의 표시로 이들의 발을 씻겨주는 등 예수처럼 행동했다. 특히 필리프 1세부터 프랑스 왕은 연주창을 치료하는 기적을 일으키는 마술사적인 왕으로 인정받았다. 이러한 왕권의 신성성은 왕권 신장에 크게 기여했지만, 역설적으로 반反민주성을 강하게 내포했다. 신성한 왕들은 '정의로운 왕'의 덕목만 강조할 뿐 왕국을 인민의 동의에 기초한 민주적인 정부로 발전시키는 데 걸림돌이 되기도 했다. 이것은 하느님의 은총으로 권력을 내림 받은 왕정 체제가 1789년 혁명적 폭발이 일어날 때까지 오래도록 강고하게 지속된 것에서 엿볼 수 있다.

잉글랜드—노르만계의 지배와 대의제의 발전

12세기 웨일스의 역사가 제프리 몬머스Geoffrey of Monmouth가 쓴 『브리튼 왕 열전Historia Regum Britanniae』에 따르면, 아이네이아스의 증손자 브루투스Brutus가 트로야 유민들을 데려와 앨비언Albion(해안 절벽이 '흰' 것에서 유래한 브리튼섬의 옛 이름)에 나라를 세우고 자기의 이름을 따 '브리튼'('브루투스의 나라,' 라틴어로는 브리타니아Britannia)이라고 부르게 했으며, 그의 사후 세 아들이 브리튼을 분할·통치했다. 5~6세기 앵글인과 색슨인 등 게르만이 이동해 정착한 다음, '앵글인의 나라' 잉글랜드는 대륙의 프랑크 왕국과 비슷하게 분할 상속 전통에 따라 통합과 분열을 거듭했다. 이 과정에서 중부의 요크로부터 남동부에 이르기까지 각 부족별로 여러 왕국이 성립했다. 중부에는 앵글인을 중심으로 노섬브리아Northumbria·머시아Mercia·이스트 앵글리아 East Anglia가, 남부에는 색슨인을 중심으로 웨식스·서식스·에식스와 주트인을 중심으로 켄트 왕국이 형성되었다. 이들 앵글로색슨 왕국들 외에도 북부와 남서부에는 원주민들로 구성된 스코틀랜드와 웨일스 가 있었다. 그러나 그 밖에도 수많은 작은 왕국들이 존재하여 600년경 브리튼에는 수십 명의 앵글로색슨 왕들이 있었을 것으로 추정된다.

브리튼에 기독교가 일찍이 전파된 적이 있다는 설도 있다. 제프리 몬머스에 따르면, 브리튼의 국왕 루키우스 주도 아래 2세기에 기독교 가 들어왔으나 로마 황제 디오클레티아누스의 박해(303)로 큰 타격을 받았다고 한다. 그 뒤 성 패트릭이 432년 아일랜드에 기독교를 전파했 다. 그레고리우스 대교황(재위 590~604)은 596년 베네딕투스회 수도 사 아우구스티누스를 수도사 40명과 함께 잉글랜드에 보내 포교하게 하고, 601년 캔터베리Canterbury 대주교로 임명했다. 7세기에는 성 콜 룸바누스Columbanus(543~615)를 비롯한 아일랜드 출신 수도사들이, 8세기에는 성 보니파티우스 등 잉글랜드 출신 수도사들이 독일을 비 롯한 대륙의 포교 활동에서 중요한 역할을 했다.

9세기에는 이곳도 대륙 못지않게 노르만의 침략에 노출되어 있었 다. 특히 835년부터 865년 사이에 동부 지방에 있는 수도원들이 막대 한 피해를 입었다. 덴마크 왕 스벤트(재위 986~1014)의 침략에 시달리 던 잉글랜드는 1016년부터 그의 아들 크누트 대왕Cnut the Great(잉글랜 드 왕 재위 1016~1035)의 지배 아래 들어갔다.

한편 웨식스는 덴마크를 견제하기 위해 대륙의 노르망디 공 국과 연합 정책을 취했다. 웨식스 국왕 애설레드Aethelred 2세(재위 1002~1016)는 덴마크인의 해외 정박지를 없애기 위해 노르망디와 조 약을 체결하고, 노르망디 공작 리처드 1세의 딸 엠마Emma와 결혼하였다(1002). 이들 사이에서 태어난 아들이 에드워드 고해왕Edward the Confessor(재위 1042~1066)이다. 1042년 덴마크 왕이자 잉글랜드 왕인 크누트 3세가 사망하자 잉글랜드인의 바람대로 웨식스 국왕 애설레드의 아들 에드워드가 왕위에 올랐다. 그는 웨식스 백작의 딸과 결혼(1045)했으나 후사 없이 죽었다. 왕위 계승 분쟁이 뒤를 이었다. 외가인 노르망디 측에서는 에드워드가 생전에 외사촌의 아들인 윌리엄(노르망디 공작 윌리엄)을 자신의 후계자로 약속했다고 주장했다. 국왕 자문회의에서는 에드워드의 유언대로 그의 처남인 웨식스 백작 해럴드Harold 2세를 왕으로 추대했다. 이에 노르망디 공작 윌리엄은 자신에게 왕위 계승권이 있다며 잉글랜드 침공을 단행했다. 1066년 10월 14일 잉글랜드 남부 해안의 헤이스팅스에서 윌리엄의 노르만-프랑스 기사 부대는 해럴드 2세의 구식 앵글로색슨 보병 군대를 격파했다. 이것이 노르만계의 잉글랜드 지배와 기사의 시대를 연 유명한 '헤이스팅스 전투'이며, 이 승리로 윌리엄은 '정복왕'이란 별명을 얻는다.

잉글랜드는 대륙의 귀족 가문과의 결혼을 통해 영지를 확대했다. 윌리엄 정복왕의 손녀 마틸다Matilda는 앙주 백작 제프리Geoffrey 5세와 결혼하여 앙주 백령을 잉글랜드에 편입시켰다. 제프리의 아들 헨리는 1152년, 카페 왕조의 국왕 루이 7세로부터 아들을 낳지 못한다는 이유로 소박을 맞은 아키텐 공국의 상속녀 알리에노르와 결혼했다. 2년 뒤 국왕 헨리 2세로 즉위한 그는 노르망디·앙주·아키텐 등 프랑스 서부와 남서부 땅 대부분을 차지했다(그는 알리에노르와의 사이에서 5남 3녀를 얻었는데, 아들 다섯 중 둘이 바로 리처드 사자왕Richard the Lionheart과 존 결지왕缺地王, John Lackland이다). 잉글랜드와 프랑스는 명목상으로 주종관계였으나 실제로는 경쟁관계에 있었다. 영토 쟁탈을 놓고 두 나라 사이에 불거진 갈등은 나중에 백년전쟁(1337~1453)

으로 귀결된다.

노르만계에 의한 지배, 프랑스와의 복잡한 관계는 잉글랜드의 정치와 문화에도 큰 영향을 끼쳤다. 우선 대륙의 고전적 봉건제가 중앙집권적 봉건제 형태로 위로부터 이식되었다. 윌리엄 정복왕은 토호들에게 신종서약을 받고 국세조사를 실시하여 통치 자료로 삼았다. 이것이 바로 유명한 기록 『둠즈데이 북*Domesday Book*』(1086)이다. 노르만-프랑스계의 지배는 영어에도 큰 영향을 끼쳤다. 윌리엄의 잉글랜드 정복 이후 잉글랜드의 지배층은 백년전쟁 초기인 1360년경까지 프랑스어를 사용하면서 영어는 프랑스어(로망스어)의 영향을 많이 받게 되었다.

잉글랜드에서 봉건제는 대의제적 정부론의 기초가 되었다. 앞에서 말했듯이 봉건적 관계는 쌍무적 계약관계다. 엄숙하게 서약한 계약에 따라 봉신은 주군에 대해 군역과 부조의 의무가 있고, 전쟁 비용과 같은 주요 문제에 대한 자문권과 봉신 보호 의무에 태만한 주군에 대한 저항권이 있다. 1215년에 작성된 대헌장 「마그나 카르타*Magna Carta*」는 이러한 봉건적 자문권과 저항권에 기초한 것이다. 존 결지왕이 프랑스와의 전쟁에 소요되는 전비를 전제적 방법으로 충당하려 하자 귀족들은 그에게 대헌장을 공포하게 한다. 특히 의회의 동의 없이 과세할 수 없다는 원칙이 담긴 제12조는 봉신의 동의 없이 전비를 징수해서는 안 된다는 봉건적 자문권에 기초한 것이다.

「마그나 카르타」는 이후 잉글랜드에서 대의제 발전의 근거가 되었다. 1265년 레스터 백작 시몽 드 몽포르Simon de Montfort가 기사와 시민 계급의 지지를 얻어 각 주의 고위 성직자, 기사와 귀족, 도시민 대표로 구성된 '시몽 드 몽포르 의회'를 소집했으나, 당시 왕자였던 에드워드 1세가 이끄는 군대의 반격을 받고 처형되었다. 그 뒤 왕위에 오른 에드워드 1세는 1295년 스코틀랜드 및 프랑스와의 전쟁 준비에 막대한 전비가 필요했다. 그래서 그는 의회의 동의 없이는 과세하지 않겠다는 원칙을 확인해준 다음, 의회의 동의 아래 세금을 부과했다. 이로써 잉글랜드는 대의제 정부의 전통이 자리 잡기 시작했다.

독일—신성로마제국의 성립과 영방 제후의 지배

동프랑크에서는 911년 루도비쿠스 4세가 후사 없이 죽은 뒤 카롤루스가는 단절되고 새로운 가문이 왕위를 이어갔다. 제후들은 프랑켄가의 콘라트 1세(재위 911~918)를 새 왕으로 선출했다. 그는 임종 자리에서 새로운 실세로 떠오른 작센가의 하인리히 1세(재위 919~936)를 후계자로 지명했다. 하인리히 1세의 아들로 936년 독일 왕에 즉위한 오토 1세는 951년 이탈리아 왕의 미망인 아델라이데와 결혼해 이탈리아를 병합하고, 알프스 북쪽 레히펠트 전투(955)에서 헝가리인에게 대승을 거두었다.

오토 1세는 교황과의 제휴 아래 황제로 등극했다. 당시 교황의 처지는 8세기 중반과 비슷한 상황에 놓여 있었다. 남하하는 헝가리와 흥기하는 롬바르드가 교황령 국가를 위협하고 있었고, 더군다나 동로마와도 사이가 좋지 않았다. 교황은 자신을 도와줄 '세속적 칼'이 필요했다. 이런 상황에서 교권과 속권의 제휴가 성립되었다. 962년 2월 2일(성촉절) 오토 1세는 성 베드로 성당에서 교황 요한 12세로부터 황제의 관을 받았다. 그는 교황을 교황령 국가의 지배자로 인정해주는 대가로 황제의 동의 없이는 교황 선출이 불가하다는 약속을 받아냈다. 또한 그는 비잔티움 황제로부터의 승인 문제에 대해 972년 장남 오토 2세를 비잔티움 황제의 조카딸 테오파노Theophano와 결혼시킴으로써 해결했다.

이로써 독일에 새로운 로마제국이 탄생했다. '신성로마제국'이란 명칭은 최고 권력은 로마 황제로부터 물려받는다는 '제국의 이전 translatio imperii' 개념에 따라 붙여져 1254년부터 사용된 것으로, 황제들은 이 명칭에 자부심을 가졌다.

신성로마제국의 교회는 오토 1세부터 제국 교회로 조직되었고, 황제는 제국 안에 있는 모든 교회에 대한 통제권을 가졌다. 황제는 주교들을 선출하고 서임하는 권한을 행사하는 대가로 이들에게 토지와 공권면제권을 부여함으로써 주교가 영방지배권을 행사했다. 이리하여 교회는 황제 선출에 개입하는 등 주요 정치 세력으로 부상했다.

신성로마제국은 로마제국의 전통에 따라 황위를 계승했다. 아우구스투스 이래로 혈통보다 덕망을 중시한 로마제국의 황위 계승 전통은 원로원의 개입 여지가 많았고, 특히 후기로 갈수록 군대에 의해서 황제가 추대되었다. 신성로마제국의 제후들은 스스로 '원로원과 군대'를 자처했다. 혈통 승계를 했던 프랑스나 잉글랜드와는 달리 신성로마제국은 선거로 황제를 선출했다. 선거는 왕조를 이어나가기 어렵게 했다. 황제가 아예 없는 시대(1254~1273)도 있었고, 왕가 교체가 매우 잦은 시대(1273~1437)도 있었다. 1356년부터는 선제후가 황제를 선출하는 전통이 법제도(카를 4세의 「금인칙서」)로 고착되었다. 그리하여 작센가, 잘리Salii가(라틴어로는 살리가), 슈타우펜Staufen가, 바이에른가, 룩셈부르크가, 합스부르크Habsburg가 등으로 왕가 교체가 빈번했다. 따라서 독일에서는 파리나 런던처럼 하나의 고정된 수도가 대도시로 발전하지 못하고, 아헨·고슬라어·뉘른베르크처럼 고만고만한 수도가 여럿 있을 뿐이었다.

선거제는 황제의 권위와 위엄을 약화시키는 기제로 작용했다. 선제후들은 자신들의 세력을 약화시킬 가능성이 있는 유능하고 강력한 후보를 황제로 선출하려 하지 않았다. 선거로 인한 잦은 황실 가문 교체는 혈통으로 계승되는 황제의 신성성을 단절시켰다. 또한 성직서임권 투쟁 과정에서 교황과의 갈등으로 인한 거듭된 파문과 폐위도 황제의 신성한 권위를 상실하게 했다. 이로 인해 신성로마제국 황제는 프랑스와 잉글랜드의 국왕이 자랑하는 연주창 치료 기적을 수행할 수 있는 카리스마를 보유하지 못했다.

독일은 프랑스와 잉글랜드가 중세 말부터 중앙집권적 근대국가로 나아간 것과는 달리 영방국가Territorialstaat의 연합 형태로 발전했다. 제국의 세속 제후들과 성직 제후들은 특히 1254년 슈타우펜가의 몰락과 더불어 영역 단위로 독립적인 권력을 누렸다. 이들은 상급재판권, 조세징수권, 축성권築城權, 화폐주조권, 관세징수권 같은 영방최고권Landeshoheit을 행사하고 자체적으로 영방의회를 갖고 있었다.

이리하여 독일은 중세 말부터 프랑스나 잉글랜드와는 다른 '특수한 경로Sonderweg'를 밟았다. 프랑스와 잉글랜드는 근대에 들어 전형적 봉건제에서 절대왕정으로 이행하고 시민혁명을 통해 민주국가로 발전했다. 이에 비해 독일은 19세기까지도 제후 세력들이 사실상 권력을 장악하고 황제는 명목상의 지배자에 불과한 봉건적 연합 체제가 지속되었다. 1806년 나폴레옹이 신성로마제국을 해체할 당시 독일에는 300여 개의 크고 작은 영방국가가 있었다.

이베리아 반도·북유럽·동유럽 왕국들의 기독교화

이베리아 반도는 서고트 왕국의 국왕 레카레두스Reccaredus가 589년 아리우스파를 버리고 가톨릭으로 개종함으로써 기독교 세계에 통합되었다. 그러나 632년 시작된 성전으로 동부 지중해에서 북아프리카까지 정복한 이슬람은 711년 서고트 왕국을 멸망시켰다. 이베리아 반도 대부분은 '이슬람 에스파냐Al-Andalus'가 되었고, 북부 지역 일부만

'기독교 에스파냐'로 남게 되었다. 반도 서북쪽 끝에 있는 산티아고 데 콤포스텔라에서 성 야고보의 유골이 발견되었다는 9세기 초에 기독교 왕들은 그를 에스파냐의 수호성인으로 모셨고 그의 묘지는 3대 기독교 순례지 반열에 올랐다. '이슬람 에스파냐'에서는 개종을 강요하지 않았음에도 10세기 무렵 주민 다수가 무슬림이 되었다. 1063년 교황 알렉산데르 2세는 '이슬람 에스파냐'에 대한 '성전'을 선포하고 참가자에게 면벌을 약속했다. '재정복' 과정에서 '기독교 에스파냐' 지역에 있는 카스티야Castilla· 아라곤Aragon· 나바라Navarra· 포르투갈 왕국이 큰 역할을 했다. '성전'의 이념은 왕들이 절대 권력을 행사하고, 세금을 부과하고, 교회를 지배할 수 있게 해주었다. 드디어 1085년 카스티야가 톨레도를 점령하자 이슬람은 총반격으로 대응했다. 기독교 왕들이 성공과 실패를 거듭하는 가운데 1212년 7월 16일은 코바돈가 전투의 승리(722)로부터 시작된 기나긴 '재정복'의 역사에서 하나의 전환점이 된 날이다. 카스티야·아라곤·나바라·포르투갈 왕들의 군대, 성전기사단聖殿騎士團과 구호기사단으로 구성된 에스파냐 수도원 기사들, 프랑스·독일·이탈리아에서 온 십자군 등으로 이루어진 기독교 연합군은 반도 중남부의 라스 나바스 데 톨로사Las Navas de Tolosa에서 찬란한 승리를 거두었다. 이어서 아라곤 왕은 마요르카Majorca(1229), 발렌시아Vaencia(1238), 무르시아Murcia(1265)를 차례로 정복했고, 카스티야 왕은 코르도바(1236)와 세비야(1248)를 탈환했다. 13세기 말 '이슬람 에스파냐'는 반도 남부의 소왕국 그라나다Granada로 축소되었다. 이렇게 재정복된 땅은 에스파냐와 프랑스 식민 이주자들의 차지가 되었다. 결국 1492년 카스티야의 이사벨 여왕과 아라곤의 페르난도 왕은 그라나다에서 이슬람을 완전히 축출함으로써 '재정복'을 완수하고 통일 에스파냐의 기초를 세웠다.

장기간 이베리아 반도를 지배했던 이슬람은 크고 작은 발자취를 많이 남겼다. 그들은 오래도록 방치되었던 그리스 고전을 발굴·보존해 유럽에 전해주는 가교 역할을 했다. 9세기 이슬람 세계의 본산 바그다드에서는 안티오키아Antiochia와 알렉산드리아Alexandria에서 발견된 그리스의 과학(연금술·천문학·의학)과 철학(특히 아리스토텔레스)을 아랍어로 번역했고, 1085년 '이슬람 에스파냐'로부터 탈환한 톨레도에서는 이것을 아랍 과학과 함께 라틴어로 번역했다. 이를 통해 이슬람은 12세기 르네상스에 기여한 바가 적지 않다. 그뿐만 아니라 코르도바의 이슬람 사원과 그라나다의 알람브라 궁전 같은 기념비적 이슬람 건축과 예술, 벼농사를 짓고 쌀(파에야)과 국수(파스타)를 먹는 아시아 음식 문화 등 이슬람이 남긴 많은 흔적은 수백 년이 지난 오늘날까지도 서부 지중해 지역에서 두루 발견되고 있다.

이 중에서 특히 시칠리아는 문화의 교차로였다. 시칠리아는 6세기부터 장기간 비잔티움 지배(535~965)와 이슬람 지배(827~1091)를 받았다. 노르만은 11세기 말 남부 이탈리아에서 비잔티움 세력을 몰아내고 시칠리아에서 이슬람을 정복한 뒤 이 두 지역에 시칠리아 왕국을 세웠다. 기독교 세계에 편입된 신생 시칠리아는 다양성을 존중하고 다른 문화를 수용했다. 팔레르모 왕궁에선 노르만인·시칠리아인·아랍인·유대인이 스스럼없이 섞였고, 공문서엔 라틴어·그리스어·아랍어·히브리어를 사용했으며, 팔레르모와 살레르노에선 그리스 고전을 라틴어로 번역했다. 팔레르모·체팔루·몬레알레에선 대성당을 비잔티움·이슬람·로마네스크-고딕 양식으로 다채롭게 장식했다.

동유럽과 북유럽 왕국들도 기독교 세계에 편입되었다. 체코의 모라비아Moravia 왕국은 일찍이 9세기 때 기독교로 개종했다. 폴란드는 966년 미에슈코Mieszko 치하에서, 헝가리는 1001년 이슈트반István 치하에서, 덴마크는 966년경 하랄드Harald 치하에서, 스웨덴은 1008년 올로프 셋코눙Olof Skötkonung 치하에서, 노르웨이는 1014년 올라프 Olaf 2세 치하에서 기독교로 개종했다. 그러나 일부 동유럽 왕국은 그리스정교로 개종했다. 9세기 모라비아 국왕 라스티슬라프Rastislav(재위 846~870)는 가톨릭 선교사들의 영향력을 상쇄하기 위해 비잔티움 선교사인 키릴로스Kyrillos와 메토디오스Methodios 형제를 불러들였다. 키릴로스는 성서를 슬라브어로 번역하고 슬라브족에게 적합한 문자, 말하자면 현재 러시아 문자의 모체가 되는 소위 '키릴 문자'를 만든 것으로 알려져 있다. 그 후 키예프 루시 공국의 블라디미르Vladimir 대공 (재위 980~1015)은 988년 그리스정교를 국교로 삼았는데, 이로부터 러시아정교가 비롯되었다. 불가리아의 제후들과 세르비아인들도 그리스정교회로부터 세례를 받았다. 이처럼 발칸 반도 인근의 동유럽에서는 동서 교회의 분리 현상이 이미 나타나고 있었다.

　프로이센의 기독교화는 장기간에 걸쳐 이뤄졌다. 시토Citeaux 수도회 선교사들과 폴란드 선교사들의 개종 시도가 실패하자, 1226년 폴란드의 마조프셰Mazowsze 공작 콘라트 1세는 독일기사단을 프로이센으로 끌어들였다. 같은 해 신성로마제국의 황제 프리드리히Friedrich 2세(재위 1220~1250)는 정복지에 대한 지배권을 독일기사단에 부여했다. 독일기사단은 1230년 우상을 숭배하는 프로이센을 공격하기 시작해 1283년경 정복과 개종을 완료했다. 그사이 프로이센 토착민은 반으로 줄고 독일인과 폴란드인이 대거 이주·정착했다. 프로이센 동쪽에 위치한 거대한 왕국 리투아니아Lithuania가 기독교로 개종한 것은 친기독교적인 리투아니아 대공 요가일라Jogaila가 폴란드 여왕 야드비가Jadwiga와 결혼하고, 1386년 2월 15일 크라쿠프에서 폴란드와 리투아니아의 국왕 브와디스와프Władysław 2세로 즉위하고부터다.

3. 근대국가를 향하여

전쟁

앞에서 살핀 것처럼 신성로마제국은 분권적 봉건 연합체로 변모해간 반면, 프랑스와 잉글랜드는 13세기 말부터 봉건 왕정의 토양 속에서 근대국가로 변화의 싹을 틔우기 시작했다. 중세 말에 벌어진 전쟁은 이러한 변화를 추동했다.

1066년 노르망디 공 윌리엄의 잉글랜드 정복 이후 오랫동안 이론 상으로 주종관계에 있으면서 실제로는 경쟁관계에 있던 프랑스와 잉글랜드가 중세 말에는 가스코뉴Gascogne와 플랑드르 지배권을 놓고 격돌하고 있었다. 웨일스와 스코틀랜드를 정복한 잉글랜드 국왕 에드워드 1세는 가스코뉴를 통치하고 모직물 생산 중심지인 플랑드르를 지배하려고 했다. 프랑스 국왕 필리프 4세는 가스코뉴와 플랑드르에서의 종주宗主의 지위를 포기하려 하지 않았다. 잉글랜드와 프랑스는 적어도 1291년부터 군장비와 군인 봉급, 외교적 연합 등에 막대한 자금이 필요했다. 에드워드 1세는 필요한 전비를 마련하기 위해 백성의 협조를 구하려고 1295년 의회를 소집했다. 한편 필리프 4세(재위 1285~1314)도 전비를 마련하기 위해 1295년 국내 성직자들에게 세금을 부과하고, 백성의 동의를 얻으려 1302년 전국의 세 신분(성직자·귀족·부르주아) 대표들로 구성된 총신분회를 소집했다.

14세기 초 프랑스와 잉글랜드, 잉글랜드와 스코틀랜드, 프랑스와 플랑드르 사이의 끊임없는 불화는 백년전쟁으로 이어졌다. 특히 프랑스 왕위 계승 문제는 잉글랜드와 프랑스 간의 갈등의 골을 더욱 깊게 했다. 당시에는 아들이 없으면 딸이 가문을 이어가는 직계 양계 상속이 일반적 승계 원칙이었다. 일부 역사가들이 "카페가의 기적"이라 부를 만큼 카페 왕조는 개창(987) 이후 연속 12대에 걸쳐 왕자가 끊이지 않고 생산되어 왕위를 순조롭게 이어갔다. 그러나 1316년 루이 10세(재위 1314~1316)가 왕비 마르그리트Marguerite와의 사이에 딸 하나만 남긴 채 사망했다. 그러자 귀족들을 비롯한 종친들은 마르그리트의 간통 이력을 문제 삼아 그 딸을 왕위 계승에서 배제하기로 결정하고, 루이 10세의 두 아우 필리프 5세(재위 1316~1322)와 샤를 4세(재위 1322~1328)를 차례로 왕으로 삼았다. 샤를 4세가 1328년 두 딸을 남기고 사망하자, 샤를 4세의 누이동생 이자벨Isabelle은 자신과 잉글랜드 국왕 에드워드 2세 사이에서 얻은 아들 에드워드 3세(재위 1327~1377)가 프랑스 왕위를 승계해야 한다고 주장했다.

그러나 잉글랜드와 갈등관계에 있던 프랑스는 이미 딸을 왕위 계승에서 배제하기로 결정한 1316년의 원칙과, 조상 전래의 문중 땅은 딸에게 상속하지 않는다는 해묵은 살리 프랑크족의 관습을 들어 이자벨의 요구를 거절하고, 남계의 방계인 발루아Valois 백작(샤를 4세의 4촌)을 필리프 6세(재위 1328~1350)로 옹립했다. 에드워드 3세는 망설임 끝에 울며 겨자 먹기로 필리프 6세를 주군으로 받아들여 문서로만 건성으로 그에게 신종서약을 하고 귀엔Guyenne을 봉으로 받았다. 신종서약을 불성실하게 한 에드워드 3세를 못마땅해하던 필리프 6세가 잉글랜드와 적대관계에 있던 스코틀랜드를 돕자, 에드워드 3세는 프랑스 왕위를 주장하는 것으로 대응했다. 그러자 필리프 6세는 1337년 그를 불충한 봉신('배신자')으로 선언하고 봉(귀엔)을 몰수했다. 이에 에드워드 3세는 파리로 특사를 보내 "프랑스 왕으로 자처하는" 필리프 6세에게 도전('저항권')을 선언했다. 백년전쟁은 그렇게 시작되었다.

국가의 탄생

"전쟁은 결코 문명의 반대 개념이 아니다." 16세기 지중해 세계에서 벌어진 전쟁에 대해 프랑스 근대사가 페르낭 브로델Fernand Braudel이 한 이 말은 중세 말에 일어난 전쟁에도 적용된다. 그것은 징세의 성격을 봉건세에서 국세로 변화시켰다. 카롤루스 대제 이후 오랜만에 조국 수호를 명분으로 모든 백성에게 부과하는 국세가 등장한 것이다. 물론 백성에게 전쟁 비용을 분담시키는 국세는 봉건적 부조auxilium(주군의 전쟁 비용을 봉신이 분담하는 봉건세)에서 비롯되었다. 따라서 대의제가 봉건제에서 탄생했듯이 근대국가가 봉건제가 발전한 곳에서 탄생했음을 확인하는 것은 중요하다. 봉건세는 순전히 힘의 관계가 굳어진 관습에서 비롯되었으므로 자의적(일방적) 성격이 강했던 반면, 국세는 봉건세의 이러한 성격과 단절되어 있었다.

국세를 정착시켜 지속적으로 징수하려면 백성에게 징세의 정당성을 설득해야 했고, 이를 위해 '공익utilitas publica'이라는 대의명분을 내세웠다. 국가는 백성의 인신과 재산을 보호하기 위해 돈과 인력이 필요하니, 백성은 납세를 통해 공익에 기여하고 왕은 공익에 봉사해야 한다는 것이다. 프랑스 국왕 필리프 4세는 "조국과 왕권의 수호를 위해pro defensione patriae et coronae" 납세를 해야 한다고 주장했다.

또한 납세자 수를 증가시키는 조치로 '모든' 신분에게 과세를 하였다. 자유민이건 비자유민이건, 성직자건 평신도이건, 귀족이건 아니건 백성이라면 모두가 세금을 내야 한다는 것이다. 필리프 4세가 성직자들에게까지 과세를 한 것은 바로 이 때문이다. 이로 인한 교회와의 분쟁 과정에서 발생한 교황의 '아나니 모욕'과 '아비뇽 억류'는 국가가 승리했음을 의미한다. 프랑스 국왕 샤를 7세(재위 1422~1461)가 백년전쟁이 종료된 후인 1461년 임종하면서 귀족에게 부여한 면세는 규칙이라기보다는 예외였다.

또한 공익이라는 대의명분을 토대로 납세자 대표와 합의를 통해 징세를 결정했다. 국세는 보다 명백한 합의에 기초했기 때문에 봉건세보다 더욱 안정성을 확보할 수 있었다. 이를 통해 백성은 '수동적 신민'에서 근대 시민으로 발전의 모태가 될 '능동적 신민'으로 변화했고, 이리하여 새로운 정치적 참여의 원리가 창출되었다. 이와 더불어 대화를 통해 백성의 동의를 얻고 각 신분의 이해와 왕의 요구를 조정하는 정치적 소통 기구가 탄생했다. 잉글랜드의 Parliament(의회), 프랑스의 États généraux(총신분회), 이베리아 반도의 Cortes(신분의회), 독일 영방국가의 Landtag(영방의회) 같은 대의 기구가 바로 그것이다.

근대국가는 왕의 신비한 몸에서 비롯되었다. 독일계 미국의 중세 정치사상사가 에른스트 H. 칸토로비치Ernst H. Kantorowicz의 『왕의 두 몸The King's Two Bodies』(1957)에 따르면, 왕은 자연체(육체적 인간)로서는 유한하지만 정치체(법률적 인간)로서의 위엄dignitas은 영원하다. 중세 말 프랑스 왕의 장례식 때 대관식 없이 후임 왕의 계승을 선언하는 "국왕이 승하하였다, 국왕 만세!Le roi est mort, vive le roi!"라는 말은 자연체로서 왕은 죽었지만 정치체로서 "결코 죽지 않는" 왕의 위엄을 후임 왕이 이어간다는 것을 의미했다. 또한 정치체로서 왕의 몸은 국가 건설의 기초가 되고 이로부터 국가는 영원하다는 신비한 믿음이 비롯되었다. 또한 왕은 사인私人으로서와 공인公人으로서의 행동을 엄격히 구별하도록 요구받았다.

요컨대 중세 말 봉건 전쟁은 로마 멸망 이후 오랫동안 생소했던 국가 개념을 탄생시켰다. 전비 마련과 관련된 국세와 공익, 설득과 합의, 대의 기구 등은 국가, 더 나아가서 근대국가와 밀접한 관계가 있는 것들이다. 그렇다고 중세 말 유럽의 모든 나라가 근대국가 형태를 띤 것은 아니다. 잉글랜드와 스코틀랜드, 프랑스와 에스파냐, 독일의 일부 영방국가들은 근대국가 형태이고, 신성로마제국과 동유럽 왕국들, 이탈리아와 독일의 도시국가들은 이와는 다른 형태의 국가였다. 백년전쟁과 '재정복' 전쟁의 종결로 서유럽의 주요 왕국들은 안정세로 들어선 반면, 비잔티움제국은 멸망하고 신성로마제국과 교황권은 무기력해졌다.

제 3 장

교황과 교회

중세 기독교 사회의 또 다른 머리는 교황이었다. 가톨릭교회의 수장인 교황은 오늘날에도 지구상에 존재하는 모든 종교 지도자 가운데 가장 높은 권위와 위엄을 자랑하고 있다. 일개 교구의 수장에 불과했던 로마 주교가 어떻게 해서 교황이라는 존엄한 권위를 갖게 된 것일까?

이를 이해하기 위해서는 로마가 갖는 종교적 의미를 살펴볼 필요가 있다. 무엇보다 로마가 지닌 종교적 위상은 로마 교구가 12사도 가운데 최고의 사도 베드로가 세운 사도교회였다는 점에서 비롯했다. 기독교 사회에서 사도교회(에페소스Ephesos·안티오키아·코린토스·알렉산드리아·로마)는 예수가 활동했던 예루살렘 다음으로 높은 위상을 차지한다. 그래서 기독교 세계 각지에 있는 개별 교회들은 어떻게 해서든지 자신들의 설립 신화를 사도들이나 이들의 제자들과 연결시켜 미화하려고 노력했다. 또한 로마는 가장 인기 있는 베드로·바울로·야고보 세 사도 가운데 두 사도가 순교한 곳이었다. 네로 박해 때 처형된 바울로와 베드로의 시신은 로마에 매장되었다(바티칸의 성 베드로 대성당은 베드로의 무덤 위에 세워졌다고 알려져 있다). 요컨대 로마는 사도가 교회를 세우고 순교하고 그 유골이 매장되어 있는, 그래서 성스러움의 아우라로 켜켜이 둘러싸여 있는 성지였다.

베드로는 예수로부터 천국의 열쇠를 빌고, 하늘과 땅에서 매고 푸는 권한을 받은 예수의 수제자였다. 로마 주교는 전임자의 계승자가 아니라 초대 주교 '베드로의 대리인Vicarius Petri'이라는 높은 위상을 갖는다. 이것은 다른 교구의 주교들과 구별되는 특별한 권위다. 교황의 권위가 절정에 달했던 13세기에 교황은 살아생전에 이미 성인이었고, '베드로의 대리인'에서 '그리스도의 대리인Vicarius Christi'으로 지위가 더욱 격상되었다.

기독교의 또 다른 특이점은 교회가 세속 국가처럼 조직되고, 교황이 세속 국가의 수장 이미지를 갖고 있었다는 점이다. 로마제국 시기에 기독교가 팽창하는 과정에서 교회는 로마제국의 행정 체계를 교회 조직으로 전유했다. 날조된 「콘스탄티누스 기진장」에 따르면 교황은 로마제국의 수장이다. 콘스탄티누스 황제가 330년 콘스탄티노폴리스로 천도하면서 교황 실베스테르 1세(재위 314~335)에게 로마 세계 성직자에 대한 수위권과 제국에 대한 지배권을 양도했다는 것이다. 또한 교황은 황제의 이미지를 차용했다. 콘스탄티노폴리스로 천도하면서 콘스탄티누스 황제가 주었다는 교황의 3중관은 왕관을 변형한 것이다. 13세기 초 교황 인노켄티우스 3세(재위 1198~1216)는 교황이 제권의 표시로 왕관을 썼다고 주장했다. 그리고 즉위식 때 황제의 이미지를 연상시키는 적색 황복을 착용했다. 그리하여 로마 주교는 교회의 '황제'가 되었다.

기독교는 종교인 동시에 지배 이데올로기다. 그것은 사랑에 바탕을 둔 휴머니즘이면서 구원을 내세워 신자들을 장악한 권력이기도 했다. 교회 또한 약자 편에 서야 한다고 공언하면서도 실제로는 지배체제를 옹호해주는 파수꾼 노릇을 했다. 따라서 중세 기독교 사회를 제대로 파악하려면 교회의 두 얼굴 중 어느 한 면만 보아서는 안 된다.

교회*ecclesia*란 무엇인가? 교회는 오늘날 신도와 조직과 건물로 이뤄져 있다. 그러나 초대 교회는 변변한 조직도 건물도 없는 신도 공동체를 의미했다. 그러다가 11세기 그레고리우스 개혁 이후에는 성직자 교회와 평신도 교회, 제도 교회와 이단 교회로 구획되었다. 말하자면 신도 공동체를 핵으로 시작된 교회가 후대로 갈수록 정교한 조직과 화려한 건물을 갖춘 단체로 발전한 것이다.

중세 교회사는 콘스탄티누스 황제 때부터 만들어지기 시작한 두 모델에 따라 전개되었다. 하나는 교회의 이상적 모델인 '초대 교회 primitive church'다. 누가는 「사도행전」(4장 32~35절)에서 초대 교회의 공동생활을 이렇게 기술했다. "그 많은 신도들이 다 한마음 한뜻이 되어 아무도 자기 소유물을 자기 것이라 하지 않고 모든 것을 공동으로 사용했다. (……) 그들 가운데 가난한 사람은 하나도 없었다. 땅이나 집을 가진 사람들이 모두 그것을 팔아서 그 돈을 사도들 앞에 가져다 놓고 저마다 필요한 만큼 나누어 받았기 때문이다." 이러한 초대 교회는 수도사와 수도 참사회, 그레고리우스 개혁 이념의 모델이 되었을 뿐 아니라, 사도들의 소박한 삶을 추구하는 이단들의 모델이 되었다.

이와 대립되는 또 다른 현실적 모델은 '제국 교회Reichskirche'다. 제국 교회란 황제를 제국의 상위 통치자로 인정하는 제국의 경계 내에 있는 개별 교회와 보편 교회를 통틀어 말하는 것이다. 4세기 초 이스라엘의 카이사레아Caesarea의 주교 유세비우스Eusebius는 태동하는 제국 교회의 윤곽을 제시했다. "두세 개가 넘는 신(다신교는 무신론과 다를 것이 없다)이 아니라 단 한 분의 하느님밖에 없듯이 지상에 한 분의 황제밖에 안 계시다. 제국의 법은 하나다." 천상에서 하느님이 일인자이듯이 지상에서는 황제가 일인자이다. "하느님이 직접 세운 황제"는 자신의 권위를 교회의 성직자와 신도 들에게 펼쳐 보이고, 그리하여 황제는 일종의 교황이 되었다. 기독교도에게 유리한 법을 선포하는 것도 그이며, "주교들이 법률 문서며 관직이며 화폐 증여물을 받는 것도" 그로부터이다. 이러한 '황제 교황주의caesaropapism' 이론은 이에 대한 반작용으로 '교황 황제주의papocaesarism'를 잉태하게 되며, 더 나아가서 교회의 세속화, 교권과 속권 사이의 갈등 요인을 내포하고 있었다. 이러한 갈등으로 말미암아 중세 말에 교황의 보편적 권위는 약화되었다.

이제 이 두 모델을 염두에 두면서 복잡하게 얽히고설킨 중세 교회사의 실타래를 풀어보자.

1. 교권과 속권의 제휴

교황 수위권과 황제 수위권

영국의 중세 정치사상사가 발터 울만Walter Ullmann은 중세 정부론을 권력의 원천에 따라 상향적ascending 정부론과 하향적descending 정부론으로 나누어 설명했다. 상향적 정부론은 권력이 인민의 동의에 근거하여 성립된다는 인민주의적 정부론이다. 이 이론은 원시 게르만 사회, 의회나 신분회 같은 봉건적 대의제, 중세 말에 등장한 공의회주의conciliarism에 미약하나마 적용될 수 있다. 하지만 중세의 지배적 정부론은 하향적 정부론이다. 그것은 권력이 하느님의 은총으로부터 오며, 지배자는 인민으로부터 아무런 구속을 받지 않는다는 신정神政적 정부론이다. 하느님의 은총으로 권력을 받은 교황과 왕이 이에 속한다. 중세 기독교 사회에서 이 두 머리는 상호 협력하기보다 다투는 때가 더 많았다. 정치와 도덕과 종교가 엄격하게 분리되지 않았던 중세 때 이 두 권력은 자율적 국가와 자율적 교회의 수장이 아니라 하느님으로부터 권력을 받은 동일한 기독교 공동체의 두 머리였기 때문이다.

로마 교회는 그 나름으로 교황 '수위권primatus'을 주장했다. 교황 시리키우스Siricius(재위 384~399)는 로마 주교를 "Papa"(파파)라는 경칭으로 불러야 한다고 주장했다. '아버지'를 뜻하는 이 말은 주교 일반에 대한 경칭으로 오랫동안 사용되는 한편, 8세기부터는 로마 주교에 대한 배타적 경칭('교황')으로 전유되기 시작한다. 교황 레오Leo 1세 (재위 440~461)는 보편 교회의 책임자인 로마 주교로서 자신의 권위를 보여주기 위한 조치를 취했다. 로마 주교는 전임자의 계승자가 아니라 예수 그리스도로부터 매고 푸는 권한을 부여받은 베드로의 직접적 계승자('베드로의 대리인')라며 교황의 완전권plenitudo potestatis을 주장한 것이다. 완전권은 전지전능한 '신으로부터 주어진' 권위다. 그것은 소송 당사자가 대리인에게 일정한 권위나 권한을 조건 없이 위임하는 전권全權, plena potestas과는 다르다. 신으로부터 유래한 완전권은 더 이상 부족하지도 넘치지도 않고, 따라서 증가할 수도 감소할 수도 없는 절대권이다. 또한 교황 겔라시우스Gelasius 1세(재위 492~496)는 로마제국의 초대 황제 아우구스투스에게 원로원이 부여한, '프린켑스princeps'(원수)에서 파생된 '프린키파투스principatus'(원수정)라는 명칭을 전유하여 로마 교회의 수장임을 주장했다. '그리스도의 권한=베드로의 권한=교황의 권한'이라는 등식은 교황을 교회 밖에 그리고 교회를 초월해 있게 했고, 교회법의 표현대로 "그 누구로부터도 판단받지 아니하는" 존재로 만들어주었다. 동로마 황제에게 보낸 서한「두 권력이 있습니다Duo sunt」(494)에서 그는 교권과 속권이 각자 영역에서 자율적 지배권을 가져야 한다고 강조하면서도 영적 권력이 세속 권력보다 우월하나고 주상했다.

한편 세속 권력 편에서도 제국 신학에 근거하여 황제 수위권을 주장했다. 앞서 살핀 제국 교회 이념에서처럼 기독교의 유일신 사상은 지상에서도 오직 1인의 군주 개념을 강화해주었다("하나의 신, 하나의 제국, 하나의 교회"). 제국 신학은 왕이 곧 신의 대리자라는 동방적·헬레니즘적 전통 개념과 혼합된 것이기도 하다. 발터 울만에 따르면 제국신학이 등장하기 시작한 것은 콘스탄티누스 황제 때부터다. "황제는 그리스도의 지상 대리인으로 표현되었고""천상에 있는 그리스도의 완전권은 지상에 있는 그의 대리인에게서 구현되었다.""황제의 법률, 칙령과 명령은 신의 법률, 칙령과 명령"에 다름 아니라는 것이다.

비잔티움 황제들은 로마제국의 정통 계승자로서 로마와 이탈리아 반도에 대한 지배권을 자신들이 갖는 것을 당연하게 생각했다. 황제 아나스타시우스Anasthasius 1세(재위 491~518)는 황제 교황주의를 표방하며 로마 교황까지도 황제에게 종속된다고 주장했다. 유스티니아누스 황제는 성 베드로가 로마 교회를 세운 것에 대응하기 위해 그의 동생이자 12사도 가운데 하나인 안드레아스가 콘스탄티노폴리스 교회를 세웠다는 전설을 강조했다. 또한 로마법을 편찬해 정부 이론의 주요 형태를 규정했다. 그는 536년 황제의 명령과 의지에 반하는 어떠한 것도 교회 내에서 행해서는 안 된다는 칙령을 반포하여 황제 교황주의를 완성했다.

프랑크 왕국과의 제휴

교황은 이러한 담론 투쟁에도 불구하고 사실상으로나 제도상으로도 기독교 세계에 대한 보편적 권위와 중앙집권적 지배력을 보유하지 못했다. 기독교 세계에서 로마 교회의 관할 구역은 그 지배력의 정도에 따라 세 등급으로 나눌 수 있다. 첫번째 구역은 이탈리아 반도와 그 주변 섬 지역이다. 교황은 교구 성직자와 주민에 의해 선출된 주교들을 임명하고, 필요한 경우 이들을 해임시킬 수 있었다. 두번째 구역은 아프리카를 포함한 나머지 서방 지역이다. 주교들은 신앙 문제에 대해 교황과 협의하려 애쓰고, 규율 문제에 대해서는 로마의 규범을 따랐다. 세번째 구역은 동방이다. 교황은 동로마 황제가 세운 동방 교회와 항시 경쟁관계에 있었다. 동방의 주교들은 로마가 '사도들의 거주지'

였다는 것을 인정하면서도 베드로와 바울로가 동방 출신이라는 점을 강조했다. 451년 칼케돈Chalcedon 공의회는 로마 주교와 콘스탄티노폴리스 주교가 동등한 위치에 있다고 주장했다.

게르만의 이동 시기에 교황 젤라시우스 1세는 주민에게 쉽게 복음을 전파할 수 있는 방법은 '여러 왕국'을 단일 제국으로 통일하는 것이라고 주장했다. 그러나 중세 초 교회는 중앙집권화와는 거리가 있다. 그레고리우스 대교황이 많은 선교사를 잉글랜드에 파견한 것은 전체 기독교 세계 중 일부에 해당했다. 그렇지만 베드로의 계승자로 축적한 교황의 위엄이 점차 서방 교회들의 구심점이 된 것은 사실이다.

이 시기에 교황은 로마 시민을 보호하고 그들에게 식량을 공급하는 일에서 황제 권력을 대체하는 데 더 많은 관심을 기울였다. 교황령에서 대규모 토지를 개간하였다. 또한 라테라노Laterano 교황궁 상서부에서 성직자들은 교황 서한과 공의회 법령을 편찬하고, 전례를 참조해 교황의 법적 권력을 확고히 했으며, 모호한 문제에 대한 해결의 준거점을 교회와 세속 세계에 제공해주었다.

이러한 가운데 교황은 동로마 황제에 맞서기 위해 세속 파트너를 프랑크 왕국에서 찾았다. 클로비스의 개종은 다른 게르만 군주들에게 개종의 전례를 제공하고, 이로 인해 서방 기독교 세계에서 프랑크 왕국은 장자의 권리를 부여받는다. 클로비스가 뿌린 씨앗은 두 세기 반 뒤 결실을 맺는다.

성상 파괴 논쟁(726~843)은 로마 교회가 동로마 황제의 영향력으로부터 벗어나 독자적인 교황권을 확립하고 서방에 새로운 제국을 형성하는 결정적 계기를 제공했다. 동로마 황제 레오 3세(재위 717~741)는 일련의 칙령을 통해 성상 파괴를 명령했다. 표면적으로는 성상 숭경崇敬이 이교의 우상 숭배와 다르지 않다는 이유였지만, 실제적으로는 성상 숭경을 통한 개인적 차원의 신앙을 권위주의적으로 통제하는 데 있었다. 원래 성상은 성경을 읽을 줄 모르는 신도들에게 효과적으로 복음을 전파하기 위한 시각 교육의 수단으로 그레고리우스 대교황에 의해 600년 공식 도입된 것이다. 교황은 복음 전파의 어려움을 호소하면서 성상을 도입해야 한다고 주장하는 주교들의 건의를 받아들여 이를 허락했다. 교황 그레고리우스 2세(재위 715~731)는 성상 파괴를 반대했다. 교황 측의 파문 공세에 대응해 레오 3세는 두 지역(칼라브리아와 시칠리아)과 한 교구(일리리아 교구)를 로마 교황 관할에서 몰수해 콘스탄티노폴리스 총대주교 관할로 이관하는 조치를 취했다.

성상 파괴 논쟁으로 동로마 황제와 교황이 다투는 가운데 파비아에 거점을 둔 롬바르드 왕국이 흥기하여 751년 동로마 총독령인 라벤나를 정복하고 로마를 위협하고 있었다. 이런 상황에서 교황 스테파누스 2세는 서방 세계의 실질적 지도자이며 쿠데타로 프랑크의 왕이 된 피피누스에게 도움을 청할 수밖에 없었다. 피피누스는 롬바르드를 물리치고 라벤나와 로마를 교황에게 기증할 것을 문서로 밀약했다. 교황은 몸소 생드니 수도원 교회로 가서 성유로 피피누스를 도유하고 축성해줌으로써 그의 쿠데타를 승인해주었다. 이에 대한 대가로 피피누스는 약속한 대로 롬바르드를 제압하고 라벤나와 로마를 교황에게 기진했다. 이와 함께 로마 공국에 대한 비잔티움의 간섭과 영향력이 종식됨으로써 교황은 라티움과 라벤나 총독령을 포함한 이탈리아 중부 지역에 대한 세속적 지배권을 행사할 수 있었고, 이것이 '교황의 세속적 지배'의 기원이 되었다.

한편 황제 교황주의에 대해 교황청은 「콘스탄티누스 기진장」이라는 문서로 대응했다. 이 문서는 콘스탄티누스 황제가 330년 동로마로 천도하면서 로마와 서로마제국에 대한 지배권을 교황에게 양도한다는 칙령을 담고 있다. 그러나 15세기 이탈리아 문헌학자 로렌초 발라는 이 문서가 4세기 라틴어가 아니라 8세기 라틴어로 쓰인 허위 문서임을 언어학적 방법으로 밝혀냈다. 이 문서는 교황 스테파누스 2세와 프랑크 왕국의 새로운 실세 피피누스 사이의 밀약을 지원하기 위해 8세기 중반 교황청 상서부에서 작성한 것으로 보인다. 아무튼 이 양도 대상에는 동방의 주요 대주교구(알렉산드리아·안티오키아·예루살렘·콘스탄티노폴리스)와 "지상에 있는 모든 하느님 교회에 대한 수위권" 뿐 아니라, 황제의 휘장이나 기장 같은 제국의 모든 상징물, 로마시를 포함한 이탈리아 반도와 서로마제국의 모든 속주 등과 같은 제국의 모든 영토권이 포함되어 있다.

이 문서는 교황권의 우위와 자율성을 내세울 수 있는 근거가 되었다. 콘스탄티누스 황제가 동로마로 가면서 교황의 머리에 황제의 관을 씌워주었다. 교황이 겸양의 표시로 사양하긴 했지만 황제의 관은 아무튼 교황의 소유물이다. 황제는 교황의 동의와 승인 아래 황제의 관을 쓰고 있으므로 교황은 언제든지 황제의 관을 로마로 옮길 수 있었다. 그러므로 이 문서는 교황이 서유럽에 새로운 황제권을 세우는 근거로 이용될 수도 있었다.

실제로 교황은 서방에 새로운 황제를 옹립했다. 교황 레오 3세는 800년 성탄절에 성 베드로 성당에서 피피누스의 아들 카롤루스에게 황제의 관을 씌워주면서 새로운 제국을 탄생시켰다. 이것은 교황이 비잔티움 황제로부터 실질적으로 독립했다는 것을 뜻한다.

신성로마제국과의 제휴

카롤루스 대제의 손자들 이후에 벌어진 내분과 이로 인한 카롤루스 왕조 공권력의 해체는 교회에도 영향을 미쳤다. 베드로좌와 기타 교구들이 지방 세력에 의해 좌지우지되었고, 특히 교황좌의 운명은 '원로원'을 자처하는 평신도 귀족들에 의해 결정되었다. 또한 영주의 사유교회Eigenkirche가 증가했다. 영주가 영지에 사적 용도로 설립한 개인교회와 수도원은 주교의 통제를 받지 않고 성직자를 임명하는 독립교회가 되었다.

10세기 중반에 이르자 교황령 국가는 8세기 중반과 유사한 상황에 놓여 있었다. 헝가리가 알프스를 넘어 로마를 위협했고, 이와 동시에 롬바르드가 다시 세력을 회복했다. 이 위기를 틈타 동로마는 이탈리아 반도에 대한 지배력을 되찾으려 했다. 이런 상황에서 교황은 새로운 세속 권력과의 연대의 필요성을 절감했다. 교황은 헝가리의 남하를 막아주고 이탈리아를 통합하며 새로운 세력으로 부상한 작센가 출신의 독일 왕 오토 1세를 새 파트너로 삼았다. 교황 요한 12세는 962년 2월 2일(성촉절) 오토에게 황제의 관을 씌어주었다. 교황은 황제로부터 교황령 국가의 지배자로 승인받고, 대신 교황 선출에의 황제의 개입을 인정해주었다.

이렇게 하여 신성로마제국의 영향 아래 들어간 교회는 제국 교회의 성격을 더욱 강하게 띠었다. 작센가의 후임 황제들은 교황을 마음대로 옹립·폐위하고 로마 귀족들과 경쟁하면서 제국의 주교들에게 정치·경제적 이권을 부여했다. 황제들은 독자적 영역 지배권을 추구하는 세속 귀족들을 불신하고, 대신에 주교들을 이용하는 쪽을 선호했다. 주교좌는 세습되지 않았기 때문이다. 그래서 주교좌 교회에 봉을 지급하고 주교직 계승 문제에 개입하여 자기편 후보자를 임명하게 했다. 이러한 과정에서 주교들은 주종관계에 편입되어 황제의 '봉신'이 되었다. 이들 중 일부는 세속 제후처럼 일정 지역에 대한 공권력을 행사하기도 했다.

교황의 자리도 세속 권력에 의해 좌지우지되었다. 황제 오토 3세 (재위 996~1002)는 자신의 사촌을 그레고리우스 5세로, 친구를 실베스테르Silvester 2세로 임명한 바 있다. 그의 사후 로마 귀족들이 지지하는 세 명의 교황이 대립하는 가운데 황제 하인리히 3세는 밤베르크 Bamberg 주교를 클레멘스Clemens 2세로 옹립했다. 그는 치세 중에 교황 넷을 옹립했다.

2. 교황 군주국의 발전

그레고리우스 개혁

첫번째 밀레니엄 전환을 맞아 묵시록적 분위기가 조성되었다. 물론 예수 탄생과 수난 천 년 후인 1000년대 초에 세계 종말에 대한 일반적인 공포는 존재하지 않았다. 그러나 계시록의 약속에 따라 사탄이 사슬에 매여 있던 1000년이 끝났음에 대한 두려움을 분명하게 보여주는 종말의 징후들(전쟁·기근·지진)이 일부 있었다. 카롤루스 왕조의 공권력 해체로 인한 만성적인 전쟁과 폭력, 1030년대 초 이상 기후로 인한 일련의 흉작과 기근은 종말론적 분위기를 감돌게 했다. 사람들은 예수의 재림에 대비하여 참회 고행penitence을 위한 순례를 떠나기도 했다. 기독교 세계가 갱생될 필요가 있음을 느끼기 시작했던 것이다.

이러한 분위기 속에 제도권 교회 안에서 개혁 세력이 형성되기 시작했다. 개혁을 지지하는 황제 하인리히 3세의 지원을 받아 즉위한 교황 레오 9세(재위 1049~1054)는 랭스 공의회(1049)에서 이렇게 선언했다.

갈리아 전역에서 교회법에 반하는 악폐들이 성행하고 있습니다. 성직을 매매하고, 세속인들이 교회 관직과 세단을 달취하고, 교회 입구에서 봉건세를 불법 징수하고, 본부인을 내쫓고 근친혼과 간통질을 일삼고, 수도사와 성직자가 자신의 고유한 소명과 자신에게 맞는 생활 방식을 저버리고, 일부 성직자가 세속 군대에 군침을 삼키며 빈자들을 약탈·불법 감금하고, 남색의 죄가 성행하고, 일부 이단이 전국에서 발호하고 있습니다.

이 선언은 교회 개혁의 프로그램이 되었다. 교황은 주변에 개혁 세력을 규합했는데, 그중에 하나가 클뤼니Cluny 수도원 출신의 개혁가 힐데브란트Hildebrand였다. 그는 교황 그레고리우스 7세(재위 1073~1085)로 즉위한 다음 레오 9세의 개혁 프로그램을 적극적으로 추진해나갔다. 이른바 '그레고리우스 개혁'이 시작된 것이다.

그의 개혁 이념은 '초대 교회'의 재건이었다. 완벽한 기독교적 삶의 형태로 공동 생활과 은수자 생활, 카롤루스 왕조 때 계율에 따라 공동 식사와 공동 기숙 생활을 하는 수도 참사회의 전통을 계승했다. 초대 교회로의 복귀에 대한 호소는 개혁 에너지에 불을 댕겼고 평신도들도 이에 호응했다. 그레고리우스 7세의 「교황령Dictatus papae」에 있는 "교황의 권고와 허락 아래 하급자들도 고발자가 될 수 있다"는 제24조는 무자격 주교에 대한 평신도들의 거부와 저항을 합법화해주었다.

개혁은 두 방향에서 이뤄졌다. 하나는 대내 개혁으로, 성직 매매 금지와 성직자 독신 강화다. '성직 매매'를 뜻하는 라틴어 simonia의 유래는 신약성서 「사도행전」(8장)에 나오는 유대 마술사 시몬simon에게서 비롯되었다. 그는 세례자에게 베드로와 요한이 손을 들어 성령을 받게 하는 것을 보고 돈을 낼 터이니 자기에게 그 능력을 팔겠냐고 제안한다. 귀족들은 성직과 성기聖器를 거래하고, 특히 성직을 대대손손 사적으로 전유하여 성직 족벌이 형성되기도 했다. 이를 막기 위한 방안으로 성직자 독신을 강화한 것이다.

이러한 대내 개혁 운동은 하나의 교회에 대한 로마 주교의 우위를 강화시켰지만, 두 가지 점에서 원시 교회 모델과는 또 다른 교회 모델을 탄생시켰다. 하나는 신도 공동체였던 원시 교회가 성직자 공동체와 평신도 공동체로 구획되었다는 점이다. 교회 주도의 개혁 운동은 성직자와 평신도 사이의 구분을 더욱 명확하게 했다. 성직자는 독신으로 지내야 한다는 것처럼 평신도보다 더 정결하고 금욕적이어야 한다는 엘리트주의적 도덕성을 요구받았다. 다른 하나는 교회가 제도 교회와 이단 교회로 분리되었다는 점이다. 제도권 개혁은 그 이상의 숭고함에도 불구하고 이에 저항하는 현실과 타협할 수밖에 없는 한계를 필연적으로 안게 마련이다. 제도로서의 교회 규범이 아니라 복음에 따르는 삶을 모방하려는 수많은 '그리스도의 빈자들Pauperes Christi'이 추구하는 '참된 사도적 삶'의 경향은 이단의 경계에서 활동하지 않으면 안 되었다. 이들은 성사를 거부하고 성직자의 중재 없이 하느님과의 직접 체험을 주장하는 등 제도 교회, 즉 성직자 교회를 부정했다.

교회 개혁의 또 다른 방향은 소위 '성직서임권 투쟁'을 초래한 대외 개혁이다. 교황은 성직자 임명에 대한 세속 권력의 간섭으로부터의 자유, 즉 '교회의 자유libertas ecclesiae'를 주장했다. 본시 클뤼니 수도원 개혁 운동에서 비롯된 이 교회의 자유는 세속 권력이나 주교의 개입으로부터 '수도사의 자유'를 목표로 했다. 수도사의 자유는 곧 '교황권의 자유'가 되었다. 교황권의 자유 중 으뜸가는 자유는 교황 선출에 있어서 세속 권력으로부터의 독립이었다. 교황 니콜라우스Nicolaus 2세는 1059년 일찍이 교황 선출 권리를 추기경에게만 부여하는 칙령을 발표했다. 이른바 콘클라베conclave(교황선거회의)의 기본 방향이 세워진 것이다. 그러나 오늘날과 같은 콘클라베의 윤곽이 드러나기 시작한 것은 1274년 제2차 리옹 공의회 법령에서부터다.

밀라노 대주교 임명권을 둘러싸고 일어난 갈등을 빌미로 교황 그레고리우스 7세는 1075년에 열린 라테라노 교황궁 회의에서 주교 서임을 교황의 권한으로 한다는 법 제정을 결의하였다. 이에 황제 하인리히 4세는 대립 교황의 옹립과 현임 교황의 폐위 선언으로 대응했다. 교황은 황제의 파문과 폐위를 선포하고 독일 제후들에게 지지를 호소했다. 황제에 반발하는 독일 제후들은 교황을 초대하여 황제 진퇴 문제를 다루기 위한 회의를 아우크스부르크에서 열기로 결의했다. 제후들의 단호한 결의에 폐위 위협을 느낀 황제는, 아우크스부르크 회의 참석차 볼로냐 인근의 카노사 성에 머물고 있던 교황을 알현하고 사면을 받고자 했다. 알현조차 거부당한 그는 한겨울에 3일 동안(1077년 1월 25일~27일) 맨발에 누더기 참회복 차림으로 눈발이 날리는 성문 앞에서 교황의 자비를 요청했다. 황제는 참회의 눈물을 흘리며 간청한 끝에 교황을 부복 알현했다. 교황은 하인리히를 사면하고 황제로 인정했다. 이것이 유명한 '카노사의 굴욕'이다.

이후 하인리히 4세는 세력을 회복하여 교황을 반격하는 등 두 세력 간의 다툼이 계속되었으나, 교황파와 황제파가 안정과 평화를 바람에 따라 양자가 절충하여 타협한 보름스 협약(1122)으로 갈등은 일단락되었다. 황제는 영적 권위의 상징인 주교홀主敎笏을 통한 서임을 교황에게 돌려주고, 세속 권력의 상징인 왕홀王笏에 의한 서임을 수용했다. 이것은 주교 권위의 이중적 서임을 의미한다. 그리하여 그는 교황으로부터 영적 기능을 받고, 황제로부터는 세속적 권한(봉토와 관직)을 받아 주교-제후가 되었다.

이러한 어정쩡한 타협에 불만이 없지 않았지만 교황은 외부 간섭에서 벗어나 독자적으로 추기경을 임명할 수 있게 되었으며, 이렇게 구성된 추기경단은 기독교 세계의 '원로원'이 되어 교회의 '황제'를 선출했다. 12세기에 교황들은 세속 군주들과 충돌하면서 곤경에 처하기도 했지만, 13세기 들어 교황권은 실권을 장악하고 전성기를 맞았다. 단적인 예로 교황 인노켄티우스 3세(재위 1198~1216)는 스스로를 '베드로의 대리인'에서 '그리스도의 대리인'으로 바꿔 부르면서 그리스도의 사제적 위엄과 제왕적 위엄을 전유했다. 교황 보니파티우스 8세(재위 1294~1303)는 그레고리우스 7세의 「교황령」 제8조("교황만이 황제의 휘장을 사용할 수 있다")에 따라 황제의 휘장을 수시로 착용했다. 반면 신성로마제국 황제는 교황파와 황제파의 대립, 대공위를 거치면서 권위가 추락하고 세력을 상실했다.

십자군 전쟁 주도

교황은 교회 개혁을 단행하면서 십자군 전쟁을 주도했다. 십자군 전쟁은 교황들에게 기독교 세계 수장으로서 보편적 권위와 교황 군주국 papal monarchy의 위상을 강화시켜주는 역할을 했다.

옷에 십자가 표지를 달고 싸운다는 데서 이름 붙여진 '십자군 전쟁Crusade'이란 말은 넓은 의미에서 "이단과 기타 적들에 맞서 로마 교회가 수행한 모든 전쟁"을 일컫는다. 이에 따르면 십자군은 성지 예루살렘 탈환을 위한 십자군 말고도 다양한 형태가 있었다. 특히 13세기에는 발트해 연안의 이교도에 대한 십자군, 남프랑스의 '알비 카타리파Albigeois' 이단에 대한 십자군, 이베리아 반도의 '재정복'을 위한 십자군 등 많은 십자군이 존재했다. 이 중에서 성지 예루살렘 십자군이 평신도의 마음속에서나 로마 교회의 입지에서나 가장 대표적인 십자군이었다.

인구 증가, 토지 부족, 평화 운동, 이탈리아 상업의 팽창 등과 같은

11세기 서유럽의 사회경제적 상황이 십자군 출정의 결정적 원인은 아니다. 그것은 십자군 출범에 유리하게 작용한 맥락에 불과하다. 십자군 출정의 핵심적 동인은 성지 순례다. 7세기부터 '참회 고행'의 한 방법으로 착안되어 11세기에는 평화 운동의 위반자들에게 부과되었던 성지 순례 이념은 점차 '성전'의 이념으로 진화했다. 십자군은 순례자들처럼 하늘에서 내려오는 은총의 혜택을 확신하고 '성전'에 몸을 바쳐 순교자의 관을 받으리라 기대했다. 십자군 출정의 직접적 원인은 튀르크군(수니파 무슬림)이 소아시아와 성지 예루살렘을 점령한 것이다. 비잔티움 황제 알렉시오스Alexios 1세는 성지의 기독교도가 이슬람으로부터 박해를 받는다며 교황에게 도움을 요청했다.

1095년 클레르몽Clermont 공의회에서 교황 우르바누스 2세는 서방에서 같은 기독교도를 죽이는 형제 살해적 폭력을 중지하고, 동방에서 고통받는 기독교도 형제들을 도와 예루살렘을 구출하자며 십자군 전쟁을 선포했다. 교황으로서는 십자군 전쟁이야말로 동서 교회가 화해하고 내부 갈등(특히 서임권 투쟁)과 폭력을 외부로 해소하며 자신의 권위를 드높일 수 있는 기회였다. 종교적 열정과 전리품에 대한 열망에 취해 제대로 무장도 하지 않은 농민들과 가난한 기사들로 구성된 오합지졸의 '민중 십자군'이 출정하여, 독일에서 유대인을 학살하고 헝가리와 비잔티움에서 약탈을 자행했다. 이들은 소아시아에서 튀르크군에게 학살되었다. 결국 1099년 프랑스와 이탈리아에서 출발한 제후들의 십자군이 예루살렘을 탈환했다. 해상을 통해 온 제노바와 베네치아 군대가 십자군의 정착에 크게 기여했다. 이리하여 동지중해 연안을 따라 에데사Edessa(현재 튀르키예 남동부의 우르파Urfa), 안티오키아(현재 튀르키예 남부의 안타키아Antakya), 트리폴리Tripoli(현재 레바논 북부), 예루살렘에 십자군 국가들이 탄생했다.

1144년 튀르크군이 에데사를 함락하고 1187년 이집트와 시리아의 술탄 살라딘Saladin이 예루살렘을 점령하자, 성지를 탈환하기 위해 십자군이 수차례 출정했다. 이집트를 공격하고 성지로 가려던 프랑스 국왕 루이 9세가 1270년 튀니지에서 사망하면서 제8차 십자군을 끝으로 더 이상 성지 십자군은 출정하지 않았다. 한편 이집트와 시리아를 평정한 맘루크 술탄국(1250~1517)은 1291년 십자군의 최후 보루 아크라 Acra(현재는 이스라엘의 지중해 관문 아코Akko, 영어로는 아커Acre)를 함락했다. 이에 충격을 받은 기독교 세계는, 페르시아만까지 진출한 몽골제국과 손잡거나 인도 서쪽에 있다는 사제 요한 왕국과 연합하여 이슬람을 협공하는 방안까지 구상했으나 실현하진 못했다. 1453년 콘스탄티노폴리스를 함락하고 1517년 맘루크 술탄국을 정복하며 근동의 새로운 강자로 떠오른 오스만제국은 십자군의 성과물인 동지중해의 로도스(1522)·키프로스(1571)·크레타(1669)마저 손에 넣었다.

십자군 전쟁은 서유럽의 군주들과 제후들의 호응 아래 수행되었다. 잉글랜드 국왕으로는 리처드 사자왕(제3차 십자군), 프랑스 왕으로는 루이 7세(제2차 십자군), 필리프 2세(제3차 십자군), 루이 9세(제7차와 제8차 십자군), 신성로마제국의 황제(또는 독일 왕)로는 콘라트 3세(제2차 십자군), 프리드리히 1세(제3차 십자군), 프리드리히 2세(제6차 십자군)가 참가했다. 또한 예루살렘으로 가는 순례자들을 보호하기 위해 결성된 성전기사단, 구호기사단, 독일기사단 같은 종교 기사단이 십자군을 측면 지원했다.

교회는 십자군에 참여하는 기사들에게 '그리스도의 전사Miles Christi'라는 칭호를 부여했다. 이 칭호는 원래 순교자나 수도사에게 부여되었으나, 이제는 가슴에 십자가 표지를 달고 검으로 불신자와 '성전'을 벌이는 기사들에게도 적용되었다. 교황청은 십자군에게 면벌을 부여했다. 면벌은 경죄에 대한 처벌, 즉 잠벌暫罰, temporal penalty을 면해주는 것을 말한다. 잠벌은 연옥에 간 영혼들이 받는 책벌이지만, 십자군은 이승에서 잠벌을 면제받았다. 더 나아가 십자군 '성전'에서 전사한 이는 순교자가 되어 천국에 갈 수 있었다.

십자군 전쟁에는 막대한 비용이 소요되었다. 참가 비용이 초기에는 순전히 개인 부담이었다. 왕과 영주 들은 재산을 매각하거나 종교기관에서 돈을 빌리거나 봉신들로부터 부조를 받아 비용을 충당했다. 살라딘의 예루살렘 점령을 계기로 1188년부터 잉글랜드와 프랑스에서는 '살라딘 십일조'(십자군 십일조)를 징수했다. 성직자에게도 수입의 일부를 십자군 십일조로 거두었다. 교회의 모금과 평신도의 기부도 한몫했다. 1215년 제4차 라테라노 공의회에서 교황 인노켄티우스 3세는 십자군에 참여한 기사뿐 아니라 십자군에 재정적 기여를 한 사람들에게도 면벌을 약속했다.

원정 비용은 후대로 갈수록 상승했다. 초기 십자군은 발칸 반도와 소아시아를 거쳐 성지로 가는 육로를 주로 이용했다. '민중 십자군'이 육로로 이동했던 제1차 십자군의 총규모는 최소 5만 명에서 최대 10만 명(이 중 기사는 약 10퍼센트)으로 추산된다. 육로는 해로보다 비용이 적게 들어 대규모 이동이 가능했지만 더 위험하다는 단점이 있었다. 제3차 십자군(1189~1192) 원정에서 신성로마제국의 황제 프리드리히 1세는 비잔티움 황제의 반대를 무릅쓰고 육로를 택해 가던 중 소아시아에서 강을 건너다 익사했다. 이후 십자군 루트가 '이집트 길'(근동의 전략적 요충지인 이집트를 점령해 교두보로 삼고 시나이 반도 북부를 거쳐 성지로 가는 길)로 바뀌면서 해로의 비중이 증가했다. 베네치아와 제노바 선박들이 십자군 수송에서 큰 역할을 했다. 이집트로 가려던 제4차 십자군(1202~1204)이 베네치아가 달마티아 해안의 경쟁 도시

자라Zara(오늘날 크로아티아의 자다르Zadar)를 점령하는 것을 돕고 콘스탄티노폴리스에서 약탈을 자행한 것은 근본적으로 십자군 병력과 비용의 부족 때문에 빚어진 일탈이었다. 제7차 십자군(1248~1254)의 규모는 15,000명(기사는 3,000명)이었는데, 이들을 이집트까지 해로를 통해 선박으로 수송하려면 막대한 비용이 소요되었다.

십자군 전쟁이 지중해 무역에 끼친 영향을 지나치게 강조해서도 안 되겠지만 그렇다고 과소평가해서도 안 된다. 십자군 전쟁은 10세기부터 활발해진 지중해의 동방 무역을 더욱 활성화시키고, 베네치아·제노바·피사·아말피 같은 이탈리아의 해상 국가들이 경제적으로 도약할 수 있는 기회를 제공해주었다. 이 중에서 특히 베네치아는 비잔티움제국(콘스탄티노폴리스), 십자군 국가들(아크라), 이집트(알렉산드리아)를 잇는 연안 무역에서 주요한 역할을 했으며, 제4차 십자군을 계기로 동지중해의 해상 제국으로 부상했다. 제노바는 비잔티움제국의 망명정부가 복귀하는 13세기 후반부터 베네치아와 경쟁하는 해상 강국으로 등장했다. 또한 이탈리아 선박들은 성지와 기타 십자군 국가에 순례자와 물품 들을 수송·공급하고, 동방 산물을 회항 화물로 싣고 서유럽으로 돌아왔다. 이들이 가져온 회항 화물은 면화, 견직물, 유리, 낙타털로 짠 직물, 수놓아 짠 비단, 사탕수수, 살구 등이었다(향신료 무역에 대해선 아래 452~453쪽 참조). 물품 교역에 비해 지적 교류는 거의 없는 편이었다. 12세기 르네상스를 초래한 그리스 과학과 철학은 서유럽에 있는 고전 번역 중심지(톨레도·팔레르모·살레르노)를 통해서 온 것이지 동방으로부터 직접 건너온 것은 아니었다.

동지중해 권역에 건설된 수많은 식민지들은 십자군 전쟁이 거둔 가시적 성과 중 하나다. 제1차 십자군이 세운 국가들은 1291년 예루살렘 왕국을 끝으로 모두 이슬람 수중으로 넘어간 반면, 제3차 십자군으로 생긴 키프로스 왕국은 베네치아의 지배 아래 1571년까지, 제4차 십자군을 틈타 획득한 식민지들(아드리아해 북안, 펠로폰네소스 반도, 동지중해 섬들) 또한 베네치아의 지배 아래 17~18세기까지 존속했다. 이들 식민지의 방어는 종교 기사단이, 그중에서도 특히 14세기부터는 구호기사단(성요한기사단)이 담당했다. 성요한기사단의 후신인 '몰타기사단'이 1565년 4만 명에 달하는 오스만제국의 대군에 포위된 몰타를 끝까지 지켜낸 것은 너무나도 유명하다.

십자군은 씻을 수 없는 과오를 저지르기도 했다. 일부 십자군이 민간인 학살과 약탈을 자행하고 민족적 증오와 원한을 조장한 것이다. 1096년 오합지졸로 구성된 '민중 십자군'이 안에 있는 그리스도의 적부터 먼저 제거해야 한다며 유럽에 거주하는 유대인을 살해하고 강탈했다. 1099년 예루살렘을 함락한 십자군은 현지의 무슬림과 유대인을 닥치는 대로 죽이고 약탈했다. 또한 1191년 잉글랜드의 리처드왕이 십자군의 보루 아크라를 탈환한 뒤 무슬림 포로 가운데 일을 부려먹을 수 있는 건장한 남자만 살려두고 나머지 약 2,700명(이슬람 사료에선 3,000명)을 학살한 일이 있었다. 이 사건에 대한 이슬람 사회의 끔찍한 기억은 13세기 프랑스의 전기 작가 장 드 주앵빌Jean de Joinville이 리처드왕의 명성을 예증하기 위해 끌어댄 삽화에서 엿볼 수 있다. "리처드왕은 바다 너머에서 가는 곳마다 많은 무공으로 이름을 날렸기 때문에 사라센의 말이 관목림 앞에서 쭈뼛거리면 주인은 '그게 잉글랜드의 리처드왕으로 보이느냐?'며 핀잔했다. 그리고 사라센의 아기가 울고 보채면 엄마는 '그쳐, 그치지 못해, 그렇지 않으면 너 잡아가라고 리처드왕을 부를 거야!'라고 을러댔다."

십자군 전쟁은 또한 동서 교회 분리에 결정타를 가했다. 물론 그전부터 동서 교회 사이에 불화가 없었던 것은 아니다. 니케아 신경(삼위일체론)과 관련해 6세기부터 불거진 필리오케*Filioque*(성령의 성부·성자 발출) 문제에 대해 결국 1014년 교황 베네딕투스 8세는 이를 수용한 반면 그리스정교회는 거부했다. 그 후 1054년 로마 교황 레오 9세와 콘스탄티노폴리스 총대주교 미카엘Michael 1세 사이에 재발한 충돌은 서로의 수장 지위를 부정하는 것으로 귀결되었다. 그럼에도 동서 교회 통일에 대한 대다수 기독교인들의 바람은 여전했으며, 이러한 소망은 교황이 의도한 십자군 출정의 애초 목적에도 담겨 있었다.

그러나 제4차 십자군은 이러한 통일 여망에 찬물을 끼얹었다. 비잔티움의 황태자 알렉시오스 4세는 삼촌의 황위 찬탈로 폐위된 부친 이사키오스Issakios 2세의 황위 복위를 지원해준다면 그 대가로 십자군에게 성지의 배후지인 이집트 정복에 필요한 비용과 군대를 제공하겠다고 제안했다. 이집트로 가려던 십자군은 콘스탄티노폴리스로 방향을 돌려 1203년 알렉시오스 4세와 그의 부친을 공동 황제로 복위시켰다. 그러나 알렉시오스 4세의 약속은 물거품이 되었다. 십자군 비용 지불 지연 문제로 알렉시오스 4세와 십자군 사이에 긴장이 고조된 틈을 타 스스로 황위에 오른 알렉시오스 5세가 이사키오스 2세를 투옥하고 알렉시오스 4세를 교살했기 때문이다. 교외에 진을 치고 있던 십자군은 1204년 4월 13일 콘스탄티노폴리스를 점령한 뒤 찬탈자 알렉시오스 5세를 처형하고, 비잔티움제국을 대체하는 십자군제국Latin Empire(1204~1261)을 세웠다. 점령군은 남녀노소 가릴 것 없이 그리스인을 학살하고 마구잡이로 약탈했다. 이들이 이곳에서 처음 접한 경이로운 물건 중에는 진귀하고 탐나는 보물과 유물(가령, 예수가 수난을 당할 때 그의 허리를 찌른 창, 그가 흘린 피를 담은 크리스털 병, 그가 착용한 옷과 가시관, 그가 못 박혀 죽은 십자가 등)이 잔뜩 있었다. 제4차 십자군에 참여했던 연대기 작가 빌아르두앵Villehardouin이 말했듯이 "천지창조 이래 이에 필적하는 약탈이 한 도시에서 일어난 적은 결코 없었다." 십자군 본연의 임무에서 일탈한 1204년 사건은 그리스인의 마음속에 라틴인에 대한 씻을 수 없는 증오와 원한을 깊이 각인시켰다. 이후 동서 교회의 통일 시도가 실패한 것은 바로 이 때문이다.

중앙집권적 체제 정비

교황권이 절정에 달했던 12~13세기에 교황령 국가는 중앙집권적 세속 국가처럼 체제를 정비하고 교황 군주국이 되었다. 교황령 국가를 교황 군주국으로 만들어준 수단은 두 가지다. 하나는 국가 운영의 근간이 되는 법령을 정비한 것이다. 1140년경 교회법학자 그라티아누스 Gratianus는 그동안 어지럽게 산재했던 공의회 결정, 교황령, 교부 철학, 로마법 등 "서로 불일치하는 교회법들을 일치시킨Concordantia dis-cordantium canonum," 이른바 『그라티아누스 교령집Decretum Gratiani』을 간행하고, 이후에 나오는 교회법은 여기에 추가해 발간하도록 했다. 다른 하나는 재정의 확충이다. 교황령이 라티움에서 북쪽으로는 로마냐 Romagna와 마르케Marche로, 동쪽으로는 스폴레토Spoleto로 대폭 확장되면서, 교황령에서 거둔 수입과 기타 세금(교회세·성직세·관면세 등)으로 재정이 크게 늘어났다.

또한 그레고리우스 개혁에 대한 불만과 환멸의 결과로 생긴 이단의 발호에 대처하기 위해 이단 탄압 기구를 강화했다. 사법제도를 신명재판神明裁判(물이나 붉게 달군 쇠붙이를 통한 재판과 결투 재판)에서 심문재판으로 변경하였다. 제4차 라테라노 공의회는 그동안 불합리하다고 비판을 받아온 신명재판을 공식적으로 금지시켰다. "어떤 성직자도 끓는 물이나 찬물 또는 붉게 달군 쇠붙이를 통한 재판을 위해 어떠한 강복이나 축성 의례를 거행해서는 안 된다. 일대일 격투, 즉 결투

에 대해 이전에 반포한 금령들은 여전히 유효하다." 신명재판은 '당사
자주의adversary system'가 적용되기 때문에 이단을 색출해내기 어려운
점이 많았다. 즉 피해 당사자와 그 가족만이 고발할 수 있고, 만약 피
의자가 재판에서 무죄로 판명되면 오히려 고발인이 처벌받게 되어 있
어 섣불리 고발하기 어려웠다. 반면에 심문재판에는 '규문주의糾問主義,
inquisitorial system'가 적용되었다. 피해자뿐 아니라 제3자(재판관과 이
웃)도 혐의자를 그의 평판만으로도 고발할 수 있고, 고발자가 혐의자
의 범죄를 입증할 책임도 면제되었다. 따라서 새로운 사법제도에서는
이단 혐의자에 대해, 심지어 무고한 이웃에 대해 '아니면 말고' 식으로
제3자가 쉽게 고발할 수 있었다.

　이단자를 극형에 처하기 위해서는 반드시 피의자의 자백이 있어
야만 했다. 그러나 심문만으로 자백을 얻어내기가 어려웠으므로 교황
청은 급기야 1252년 고문을 허용했다. 옛날 로마 시대의 고문이 부활
한 것이다. 물론 사지를 절단해서는 안 되고, 죽음에 이를 정도로 심하
게 고문해서는 안 되며, 어린이·임산부·노인 등 노약자를 고문해서도
안 되고, 고문은 1회에 한하며 심문 도중에 고문을 해서는 안 된다는
제한이 있기는 했다. 그러나 두 손을 뒤로 묶어 매달고 발에 무거운 추
를 달아 고통을 주는 방식, 손가락에 나무를 끼워 넣고 압박하거나 주
리를 트는 방법, 물고문을 하거나 잠을 안 재우는 등 다양한 고문 기술
이 사용되었다(사법제도를 연구하는 역사가들은 이러한 자유로운 고발
과 혹독한 고문이 없었더라면 15~17세기에 대대적인 마녀사냥이 가능하
지 않았을 것으로 보고 있다). 탁발 수도회 수도사는 이단 척결에서 주
요한 역할을 했다. 교황으로부터 권한을 위임받은 프란체스코회와 도
미니쿠스회 수도사들은 순회 설교를 통해 이단을 회심시키는 선무 활
동을 했고, 특히 도미니쿠스회 수도사들은 악명 높은 이단 재판관 역

할을 했다.

교황은 스스로 성인이 되고 시성 권한을 독점했다. 교황 그레고리우스 7세의 「교황령」 제23조("교회법에 따라 축성된 로마 주교는 복자福者 베드로 덕택에 의심할 바 없이 성인이 된다")에 따라 교황은 곧 성인이 되었다. 이러한 세습적 성스러움은 교황이 수행하는 직무에 근거하여 생전에 부여되었기 때문에 교황에게는 다른 성인 후보자들에게 적용되는 기준인 생전의 덕과 사후의 기적이 요구되지 않았다. 2000년까지의 정통 교황 270명 가운데 68명이 성인으로 추앙되었는데, 이 중에 16세기 이후 성인으로 추대된 교황 2명을 빼면 66명이 중세 때 성인으로 추대된 교황이었다.

교황이 보편적 권위와 중앙집권적 지배 권력을 보유하지 못했던 중세 초에는 지방별로 지역민의 민심vox populi에 따라 성인이 추대되었다. 그러나 12세기 후반 교황 알렉산데르 3세는 교황만이 시성 권한을 갖는다고 선포했고, 13세기 초에는 성인 후보자의 생전의 덕과 사후의 기적 등에 관한 엄정한 심사 기준과 절차가 규정되었다. 『성인전 전집 Acta Sanctorum』(볼랑성인전편찬회 편)을 살펴보면 중세 말에 교황청이 성인 시성을 엄격히 통제했음을 알 수 있다. 1500년까지 성인 3,276명(남성 성인은 2,754명으로 84퍼센트, 여성 성인은 522명으로 16퍼센트) 가운데 1348년 이후에 시성된 성인은 87명으로 전체의 3퍼센트에 불과했다. 이제 성인이 되는 것은 하늘의 별 따기만큼 어려워졌다.

중세 말에 이르러 교권과 속권의 투쟁이 재발했다. 그러나 이제는 그 투쟁이 교황과 황제 사이가 아니라 교황권과 특정 왕국 사이의 투쟁으로 변질되면서, 이념적 성격이 약화되는 대신 정치적 성격이 강화되었다. 교황은 14세기에는 프랑스 국왕 필리프 4세와, 16세기에는 잉글랜드 국왕 헨리 8세와 일전을 치러야 했다.

3. 교회의 분열

아비뇽 교황 시대

프랑스 국왕 필리프 4세와 잉글랜드 국왕 에드워드 1세는 가스코뉴 공령 쟁탈을 놓고 충돌했다. 필리프 4세는 1295년 이에 필요한 전비를 마련하기 위해 성직자들에게 세금을 부과했다. 교황 보니파티우스 8세는 교황의 허가 없이 성직자에게 과세하는 군주는 파문에 처한다는 교서 「성직자들에게 폐해를 끼치는 세속인들*Clericis laicos*」(1296)을 내렸다. 1301년 필리프 4세는 교황의 측근인 파미에Pamiers 주교 베르나르 세세Bernard Saisset를 왕의 통치권을 부정한 반역 혐의로 체포하고 재산을 압류했다. 그리고 성직자 과세 문제에 대해 백성의 동의를 얻기 위해 1302년 봄 전국의 세 신분 대표들로 구성된 총신분회를 개최했다. 이에 대한 대응으로 1302년 가을, 교황은 「유일한 거룩한 교회*Unam sanctam*」라는 교서를 발표하고, 세속 권력이 영적 권력에 종속된다면서 교황의 수위권과 보편적 지배권을 주장했다.

파문당한 필리프 4세는 1303년 9월 7일 충복 기욤 드 노가레Guillaume de Nogaret를 시켜 로마 남부에 있는 고향 아나니에서 휴식을 취하고 있던 교황을 기습 생포했는데, 후대 역사가들은 이를 "아나니 모욕"이라고 부른다. 이탈리아 귀족들의 지원을 받아 석방된 교황은 이 충격으로 같은 해 10월 11일 사망하고 말았다. 교황의 사망 직후 그를 마법 관련 혐의로 고발한 필리프 4세는 또한 1307년 10월 13일 금요일(이로부터 '13일의 금요일' 미신이 유래했다는 설도 있다) 성전기사단 단원들을 이단·성직 매매·남색·우상숭배 등의 혐의로 기습 체포해 재판에 회부했다.

후임 교황 베네딕투스 11세가 죽고 난 뒤 1305년 열린 콘클라베에서 보르도 주교 레몽 베르트랑Raymond Bertrand이 교황 클레멘스 5세로 선출되었다. 필리프 4세의 지원을 받은 그는 즉각 로마로 가지 않고 프랑스 중서부 도시 푸아티에Poitiers에서 4년을 머문 뒤, 1309년 교황청을 아비뇽으로 옮겨버렸다. 이후 그레고리우스 11세까지 일곱 명의 프랑스 출신 교황들이 거의 70년 동안(1309~1377) 아비뇽에 거주했다. 이를 두고 반대 측에선 유대인의 '바빌론 억류'(바빌로니아와의 전쟁에서 패망하여 나라를 잃은 유대인이 기원전 597년부터 약 60년 동안 바빌론에 포로로 잡혀가 있었던 사건)에 빗대 교황의 '아비뇽 억류'라고 비꼬았다.

프랑스 출신 교황들이 이처럼 장기간 연속해서 아비뇽에 상주한데는 강력한 왕국으로 발전해가고 있던 프랑스의 후견 아래 있는 아비뇽의 편안함과 이탈리아의 정세 불안으로 인한 로마의 불편함이라는 요인이 가장 크게 작용한 것은 두말할 필요가 없다. 그러나 이것만 가지고는 충분히 설명되지 않는다. 다른 요인도 함께 고려해야 한다.

'아드 리미나ad limina' 이념의 변화는 아비뇽을 교황의 거주지로 인정하게 하는 데 유리하게 작용했다. '아드 리미나'는 'ad limina apostolorum'(사도들의 묘소들을 향하여)을 줄인 말로 원래는 '사도 묘소 참배'를 의미했다. 600년경 그레고리우스 대교황은 자신의 영향력 아래 있는 주교들에게 매년 베드로와 바울로 성인의 축일인 6월 29일에 두 사도들의 묘소를 순례하라고 명령했다. 교황청이 중앙집권화의 길

로 치닫고 있던 11세기 말 그레고리우스 7세는 사도 묘소 참배를 해야
할 주교의 범위를 기독교 세계의 모든 주교로 확대했다.

여기다 12세기 말부터 '교황 알현' 의무가 추가되었다. 주교들은
사도 묘소를 참배하고 나서 교황을 알현하고 교구 운영과 감독 상황
을 보고해야만 했다. 인노켄티우스 4세(재위 1243~1254)는 교황으로
선출되기 전, '아드 리미나'는 "교황이 있는 곳*Ubi papa est*"이라고 주장했
다. 이 말은 '아드 리미나'가 '사도 묘소 참배'에서 '교황 알현'으로 진
화했음을 의미한다. 그만큼 교황의 위엄이 두 사도의 위엄보다 더 높
아진 것이다. 앞서 언급했듯이 살아생전에 이미 성인이 된 교황은 '베
드로의 대리인'에서 '그리스도의 대리인'으로 격상되었기 때문이다.
그러므로 '아드 리미나'가 반드시 로마에서 행해질 필요는 없었다. 필
리프 4세의 지원을 받아 선출된 교황 클레멘스 5세가 로마로 가지 않
고 아비뇽에 정착했을 때, 그의 결정이 큰 물의를 일으키지 않은 이유
는 "교황이 있는 곳, 그곳이 바로 로마*Ubi papa est, ibi est Roma*"이기 때문이
었다. 아비뇽은 교황이 있는 '또 다른 로마'가 된 것이다.

아비뇽의 지정학적 입지 또한 그곳이 교황청의 본산이 되기에 손
색이 없었다. 당시 아비뇽은 프랑스 왕의 영토가 아니라 프로방스 백
령에 속해 있었다. 교황청이 보기에 인근에 있는 콩타 브내생Comtat
Venaissin이 교황청의 땅이었기 때문에 아비뇽은 전혀 생소한 곳도 아
니었다. 또한 아비뇽은 지중해에 가깝고 론강을 끼고 있어 육상 교통
뿐 아니라 해상 교통에도 유리한 입지 조건을 갖추고 있었다. 당시의
아비뇽은 이탈리아와 플랑드르, 이탈리아와 에스파냐를 잇는 교역의
요충지로, 인구 3만이 거주하는 비교적 큰 도시였다. 유럽이 대륙에
중심을 두고 있었던 상황에서 아비뇽은 변방에 있는 로마보다 중심에
더 가까웠다. 교황청은 베네딕투스 12세(재위 1334~1342) 때 이곳에

교황궁을 시공하고, 1348년 프로방스 백작 부인으로부터 아비뇽을 아예 매입해버렸다.

아비뇽 교황 시절에 행정과 재정 개혁을 통해 교황 군주국의 중앙집권적 기초가 더욱 탄탄해졌다. 파리 대학 신학부 출신인 베네딕투스 12세를 제외하면, 교황들은 전부 법률 교육을 받은 자들로서 상서부·재무부·내사원內赦院 같은 교황 군주국의 통치 기구를 강화하고 발전시키는 데 기여했다. 또한 모든 성직록(특히 주교와 수도원장의 성직록)을 대대적으로 직접 조사하고 세금을 교황청에 납부하게 함으로써 징세의 중앙집권화를 굳건히 했다.

교회의 대분열과 공의회주의 운동

프랑스의 지나친 간섭과 이탈리아인의 복귀 요구 등으로 인해 교황 그레고리우스 11세는 1377년 로마로 복귀했다. 이로써 아비뇽 교황 시대는 일단락되었다. 그러나 그가 사망한 1378년부터 약 40년 동안 로마 교황과 아비뇽 교황은 자신이 진짜 교황이라 자처하며 또 다른 형태로 분열했다. 이것을 교회의 '대분열'(1378~1417)이라고 한다.

로마 귀족들의 압력을 받은 추기경들은 1378년 4월 바리 대주교를 교황 우르바누스 6세로 선출했다. 그는 아비뇽 교황청 상서부에서 행정 능력을 인정받은 바 있었다. 그러나 교황으로 즉위하고 나서 남을 의심하고 폭압적인 태도를 보인 그의 행태 때문에 다수의 추기경들은 자신들의 결정을 후회했다. 같은 해 9월, 우르바누스를 선출했던 동일한 친프랑스 추기경들이 이번에는 제네바 백작 가문 출신의 로베르토Roberto를 대립 교황 클레멘스 7세로 선출했다. 그는 아비뇽 교황청으로 이주했다. 동시에 두 교황이 존재하게 된 것이다. 이로 인해 교회는 혼돈에 빠지고 유럽은 양분되었다. 이탈리아·신성로마제국·잉글랜드 등은 로마 교황을 지지했고, 프랑스·이베리아 반도 국가들·스코틀랜드 등은 아비뇽 교황을 지지했다.

이런 상황에서 대립 교황이 스스로 사임하지 않는 한 공의회주의가 유일한 해결책이었다. 공의회주의란 교회에서 최고 권위는 교황보다는 '보편공의회ecumenical council'의 결정에 있다는 중세 말 교회 개혁 운동을 말한다. 이것은 말하자면 '인민주의적 정부론'의 교회적 형태다. 1409년 각각 자기파 교황에게 복종하지 않는 13명의 추기경들이 피사에서 모여 '보편공의회'를 선포했다. 피사 공의회에서는 두 교황을 폐위시키고, 새로 선출된 알렉산데르 5세가 이듬해 곧바로 사망하자 요한 23세(재위 1410~1415)를 새 교황으로 선출했다. 그러나 궐석재판으로 폐위된 두 교황이 이를 거부함으로써 '사악한 2두정'이 '사악한 3두정'으로 바뀌었다. 신성로마제국의 황자 지기스문트 Sigismund(황제 재위 1433~1437)의 거중 조정으로 요한 23세가 새 공의회를 소집했다. 이것이 중세 최대 공의회 중 하나인 콘스탄츠 공의회(1414~1418)다. 신학자 장 제르송Jean Gerson과 황자 지기스문트 등이 개입해 공의회주의 원칙 아래 기존의 교황들을 사임시키고, 새 교황으로 마르티누스 5세(재위 1417~1431)를 선출했다.

교황권을 억제하고 공의회 권한을 강화하겠다며 개혁을 약속한 새 교황은 이를 실현하기 위해 바젤 공의회(1431~1449)를 소집했다. 공의회주의 운동은 성공하는 듯했다. 그러나 신임 교황은 일반적 기대에 부응해 교회 개혁을 단행하기는커녕 교황의 절대권에 대한 미련을 버리지 못한 채 실추된 교황권의 위엄을 높이는 데만 관심을 두었다. 우유부단하고 무능한 후임 교황 에우게니우스Eugenius 4세(재위 1431~1447)는 전임 교황의 반개혁적 입장을 견지함에 따라 개혁파와 교황 사이에 알력이 발생했다. 군주의 전제적 통치 이념을 교황과 공유했던 황제와 제후 들은 공의회주의보다는 교황의 절대권을 지지했다. 이러한 가운데 교황들이 공의회 장소를 페라라(1438), 피렌체(1445), 로잔(1449)으로 옮기면서 로마에 토대를 둔 통일을 시도함으로써 바젤 공의회는 아무런 결실을 얻지 못한 채 공의회주의 운동은 좌절되고 말았다.

보편적 권위와 위엄을 상실한 교황은 개혁파에게 승리한 것처럼 보였다. 그러나 역사 앞에서는 패배했다. 교황은 대안적 신앙을 모색하는 사람들이 루터를 받아들일 시대가 다가오고 있음을 내다보지 못했다.

제2부

✳·✳

지배 문화와 주변 집단

우리가 하나라 믿는 신의 집은 셋으로 나뉘어 있나니, 이 세상에서 어떤 이들은 기도하고 어떤 이들은 싸우며 어떤 이들을 일하도다. 이들 셋은 하나로 뭉쳐 있나니 서로 떨어짐을 견디지 못하리라. 그리하여 어느 하나의 기능은 나머지 둘의 과업에 의존하며, 이렇듯 각자가 차례로 나머지 전체를 돕느니라.

— 아달베롱 드 랑, 『로베르왕에게 바치는 송시』

모든 인간은 정형을 만든다. 〔……〕 그것은 자아와 타자 사이에 필요한 차이 의식을 영속하게 해준다.

— 샌더 L. 질맨, 『차이와 병리』

프랑스 북부에 있는 랑의 주교 아달베롱(재임 977~1031년경)은 세상은 기도하는 자*oratores*, 싸우는 자*bellatores*, 일하는 자*laboratores*로 이루어져 있으며, 이들이 각자에게 주어진 직분을 충실히 수행할 때 사회는 조화를 이루고 온 세상이 평화를 누릴 수 있다고 설파했다. 같은 시기 캉브레의 주교 제라르도 태초부터 인류가 기도하는 자, 싸우는 자, 일하는 자, 이렇게 세 부류로 나뉘어져 있음을 입증하고, 이러한 지상의 질서는 천상의 질서에 조응한다고 주장했다.

11세기 초에 이로부터 세 위계*ordo*가 탄생했다. 위계란 신의 의지로 만들어진 계서화한 사회조직체, 달리 말하면 창조주의 계획에 따라 배분된 사회 집단 내의 어떤 위치로 정의된다. 위계 개념에는 지배체제를 신성시하여 혁명을 어렵게 하는 이념도 담겨 있다. 종교적 사회관이 반영된 위계는 신분*state*이나 계급*class*과 중첩되면서도 구분된다. 13세기 초에 이르면 이 세 위계로부터 성직자, 귀족, 제3신분으로 구성된 전통 사회의 고전적 '3신분제'가 탄생했으며, 이러한 신분제 사회는 근대 시민혁명이 일어나기까지 유럽 사회를 오랫동안 지배했다. 한편 제3신분에 노동자-농민이 포함되는지는 여전히 논쟁거리다. 프랑스혁명을 부르주아 단계에서 끝내려 했던 1789년의 입헌군주파 혁명 지도자들과, 혁명을 모든 인민의 승리로 종결하려 했던 1792년의 공화파 혁명 지도자들 사이에서 이러한 간극을 엿볼 수 있다. 여기서는 농민을 따로 떼어 다루려 한다.

세 신분의 울타리 밖에 주변인들*marginal men*이 서성였다. 이들은 기성 지배 질서의 핵을 이루는 주류 사회와 문화에서 배제된 소수자들이다. 유럽이 비약적 성장을 이루고 교회와 왕국, 시당국이 지배 질서를 확립해나가던 12세기부터 사람들을 정상과 비정상, 주류와 비주류로 나누고 소수자를 주변화하고 차별하는 '박해사회'가 형성되었다. 페스트가 만연하던 14~15세기에는 소수자들의 처지가 더 악화되었다. 임박한 묵시록적 분위기에서 희생양이 필요했던 것이다. 그리하여 중세 말에는 당국과 여론이 합세해 이단자·유대인·마녀·매춘부·동성애자·한센인을 추방하거나 처형했다.

제 1 장

성직자와 기독교

1. 성직자의 구별

평신도와의 구별

성직자란 무엇인가? 성직자의 정체성을 이해하기 위해 먼저 평신도와는 어떻게 구별되는지 살펴봐야 한다.

신약성서에서는 성직자와 평신도를 분명하게 구분하지 않고, 다만 사도들에게 예수가 복음 전파 임무를 부여한다. 부활하여 승천하기 직전, 예수가 제자들에게 나타나 이르기를 "너희는 온 세상을 두루 다니며 모든 사람에게 이 복음을 선포하여라. 믿고 세례를 받는 사람은 구원을 받겠지만 믿지 않는 사람은 단죄를 받을 것이다. 믿는 사람에게는 기적이 따를 것인데 내 이름으로 마귀를 쫓아내고 여러 가지 기이한 언어로 말도 하고 뱀을 쥐거나 독을 마셔도 아무런 해도 입지 않을 것이며 또 병자에게 손을 얹으면 병이 나을 것이다"(「마가복음」, 16상 15~18절)라고 했다. 그리하여 복음 전파는 성직자의 첫째 임무가 되었다.

로마 주교 클레멘스 1세(재위 90~99)는 성직자*kleros*와 평신도*laios*를 처음으로 구분했다. 그리스어 *kleros*란 말은 원래 "'추첨*sort*'으로 선택된 모든 사람들," 즉 하느님에게 간택된 사람들을 의미했다. 이것은 차후에 평신도*laios*(평민)와 대조되는 '성직자'만을 지칭했다.

그레고리우스 개혁 시기에 이르러 성직자와 평신도를 엄격하게 구분하였다. 교황권이 세속권의 강력한 영향으로부터 해방되고, 성직자와 세속인 각자의 지위와 역할을 보다 분명하게 규정하면서 양자의 구별을 다시 확인했다. 교회법학자 그라티아누스는 1140년경 편찬한 교회법, 이른바 『그라티아누스 교령집』에서 성직자와 세속인을 법적으로 명확히 구별한다.

> 두 부류의 기독교도가 있다. 하나는 성무聖務에 종사하고 묵상과 기도에 헌신하며 세속의 혼돈으로부터 거리를 두어야 한다. 그것이 성직자, 즉 '선택된 자'의 본분이다. 그는 아무것도 소유해서는 안 되며 모든 것을 공동으로 보유해야 한다. 기독교도의 다른 부류는 라틴어로 '인민'을 의미하는 세속인의 부류다. 이들은 세속 재산을 소유할 수 있다. 이들에게는 결혼하고 땅을 경작하고 법률 행위에 종사하는 것이 허용된다. 이들은 제단에 헌금하고 십일조를 납부해야 한다.

요약하면 성직자는 미사와 성사 등 성무에 종사하고 묵상과 기도에 헌신하면서 세속과 거리를 두고 모든 재산을 공동으로 사용해야 하는 반면, 평신도는 재산 소유와 결혼이 가능하고 직업을 가질 수 있으며 교회에 헌금과 십일조를 납부해야 한다. 여기서는 나중에 살필 성직자 독신 문제와 관련하여 성직자의 임무 중에 결혼을 금지하는 규정은 명시되어 있지 않다.

11세기에 이르러 성직자와 평신도를 엄격하게 구분한 것은 양자가 수행해야 할 직분의 차이를 넘어 성직자에게 도덕적 우월성을 부여하는 데 있었다. 성직자의 정체성은 다른 구분과의 비교를 통해서 더욱 분명하게 이해할 수 있다.

먼저 성직자는 외모부터 평신도와 구별되었다. 정수리 체발을 한 수도사와 사제는 힘, 남성다움과 자유를 의미하는 '긴 머리'의 세속 귀족과 확연하게 구별되었다. 성직자의 정수리 체발은 하느님에 대한 헌신, 세속인보다 더 하느님 가까이 있다는 의미를 지녔다. 정수리 체발을 한 자는 재판의 특권, 즉 세속 재판이 아니라 교회 재판을 받을 권리를 주장할 수 있었다. 뒤에서 살피겠지만 대학의 학생과 교수 들도 정수리 체발을 하고, 교회 재판을 받을 권리를 주장할 수 있었다. 특히 성직자의 예복은 교회에서 사제들을 평신도와 구별되게 만들었다. 그것은 평신도의 옷에 비해 길이가 더 길었고, 검정색과 장식(끈 달린 신등)으로 세속인의 특징을 지워버렸다.

다음으로 축성을 통해 왕을 만들었던 주교는 왕과 어떻게 구별되는가? 주교는 신자의 영혼을 책임지고, 성사를 시행하고, 신과 인간의 중재자 역할을 하고, 다른 사람에게 서품을 해주는 등 사목을 주요 활동으로 삼으면서 기도와 설교를 통해 지혜와 진리를 전파해야 한다. 또한 그는 왕의 계도자다. 왕은 무술에 대부분의 시간을 할애하므로 교양을 쌓을 시간이 없다. 주교는 하늘에서 내려오는 메시지를 이들에게 해독해주어야 한다. 그러므로 주교는 왕의 교사다. 카롤루스 대제에게는 측근 알쿠이누스가, 카롤루스 대머리왕에게는 주교 힌크마루스Hincmarus가, 로베르 경건왕에게는 주교 아달베롱이 있었다.

그러나 주교와 왕은 구별되었다. 축성된 왕은 성직자와 평신도의 중간으로 준성직자다. 그러나 성사를 시행할 수 없으므로 성직자는 아니다. 축성 의식은 왕을 모든 평신도보다 위에 있게 하고 성직자에 근접시키지만, 그럼에도 왕은 평신도다. 특히 왕에게 해주는 도유는 7성사의 하나인 서품성사에 속하지 않는다. 따라서 왕은 그의 군대를 전쟁에서 지휘하듯이 그의 고해 신부 및 성직자와 논의할 수는 있으나 이들의 역할을 대신할 수는 없다.

또 다른 구분은 여성과의 구분이다. 「창세기」는 기독교 인간관의 단초를 제공한다. "하느님의 모습대로 사람을 지어내시되 남자와 여자로 지어내시고"(「창세기」, 1장 27절)라는 구절은 남성과 여성이 평등하게 창조되었음을 암시한다. 반면 "(아담의) 갈빗대로 여자를 만드신 다음"(「창세기」, 2장 22절)이라는 구절은 여성의 종속을 암시한다. 바울로의 가르침은 남녀의 위계를 명료하게 보여준다.

> 모든 사람의 머리는 그리스도요 아내의 머리는 남편이요 그리스도의 머리는 하느님이시라는 것을 알아두시기 바랍니다. (……) 남자는 하느님의 모습과 영광을 지니고 있으니 머리를 가리지 말아야 합니다. 그러나 여자는 남자의 영광을 지니고 있을 뿐입니다. 여자에게서 남자가 창조된 것이 아니라 남자에게서 여자가 창조되었기 때문입니다.(「고린도전서」, 11장 3절; 7~8절)

남성은 예배를 볼 때 머리를 가리지 않지만, 여성은 미사포를 쓴다. 남성은 삭발례를 치르고 사제 서품을 받을 수 있지만, 여성은 수녀가 되는 것을 넘어 사제의 반열에는 오를 수 없다. 이것은 서양의 역사에서 끈질기게 이어온 여성 혐오 전통이 교회라고 예외는 아니었다는 사실을 말해준다.

성직자의 세분

성직자는 크게 수도 성직자와 재속 성직자로 나눌 수 있다. 로마제국 말기, 성직자의 세속화와 교회의 정치화에 대한 반발로 참된 교회인 수도사 공동체가 탄생했다. 이로부터 두 종류의 성직자가 탄생했다. 하나는 은수자건 공동체 생활자건 수도사의 생활을 규율하는 '계율

regula'(수도 회칙)에 따라 수련하는 수도 교회regular church의 성직자이고, 다른 하나는 '속세'에 있으면서 하느님을 섬기기 위해 모인 사람들을 의미하는 재속 교회secular church의 성직자다. 일반적으로 재속 교회 성직자(재속 성직자secular clergy)를 '성직자'라고 하며, 수도 교회 성직자(수도 성직자regular clergy)는 '수도사'라고 부른다.

먼저 성직자(재속 성직자)부터 살펴보자. 성직자는 상급품 성직자 major order와 하급품 성직자minor order로 세분된다. 상급품 성직자에는 주교bishop, 주임사제(본당신부)priest, 부제(보좌신부)deacon, 차부제 subdeacon가 있다.

주교는 교구diocese의 책임자다. 주교 선출은, 훌륭한 인품과 올바른 교리 지식을 가진 사제 경력 소유자 중에서 교황이 임명하는 것이 원칙이다. 그러나 그레고리우스 개혁 이전에는 세속권이 개입하기도 했다. 오늘날에는 교구 사제들이 복수로 추천하면 교황이 최종 결정을 한다. 주교는 축성권과 사제 서품권, 교구 순방과 견진성사 등의 권한과 의무가 있다. 중세 초에는 세속 영주와 같은 광범위한 권력을 보유했으나, 그레고리우스 개혁 이후 주교의 세속 권력은 상당히 제한되었다. 그러나 신성로마제국에서는 주교가 영방 제후로서 권력을 행사하기도 했다.

주임사제는 본당구parish를 담당하는 사제다. 주교에 의해 서품된 그는 성체성사, 고해성사 같은 성사를 시행한다. 부제는 성사 수행에 본당신부를 보좌하는 임무가 있다. 일부 본당구에서는 주임사제 없이 부제가 주임사제 역할을 하기도 했다. 차부제는 본시 하급품 성직자였으나, 1207년 교황 인노켄티우스 3세가 상급품 성직자에 추가했다가 1972년 폐지했다. 이들 상급품 성직자들은 독신의 의무와 각종 금기를 준수해야 했다.

하급품 성직자로는 시종사(복사)acolyte, 독송사lector, 수문사porter, 구마사exorcist가 있다. 시종사는 제단을 관리하고 성체성사와 미사에서 사제를 보조했다. 독송사는 미사 때 성경을 낭독한다. 교회의 출입문을 담당하는 수문사는 미사 참석 금지, 성체성사 배령 금지, 교회 경내 매장 금지 처분을 받은 사람들이 교회에 드나들지 못하도록 감독을 했다. 구마사는 귀신 들린 사람들에게 안수를 하거나 세례 받을 어린이의 입에 소금을 묻혀 악령을 추방했다.

이러한 하급품 성직자들 중 수문사와 구마사는 1972년 폐지되고, 시종사와 독송사만 남았으나 이마저도 평신도가 담당하게 했다. 하급품 성직자들은 상급품 성직자가 되기 위한 과도적 수련 과정으로, 성무(성사와 미사)를 주관할 수 없고 상급품 성직자의 보조 역할을 했다. 그러나 성직자 독신 의무와 직업 활동의 금기에서 완화된 규정을 적용받았다. 이들은 글을 읽고 쓸 줄 모르는 사람들에게 대필을 해주는 등 서생 역할로 생계를 보조받을 수도 있었다.

2. 수도사의 삶과 역할

수도원의 탄생과 수도사의 역할

로마제국 말기에 제국의 '관료'가 된 주교들, 특히 원로원 귀족 출신 주교들은 초대 교회의 소박한 삶으로부터 멀어져갔다. 기독교 공인으로 인해 순교를 통한 신앙의 증언이 더는 불가능해짐에 따라 금욕주의적 신앙을 추구하는 경향이 수도원 운동으로 나타났다. 이로부터 수도 성직자, 즉 '수도사'가 탄생했다.

4세기 동방에서 일어난 수도원 운동은 두 유형의 수도사를 배출했다. 하나는 성 안토니우스Antonius(251?~356)처럼 도시를 떠나 혼자 리비아와 이집트의 외딴 사막으로 깊숙이 들어가 개인적 수련을 했던 은수자이고, 다른 하나는 이집트의 성 파코미우스Pachomius(292~348) 처럼 재산을 한데 모아 여럿이 함께 기도와 묵상에 전념하는 공동생활 수도회의 수도사다. 중세 때 전자는 숲속에서 혼자 수도 생활을 했던 은수자들에게서, 후자는 다양한 수도회의 수도사들에게서 찾아볼 수 있다.

서유럽에서도 금욕주의 경향이 등장했다. 남프랑스의 레랭Lérins (칸 앞바다에 있는 지중해의 섬) 수도원, 이탈리아의 몬테카시노 수도원, 아일랜드 수도원은 이러한 경향을 결집한 대표적 수도원이다. 529년 몬테카시노 수도원을 세운 누르시아Nursia(이탈리아어로는 노르차Norcia) 출신의 베네딕투스Benedictus는 말년에 만든 '계율'로 인해 '서유럽 수도원의 창시자'라는 평가를 받는다. 그레고리우스 대교황 덕택에 잘 알려진 '베네딕투스 계율'은, 영적 생활과 육체노동과 지적 활동을 고르게 안배하고 수도원장과 수도사의 관계를 배려와 순종의 관계로 규정했다. 이처럼 온건하고 균형 잡힌 성격 때문에 '베네딕투스 계율'은 이후에 설립된 많은 수도원의 기본 지침이 되었다.

아일랜드는 5세기 초 성 패트릭에 의해 기독교가 전파된 이래 수도원과 성인들의 땅이 되었다. 아일랜드 수도원은 서유럽 수도원과는 다른 토양에서 출발했다. 로마제국의 영향이 컸던 지중해 연안 지방에서는 원로원 귀족 출신의 주교들이 수도사의 금욕주의적 경향을 억제했던 반면, 아일랜드는 이러한 영향으로부터 벗어나 있었다. 로마의 영향을 적게 받은 아일랜드의 행정 구조 또한 서유럽식 주교 행정 조직의 이식을 어렵게 했다. 사회조직의 근간을 혈연집단에 두고 있던 아일랜드에서는 저명한 가문이 수도원을 설립하여 소유하고 수도원장과 수녀원장 직을 장악했다.

한편 그레고리우스 대교황의 주도로 수도원 운동의 주변적 성격이 중심적 성격으로 변하기 시작했다. 수도사 출신으로는 최초로 교황이 된 그는, 게르만 이동 이후 피상적으로만 개종하거나 이교로 남아 있는 지역에 복음을 전파하기 위해 수도사를 선교사로 파견했다. 세속을 피해 수도원에서 살기로 서원한 수도사들이 이제는 세속으로 나가 복음을 전파하는 임무를 맡은 것이다. 그리하여 서유럽의 수도원, 그중에서도 특히 아일랜드 수도원은 선교사 양성 기관으로 변모하여 7세기까지 수도사 13명을 이탈리아로, 24명을 스코틀랜드로, 36명을 벨기에로, 44명을 잉글랜드로, 45명을 프랑스로, 115명을 독일로 보냈다. 8세기에는 성 보니파티우스처럼 잉글랜드 수도사들이 독일에서 큰 역할을 했다. 이들은 각지에서 우상 숭배와 이교적 관습을 타파하고 농촌을 개종시키는 일에 헌신했으며, 독일과 그 인근 변경에 수많은 수도원을 건립했다. 이처럼 수도사들은 중세 초 기독교 세계의 변경에 있는 '이교적' 농촌에 복음을 전파하는 역할을 담당했다.

이를 통해 프랑크 왕국 시기의 수도원은 초창기의 주변적 위치에서 벗어나 점차 지배 구조의 핵심을 차지하게 되었다. 가문에 토대를 둔 아일랜드 수도원 전통이 프랑크 왕국으로 이식됨에 따라 갈리아-로마의 토착 귀족들도 수도원 교회를 가족 묘원으로 활용하였다. 이에 따라 주교와 수도원 간의 전통적 반감도 소멸되었다. 예컨대 7세기 프랑크 왕국의 주교들 중에 뤽쇠이유Luxeuil 수도원(아일랜드의 성 콜룸바누스가 590년 프랑스 동부에 세운 수도원) 출신이 11명이나 되었다. 귀족들과 이들 출신 주교들이 앞장서서 수도원을 건립하고 새로운 영성을 고무했다. 이와 더불어 수도사가 고위 귀족층에서 충원되었고, 수도원장과 수녀원장은 대개 왕족이나 제후 가문 출신이었다. 또한 카롤루스 왕조는 다양한 수도원 전통들을 통합하려 노력했다. 특히 루도비쿠스 경건황제는 남프랑스 아니안Aniane 출신의 베네딕투스에게 다양한 전통의 수도원 계율과 전례典禮를 통일시키는 일을 맡겼다.

수도사는 기도하는 사람, 싸우는 사람, 일하는 사람으로 구성된 사회의 3분 기능 가운데 '기도'의 기능을 담당했다. 수도사는 생자는 물론 망자를 위해서도 기도했다. 수도사는 그 대가로 평신도로부터 기부를 받았다. 사후에 구원을 받고 싶은 사람은 막대한 땅을 수도원에 바쳤다. 게르만 세계에 복음을 전파하던 수도사 출신 선교사들은, 저승으로 가는 여행에 도움을 준다고 믿어지는 부장품(금·은·보석·무기 등)을 망자와 함께 매장하는 이교적 관습을 포기하고 대신 그것들을 수도원 교회의 전례와 장식을 위해 기부하라고 설교했다. 이렇게 하여 묘지로 들어갈 주요 재부가 교회로 이동한 것이다. 수도사의 개인적 소유는 금지되었지만, 재부를 공동으로 소유하고 사용하는 것은 전혀 문제가 되지 않았다. 오히려 수도원과 교회의 부는 종교적 헌신의 강도와 정당성의 지표로 간주되었다. 망자를 위한 기도를 통해 구원의 권력을 장악한 수도원은 막대한 토지와 부를 소유한 세력이 되었다. 영국의 역사인류학자 잭 구디Jack Goody에 따르면 중세 후기(11~15세기) 수도원을 포함한 교회 토지는 농경지의 20~30퍼센트였고, 종교개혁 직전 독일에서는 50퍼센트가 넘었다.

봉건사회에서 수도사의 삶과 역할

909년께 아키텐 공작이자 오베르뉴Auvergne 백작으로 신심 깊은 기욤 Guillaume 1세가 부르고뉴 지방에 세운 클뤼니 수도원은 설립 당시부터 개혁적 성격을 띠고 있었다. 카롤루스 왕조가 해체되고 외침이 끊이지 않는 가운데 수도원이 외부 권력의 간섭에 휘둘리던 시절 클뤼니 수도원은 수도원의 본분에 충실하고자 했다. 이러한 목표 아래 수도원은 제후나 주교의 간섭 없이 자체적으로 수도원장을 선출할 권리와, 수도원의 계율과 관습에 따라 살 권리를 획득하기 위해 개혁 운동을 전개했다. 종교법에 따라 '수도사의 자유'를 보장하는 최상의 방법은 수도원이 외부 권력으로부터 독립하여 로마 교황의 직접 지배 아래로 들어가는 것이었다. 개혁의 지속적 추진을 위해 클뤼니 수도원은 1016년과 1027년 사이 수도 단체의 대대적인 규합에 나서 '수도원 제국'을 형성하기 시작했다. 클뤼니 수도원의 분원 수는 11세기 초 34개에서 12세기 중엽에는 약 2,000개로 늘어났다. 개혁 운동을 통해 외부 간섭 없이 수도원 계율에 따라 사는 '수도사의 자유'가 확보됨에 따라 수도원의 영적 삶이 어느 정도 통일되었다.

그러나 수도원의 분위기는 속세의 봉건 귀족 사회와 흡사했다. 수도원장과 수도사의 관계는 주군과 봉신의 관계를 특징짓는 주종관계와 동일했다. 수도회 총회로 분원들이 집결한 것은 제후령으로 성주령이 통합된 것에 비유할 수 있다. 수도사의 영적 이상은 장엄한 전례를 통해 주님께 바치는 궁정식 봉사와 비슷했다. 하느님께 왕궁처럼 호화롭게 장식된 교회를 지어 바쳤을 뿐 아니라, 하느님의 종들인 수도사들이 거처할 건물도 화려하게 치장했다. 클뤼니 수도사들의 삶은 영주들의 귀족적인 생활과 다를 바 없었다. 프랑스 중세사가 조르주 뒤비Georges Duby는 육체노동을 전혀 하지 않는 클뤼니 수도사들에 대해 이렇게 지적했다.

　　이것은 노동을 천하게 여기는 귀족적 개념과 밀접하게 조응했다. 〔……〕 수도사들은 기사들처럼 빈둥빈둥 살았으며, 자신들을 천한 노동으로부터 해방시켜준 예속민에 둘러싸여 있었다. 그들의 생존은 예속 농민에게 거둬들인 세금과 부역으로 확보되었다. 예속민들이 그들을 위해 수도원 구내식당의 식단을 다양하게 차리고, 그들에게 대접하는 포도주에 향신료를 치고, 그들의 수많은 옷을 헐기도 전에 새것으로 바꾸고, 고위급 수도사들을 위해 궁궐 같은 마구간을 유지하는 데 기울인 수고는 성직에 대한 귀족적 착상을 보여준다.

이처럼 노동을 하지 않는 귀족적 삶의 방식은, 클뤼니 수도원의 수도사들이 기도와 노동과 독서를 균형 있게 안배했던 베네딕투스 계율의 순수성으로부터 멀어졌음을 의미한다. 베네딕투스 계율에서 노동은 참회와 금욕, 자급자족을 의미했다. 수도원의 화려함과 수도사들의 사치에 대한 비판이 역설적으로 도시와 상업이 번성하기 시작하던

11세기 초부터 일기 시작했는데 그것은 두 경향으로 발전했다. 하나는 피에트로 다미아니Pietro Damiani처럼 베네딕투스 계율을 거부하고 은 수자로 개인적 금욕주의를 실천하는 경향이고, 다른 하나는 수도원적 삶을 원시적 소박함으로 되돌리려는 경향이다. 후자를 대표하는 것이 1098년 몰렘Molesme 베네딕투스 수도원 출신의 개혁가 로베르Robert 와 그의 추종자들이 부르고뉴 지방의 숲속 황무지 시토Cîteaux에 세운 수도회(시토회)다.

시토회는 클뤼니 수도원의 개혁 노선('수도사의 자유')을 따르면 서도 사도 시대의 청빈과 베네딕투스 계율을 그 순수한 소박함으로 부활시키려 노력했다. 시토회 수도사들은 클뤼니 수도원이 지나치게 장엄한 의례와 복음에 배치되는 사치스러운 생활로 인해 베네딕투스 계율을 퇴색시켰다고 보면서, 기도·노동·독서(성경 묵상)의 안배, 의 례와 건축에서의 검소함, 옷과 소유와 장식에서의 소박함을 추구했다. 12세기 중에 시토회는 가난한 영혼들이 간구하는 것을 제공하면서 클 뤼니 수도원과 함께 최대 수도원으로 성장했다. 설립한 지 반세기 남 짓 지난 1153년, 시토회의 눈부신 성장에 지대한 공헌을 한 위대한 지 도자 성 베르나르가 사망한 이해에 343개였던 분원 수는 12세기 말에 는 약 500개로 증가했다.

그럼에도 불구하고 성 베르나르를 비롯한 시토회 지도자들은 여 전히 봉건사회의 영적 지지자들이었다. 성 베르나르는 코뮌을 격렬하 게 반대하고, 물욕에 젖은 도시 사회의 죄악을 혹독하게 비난했다. 전 통적 농촌 경제를 이상으로 삼은 그는 상업과 도시의 새로운 측면에 둔감했다. 그는 스콜라 철학을 선도한 피에르 아벨라르Pierre Abélard를 집요하게 비난했다. 그것은 아벨라르가 저지른 개인적 탈선(엘로이즈 Héloïse와의 연애 사건) 때문이기도 했지만, 또한 저 젊은 학자가 전통

적 상징 및 알레고리와 화합하기 힘든 합리적 변증법을 신학 연구에
도입했기 때문이었다. 베르나르는 스콜라 철학의 논리적·합리적 경향
에 질색했다. 황무지 개간으로 자급자족을 추구했던 시토 수도회의 개
혁 정신은 시간이 지남에 따라 자신들의 권력과 부 앞에 퇴색했다.

도시 사회에서 수도사의 삶과 역할

이처럼 농촌적 봉건사회를 이상으로 삼은 시토 수도회에 비해, 탁발
수도회는 도시 지역에서 청빈하게 살면서 설교를 통해 복음을 전파했
다. 탁발 수도회의 양대 축은 13세기 초에 에스파냐 귀족 출신의 성직
자 도밍고 데 구스만Domingo de Guzmán이 창설한 도미니쿠스 수도회
와 이탈리아 상인의 아들 프란체스코 다시시Francesco d'Assisi가 설립한
프란체스코 수도회다. 탁발 수도회는, 재산을 공동으로 소유하고 외딴
곳에 공동체를 이루어 사는 기존 수도원 모델과는 달리, 모든 소유를
거부하고 도시에서 신자들의 보시로만 살아갔다. 프랑스와 이탈리아
에서 시작된 탁발 수도회 운동은 유럽 도시들로 전파되어 큰 인기를
끌었다. 설립한 지 채 한 세기도 안 되어 유럽 도시에 도미니쿠스 수도
회는 약 700개, 프란체스코 수도회는 약 1,400개의 분원이 있었다. 그
러므로 탁발 수도회의 분포도는 바로 유럽 도시의 지도와 같았다.

    카타리파 이단의 창궐로 위기에 빠진 교황청은 재빠르게 이 두 수
도회를 공인하고 수도사들을 대중 설교가와 이단 재판관으로 위촉하
여 이단 척결의 선봉에 서도록 했다. 두 교단의 설교가들은 카타리파
사제들의 복음주의적 주장과 비슷한 자신들의 청빈 이념을 가톨릭 정
통 속에 통합시켰다. 교황청은 새로운 신앙 운동들이 극단주의를 추
구하는 이단과 그 경계를 구분하기가 어려웠기 때문에, 제4차 라테라
노 공의회에서 새로운 형태의 종교적 삶의 증식을 금지하고 새 교단

은 기존의 계율을 존중해야 한다고 결정했다. 교황청은 두 교단과 유사하면서도 이단과 구분하기도 어려운 가르멜회Carmelites, 아우구스티누스 은수자회, 성모 마리아 시녀회를 강제로 탁발 수도회에 통합시켰다.

탁발 수도회는 도시 사회에 새로운 영성을 고무했다는 점에 그 독창성이 있다. 탁발 수도회 수도사들은 외딴곳에서 수행에만 전념하는 은둔 수도사들과는 달리 도시민들 속으로 들어가 속어 설교며 연옥 신앙이며 고해성사 같은 종교적 혁신을 전파하면서 그들의 내면을 관리했다. 특히 신자들은 매년 1회 이상 고해성사를 하고 성체 배령을 해야 한다고 결정한 제4차 라테라노 공의회 이후 탁발 수도회는 더욱 증가된 성무를 떠맡았을 뿐 아니라, 평신도들로 신도회를 조직해 상조 기능과 빈자 구호 활동을 하도록 지도했다. 이처럼 탁발 수도회는 평신도들을 영적 삶에 참여시켜 성직자의 역할을 축소시킴으로써 엘리트들이 독점하던 영성을 대중화하는 길목에서 중요한 역할을 했다. 또한 탁발 수도회는 대학 강단에서 활동하면서 스콜라 철학을 이끌었다. 스콜라 철학의 대가인 알베르투스 마그누스Albertus Magnus와 토마스 아퀴나스는 도미니쿠스 수도회 출신이었고, 저명한 스콜라 철학자인 둔스 스코투스Duns Scotus, 보나벤투라Bonaventura, 윌리엄 오컴 William of Ockham은 프란체스코 수도회 소속이었다. 이들은 도시 사회에서 제기되는 문제들, 예컨대 노동과 임금, 사업과 공정 가격, 대부와 이자 등과 같은 문제들에 대해 윤리적이면서도 합리적인 접근을 하려 노력했다. 또한 탁발 수도회 수도사들은 돈과 구원 사이에서 불안해하는 상인과 대금업자 들을 구원의 길로 이끌어주는 영적 조언자 역할도 했다.

초기부터 12세기까지 수도원의 역사에서 남녀 차별은 거의 없었다. 남녀 수도사가 별도 건물에서 생활하며 함께 수행했던 이중 수도원에서 대다수 수녀들의 삶은 속세의 대영지에서 누리던 귀족적 삶과 다를 바 없었다. 그러나 여성들에게 외딴 데서 혼자 수도 생활을 하는 은수자적 삶은 점차 허용되지 않았다. 특히 탁발 수도회는 여성을 받아들이지 않았다. 귀족 여성들이 거지처럼 거리 귀퉁이에 쭈그려 앉아 평신도들이 보시하는 빵을 빌어먹는 광경을 귀족 남성 출신의 탁발 수도회 지도자들과 교황청은 상상조차 할 수가 없었던 것이다. 또한 여성은 성당 학교와 대학 등 지적 활동 공간에서도 배제되었다. 수도원의 역사에서 그동안 비교적 잘 유지되었던 양성평등이 13세기 들어 깨지기 시작한 것이다. 나중에 살피겠지만 중세 말에 나타난 신비주의 신앙이 평신도 여성의 영적 소명이 된 것은 이러한 맥락과 관련이 있다.

혁신적 열정을 갖고 출발했던 탁발 수도회는 중세 말에 들어 보수적으로 변모했다. 15세기 말 수도원에 대한 격렬한 비판이 일었지만 수도사들은 스스로 갱생할 만한 능력이 없었다. 에라스뮈스 같은 가톨릭 인문주의자들은 사회적·영적 가치를 상실한 수도원 제도를 조소하고 비판했다. 프로테스탄트 지도자들은 수도원 철폐를 교회 개혁의 최우선 과제로 삼았다. 1540년 이후 가톨릭 국가들은 교황청을 대리하는 엘리트 집단인 예수회를 받아들였다. 수도원은 살아남기 위해 비판을 받아들이고 개혁을 단행하지 않을 수 없었다.

3. 성직자 독신 문제

독신 주장의 논리

오늘날 같은 뿌리에서 나온 그리스정교와 개신교의 목사들은 결혼하는 데 반해 가톨릭 신부들은 결혼을 하지 않는다. 이런 차이는 어디에서 비롯된 것인가? 왜 가톨릭 신부만 독신을 준수해야 하는가?

초기 기독교 시대에는 '성직자 독신clerical celibacy'이 문제가 되지 않았다. 성경 어디에도 성직자가 독신으로 살아야 한다고 명시적으로 규정한 구절이 없다. 성직자 독신 문제가 처음 제기된 것은 306년께 열린 엘비라Elvira(이베리아 반도 남부에 있던 옛 도시) 공의회에서였다. 여기서 최초로 성직자의 결혼을 억제하려는 움직임이 있었다. 이미 결혼을 한 고위 성직자는 부인과 별거하게 하고, 부인과 성교하는 성직자의 성직을 박탈했다. 평신도들에게는 간음을 범한 성직자가 시행하는 성체성사를 거부하도록 했다.

이러한 공의회의 결정은 성직자의 기독교적 자기 정체성을 규정하려는 시도로 볼 수 있다. 성직자에게 엄격한 성 규범을 요구한 것은, 기독교를 이교와 구별하고 성직자의 엘리트주의적·도덕적 우월성을 확보하려는 시도일 뿐 아니라, 부정한 성직자에 의한 영성체가 기독교 의례의 완전성과 배치된다고 보았기 때문이다. 그러나 이에 대한 논쟁과 반발은 현재까지 이어지고 있다. 성직자 독신은 인간의 본성과 성경 정신에 배치된다는 주장이 만만치 않다. 미혼 성직자는 독신 생활을 하고 기혼 성직자는 별거하라는 공의회의 결정은, 성직자 독신을 하나의 권고 사항으로 제시할 뿐 종교법상의 강제 규정은 아니었다. 따라서 성직자 독신 위반이 죄가 아니었으므로 중세 초 성직자들은 대부분 결혼을 하거나 내연관계에 있었다.

성직자 독신 문제를 본격적으로 제기한 것은 앞에서 언급했듯이 그레고리우스 개혁에 이르러서다. 그는 대내 개혁의 일환으로 성직 매매 금지와 함께 성직자 독신을 요구했다. 이런 요구의 근거는 무엇인가? 특히 쟁점이 된 것은 성직자 독신 주장이 '비정전적非正典的, uncanonical'이라는 점이다. 다시 말해, 성직자 독신 주장이 성경이나 종교법 등에 아무런 근거가 없다는 것이다. 이 점은 두고두고 논쟁거리가 되었다.

다른 이유는 성직자 독신의 사제 서품식 함의론이다. 수도 성직자는 수도원에 입회할 때 명시적으로 독신을 서약하기 때문에 독신 의무가 있지만, 재속 성직자는 공식적으로 독신 서약을 하지 않는다. 이에 대해 당시 학자들 사이에 논란이 많았다. 교회법학자 롤란두스Rolandus는 사제 서품식 때 독신 서약이 명료하진 않지만 은밀하게 내포된 것으로 해석해야 한다고 주장한 반면, 교회법학자 우구초Huguccio는 그리스정교회 성직자의 오래된 결혼 관행을 예로 들며 사제 서품식 함의론을 반대했다. 성직자 독신은 하나의 규율 조치이지 성직의 본질은 아니라는 것이다.

또 다른 이유는 윤리적 고려다. 성사를 베푸는 자는 받는 자보다 도덕적으로 더 염결해야 한다는 것이다. 성관계를 맺는 성직자는 자신과 성스러운 신비를 더럽힌다. 성욕과 그것이 초래한 성교는 부정不淨의 원천이다. 성직자의 이러한 부정은 그가 수행하는 모든 의례와 그가 만지는 제기와 그가 하는 신성한 말을 오염시키고 모독한다. 그러므로 성직자는 동정을 지켜야 한다는 것이다.

보다 현실적인 이유는 주로 경제적인 문제와 관련이 있다. 성직자가 결혼하여 가정을 이루면 가족 부양의 부담을 안게 되고, 이것은 재부가 하느님과 교회를 위해서가 아니라 사적으로 유출될 가능성이 있다는 것이다. 또한 성직자의 결혼은 성직 족벌 형성의 우려가 있다는 것이다. 실제로 성직을 사적으로 전유하여 대대손손 가산으로 상속하는 경우가 비일비재했다.

두 갈래 길

교황청은 이런 이유를 토대로 일련의 공의회에서 성직자 독신을 결의하고 그에 관한 조치를 취했다. 제1차 라테라노 공의회(1123)와 제2차 라테라노 공의회(1139)는 상급품 성직자의 결혼과 축첩 금지 및 이를 위반할 경우 성직 박탈, 기혼 성직자의 미사 집전 금지를 골자로 성직 독신 결정을 내렸다. 이제 성직자의 결혼은 종교법상의 범죄가 되었다. 성직자의 결혼은 간음죄에 해당했고, 그 부인은 첩이나 창녀의 지위로 전락했으며, 그 자녀는 성직자가 될 자격을 박탈당했다.

교황청의 결정과 조치에 대해 대다수 성직자들은 충격을 받은 동시에 분노했다. 특히 하급품 성직자들의 반발이 더 컸다. 파리 주교는 야유와 구타를 당했고, 루앙 주교는 돌 세례를 받았다. 일부 북이탈리아의 주교는 생명의 위협을 느껴 공표조차 하지 못했다. 또한 이러한 결정을 공표하고 그 실행을 감독해야 하는 주교들 중에는 성직자 독신 결정을 비난하는 이들도 있었다. 성직자 독신 결정이 성경에 배치되는 비정전적인 조치일 뿐 아니라 인간 본성에도 역행하는 반자연적 조치로서 더 큰 악만 초래할 뿐이라는 것이 그 이유였다.

평신도들도 성직자 독신을 반대했다. 12세기 알자스 지방의 한 연대기 작가에 따르면, 농민들은 "성직자가 독신으로 살아서는 안 된다. 자신의 아내를 갖는 것이 더 좋다. 그렇지 않으면 남의 아내에게 지근 거리며 잠을 잘 것이기 때문이다"라고 주장했다. 도시민들 또한 농민들의 생각과 다르지 않았다. 매춘이 제도화된 15세기 부르고뉴 지방에서 사창가와 목욕탕(고급 사창가)에 출입하는 고객의 20퍼센트가 성직자였다. 도시민들이 보기에 성직자의 사창가 출입은 스캔들이 아니었다. 독신 성직자가 명사층의 부인과 딸을 건드리는 것보다는 사창가에 출입하는 것이 더 낫다고 보았기 때문이다. 특히 젊은 재속 성직자의 사창가 출입은 예사로운 일로 받아들였다.

제1, 2차 라테라노 공의회 이후 교황청의 거듭된 성직자 독신 천명에도 불구하고 성직자의 성적 비행 관행은 여전했다. 12세기 노르망디 지방 리지외Lisieux 주교 아르눌Arnoul의 보고에 따르면, 하루 동안 성당 참사회 방에서 17명의 내연녀를 추방했지만 그들은 샛길을 통해 성당 경내로 몰래 다시 들어왔다. 또한 같은 교구의 부주교는 교구 내의 한 영주의 모친을 내연녀로 삼았다. 14세기 초 남프랑스 몽타이유 Montaillou 마을에서 강간과 근친상간, 간통을 서슴지 않았던 본당신부 피에르 클레르그Pierre Clergue는 공식적으로 12명의 내연녀가 있었다. 16세기 초 잉글랜드의 종교개혁가 로버트 반스Robert Barnes는 성직자 독신을 준수한 잉글랜드 성직자가 전체의 1/3도 안된다고 추산했다. 같은 시기에 바이에른 공작은 100명의 성직자 중 97명이 부인이나 내연녀를 두고 있다고 개탄했다. 자식이 성직을 계승하는 관행도 여전했다. 성직자 독신 정책은 사실상 실효성을 상실했다.

16세기 종교개혁 시기에 이르러 성직자 독신 문제를 두고 개신교와 가톨릭은 엇갈린 방향으로 나아갔다. 루터, 칼뱅과 멜란히톤 같은 프로테스탄트 지도자들은 성직자 독신 철폐를 강력히 주장했다. 이들은 성직자 독신이 성경에 아무런 근거가 없는 비정전적·자의적·강제적 규정으로, 하느님의 계율도 아니고 구원에 필요한 것도 아니라며 성직자의 결혼의 자유를 요구했다. 실제로 루터는 파문당한 후, 파계한 수녀와 결혼했다. 개신교에서는 개개인이 성직자의 중개 없이 신앙을 통해 저마다 하나님과 직접 소통하며 하나님의 전지전능에 개별적으로 의존하였으므로 목사가 사제처럼 독신을 준수할 필요가 없었던 것이다. 이로부터 개신교 목사는 합법적으로 결혼하는 전통이 시작되었다.

반면에 가톨릭은 성직자 독신을 실효적으로 강화해나갔다. 물론 가톨릭 내부에서도 성직자 독신 철폐 주장이 없었던 것은 아니다. 에라스뮈스 같은 신학자들도 철폐할 것을 주장했고, 교황 율리우스Julius 3세(재위 1550~1555)도 교황이 되기 전에는 성직자 독신 철폐를 고려했다. 실제로 교황청은 독신을 지키지 않은 성직자들을 묵인하고 이들이 공개적으로 성사를 거행하는 것에만 제한을 두었다. 그러나 가톨릭은 프로테스탄트 개혁에 대응하기 위해 개최한 트렌토Trento 공의회(1545~1563)에서 성직자 독신을 실효적으로 강화하는 조치를 취했다. 신학교를 설치해 성직 지망생들에게 어려서부터 철저하게 금욕주의를 주입시키고, 제대로 훈련된 신학생들만 사제로 서품하여 사목 활동을 하게 했다. 이리하여 성직자 독신에 관한 규율 문제에서 개신교와 가톨릭은 다른 길을 가게 되었다.

4. 포교 활동과 민중 기독교

사제의 의무와 사목 활동

사막은 일신교적 감수성에 적합하다고 알려져 있다. 유대교·기독교·이슬람교처럼 유라시아의 주요한 종교는 모두 사막에서 발생했다(이에 반해 다신교는 고대 메소포타미아나 이집트 같은 농경 사회에서 번성했다). 사막은 번잡한 문명과는 대비되는 가치를 표상하고 신비를 조장하는 역할을 했다. 그래서 앞에서 살핀 대로 성 안토니우스처럼 영성을 추구하는 은수자는 도시를 떠나 혼자 사막으로 들어갔다. 구약성서와 신약성서에서 사막은 시험의 공간, 악마의 거처, 도피와 고독의 공간이다. 자크 르고프에 따르면 사막이 없던 중세 유럽에서는 숲(때로는 높은 바위산이나 외딴섬)이 사막을 표상했다. 그리하여 진정한 영성을 추구하는 은수자들은 속세를 떠나 '숲-사막'으로 들어갔다.

그러나 제국 말기부터 기독교는 도시에 뿌리를 내렸다. 애초부터 예루살렘 공동체는 언제나 도시의 틀 속에 존재했다. 그리고 본질적으로 도시 문명을 특징으로 하는 로마제국의 국교가 된 기독교는 더욱더 자연스럽게 도시의 종교가 되었다. 반면 농촌은 이교 세계였다. 이것은 원래 '농촌'을 의미하는 라틴어 *pagus*에서 '이교도'를 의미하는 pagan이라는 단어가 파생된 데서도 알 수 있다.

기독교가 도시의 종교가 된 것은 기독교가 구약성서와 신약성서를 가진 '경전의 종교Religion of Book'라는 것과도 관계가 있다. 기독교 전파는 문자 해독과 밀접한 관련이 있기 때문에 교회는 학교를 필요로 했다. 고대의 세속 학교는 6세기 초에 완전 소멸하고, 성당과 수도원 주변에 주교와 수도원장이 관할하는 새로운 교회 학교가 설립되었다. 교회 학교는 성경을 해독할 수 있도록 교양 과목(문법·수사학·논리학)을 교육하고 성직자를 양성했다. 교회 행정 구역도 로마의 도시 행정 구역인 키비타스*civitas*별로 교구를 설립하고, 복음화의 진전과 더불어 농촌 마을에도 본당구가 설립되었다.

중세 중기에 들어 교회는 일련의 공의회를 통해 평신도의 신앙 일탈 통제, 이단 퇴치, 소수 집단 처리, 재판 제도 변경 등 사회의 재기독교화re-christianization를 위한 광범위한 조치를 취했다. 특히 제4차 라테라노 공의회는 성직자에게 성무의 철저한 수행을 위한 갖가지 규정을 마련했다. 공의회는 주교들이 본당구에서 올바른 설교를 하고 고해성사를 제대로 수행하기에 충분한 자격을 갖춘 본당신부를 임명해야 한다고 정했다. 성직자의 빈틈없는 사목 활동을 유지하기 위해 주교좌의 공석도 제한했다. 또한 성직자의 사목 활동을 감독하기 위해 교구 사목회의를 매년 열고, 수도회 교단 장상長上 총회를 3년마다 개최할 것을 명했다. 공의회는 주교들이 성직 지망생들의 교육 수준과 개인적 행동거지를 감독하고, 이들에게 적절한 신학 교육을 시킬 것을 지시했다. 성직록의 과다한 보유는 성무의 바른 수행에 지장이 된다는 이유로 금지되었다. 성직자들이 수렵과 도박, 주연과 과도한 향연, 연극 공연에 참여하는 것이 금지되었다. 이 모든 조치의 목적은 성직자들로 하여금 평신도들에게 바른 성무를 확실하게 수행하도록 하는 데 있었다.

사제들은 금기의 의무가 평신도보다 훨씬 많았다. 성직자에게는 피의 금기가 엄격하게 적용되었다. 성체성사를 시행하는 사제는 육체적 부정으로부터 보호되어야 했기 때문이다. 그래서 사제는 외과 수술이며 사냥이며 전쟁에 참여해서는 안 되었고 교회 재판에서 극형 선고를 삼가야 했다. 불가피하게 극형을 선고하더라도 사형 집행은 가급적 세속 당국에 위임했다. 또한 성직자는 물욕이 금지되었다. 선술집을 출입해서도, 주사위 놀이를 해서도 안 되었고, 사업, 특히 대금업은 엄격하게 금지했다. 경제가 성장하던 12세기에는 죄의 위계 서열에서 물욕죄·탐식죄·음욕죄 등 물질적 계열의 죄가 수위를 차지했기 때문에 성직자에게는 더욱 가혹하게 물질적 금기가 적용됐다.

성사聖事 제도가 확립되기 시작하던 12세기부터 결혼은 사적·가족적 영역을 벗어나 교회의 소관이 되었고, 본당신부는 본당구 신도들에 대한 결혼 통제권을 가졌다. 약혼과 결혼식에 본당신부가 반드시 참석해야 했으며, 약혼과 결혼 당사자들이 결혼에 동의하는지, 이들 사이의 관계가 근친혼 금기에 해당하는 촌수인지를 확인했다.

거듭 말하지만 성직자가 수행해야 할 가장 중요한 임무는 평신도에게 복음을 전파하는 것이다. 이와 관련하여 교회는 성경을 해석하고 하느님의 말씀을 설파하는 권한을 성직자에게만 부여했다. 게다가 설교의 언어 또한 권위주의적이게도 라틴어였다. 중세 때 성경이란 엄격히 말해 관주官註 복음서, 즉 교황청이 공식적으로 인정한 주석이 달린 라틴어 복음서만을 의미했다. 14세기 초 성경 가격은 20리브르로, 이는 농가의 반 채 혹은 양 40마리 값에 해당했다. 중세 때 그렇게 비싼 성경을 구입할 수 있는 사람과, 더군다나 라틴어로 쓰인 성경을 해독할 수 있는 사람이 과연 얼마나 되었을까 싶다.

중세 초부터 설교는 성직자를 상대하든 평신도를 상대하든 라틴어로 이루어졌다. 라틴어와 속어가 분화된 9세기 이래로 평신도는 라틴어로 전하는 하느님의 말씀을 알아들을 수 없었다. 그래서 813년 투르 공의회에서 주교들은 속어로 설교할 것을 주장했으나 실현되지 못했다. 12세기에 이르러 정규 라틴어 주일 미사 설교 외에 저잣거리 사람들도 쉽게 알아들을 수 있는 별도의 속어 설교가 시급해졌다. 속어 설교는 발도파 같은 이단에서 이미 실시하고 있는 데다 십자군을 동원하는 데도 필요했기 때문이다. 교회는 인가받은 성직자에 한해 대중에게 속어로 설교하는 것을 허락했다. 그 대표적인 예가 시토회 수도사 성 베르나르다. 그는 1145~1146년 남프랑스에서 카타리파 척결과 제2차 십자군 참여를 독려하는 속어 대중 설교를 했다.

13세기 들어 속어 대중 설교가 본격적으로 등장했다. 교황 인노켄티우스 3세는 북동유럽의 복음화, 제4차 십자군 동원, 카타리파 이단 척결을 고무하기 위한 대중 설교를 권장했다. 그의 슬로건은 "이단적 일탈을 분쇄하라, 가톨릭 신앙을 강화하라, 사악을 근절하라, 덕을 심어라"였다. 그의 주도로 열린 제4차 라테라노 공의회에서는 설교의 효율성 제고를 위한 '설교가 교육법'을 제정했다. 대중 설교에 탁발 수도회 수도사들의 역할이 컸다. 1206년 도미니쿠스회에, 1210년 프란체스코회에 설교 권한을 부여했는데, 특히 도미니쿠스회 수도사들이 이단 재판에서 주요한 역할을 했다.

중세 말로 갈수록 성직자들의 라틴어 독점은 점차 약화되었다. 교양학부에서 라틴어를 습득한 평신도 출신의 대학 졸업자들이 관직에 진출했다. 이와 함께 르네상스 인문주의자들은 기존의 고딕서체 외에 '카롤루스 소문자체'를 개량한 인문서체를 만들었다. 고딕서체는 〈그림 12〉에서 보이듯이 우아하고 아름답긴 했지만, 훈련받은 전문가들만이 독해할 수 있을 정도로 가독성이 매우 낮았다. 교황청은 종교개혁 이후에도 고딕서체를 고집했다. 반면에 인문서체는 〈그림 13〉에서

〈그림 12〉 고딕서체(프랑스, 15세기)

볼 수 있듯이 서체 훈련을 받지 않아도 읽고 쓸 수 있는 실용적 서체로 왕국의 상서부와 일반인이 사용했다. 이와 더불어 속어로 쓰인 공문서가 보편화하기 시작하고, 회계 장부·가사 일지·편지 같은 개인 문서 작성이 증가했다. 그럼에도 여전히 문맹자가 많았기 때문에 공적인 뉴스(왕령·법령·추방·벌금·처형)는 물론이고 사적인 소식(출생·결혼·사망)도 문서를 통해서가 아니라, 여기저기 돌아다니며 '소리쳐 공지하는 사람crier'(포고관, 알림이)의 입을 통해 공표되거나 전달받았다.

중세 말부터 성서 번역과 종교 문학이 번성했다. 14~15세기 이단 사상가인 존 위클리프John Wycliffe와 얀 후스Jan Hus는 성서를 각각 영어와 체코어로 번역했다. 16세기 들어 마르틴 루터와 자크 르페브르 데타플Jacques Lefèvre d'Étaples은 성서를 각각 독일어와 프랑스어로 번역했다. 이와 함께 속어로 쓰인 기도서도 증가했다. 이러한 속어 성서들은 제도를 통한 신앙의 성직자 독점을 약화시키고, 성서를 통한 개인적 신앙의 기회를 증대시켜주었다. 이처럼 평신도들의 문자 해독력 증가, 성서의 속어 번역과 더불어 인쇄술의 발전이 초래한 성서의 대

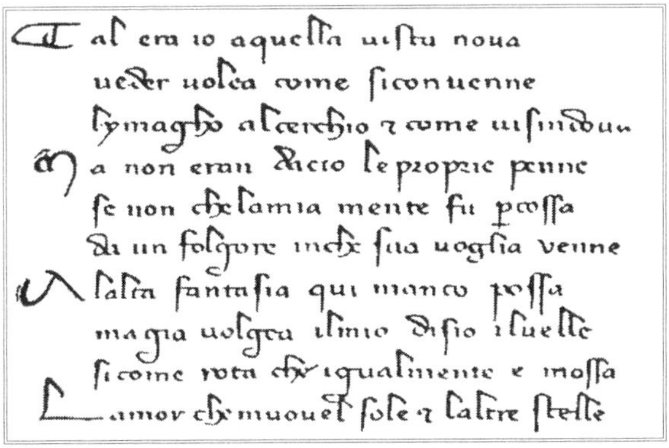

<그림 13> 인문서체(이탈리아, 14세기)

중적 보급은 종교개혁에 유리한 지적 환경을 조성하는 데 기여했다.

민중 기독교

그렇다면 사제의 이러한 포교 활동을 통해 기독교 이념과 윤리가 실제로 신도들의 삶에 얼마나 침투했을까? 중세 말에 기독교화가 이루어졌을까?

프랑스 중세사가 폴 아당Paul Adam은 14세기 프랑스 본당구 신도들의 삶이 얼마나 기독교화되었는지에 대해 회의적이다. 대부분의 본당신부가 농민 출신으로 무식하고 본당구의 바른 사목 활동과는 거리가 멀었으며, 교회에서 음란한 행동뿐 아니라 그 주변에 마술과 미신의 관습이 성행했다는 것이다. 에마뉘엘 르루아 라뒤리Emmanuel Le Roy Ladurie가 연구한 14세기 초 남프랑스의 몽타이유 마을의 농민 문화는 아당의 주장을 더 자세하게 확증해준다. 이 마을의 결혼과 성 풍속은 기독교화와는 거리가 먼 농민 문화적 전통 속에 머물러 있었다. 본당신부 피에르 클레르그는 사제로서 결혼을 하지 않았지만 12명의 내연녀를 두고 있었다. 이 중에 5촌 조카딸과는 오랫동안 내연관계를 맺고 있었다. 이것은 성직자 독신 의무 위반, 8촌(교회 계촌법으로는 4촌) 이내 결혼을 금지한 근친혼 금기 위반, 유부녀와 관계를 맺은 간통 금기 위반 등 여러 금기를 중복 위반한 것이다. 사제라는 사람이 이렇게 공공연하게 불륜 행위를 저지르고 있었으니 마을 사람들이야 더 말할 것도 없었다.

이러한 사례로 보건대 중세 말까지도 교회가 기독교의 기본 교리를 '민중'에게 주입하는 데 과연 성공했는가 하는 문제에 대해 근본적으로 재검토해볼 필요가 있다고 본다. 일부 역사가들은 중세에서 근대로의 전환기 기독교 연구에서 관심의 초점을 '공식 기독교'에서 '민중 기독교'로 돌리면서 '기독교적 중세'가 하나의 '신화'에 지나지 않는다고 보고 있다. 여기서 '민중 기독교'란 교회 문화와 민중 문화, 성직자 문화와 민속 문화가 혼재되어 있는 상황을 말한다. 그러므로 '민중 기독교'는 이교 문화의 철저한 일소로서가 아니라, 이교 문화의 기독교적 재편 또는 재구조화라는 뜻으로 이해할 필요가 있다.

이런 맥락에서 중세에서 근대로의 전환기에 플랑드르 지방의 민중적 경건성을 연구한 자크 투사에르Jacques Toussaert는 가톨릭 교회의 역사에서 결코 '기독교화한' 적이 없었다고 보았다. 또한 프랑스의 종교사가 장 들뤼모Jean Delumeau는 12~13세기를 '기독교의 절정기'로, 근대로의 전환기를 '탈기독교화'의 시기로 보는 것은 오류라고 주장한다. 오히려 1500년경 기독교 세계의 대부분은 아직도 포교 대상지였으며, 종교개혁과 대응종교개혁을 계기로 제대로 훈련된 목사나 사제가 오지 농촌에서 신도들을 바르게 인도하고 주교가 사목 행정을 엄격하게 감독하는 16~18세기가 유럽인의 기독교화와 영성이 더욱 제고된 '제2의 기독교 시대'라고 주장했다.

제 2 장

기사와 귀족 문화

1. 기사에서 귀족으로

프랑스어로 기사를 뜻하는 chevalier는 cheval(말)에서 유래했다. 이처럼 기사는 무엇보다도 말을 타고 싸우는 기마 전사를 뜻한다. 기사가 전장에서 전면을 차지하는 11세기 중엽 이전에 기마 전사, 즉 기병 cavalier이 있었다. 그러나 기사처럼 명예롭고 고상한 의미를 지닌 것은 아니었다. 기병과 기사를 동시에 포괄하는 라틴어 *milites*가 11세기부터 등장했는데, 이 말이 일부 지역에서 명예로운 의미를 지닌 기사와 같은 뜻으로 사용되기 시작해 1200년경에는 귀족과 같은 의미로 쓰였다.

그렇다면 기병은 어떻게 기사-귀족으로 지위가 상승했는가? 그리고 기사가 어떻게 해서 전장의 전면을 차지하게 되었을까? 이런 물음에 답하기 위해 기사의 물질적 측면을 먼저 살펴보자.

기마 정면 충돌전

중세 전쟁의 역사에서 기사가 전장에서 핵심적 역할을 한 시기는, 노르만의 기사가 앵글로색슨의 보병에게 승리를 거둔 헤이스팅스 전투(1066)부터 잉글랜드 보병이 프랑스 기사에게 대승을 거둔 아쟁쿠르 Azincourt 전투(1415)까지다. 반면 중세 초와 중세 말에는 전장에서 보병이 중심적 역할을 했다. 그렇다면 기사가 전장의 전면을 차지했던

11~14세기에 보병은 사라졌을까? 전혀 그렇지 않다. 궁수와 쇠뇌 사수, 갱도병과 공성병攻城兵 등 보병의 도움 없이 기사만으로는 전쟁을 수행할 수 없었다. 기사의 전성기였던 11~14세기의 주요 전투에서조차 보병의 수적 비중은 매우 높았다. 기사 대비 보병의 수는 헤이스팅스 전투에서는 4배, 제1차 십자군 전쟁에서는 10배, 부빈 전투(1214)에서는 12배였다. 그럼에도 이 시기 기사가 전투에서 전면적 우위를 차지한 원인은 무엇인가? 먼저 기사의 기본 장비부터 살펴보자.

기사는 말을 타고 싸우는 전사이므로 말이 필수적이다. 기사에게는 군마와 승용마를 포함하여 말 서너 필이 필요했다. 군마값은 12세기에 30~50리브르로 작은 장원의 1년 수입이나 농가 한 채 값에 해당했다. 아우성과 트럼펫 소리가 나는 가운데 공격과 근접전 훈련을 말에게 시켰다.

1세기부터 사용된 안장은 기사의 전투력 제고에 한몫했다. 안장의 머리와 꼬리에 볼록하게 만든 앞 테와 뒤 테, 말의 가슴·복부·엉덩이에 고정시킨 안장의 가슴끈·뱃대끈·엉덩이끈은 기사로 하여금 전후 안정과 균형을 유지하게 해주었다.

기사가 휴대하는 단검은 길이가 1미터, 무게가 2킬로그램 정도 되는 양날 검이다. 칼집과 손잡이는 귀금속으로 되어 있으며, 대장장이가 이 경탄할 만한 세공품을 만드는 데는 150~200시간이 소요되었다. 단검은 창이 부서졌을 때나 최후 살해 때, 근접전에서 다급할 때 사용했다. 시간이 지남에 따라 검은 점차 길어졌고, 이와 함께 베는 기능에서 찌르는 기능으로 변화했다.

갑옷에 대해 말하자면 11~12세기에는 쇠사슬 갑옷을 착용했다. 당시 기사는 갑옷 13.5킬로그램, 검 2킬로그램, 투구 1.5킬로그램, 창날 1킬로그램, 마구 5킬로그램 등 약 25킬로그램의 철제 장비를 장착했다. 13~15세기에는 무게가 30~60킬로그램이나 되는 철판갑옷을 착용했다. 이 갑옷을 착용한 기사는 말을 탄 요새 같았다. 말을 타고 있을 때는 안전했지만, 낙마해 쓰러졌을 때는 혼자 일어날 수 없었으므로 적의 보병에게 손쉬운 먹이가 되었다.

투구는 11~12세기 중엽까지 코 보호대를 제외하고 얼굴을 노출한 고깔 모양의 개방형 투구를 착용했으나, 이후 눈구멍과 숨구멍만 내고 얼굴을 완전히 감춰버린 폐쇄형 투구를 착용했다. 방패는 평소에 어깨에 매달아 팔을 자유롭게 쓰다가 싸울 때만 손으로 잡아 몸통과 머리를 보호했다.

문장은 12세기 때 폐쇄형 투구와 갑옷으로 완전무장한 기사들의 집단 전투에서 피아 식별을 위해 방패와 투구 등에 주군의 가문을 상징하는 문양을 그려 넣은 것에서 비롯되었다. 소속 기사들은 주군의 문장을 차용한 변형 문장을 사용했으나, 13세기부터 개별 가문의 독특한 문양을 많이 사용했다. 문장은 단순한 피아 식별 기능을 넘어 귀족들의 가문 의식을 나타내는 상징적 의미를 강하게 띠었다.

말, 단검, 갑옷, 투구는 기사의 기본 장비다. 그러나 이것만으로 기사가 전장에서 우위를 차지할 수 있었던 것은 아니다. 미국 기술사가 린 화이트Lynn White가 주장하듯 중세 기사가 우월성을 획득한 결정적 요인은 등자鐙子, stirrup의 도입과 이로써 가능해진 '기마 정면 충돌전mounted shock battle'에 있다. 2세기 인도에서 가죽으로 만든 엄지발가락 등자에서 기원하여 5세기 중국에서 철로 개량하여 만든 등자는 중앙아시아·이란·비잔티움을 거쳐 8세기 중엽 서유럽으로 전파되었다. 이것은 기사의 전투력 제고에 결정적 영향을 주었다. 등자의 도입 이전에는 말을 탄 상태에서 양손을 이용해 싸우기가 매우 불안정했다. 말 위에서 좌우 균형을 잡기가 불가능했기 때문에 말은 주로 적을 추격하거나 이동하는 수단에 불과했고, 정작 전투는 말에서 내려서 치렀다. 등자의 도입으로 기수의 좌우 균형과 안정성이 대폭 향상되었다. 양팔로 창과 방패를 동시에 사용할 수 있게 됨으로써 기마 정면 충돌전이 가능해진 것이다.

기마 정면 충돌전의 또 다른 필수적 요소는 새로운 창술이다. 기사는 평상시에는 창을 어깨에 걸치고 다니다가 전투 시에는 겨드랑이에 수평으로 고정시키고 적에게 돌진했다. 창을 수평으로 앞세우고 기수와 말이 일체를 이루어 전속력으로 달리는 '살아 있는 투사체'는, 적 보병들이 쌓은 방패 벽을 와해시키고 적의 공포감과 도주를 자극했다. 중세 때 기사는 현대전에서 장갑차와도 같은 역할을 했다. 주로 투창으로 사용되던 창이 기마 정면 충돌전에 사용되면서 후대로 갈수록 길이가 2미터 남짓에서 4미터 남짓으로 길어졌다. 이로써 기사들은 보병을 능가하는 전투력을 확보했다. 이러한 기마 정면 충돌전으로 1066년 헤이스팅스 전투에서 노르만-프랑스의 중무장한 기사들은 앵글로색슨의 구식 보병들이 쌓은 방패 벽을 부수고 승리할 수 있었다. 이렇게 기사의 시대가 열린 것이다.

그러나 중무장한 기사들이 전장의 전면에 등장한 시기는 지역에 따라 조금씩 다르다. 1100년경 유럽의 군사기술 지도는 세 지역으로 나뉜다. 봉건제와 기사제가 전형적으로 발전했던 서유럽(프랑스·독일·잉글랜드)은 중무장한 기사가 전쟁 시 핵심 역할을 했다. 반면에 스코틀랜드·웨일스·스칸디나비아 반도에는 활과 창, 도끼와 검으로 싸우는 보병만 있었다. 아일랜드, 서부 슬라브, 발트해 연안, 헝가리 등지 전투에서는 등자도 안장도 없이 투창만으로 싸우는 경무장 기병 중심이었다. 그러다 12~14세기에 서유럽의 군사기술과 전투 방법이 유럽의 다른 지역으로 점차 전파되었다.

아무튼 말을 포함한 고가의 기사 장비로 인하여 전투의 귀족화가 발생했다. 기사의 장비값은 12세기에 황소 25마리 값(150헥타르 장원의 1년 수입)에 해당했다. 장비값이 13세기에는 2배로, 15세기에는 5배로 증가했다. 이로 인해 부유한 귀족만이 기사가 될 수 있었고, 그래서 후대로 갈수록 기사의 수가 급감했다. 그렇지만 장비는 기사의 필요조건에 불과했다. 기병이 기사가 되기 위해서는 거기에 또 다른 이념적 장치가 부가되어야 했다.

기사도

기사도란 기사 계급 특유의 규범과 행동 양식의 이상理想을 말한다. 기사도는 하루아침에 만들어진 것이 아니다.

게르만 사회와 중세 초의 종사제에서 종사는 주군을 위해 죽음을 마다하지 않는 용맹함으로 충성을 바쳐야 했고, 주군은 종사들에게 후덕을 베풀고 그들을 보호해주어야 했다.

10세기 카롤루스 왕조의 해체로 공권력이 와해된 가운데 조성된 '봉건적 무정부 상태'에서 무장인은 압제자이거나 약탈자로 변모했다. 주교들은 이들이 무장하지 않은 약자들을 공격하는 것에 대해 비난했다. 이것은 곧 평화 운동으로 귀결되는데, 두 가지 형태로 전개되었다. 하나는 무장하지 않은 사람을 공격하지 말라는 '신의 평화'다. 성직자·여성·농민·빈자·상인처럼 스스로를 보호할 수 없는 사람들과 역축을 공격하거나 약탈하지 못하게 하는 운동이 10세기 말 남프랑스(975년 르퓌Le Puy, 989년 샤루Charroux)에서 시작되었다. 다른 하나는 일정 기간 전투를 금지하는 '신의 휴전'이다. 성스러운 축일, 성인 축일, 그리고 목요일 저녁부터 월요일 아침까지 폭력을 삼가도록 했다.

주교들은 이러한 내용을 담은 조약문을 만들어 관할 교구 안의 영주들에게 서약하도록 했다. 교회는 서약을 위반한 이를 파문했으며 살인을 저지른 자는 중죄로 다스렸다. 평화 운동의 목적은 전쟁을 일정 기간과 일정 계층(기사)에게만 허용하여 한정하도록 하는 것이다. 이는 역축과 상인 보호처럼 갓 시작된 사회경제적 성장을 보호하려는 의도도 포함되어 있다. 이러한 평화 운동으로부터 기독교 가치가 스며든 기사의 직업윤리 규약이 만들어졌다.

평화 운동의 연장선에서 등장한 십자군 이념 또한 기사도 형성에 기여했다. 1054년 나르본 공의회에서는 "기독교도를 살해하는 것은 그리스도의 피를 흘리게 하는 것"이라며, 같은 기독교도 살해를 '형제 살해'로 규정했다. 교황 우르바누스 2세는 기사들에게 에스파냐와 성지에서 이슬람을 축출하라고 촉구했다. 돈을 받고 자신의 영혼을 파는 전사들을 비난한 반면, 하느님을 위해 가족을 떠나 주님의 무덤으로 향하는 기사들을 찬양하고, 그러한 순례 원정에서 죽는 자는 순교자의 월계관을 받을 것이라고 역설했다. 그리하여 십자군에서 전사한 기사는 '그리스도의 전사'가 될 것이라고 주입시켰다.

'그리스도의 전사'는 원래 순교자만을 지칭했으나 점차 수도사와 금욕주의자 들처럼 정신의 평정 속에서 악과 영적 전투를 하면서 기도와 영성에 헌신하는 사람을 총칭했다. 교회는 평화 운동과 십자군 운동이 실효를 거두기 위해서는 이를 지지하는 전사 귀족의 도움이 필요했다. 전사가 세속을 포기하고 수도원에 은거하는 것이 예전에는 거룩하고 영웅적인 행위였으나 이제는 전선 이탈 행위로 간주되었다. 교회와 성직자를 위해 무기를 기꺼이 휘두르던 기사가 '그리스도의 전사'가 된 것이다.

그러나 실제로는 모든 십자군이 기사는 아니었고, 기사가 모두 십자가 표지를 착용한 것도 아니었다. 그들이 십자가 표지를 착용한 것은 자신들의 죄를 속죄하기 위한 일종의 참회 행위였다. 교회는 십자군을 제도화했으나 기사를 완전하게 제도화하지는 못했다. 수도사-전사 교단으로서 성전기사단과 구호기사단이 창설된 것은 이러한 실패를 증언한다.

기사서임 의식(프랑스어로는 adoubement, 영어로는 dubbing)은 기사도 이념을 불어넣는 기회다. 기사로 서임되는 나이는 법률로 정해져 있지 않았다. 11~13세기 사료에 따르면 대체로 12세부터 21세까지 분포되어 있는데 이 중 15~17세가 가장 많았다.

그러면 기사서임의 핵심적 의례는 무엇인가? 마르크 블로크는 기사서임의 게르만 어원인 dubban(가격하다)에 주목해 기사서임 의식의 핵심을 '내려치기'로 보았다. 이것은 기사의 힘과 인내를 시험하고, 중세 문명을 특징하는 인상적 몸짓이었다. '내려치기'가 사료에서 본격적으로 등장하는 것은 13세기에 들어서다.

그러나 11~12세기 기사서임 관련 사료에서 게르만어 dubban으로부터 파생한 로망스어 adouber란 동사는 '내려치다'가 아니라 '무기를 수여하다'라는 의미로 사용되었다. 그러므로 어원적 의미와는 달리 기사서임의 핵심적 몸짓은 '무기 수여'에 있다고 하겠다. 그런데 11세기의 무기 수여에는 의례적 성격이 미약했다. 새내기 기사에게 '최초로' 무기를 수여하는 것도, 무기를 잃은 늙은 기사에게 '재차' 무기를 수여하는 것도, 아내가 남편에게 선물로 무기를 주는 것도 다 adouber였으며, 엄숙한 의례나 지위 상승이라는 의미가 수반되지 않은, 그저 무기를 건네주는 단순한 행위를 가리켰다. 그러나 시간이 흐름에 따라 12세기 말에 이르면, 기사서임이 검을 건네주는 실제적 행위에서 검 채워주기, 박차拍車 달아주기 같은 상징적 의례로 변하면서 명예로운 의미를 띠기 시작했다. 이제 기사서임은 기사가 특권적 카스트 계급의 일원으로 들어가는 입회의례(통과의례)의 성격을 띠었다.

기사서임 의례는 왕의 대관식 의례의 하향적 확산이라고 볼 수도 있다. 대관식 때는 왕에게 황금 박차를 달아주고 요대에 검을 채워준다. 이러한 상징적 무기 수여 의례는 통치 권력을 후임 왕에게 이양한다는 의미를 지닌다. 그러므로 새내기 기사에게 검과 박차를 채워주는 것은 기사가 왕의 권력을 나눠 갖는다는 의미를 내포한다. 12세기 말에 이르면 기사는 귀족 혈통에서만 충원되는 폐쇄적·특권적 카스트를 형성했으며, 따라서 기사 문화는 귀족 문화의 군사적 측면을 가리킨다고도 할 수 있다.

기사도가 기사의 이러한 세속적 측면만으로 구성된 것은 아니다. 12세기 말과 13세기 초 사이에 기독교 이념이 가미되기 시작했다. 기사는 서임 의식을 치르기 전에 목욕을 했다. 목욕은 원래 세속적인 의식을 치르기 전에 하는 실용적 의미를 지닌 것이었는데, 점차 '정결'이라는 기독교적 의미를 띠게 되었다. 기사서임 전에 치르는 '철야기도'는 12세기 말부터 등장한 것으로, 지원자의 입문적 금욕과 종교적 명상을 의미한다. 서임을 마친 뒤 교회에서 무기 축성을 했다. 그것은 검·창·기치·방패를 제단에 올려놓고 강복하는 의례로 구성되어 있다. 이러한 무기 축성은, 대관식 때 주교가 왕에게 부여한 것으로서 왕이 담당했던 정의와 평화 수호, 교회와 약자(고아와 홀어미) 보호의 임무를 기사가 떠맡아야 한다는 의미를 내포했다. 옛날의 전사들은 무기를 버리고 하느님께 귀의해야 했지만 이제는 무기를 든 채 교회에 봉사하는 기사조차도 신성화될 수 있었다.

그렇다면 기사도란 무엇인가? 장 플로리Jean Flori, 콘스턴스 B. 부셔Constance B. Bouchard, 도미니크 바르텔미Dominique Barthélemy 같은

중세 기사와 귀족 연구자들에 따르면, 중세의 모든 시대와 지역, 기사문학 작가와 주인공에게 동일하게 적용되는 기사도의 정형은 없다. 그것은 시기와 지역, 작가와 주인공마다 다르다. 또한 우리가 아는 기사도의 이상적 이미지는 기사가 쇠퇴한 중세 말 이래 근대에 만들어진 '허구' 또는 '신화'라는 것이다.

　그럼에도 불구하고 12~13세기 기사도 이념과 윤리의 등장을 기사문학과 교회의 전례서에서 볼 수 있다. 12세기 후반 프랑스 작가 크레티앵 드 트루아 Chrétien de Troyes가 쓴 『에레크와 에니드 Érec et Énide』 『클리제스 Cligès』 『사자를 대동한 기사 Le chevalier au lion』 『죄수 마차를 탄 기사 Le chevalier de la charrette』 『성배聖杯 이야기 Le conte du Graal』 같은 고전적 기사문학 작품에 등장하는 주인공 기사들의 덕목은 제각기 다르다. 그럼에도 모든 주인공들이 공통으로 갖고 있는 필수 덕목은 용맹이다. 이것은 전사가 반드시 갖춰야 할 기본 덕목이기 때문이다. 예절·지혜·후덕·고결 같은 덕목은 기사마다 다르다. 이 덕목들은 용맹의 덕목에 균형을 잡아주는 역할을 한다. 사려 깊지 못하고 용맹하기만 하다면 난폭한 기사일 것이고, 용맹하지 못하고 신중하기만 하다면 겁쟁이 기사일 것이다. 그러므로 이상적 기사는 용맹하면서도 절제력과 분별력 있는 기사이다. 여기에 앞에서 언급한 기독교 윤리가 가미되었다. 교회의 전례서는 기사가 정의와 평화를 수호하고, 교회와 여성과 사회적 약자를 보호해야 한다고 가르치고 있다.

　그러나 이상과 현실, 이념과 실제 사이에는 간극이 있는 법. 중세 때 실존했던 기사들이 얼마나 이러한 기사도 이념과 윤리에 근접했는지는 알 수 없다. 기사문학에서 배반(불충)·비열·시기·오만·광기 등과 같은 악덕에 빠진 비루한 기사들이 많은 것처럼 현실에서도 그러했을 것이다. 또한 한 기사가 이러한 기사도 덕목과 이념, 윤리를 골고

루 다 갖추고 실행하기도 힘들었을 것이다. 그러므로 현실에서는 기사문학의 유통과 대중 설교를 통해 기사도 이념과 윤리가 기사들에게 점차 주입되는 가운데 용맹한 기사와 비굴한 기사, 사려 깊은 기사와 폭력적인 기사, 고결한 기사와 비열한 기사, 기독교적인 기사와 세속적인 기사가 혼재했을 것이고, 기사도는 어려서부터 같은 주군 밑에서 함께 훈련받으며 고락을 같이한 동료 기사들끼리의 전우애와 집단적 협동을 통해 폐쇄적으로 발현되었을 것이다.

기사와 귀족의 통합과 분화

1200년경 기사가 귀족으로 통합되었다. 그러나 기사가 전장에서 전면에 나서는 11세기까지만 해도 기사가 반드시 귀족은 아니었다. 그러면 어떤 과정을 거쳐 기사가 귀족으로 통합되었을까?

중세 초에 귀족은 어떤 사람들인가? 자유민 가운데 최상층에 있는 유력자가 귀족층을 이루었다. 귀족이 되려면 먼저 부를 소유해야 한다. 그래야만 서민과 구별되는 생활양식과 준칙을 준수하고, 아랫것들에게 후덕을 베풀 수 있다. 그렇다고 부가 귀족의 필요충분조건은 아니었다. 부와 권력과 위엄이 결여된 귀족, 귀족 신분에게 요구되는 것을 갖추지 못한 귀족도 존재했기 때문이다. 다음으로 권력과 관직을 갖고 있어야 한다. 정치·군사·사법 같은 세속 권력이나 주교와 수도원장 같은 종교 권력의 보유와 행사는 서민을 지배하고 강제하는 확실하고도 효율적인 수단이다. 그렇다고 부가 그렇듯 그것이 귀족 신분을 보장하지 않았다. 또한 서민과 구분되는 심성과 행동 양식을 갖춰야 한다. 부와 권력은 특정한 심성과 행동 양식을 낳고 유지하게 해준다. 인색해서는 안 되고, 서민의 행동 양식을 피해야 하고, 같은 계급끼리만 결혼해야 하고, 이승에서나 저승에서나 서민층 신자들과 뒤섞이지 말아야 한다. 그러나 이것만으로는 소규모 귀족 사회에서 버림받을 수도 있다. 귀족을 귀족으로 만들어주는 가장 영속적이고 공실체적 요소는 혈통이다. "귀족 혈통"으로 태어나야만 귀족이 될 수 있었다. 그러므로 혈통은 귀족을 구성하는 가장 중요한 결정적 조건이었다.

11세기에 기사는 두 범주로 나뉘어 있었다. 하나는 혈통으로 유지된 전통 귀족이다. 유력자는 성채와 공권력ban을 보유하고 '나리 *dominus*'라는 경칭으로 불렸다. 다른 부류는 비귀족 출신으로 기사가 된 '신인'이다. 권력의 단편화로 인해 야망과 경쟁, 불안과 고난이 절정에 이른 10세기 이래로 왕과 제후와 영주 들은 가사·정치·행정·군사 등에서 일을 믿고 맡길 만한 비귀족 출신의 집사*ministeriales*가 필요했다. 특히 기사를 필요로 했던 제후들은 비귀족 출신을 기사로 삼아 성채를 지키게 하거나 봉을 주어 독립시켰다. 특히 독일에서는 이 집사들이 대거 기사가 되어 전통 귀족층에 동화되었다.

신인 출신 기사와 전통 귀족 사이의 융합이 이뤄지는 시기는 지역과 상황에 따라 다르다. 대체로 로마의 영향이 강하게 침투한 지역에서는 신인이 비교적 이르게 귀족 사회에 편입되었던 반면, 로마의 영향이 적은 지역에서는 뒤늦게 통합되었다. 봉건제와 기사제의 본고장인 북프랑스의 경우에는 12세기 후반부터 신인이 귀족 사회에 통합되었다. 이때는 기사서임 의식이 단순한 무기 수여에서 특권적 카스트로의 승진으로 의미가 변해가던 시기와 포개져 있다. 기사서임 의식이 매우 중요해진 만큼 귀족이 되려면 반드시 기사서임을 받아야 했다. 신인 출신 기사들도 전통 귀족의 우월성을 상징하는 '나리'로 불렸으며 성채도 보유했다. 물론 이들이 보유한 성채라야 실제로는 농가에 불과했지만 해자와 목책, 둔덕과 탑을 설치해 농가를 성채처럼 꾸몄다. 이 시기는 평화로웠기 때문에 이들의 성채 보유는 안전을 확보하는 것보다는 위신을 제고하고 영주의 생활방식을 모방하는 데 그 목적이 있었다. 주군의 문장紋章을 변형한 문장도 보유했다. 이들은 전통 귀족과 통혼通婚을 했는데, 이것은 이들이 귀족 사회에 완전히 통합되었다는 것을 뜻한다. 이렇게 귀족과 기사는 동일한 신분이 되었다. 귀족은 자신의 특권과 한계를 명확하게 법률적으로 규정해 귀족 자제만 기사가 될 수 있도록 했기 때문이다.

그러면 이들 신인 출신 기사들이 귀족 사회에 통합된 원인은 무엇인가? 먼저 정치적 원인을 들 수 있다. 작은 지역을 다스리던 성주령이 영역 제후령이나 왕국 같은 보다 큰 영역으로 통합되던 12세기 후반은 조르주 뒤비가 말하는 '제2기 봉건사회'(1160~1240)로 가는 분기점이다. 이 통합 과정에서 중요한 역할을 했던 기사들은 칭호며 성채며 문장처럼 귀족적 신분의 상징을 요구했다. 또 다른 원인은 이데올로기적 요인이다. 11세기부터 교회는 기사들에게 '그리스도의 전사'라는 행동 모형을 제시했다. '그리스도의 전사'는 세속 주인을 위한 기사가 아니라 주님과 그의 대의명분을 위한 기사여야 한다. 그리하여 기사서임 의식에서 교회가 기사를 축성했다. 이렇게 형성된 기사도를 중심으로 전통 귀족과 신인 사이에 기사로서의 동질 의식이 형성되었다. 기사는 칼로써 약자를 보호하고 정의를 수호해야 한다. 이러한 임무를 수행하기 위해 기사는 명예를 존중하는 신사가 되어야 했다. 마지막으로 사회경제적 원인이다. 이들은 밑으로부터 신분 상승을 하려는 '상것들villani, rustici'과 차별화할 필요성이 있었다. 본시 경멸적 의미를 담아 '농민'을 지칭하던 이 말은, 돈을 벌어 귀족 행세를 하는 '부르주아'를 뜻했다. 이 시기는 부르주아가 돈과 학위를 가지고 귀족의 딸과 결혼해 귀족 신분이 되거나 관료로 진출해 귀족화되어가고 있었다. 이러한 부르주아의 움직임에 대해 귀족은 배타적인 태도를 취했다.

귀족은 특권을 향유하는 계급이다. 귀족은 낮은 신분과 결혼하지 않았다. 예컨대 중세 말과 근대 초 프랑스의 귀족 수가 전체 국민의 1~2퍼센트에 불과했다는 것은 이들의 혈통적 폐쇄성을 여실히 보여준다. 또한 귀족은 무장 사병을 두고 신체를 보호할 특권이 있으며, 다른 계층에는 금지된 사적 복수와 사법적 결투가 허용되었다. "귀부인은 빵 굽는 화덕에도 세탁장에도 방앗간에도 가지 않는 사람이다"라는 속담이 말해주듯이 귀족은 궂은일, 특히 상공업에 종사해서는 안 되었다(단, 잉글랜드와 이탈리아의 도시국가에서는 귀족이 상업 활동에 참여했다). 그래서 루이 14세 치세기의 재상 장-바티스트 콜베르Jean-Baptiste Colbert는 중상주의 정책을 시행하는 데 있어서 상업에 대한 귀족층의 뿌리 깊은 편견으로 인해 많은 난관에 봉착하기도 했다.

앞에서 보았듯이 1200년경 기사가 귀족으로 통합되었다고는 하지만, 귀족층 내부는 동질적이지 않았다. 독일에서는 '방패서열Herrschildordnung'이라는 귀족 위계가 있었다. 황제를 정점으로 한 1~3열은 세속 제후와 교회 제후로 구성된 상층 귀족, 4~6열은 중층 귀족, 마지막 7열은 봉신을 거느리지 않은 하층 귀족을 의미했다. 일반적으로 귀족에게 부여된 공작·후작·백작·자작·남작·경·기사 같은 작위의 명칭은 그 기능과 유래의 다양함을 보여준다. 작위는 대부분 카롤루스 왕조 시절의 관직명에서 유래했다. 지방 행정은 몇 가지 조건을 고려해 조직되었는데, 가장 먼저 고려해야 할 점은 결속력이 강한 종족 집단별로 지방 행정 구역을 조직하는 것이었다. 이 종족 집단의 땅이 바로 '공령' 또는 '공국'이 되었고, 그 군사적 지도자가 '공작duke'이었다. 예컨대 노르망디 공작(노르만), 브르타뉴 공작(브리튼인), 부르고뉴 공작(부르군드인), 작센 공작(작센인/색슨인), 프랑켄 공작(프랑켄인/프랑크인), 슈바벤 공작(수에비인) 등이 이에 해당한다.

중세 말 프랑스 왕실에서는 왕자들에게 대군령大君領과 함께 공작 작위를 주곤 했다.

다음으로 '후작marquis'은 외침이 잦은 국경 지방의 군사 요충지에 만든 변경령邊境領의 우두머리, 즉 '변경백'을 말한다. 카롤루스 왕조 시절에는 남서부에 이슬람과 접경한 에스파냐 변경령, 서부에 켈트인과 접경한 브르타뉴 변경령, 동부에 아바르인과 접경한 판노니아 변경령 등 여러 변경령이 있었다. '백작count'(잉글랜드에서는 earl)은 지리적 조건에 따라 구획한 지방 행정 구역으로, 오늘날 주나 도에 해당하는 백령伯領의 우두머리를 말한다. 카롤루스 대머리왕은 877년 칙령을 통해 백령과 방백의 관직을 세습시켰다. 카롤루스제국 시기에는 백령이 500여 개에 이를 정도로 많았다. '자작viscount'은 백령이 너무 넓어 직접 통치가 불가능한 지역에 파견된 백작의 지방 행정관이었다. 흔히 '남작'으로 번역되는 'baron'은 왕이나 제후가 직접 거느리는 직신直臣, 곧 신료를 의미한다. 신료로서의 이들의 권력은 상당했을 것이다. 크레티앵 드 트루아의 작품에서 볼 수 있는 바대로 아서 왕국에서 왕은 지워져 잘 보이지 않고 신료들(원탁의 기사들)이 전면에 나서 왕국의 정의와 질서와 평화의 수립 임무를 담당하는 신권臣權정치를 했다. '경卿, sir'은 잉글랜드에만 있는, 자작 밑에 수여하는 작위다. 그러나 일반적으로 위의 모든 작위 귀족을 호칭할 때도 '경'('나리'라는 의미)이란 호칭을 사용한다. '기사knight'는 가신을 거느리지 않고 농민만을 지배하는 하급 영주를 이르는 칭호다. 그러나 오늘날 영국에서는 비군사적 분야에서 혁혁한 업적을 이룬 명사에게 기사 작위를 부여하고 있다. 기사 작위를 가진 사람에게도 '경'이란 칭호를 사용한다.

노블레스 오블리주

오늘날 사회 지도층의 도덕적·국가적·사회적 책무를 환기할 때 흔히 사용하곤 하는 '노블레스 오블리주Noblesse oblige'(귀족은 의무를 다해야 한다)란 말은 중세의 기사-귀족에게는 어떤 의미를 지녔을까? 이 말은 중세 때 만들어진 것이 아니다. 그것은 1808년 프랑스의 레비Lévis 공작이자 작가인 피에르-마르크-가스통Pierre-Marc-Gaston이 지은 『잠언집Maximes』에 처음 등장했다. 이때는 1804년 세습 황제가 된 나폴레옹이 프랑스혁명 때 폐지되었던 귀족 작위 제도를 부활하고, 국가를 위해 충성을 바친 휘하 장군들에게 공작이나 백작 같은 작위를 수여한 시기다. 그러므로 '노블레스 오블리주'라는 잠언의 태생적 맥락은 국가주의적 냄새를 짙게 풍긴다. 오늘날에는 일반적으로 부와 권력을 가진 이들은 그에 걸맞은 국가적·사회적 책무를 다해야 한다는 뜻으로 통용되고 있다.

중세 때 귀족이 기사로서 담당해야 할 본래적 임무가 군사적 기능이었으므로, 국방 의무는 '노블레스 오블리주'에서 가장 우선으로 삼아야 할 덕목이었다. 그러므로 사회 지도층의 자제들이 나라가 위기에 빠졌을 때 앞장서는 것은 이러한 기사-귀족 문화적 전통 속에서 이해될 수 있다. 또한 고아와 홀어미, 가난한 사람과 같은 사회적 약자를 보호하는 것은 중세 기사가 지켜야 할 도리 중 하나다. 그런데 이것은 기사의 세속적 이념에서 파생된 것이라기보다는 교회가 기사에게 부과한 이념이다. 나중에 살피겠지만 13세기 스콜라 철학자 토마스 아퀴나스는 부자들이 자신의 생존의 기본적 필요를 충족시키고 남은 잉여를 빈자들에게 보시해야 하며, 그렇지 않을 경우 중죄를 짓는 것이라 역설했다. 중세 기사-귀족의 덕목 가운데 하나가 후덕이지만, 이것은 자신의 체면을 세우고 명예를 높이기 위함이지 사회적 약자를 돕기 위함은 아니었다. 그러므로 사회적 연대 책무에 관한 한, 중세 귀족이 '노블레스 오블리주'를 수행했다고 볼 수는 없다. 오늘날 부자들이 사회적 약자를 위해 큰돈을 희사하는 기부 문화는 기사-귀족 문화에서 연유했다기보다는, 모두 '하느님의 자식들'인 인류를 형제처럼 돕고 살아야 한다는 기독교의 카리타스*caritas*(이웃에 대한 형제애적 사랑) 이념의 영향이 더 크다고 보아야 할 것이다.

2. 사냥과 마상창시합

멧돼지에서 사슴으로

귀족은 기사로서 전사적 역할도 수행했으므로 평소 사냥과 마상창시합 같은 전투적인 놀이를 즐기며 이를 자신만의 문화로 만들었다.

숲이 많던 중세 초엔 사냥이 모든 계층에 허용되었다. 그러나 인구가 증가한 1000년 이후 농경지로 개간되고 남은 숲은 귀족의 배타적 사냥터가 되었다. 사냥 방법에는 매사냥과 개사냥이 있다. 매사냥은 경작지나 물가에서 실행하는 정적인 사냥 형태다. 사냥개가 사냥감을 튕기면 길들여진 맹금류가 사냥감을 공격하는 방식이다.

일반적으로 사냥이라고 하면 개사냥을 말한다. 개사냥은 숲에 사냥개 예닐곱 마리를 풀어 멧돼지(간혹 곰)를 잡는 사냥 방법을 말한다. 사냥꾼은 사냥개 무리와 함께 멧돼지가 기진맥진하여 멈출 때까지 추격한다. 마시막 순간에 사냥꾼이 창이나 칼로 멧돼지의 숨통을 끊는다(앞의 〈그림 4〉에서 볼 수 있는 뿔 나팔은 사냥꾼이 동료 사냥꾼에게 신호를 보내는 중요한 통신수단이었다). 멧돼지 사냥은 귀족에게 가장 인기 있으면서 높이 평가받는 사냥이었다. 이 사나운 야생동물이 끝까지 저항하며 대들어 매우 위험했기 때문이다. 서프랑크의 마지막 왕 루도비쿠스 5세와 프랑스 국왕 필리프 4세는 멧돼지 사냥을 하는 도중 일어난 사고로 중상을 입어 사망하기도 했다.

멧돼지 사냥의 야만성과 폭력성을 우려한 교회가 그 대안으로 사슴 사냥을 권장하면서 12세기 후반부터 사슴이 사냥감 목록에 오르기 시작했다. 모든 사냥을 적대시했던 교회의 눈에, 난폭하고 격렬한 멧돼지 사냥은 위험하고 소란스럽기 짝이 없는 데 비해, 온순한 사슴 사냥은 훨씬 통제가 잘된 문명화한 사냥처럼 보였다. 교회와 성직자, 사냥 관련 저술들은 멧돼지에게 불결·식탐·방종·음란·나태 등 사악한 이미지를 덧씌웠다. 반면에 사슴은 순수하고 덕 있는 동물, 선량한 기독교도의 이미지, 그리스도 수난과 같은 희생의 상징 등 착한 동물로 찬양했다. 그리하여 그동안 시시한 사냥감으로 홀대받던 사슴이 고상한 사냥감으로 격상된 반면, 고귀한 사냥감으로 대접받던 멧돼지가 인기 없는 사냥감으로 전락했다. 이제 사슴은 드넓은 영지에서 사냥개와 함께 말을 타고 사냥하는 왕과 제후들의 우아한 사냥감이 된 반면, 멧돼지는 중소 귀족이 사냥개로 잡거나 전문 사냥꾼이 올가미로 포획해 퇴치해야 할 천덕꾸러기가 되었다. 프랑스와 잉글랜드에서 13세기부터 드러나기 시작한 이러한 변화가 14~15세기엔 독일·이탈리아·에스파냐 등지에서도 일어났다.

사냥은 흔히 생각하는 것처럼 귀족이 식용으로 고기를 얻는 단순한 식량 획득 행위가 아니었다. 그것은 교회의 비난에도 불구하고 귀족들에게 지배층으로서 귀족 남성의 힘과 용기와 사내다움을 과시하는 필수 의례요, 자신들을 부르주아 '상것들'과 구별해주는 특권적 계급의식의 상징적 표현이었다.

집단난투에서 개별대결로

귀족의 또 다른 배타적 문화는 마상창시합이다. 그것은 봉건제와 기사제처럼 프랑스 중북부에서 처음 등장했다. 마상창시합에 대해 최초로 언급한 것은 앙주 지방의 방돔Vendôme 백작 조프루아 드 프뢰이 Geoffroy de Preuilly가 마상창시합을 하다가 사망했다는 1066년의 기록에서 찾아볼 수 있다. 공교롭게도 이해는 노르망디 공작 윌리엄이 이끄는 노르만-프랑스의 기사들이 헤이스팅스 전투에서 기마 정면 충돌전으로 앵글로색슨 보병 군대를 격파했던 해와 겹친다. 잉글랜드 사료에는 마상창시합이 '프랑스인의 경기Conflictus Gallici'라며 프랑스에서 유래한 것으로 기록되어 있다. 잉글랜드는 반란을 우려하여 마상창시합을 금지했다. 그래서 윌리엄 마셜William Marshal처럼 마상창시합을 하고 싶은 잉글랜드의 빼어난 기사들은 프랑스에서 열리는 시합에 참가했다. 프랑스 기사의 우수함이 마상창시합 덕분이라고 판단한 리처드 사자왕은 1194년 잉글랜드에 마상창시합을 도입한다. 그러나 왕이 허가한 시합만 엄격한 감독 아래 진행하게 했다.

마상창시합의 초기 형태는 우리가 잘 알고 있는 일대일의 질서 정연한 '개별대결'이 아니라 양 진영의 기사들이 실전처럼 밀집 대형을 이뤄 싸우는 '집단난투mêlée'였다. 표적을 무리에서 고립시켜 사냥하는 사자처럼 한 진영의 복병은 상대 진영 중에서 가장 값나가는 대장 영주를 대열에서 분리시켜 포획하려 했다. 그러면 양 진영은 자신의 영주를 지키기 위해 뒤엉켜 싸우는 집단난투가 벌어졌다. 시합장 주변은 많은 사람으로 북적였다. '다국적' 팀으로 구성된 국제적 마상창시합에는 기사·시종·말상인·대장장이·환전상·잡상인·구경꾼 등 이런 저런 이유로 참가한 사람 수가 1만 명이 될 정도로 큰 시장이 경기가 치러지는 들판에 잠시 형성되기도 했다. 당시의 기사문학은 말발굽이 일으키는 먼지구름, 경기자의 아우성, 관중의 격려 함성, 진행자의 째지는 듯한 안내말 소리, 무기의 천둥 같은 충돌 소리, 하늘에 날아다니는 창의 파편 등을 묘사했다. 경기는 실전을 방불케 하는 '모의전模擬

戰'의 성격을 띠어 매우 위험했고 많은 사상자를 내기도 했다. 그러나 시합의 목적은 상대방의 말과 장비, 몸값을 받는 데 있었기 때문에 일부러 죽이지는 않았다. 이러한 집단난투 형태는 변변한 집단 군사훈련 시스템이 없던 시절에 주로 군사훈련 기능을 하였고, 명예와 돈이 걸린 오락과 스포츠 역할도 하였다.

이에 대해 로마 교회는 혹독한 비판을 했다. 클레르몽 공의회(1130) 및 제2차(1139), 제3차(1179), 제4차(1215) 라테라노 공의회에서는 마상창시합의 금지를 거듭해서 선언했다. "흔히 마상창시합이라 불리는 가증스러운 시장이 열리는 것을 금지한다. 여기서는 흔히 기사들이 모여 힘과 폭력적 무자비함을 과시하기 때문이다. 마상창시합에서 죽은 자는 신성한 장소에 매장될 권리를 박탈한다." 교회가 마상창시합을 비판한 이유는 십자군에 투입되어야 할 인력과 재력이 헛되이 낭비된다는 것이었다. 모럴리스트들도 철폐를 권유하고 악마의 놀이라며 무시무시한 루머를 퍼뜨렸다. 시합장에는 악마들이 기쁨의 괴성을 지르면서 마상창시합을 모방한 먹잇감 찾기 경쟁을 하는 가운데 공중을 날아다닌다. 까마귀나 독수리 형태의 다른 악마들이 시합장 주위를 맴돌며 먹이를 찾고, 쓰러진 자의 시체에서 살을 뜯어간다. 당시의 유령 이야기들에 따르면 시합에서 죽은 기사는 상처를 입은 유령의 모습으로 친척들에게 나타난다. 13세기 초 대중 설교가 자크 드 비트리Jacques de Vitry는 마상창시합이 '7죄종'을 초래한다고 비난했다. 그것은 교만죄(영광과 명예에 대한 과도한 선망), 분노죄(증오와 복수의 욕망 충동질), 나태죄(패배로 인한 굴욕과 절망 초래), 시기죄(용맹 과시와 칭송 받기 경쟁), 탐욕죄(패배자의 풍부한 전리품과 상금), 탐식죄(대향연 수반), 음욕죄(숙녀를 만족시키고자 경쟁)를 추동한다는 것이다.

1180년을 전후한 시기부터 집단난투가 압도적으로 우세한 비중을 차지한 가운데 질서 정연하게 일대일로 겨루는 '개별대결 joute'이 점진적으로 등장하기 시작했다. 이른바 '토너먼트 방식'이다. 이와 동시에 '실전 무기'에서 '시합용 무기'로 변화가 일어났다. 창끝을 무디게 갈거나 천으로 감싸고, 칼을 상아로 만들거나 무디게 하여, 상대의 방패를 부수고 말에서 떨어뜨리게는 하지만 인명 살상은 초래하지 않도록 했다. 이로써 위험이 줄어들고 모의전은 스포츠와 유사한 구경거리가되었다.

교회도 신앙과 마상창시합의 조화를 추구하는 방향으로 나갔다. 13세기 초 시토 수도회 설교가 체자리우스 폰 하이스테르바흐Caesarius von Heisterbach의 『기적에 관한 대화Dialogus miraculorum』에 수록된 마리아의 예화는 이것을 예증해준다. 어느 신앙심 깊은 기사가 마상창시합을 하러 가는 도중 마리아 예배당에서 기도에 너무 열중한 나머지 정작 시합에는 참가하지 못했다. 기사의 신심에 감명을 받은 마리아가 그의 갑옷과 휘장을 착용하고 대신 경기를 치러 승리를 했다는 것이다.

중세 말로 갈수록 집단난투는 줄어들고 개별대결이 압도적으로 많아졌다. 1316년 교황 요한 22세는 마상창시합 금지령을 철폐하기까지 했다.

사회문화적 의미

14세기 중엽부터 공식화되는 마상창시합 규칙에서 개별대결이 정정당당하면서도 질서 있게 진행되었음을 알 수 있다. 1350년경 프랑스의 빼어난 기사 조프루아 드 샤르니Geoffroi de Charny가 만든 개별대결 규칙에 따르면, 두 기사가 상대에게 좋은 표적을 제공하면서 서로에게 돌진해야 한다. 상대의 창 공격을 피해서는 안 되며 상대보다 더 큰 충격을 가해 상대 공격의 충격을 흡수해야 한다. 상대의 공격을 피하기

〈그림 14〉 마상창시합을 하고 있는 앙리 2세(미상, 동시대에 그려진 판화)

위해 주행선을 벗어나 공격하면 말과 무기를 몰수한다. 상대를 낙마시
킨 기사는 상대의 말을 획득하며, 상대의 말을 살상하는 경우에는 보
상해야 한다. 이러한 규칙하에 개별대결의 가장 훌륭한 공격 1순위는
상대를 낙마시키는 것(시합 종료), 2순위는 창으로 상대의 투구를 공
격하는 것, 3순위는 상대의 창을 많이 부러뜨리는 것이었다.

그동안 마상창시합에 대해 부정적이거나 모호한 입장을 견지했던
왕들도 14~16세기에 이르러 자녀의 결혼 축하 행사로 성대한 시합을
열어 우승자에게 금배金杯나 보석 반지를 상으로 주기도 하고, 선수로
서 직접 참가하는 경우도 있었다. 프랑스 국왕 앙리 2세가 그러했다.
그는 사십 줄에 들어선 나이에 장녀 엘리자베트Élisabeth와 에스파냐
국왕 펠리페 2세의 결혼식 뒤풀이 행사로 열린 마상창시합(1559년 6월
30일)에 직접 선수로 나섰다가 시합 상대인 근위대장 몽고메리 백작

의 창 공격을 받고 치명상을 입어 사망했다(〈그림 14〉 참조). 앙리 2세의 죽음은 말 많던 마상창시합이 화려한 최후로 결산되었음을 상징한다. 이와 더불어 기사의 무기인 창이 더 큰 파괴력을 지닌 총포류와 더 가볍고 다루기 쉬운 도검류에 밀려 마상창시합은 수명을 다했다.

마상창시합의 사회문화적 의미는 무엇인가? 우선 같은 영주에 속해 있는 기사들끼리 군사 훈련과 전우애와 기쁨의 공유를 통해 기사 집단의 응집력을 제고했다. 또한 용맹과 무공을 숭앙하면서도 규칙과 직업 윤리를 준수하고 자신의 평판과 명예를 존중하는 심성을 함양하도록 했다. 이것은 오늘날 '스포츠맨십'과 '페어플레이' 정신으로 이어졌다고 할 수 있다.

또한 마상창시합은 궁정식 사랑의 무대이기도 했다. 임시로 세운 거대한 관람대에서 귀부인과 아가씨 들이 구경하는 가운데 총각 기사는 제후의 눈에 들고 아가씨의 사랑을 얻기 위해 무용을 과시했다. 제후들은 용맹한 기사를 끌어들이기 위해 연금과 딸을 보상으로 내걸었고, 아가씨들은 용맹한 기사를 신랑감으로 점찍었다. 여성들의 마음을 사로잡기 위해 무용을 펼치는 기사들의 처절한 경쟁은 암컷을 차지하려 수컷들끼리 피 터지게 싸우는 동물들의 행동과 유사하다. 표적으로 삼은 암컷을 향유할 권리를 획득하기 위해 암컷 앞에서 힘을 과시하고 싶은 수컷들의 욕망이 이러한 '동물적 마상창시합'의 이면에 깔려 있다.

끝으로 귀족의 교만한 자화상을 과시하는 나르시시즘의 발현이기도 했다. 시간이 지나면서 마상창시합은 더 화려해졌다. 중세 말에 성행했던 호화롭고 거대한 마상창시합을 통해 귀족은 날로 죄어오는 왕권의 압박과 치고 올라오는 부르주아의 기세 앞에서 자신의 존재를 확인하고 스스로를 다독였다.

3. 기사의 몰락과 귀족의 존속

기사의 몰락

중세 말에 이르러 기사는 쇠퇴했다. 우선 기사의 수가 감소했다. 기사를 선조로 가진 혈통 귀족만이 기사가 될 수 있었다. 이러한 폐쇄적 충원 방식으로 인해 전체 인구 중에서 귀족의 수는 매우 적었다. 예컨대 프랑스의 귀족 비율은 1300년경 전체 인구 2,000만 명 중 1.8퍼센트였고, 1500년경에는 전쟁과 전염병과 경제 위기로 인해 1.5퍼센트로 그마저도 감소했다. 이런 추세는 근대에도 변하지 않았다. 루이 14세(재위 1643~1715) 시대에는 1퍼센트 미만이었으며, 프랑스혁명 시기에도 성직자까지 포함해 넉넉잡아도 2퍼센트를 넘지 않았다.

귀족 중에서 기사가 되는 비중은 후대로 갈수록 줄어들었다. 13세기 전반에는 기사와 귀족이 동의어였다. 그러나 13세기 후반부터 귀족 중에서 기사의 비율이 줄기 시작했다. 프랑스를 예로 들면 14세기 초 귀족 중 30퍼센트, 14세기 중엽에는 약 15퍼센트, 14세기 말에는 10퍼센트, 15세기에는 약 5퍼센트만이 기사였다. 부유한 상층 귀족만이 기사가 되었고 나머지는 기사서임을 받지 않은 귀족이었다. 기사의 장비 값과 기사서임 관련 비용(마상창시합 개최와 상금, 손님 접대와 선물)이 폭등했기 때문이다. 기사서임 비용이 12세기에 황소 25마리에서 15세기에는 황소 125마리로 5배 증가했다. 그리하여 기사서임을 받지 못한, 그러니까 기사가 되지 못한 귀족들은 경기병이나 보병으로 복무했다. 이제는 기사가 되지 못해도 귀족인 시대가 된 것이다.

기사 계층이 몰락한 또 다른 이유는 전쟁 기술의 변화에 있다. 특히 중세 말로 갈수록 발사 공격 무기가 발전했다. 장궁(약 2미터)은 기사에게 매우 위협적인 무기였다. 중세 때 보편적으로 사용된 단궁(1미터)은 가슴에서 시위를 당겼다. 이에 비해 귀 옆에서 시위를 당기는 장궁은 사정거리와 관통력에서 단궁과 비교도 되지 않을 만큼 탁월했는데, 철판갑옷과 안장을 관통해 심지어는 말까지 죽일 정도였다. 12세기 말 웨일스 남부에서 처음 등장한 장궁은 크레시 전투(1346)에서 잉글랜드 보병이 프랑스 기사에게 대승을 거두는 데 크게 기여했다.

쇠뇌는 10세기 때 북프랑스에 처음 알려져 11세기 말부터 보편적으로 사용된 위협적인 무기였다. 그래서 제2차 라테라노 공의회에서는 "쇠뇌 사수와 궁수가 하느님이 그토록 증오하는 저 살인적인 기술을 기독교도와 가톨릭 신도에게 사용하면 파문에 처한다"고 결정했다. 그러나 이 금령은 실효를 거두지 못했다. 12세기 말 국왕의 군대들은 가공할 관통력을 지닌 이 무기를 여전히 애용했다. 발트해의 고틀란드섬에서 발굴된 유골 분석에 따르면, 일부 두개골에 5~6개의 쇠뇌 화살촉이 박혀 있을 정도로 투구도 무용지물이었다. 쇠뇌 화살을 맞은 루이 6세는 중상을 입었고 리처드 사자왕은 사망했다. 존 결지왕은 반란자는 몸값을 받고 석방하면서도 쇠뇌 사수는 너무 위험한 존재라 하여 교수형에 처했다.

1328년경에 처음 등장한 대포는 굉음으로 말을 혼비백산하게 하고 기사의 사기를 떨어뜨렸다. 또한 밀집 보병의 장창이 기사를 압도했다. 1302년 쿠르트레Courtrai 전투에서 플랑드르 보병대가 프랑스의 정예 기사들을 대패시킴으로써 그 효율성이 입증되었다. 이 전투에서

프랑스 기사는 1,400명이 전사한 반면, 플랑드르 보병은 100명밖에 전사하지 않았다. 또한 16세기 초 등장한 화승총musket은 기사의 군사적 효용성에 치명타를 가했다.

공격 무기가 발전함에 따라 기사의 방어 장비도 함께 변했다. 앞에서 설명했듯이 11~12세기의 기사들은 쇠사슬 갑옷을 입고 얼굴을 노출시킨 개방형 투구를 썼다. 그러나 장궁과 쇠뇌 화살의 가공할 관통력으로 인해 13세기부터는 철판갑옷을 입고 폐쇄형 투구를 썼으며, 심지어 말에게도 철마갑을 씌웠다. 중무장한 기사는 말에서 떨어지거나 포위되었을 때는 혼자 일어날 수가 없어 적 보병의 손쉬운 먹이가 되었다. 이렇게 기사는 전장에서 뒷전으로 밀려났다. 잉글랜드 장궁 부대에게 프랑스 기사가 대패한 아쟁쿠르 전투는 중세 기사의 황혼을 상징한다.

발사 공격 무기에 압도당한 전통적 기사 대신 창병槍兵과 궁수가 전장의 전면을 차지했다. 1445년 잉글랜드 장궁에 대응하기 위해 프랑스 국왕 샤를 7세는 창으로 무장한 기사인 창병 1명에 궁수 2~3명, 단검수 1명, 시동 1~2명을 붙여 6명을 기본 단위로 하는 창병대lance를 조직했다. 1448년에는 봉급을 받는 직업 군인으로 창병대 100개를 한 부대로 편제하고, 여기에다 40~50가구에서 한 명씩 차출해 타이유세taille(무장 능력이 없는 사람들에게 보호를 해준 대가로 부과한 세금)를 면제해주는 대신 일요일마다 훈련시킨 민병 궁수들을 더해 소위 '국왕 칙령 부대' 15개를 창설했다. 대포와 더불어 백년전쟁을 승리로 종결하는 데 일조한 이 부대는 근대국가 건설의 필수 요소인 상비군의 효시가 되었다.

신화와 존속

근대에 들어 현실에서 기사는 죽었다. 그러나 기사의 매력과 위광은 전설과 신화를 통해 사람들의 집단기억 속에 생생히 살아 있었다. 사라센 원정에 나섰다가 장렬하게 전사한 롤랑과 주군 샤를마뉴(카롤루스 대제)는 영웅적 기사와 위대한 황제로 오랫동안 기억되었다. 유럽제국을 꿈꾸던 나폴레옹이 유럽을 통일하고 '유럽의 아버지'라 불리는 샤를마뉴를 자신의 모델로 삼을 수 있었던 것은 유럽인의 이러한 집단기억 덕택일 것이다. 나폴레옹은 교황으로부터 황제의 관을 받고, 아헨에 자주 체류하고, 밀라노에서 롬바르드 왕관을 받고, 군복을 착용하는 등 꼭 샤를마뉴처럼 행세했다.

실존했던 기사뿐만 아니라 기사문학에 등장하는 영웅적 기사들도 오랫동안 살아남았다. 아서왕과 원탁의 기사들인 랜슬롯Lancelot· 가웨인Gawain· 이웨인Ywain· 퍼시벌Perceval, 마크Mark왕의 기사인 트리스탄Tristan은 근대에 들어서도 유럽 각국에서 다양한 버전의 기사문학을 통해 되살아났다(앞의 〈그림 3〉 참조). 이리하여 사람들은 이러한 영웅적 기사들의 이름을 자식들의 이름(세례명)으로 붙여주기까지 했다.

귀족의 군사적 기능으로서의 기사는 중세 말에 쇠퇴했지만 특권층으로서의 귀족은 몰락하지 않았다. 물론 중세 말부터 왕권이 강화된 지역들에서 농민에 대한 귀족의 재판권과 징세권이 왕권에 귀속되어 그들의 권력은 감소하기 시작했다. 또한 수입의 감소와 지출의 증가로 인해 경제적·재정적 곤란을 겪기도 했다. 그러나 대다수 귀족은 변화된 상황에 적응하며 새로운 활로를 찾았다. 귀족은 학문에 대해 소극적이었지만 새로운 출구 모색과 국가에 대한 영향력 확대의 방편으로 대학에서 교양과 학문을 수련하고 관직으로 진출했다. 장자상속이 하나의 제도로 정착한 지역에서 가산을 물려받지 못한 차남 이하의 귀족 자제들의 경우 특히 그러했다. 이들은 예전처럼 성직으로는 물론이려니와, 새로 수요가 증가한 관료와 장교, 의회로도 진출했다. 또한 '귀족 특권 상실dérogeance' 금기가 적용되지 않는 지역(예컨대 이탈리아와 잉글랜드)에서는 귀족이 상업과 금융업, 제조업과 광산업에 종사하기도 했다.

근대에 들어 혁명도 단절도 겪지 않은 귀족 문화는 찬란한 미래를 갖게 된다. 독일의 역사사회학자 노르베르트 엘리아스Norbert Elias가 멋지게 분석했듯이 유럽 문화는 귀족 문화가 국민적·유럽적으로 확산된 형태다. 프랑스와 영국의 귀족 문화는, 내부적으로는 그것을 선망하는 부르주아층으로 확산되며 국민 문화로 발전해갔고, 외부적으로는 더욱 세련되고 우아해진 형태로 17세기부터 '베르사유의 모델'로 이어져 여타 유럽 왕실과 귀족들에게 선망과 모방의 대상이 되었다. '콧대 높은' 프랑스인의 자부심과, '신사의 나라' 영국인의 자긍심은 바로 이러한 귀족 문화의 토양에서 비롯된 것이다.

제 3 장

부르주아와 도시 문화

서양 근현대사는 농촌 문명에 대한 도시 문명의 승리 과정이다. 그렇다면 중세 도시와 거기서 탄생한 부르주아는 봉건 영주 및 농촌과 어떤 관계 속에서 어떤 독창적 가치와 문화를 창조했는가? 이 문제는 중세 도시를 이해하는 데 관건이 된다. 이와 관련해서는 중세 도시의 형성과 부르주아의 탄생, 봉건제와 도시의 관계, 기독교와 도시적 심성 등의 문제를 중심으로 중세 도시의 성격을 알아보고, 대학과 고딕 예술을 통해 중세 도시가 창조한 독창적 가치와 문화를 살펴보려 한다.

1. 도시와 부르주아

중세 도시가 언제, 어떻게 형성되었는가 하는 문제는 벨기에의 중세사가 앙리 피렌Henri Pirenne의 『중세 유럽의 도시』(1925) 이래로 논쟁거리였다. 중세 도시는 고대 도시의 단절인가 아니면 연속인가? 중세 도시는 어떤 요인(원거리 무역이나 지역 상업, 수공업, 농업 등)에 의해 발전했는가? 도시민은 어디에서 왔는가? 봉건제와 도시는 어떤 관계인가? 지역마다 다양한 복합적 요인들이 작용한 만큼 이런 문제들을 해명하기가 그렇게 쉽지는 않다.

중세 도시의 성격

중세 도시는 얼마나 컸을까? 중세 때 오늘날과 같은 거대 도시는 없었다. 중세 도시는 주민 수가 수백에서 수만까지로 작은 편이었다. 도시가 비약적으로 발전했던 1250년경 주민 수가 10만 명이 넘는 도시는 파리 하나밖에 없었다. 5만~10만 명 사이인 도시는 예닐곱 개로, 일부는 플랑드르의 도시(겐트Gent와 브루게Brugge)이고, 대부분은 이탈리아의 도시(피사·밀라노·제노바·피렌체·베네치아)였다. 주민 수가 1만이 넘는 도시는 60~70개, 1천을 넘는 도시는 수백 개 있었다. 대부분의 도시는 주민 수가 수천을 넘지 못했다. 전체 인구 중 도시에 거주하는 사람은 소수였다. 기본적으로 생존에 필요한 물품 대부분을 농촌

현지에서 스스로 생산해 충족시키는 자가 생산-소비 체제로 운용되었던 중세 경제에서 교환은 제한적 역할만 했기 때문이다. 하지만 중세 도시의 성격을 주민 수로만 규정할 수는 없다.

중세 도시는 고대 도시의 연속인가, 단절인가? 앙리 피렌에 따르면, 8세기 이슬람의 침입으로 지중해 무역이 쇠퇴하고 화폐경제가 소멸했으며, 이로 인해 고대 도시망이 종언을 고했다. 그러다가 11세기 원거리 무역의 부활로 중세 도시가 탄생했다는 것이다.

그러나 이슬람의 침략으로 지중해 상업이 단절되었다는 이른바 '피렌 테제Pirenne Thesis'에 대해 비판과 반론이 만만치 않다. 일부 중세 경제사가들은 이슬람 침입 전인 6~7세기에 지중해 경제는 이미 쇠퇴했고, 이런 상태에서 일어난 이슬람의 침공은 지중해 쇠퇴의 원인이 아니라 결과라고 주장했다. 또한 모리스 롱바르Maurice Lombard 같은 이슬람 경제사가들은 고전학古錢學을 이용해 이슬람 침공 이후 지중해 상업이 피렌의 주장처럼 쇠퇴한 것이 아니라 이슬람의 영향으로 활기를 띠었음을 밝혀냈다. 롱바르에 따르면, 금 부족에 시달렸던 유럽은 9세기 초 이슬람 세계에 광물·노예·목재·모피를 수출하고 그로부터 받은 금으로 서방 경제가 부활했다는 것이다.

벨기에의 중세사가 아드리앙 베륄스트Adriaan Verhulst는 북해의 수요 도시들에서도 고대 도시가 연속되었다고 주장한다. 이곳의 고대 도시들은 중세 초에도 살아남았고, 도시의 부활은 원거리 무역의 영향뿐 아니라 고대에서 기원한 도시(前前도시적 핵)의 경제활동이 밖으로 확대됨으로써 나타났다는 것이다. 또한 800년을 전후한 카롤루스 대제 시대에도 내적 요인으로는 인구 증가와 농업 성장으로, 외적 요인으로는 이슬람 세계와의 교역으로 상업이 발전했음을 밝혀냈다.

이를 종합해보면 오늘날에는 단절설보다는 연속설이 더 우세한 것으로 생각된다. 피렌조차 적어도 지형적 측면에서는 중세 도시가 고대 도시와의 연속성 속에서 형성되었음을 인정하고 있다. 그러나 지형적 연속성보다 더 중요한 것은 도시의 기능과 성격이다. 마르크 블로크와 자크 르고프 같은 역사가들이 강조했듯이 중세 도시의 독창성은 중세 도시가 고대 도시보다 '더' 상업적이고 '더' 수공업적이라는, 말하자면 교환과 생산의 중심지 성격이 '더' 강하다는 데 있다. 그렇다면 중세 중기에 도시는 어떤 요인에 의해 경제 중심지로 발전했는가? 원거리 무역의 발전 때문인가, 지역의 상업이나 수공업의 발전 덕분인가, 아니면 농업의 발전 덕택인가?

피렌은 중세 도시의 발전을 원거리 무역의 부활 덕으로 돌렸다. 바이킹과 마자르인의 침략이 종식된 가운데 인구가 증가하고, 평화 운동과 클뤼니 수도원 개혁 운동을 통해 내부 개혁이 일어났다. 동시에 십자군 운동, 농지 개간과 새 마을 건설 등을 통해 팽창했던 11세기 유럽은 베네치아를 중심으로 지중해에서, 플랑드르를 중심으로 북해에서 원거리 무역이 부활했다. 12~13세기에 이탈리아와 플랑드르를 비롯한 유럽 주요 지역 상인들은, 내지 상로의 교차점에 위치한 파리 동남부의 샹파뉴 정기시(1월에는 라니, 3월에는 바르쉬르오브, 5월과 9월에는 프로뱅, 6월과 10월에는 트루아)에서 만나 동방의 향신료·비단·염료, 잉글랜드와 플랑드르의 모직물, 북유럽과 독일의 모피, 에스파냐의 가죽 제품 등을 거래했다. 13세기 말부터는 지중해-대서양-영불해협-북해를 잇는 원거리 해상 무역이 등장했다. 정기적으로 운항하는 제노바와 베네치아의 갤리선단이 지중해 도시들(콘스탄티노폴리스·알렉산드리아·베네치아·제노바)과 북해 도시들(런던·브루게·안트베르펜)을 직접 연결해주었다. 이러한 원거리 무역의 여파로 유럽 각지의 도시들이 발전했다는 것이다.

중세 도시의 특징이 경제 중심지 기능에 있다고 할 때, 피렌처럼 원거리 무역의 역할을 지나치게 강조할 필요가 없다는 견해도 있다. 벨기에의 중세사가 샤를 베를랭당Charles Verlinden은 「상인인가, 직조업자인가?Marchands ou tisserands?」(1972)에서 "인구 변화의 일차적 원인은 산업이며, 플랑드르 도시들의 탄생과 발전은 그 귀결이다. 그곳에서 상업은 산업으로부터 탄생한 것이지 그 역은 아니다"라고 주장했다. 플랑드르 도시들의 탄생과 발전은 지역의 모직물 산업의 발전에서 기인했다는 것이다.

또한 도시의 형성과 발전에 작용한 다양한 요인들도 고려해야 한다. 도시가 정치 · 경제 · 종교 · 군사적 역할 때문에 지역의 복합적 중심지 기능을 하는 경우가 그렇다. 예컨대 파리는 센강의 중류에 위치한 지정학적 이점과 프랑스의 수도로서의 역할로 인해 중세 말에 이르면 정치 · 경제 · 종교 · 문화의 복합 중심지로서 서유럽 최대 도시가 되었다.

마지막으로 고려해야 할 것은 도시의 탄생과 발전에 기여한 주변 농촌의 역할이다. 도시는 기본적으로 농촌이 없이는 생존할 수 없다. 농촌에서 생산되는 잉여 농산물과 수공업 원료의 공급은 도시가 발전하는 데 필수적이다. 중세 때 '포도의 수도'라 불린 북프랑스의 도시 랑Laon은 주변 농촌의 포도주 산업 발전 덕택에, 위Huy 같은 벨기에의 도시는 양모와 대청 같은 수공업 원료가 대량으로 생산되는 농촌 배후지 덕택에, 겐트와 브루게 같은 플랑드르의 도시들은 주변 농촌에서 생산되는 풍부한 식량과 원료 덕택에 발전할 수 있었다. 또한 도시는 농촌으로부터 지속적으로 인력을 공급받지 않고는 기능을 유지할 수 없었다. 특히 페스트로 인해 도시 인구가 대폭 감소했던 중세 말에는 더욱 그러했다. 마코네Mâconnais 지방에 대해 조르주 뒤비가 주장했듯이 "도시가 꾸준히 성장할 수 있었던 것은 거의가 주변 농촌 덕택이었다."

도시와 농촌의 관계에서 상업적 촌락의 역할도 고려해야 한다. 특히 작은 도시는 애초에 국지적·농업적 상업에서 비롯되었다. 농촌의 소규모 경제 중심지에서 기원하여 발전한 도시는 그 중심부에 상인이 거주하면서 주변 농촌의 시장 역할을 했다. 또한 개간지에 상업적인 새 마을이 들어서는 경우도 있었는데 11세기에는 프랑스·플랑드르·에스파냐, 12세기부터는 독일·잉글랜드·이탈리아가 그러했다. 독일 브란덴부르크Brandenburg 변경령의 개간지 농촌 마을에서는 선술집을 중심으로 정기 시장이 서기도 하고, 부유한 농민이 상업을 겸하는 경우도 있었다. 또한 남프랑스에는 중심에는 상업적 특징을, 주변에는 농촌적 특징을 지니고 외곽에 성곽을 두른 바스티드bastide(성곽 촌락)도 있었다.

도시와 농촌의 밀접한 관계는 도시의 경계가 어디까지인가 하는 문제와도 연결되어 있다. 외견상으로 도시의 성곽이 도시와 주변 농촌 사이를 가르는 경계로 보이지만, 도시의 외연은 이보다 훨씬 넓다. 도시의 외연을 가리키는 '방리외banlieue' '테리토리움*territorium*' '콘타도 contado'란 말은, 도시 권력의 영향이 도시의 성곽 안에 그치지 않고 주변 농촌의 일정 지역에까지 미치고 있음을 보여준다. 프랑스에서 방리외는 도시 영주의 공권력(주로 사법권)을 의미하는 '방ban'과, 약 10리를 의미하는 거리 단위 '리외lieue'(약 4.44킬로미터)가 결합한 것이다. 그러므로 방리외는 도시 영주의 공권력이 행사되는 '근교 농촌'을 뜻한다. 테리토리움은 이보다 외연이 훨씬 더 넓다. 로마법에서 유래한 이 말은 도시에 속해 있는 주변 농촌의 사법적·경제적 '권역'을 뜻한다. 이탈리아의 콘타도도 이와 유사하다. 따라서 이 세 용어는 도시가 사법적으로 지배하면서 경제적으로 밀접한 관계를 맺고 있는 주변 농촌의 비중을 말해준다. 예컨대 프랑스 동부 도시 브장송의 경우, 도시의 테리토리움은 근교의 '포도 재배 지역'과 같은 의미로 쓰였다. 프랑스 중세사가 안 롱바르-주르당Anne Lombard-Jourdan은 도시의 경계를 기발한 비유로 표현했다. "집이 정원 입구에서 시작되듯이 도시는 방리외 끝에서 시작된다."

중세 도시와 부르주아의 출현

중세 도시는 아무런 토대 없이 '무'에서 탄생한 것이 아니다. 그것은 옛 로마 시대의 도시인 키비타스, 군사적 목적으로 지은 성채castrum, 그리고 순례 중심지를 핵심 거점으로 하여 탄생했다. 키비타스는 중세 초 주로 교회 행정의 중심지로서 외침으로부터 보호받기 위해 성곽으로 둘러싸여 있었다. 성곽 내부에는 주택 외에도 경작지와 채원이 존재했으므로 전원적인 풍경을 띠었다. 성채는 앞에서 언급했듯이 카롤루스 왕조가 붕괴된 뒤 봉건적 무정부 시절인 1000년경에 많이 축조되었다. 군사적 기능이 주를 이루고 행정(징세와 재판)의 기능이 부가되었다. 저명한 성인의 유골을 보유하여 중요한 순례지가 된 수도원 또한 도시 형성의 핵 역할을 했다.

9~10세기의 침략자들(노르만·마자르·이슬람)은 800년경 싹을 틔우고 있던 농업과 상업의 성장을 중지시켰다. 침략이 종식되고 평화가 도래함과 더불어 옛 도시와 성채와 주요 순례지에서 중세 도시가 탄생했다. 이런 곳은 교통이 편리하고 안전하여 상업 활동을 하는 데 안성맞춤이었다. 성곽 안을 드나들며 필수품을 공급하고 이익을 챙기던 상인들은 점차 성곽 밖 인근에 거주하면서 '상인 촌락vicus mercatorum'을 형성했다. 이렇게 성곽 주변에 새로 만들어진 '상인 촌락'을 프랑스어

로 '부르bourg'(라틴어로는 부르구스burgus)라고 불렀다.

이 부르에서 부르주아라는 말이 탄생했다. "부르에 거주하는 주민"을 뜻하는 프랑스어 '부르주아bourgeois'(라틴어로는 부르겐세스 burgenses)가 처음 등장한 것은 989년 프랑스 도시 르퓌에서다. 그러나 시간이 흐르고 신시가지인 부르를 포함하는 새 성곽을 구축함에 따라 신구 시가지와 주민의 구별이 소멸되어 새 성곽 안의 주민을 통틀어 부르주아라고 지칭했다. 1141년 프랑스 국왕 루이 7세가 특허장에서 세 위계를 "성직자, 기사, 부르주아"로 표현한 것은 이제 부르주아가 사회의 3분 체계에서 독자적 위치를 획득했음을 보여준다.

그러면 부르주아는 어디서 왔는가? 앙리 피렌은 베네치아와 플랑드르 같은 거대한 상권의 대상인들이 아니라 지방의 떠돌이 상인, 즉 행상들에게서 도시민이 출현했다고 보았다. 11세기 인구 과잉과 토지 부족으로 빈민들이 생겨났다. 이들은 날품팔이 노동, 걸식 생활, 약탈로 약간의 돈을 모아 장사를 시작하면서 상인이 되었다. 이 대표적 사례가 성 고드릭St. Godric(1065?~1170)이다. 그는 11세기 말 잉글랜드 링컨셔에서 가난한 농민의 아들로 태어났다. 어려서부터 스스로 생계를 해결한 그는 해변에 떠밀려오는 물건을 주어 팔아 돈을 모으고 장사를 시작했다. 그는 상단에 합류해 시장과 도시를 다니면서 거래를 했다. 잉글랜드·스코틀랜드·덴마크·플랑드르까지 해로를 따라 해상 무역에 참가했다. 상품을 값싸게 구입하여 수요가 많은 지역에 비싸게 팔아 큰 부자가 되었다.

피렌은 고드릭처럼 '뿌리 뽑힌 자들'에게서 도시민이 출현했다고 보았다. 도시민 중에는 사료에서 '먼지투성이 사람pulverei' '이방인 advenae'으로 묘사된 이들이 등장하는데, 대개 외지에서 온 고드릭 같은 행상이거나 뜨내기였을 가능성이 높다. 그러나 출신지를 별명(나중에 부계명이 됨)으로 사용한 인명에 대한 최근 연구에 따르면 도시민 대부분은 주변 농촌에서 온 농민이었다. 12세기 프랑스 북부 도시 아미앵Amiens을 예로 들면, 지명에서 따온 20개의 부계명 중 17개가 주변 60킬로미터 이내에서 왔다. 또한 초기 상업 자본도 주변 농촌의 부유한 농민들에게서 왔으며, 역으로 도시 주변의 땅은 도시 부자들의 투기 대상이었다. 도시 예술은 도시민에게 이런 농촌의 존재를 환기시켜 주었다. 성당 현관문에는 월별 농사 일정과 농업 노동의 모습이 부조되어 있기도 했고, 필사본 삽화에는 농부가 황소를 몰고 쟁기로 밭 가는 모습이 묘사되어 있기도 했다.

그러면 부르주아는 어떤 사람들로 구성되었는가? 이들은 상인뿐 아니라 수송업자, 수공업자(주로 직물 관련 직종), 생활필수품(빵·포도주·고기·소금·철제품과 기타 잡화) 공급자처럼 다양한 사람들로 구성되었다. 그러나 도시 활동에서 농촌 세계에 속하는 유형의 사람들도 많았다. 도시에 거주하면서 매일 주변 농촌에서 자기 땅을 경작하는 사람들이 있는가 하면, 거꾸로 농촌에 땅을 갖고 있으면서 도시에서 직업 활동을 하는 사람들도 있었다. 또한 말·소·양·돼지 등 가축을 도시에 풀어놓고 거리의 쓰레기를 먹여 키우는 사람도 있었다. 도시 외관을 농촌적인 모습으로 만드는 데 일조한 이런 부류의 사람들도 완전한 도시민으로 간주되었다.

그러나 도시민 전체를 의미하던 부르주아란 말은 후대로 갈수록 그 범주가 축소되었다. 도시 영주의 권력에 예속되었던 이들은 12세기 들어 점차 자신들의 사회경제적 지위에 걸맞게 특권과 자유를 획득하고 도시 행정에 참여했다. 부르주아는 점차 성직자와 귀족이 아닌 제3신분 가운데 일정한 재산을 갖고 일정한 독립적 활동을 하며 특정한 생활양식을 누리는 도시와 농촌의 엘리트를 의미하게 되었다.

2. 도시 문화

봉건제와 코뮌 운동

그렇다면 부르주아는 성직자 및 귀족과는 구별되는 독자적 도시 문화를 구축했는가? 도시는 봉건제의 '섬'으로서 봉건제를 파괴하는 역할을 했을까?

프랑스혁명을 지지하고 부르주아적 자유주의의 승리 속에 역사 발전의 정점을 보았던 오귀스탱 티에리Augustin Thierry와 프랑수아 기조François Guizot 같은 19세기 자유주의 역사가들은, 부르주아의 기원과 근대적 자유의 기원을 중세 도시에서 찾았다. 특히 티에리는 도시의 코뮌이 봉건제를 타파하고 자유와 자치를 획득했다고 보았다. 이리하여 티에리 이후 "코뮌은 부르주아 해방의 요람"으로 인식하는 전통이 확립되었다.

그러나 20세기 후반의 중세 도시 연구들은, 봉건사회에서 도시와 부르주아의 비중과 독창성을 과장하지 말 것을 강조하면서 봉건제와 도시의 관계를 '공생관계symbiotic relation'로 보았다. 물론 도시가 분업과 화폐경제를 통해 결국에는 봉건제를 뒤흔들 효소를 들여온 것은 사실이다. 그렇지만 영주는 도시를 수용하고 도시는 봉건적 생산양식에 적응했다. 앞에서 살폈듯이 성에서 비롯된 초기 도시 형태를 발전시킨 장본인은 성주들이었다. 이들은 성 축조나 군대 유지 그리고 생활비를 위한 엄청난 자금을 마련하기 위해 영지 확대, 농업 생산성 향상, 농민에 대한 수취 강화뿐 아니라 시장 건설과 상업 장려, 판매세·시장세·통행세 징수 등에도 관심을 기울이지 않을 수 없었다. 프랑스의 중세사가 도미니크 바르텔미는 도시가 활기를 띠었던 시기는 영주제가 절정에 달했던 시기와 일치했다면서 "영주제가 도시를 성장하게 했다"고 주장했다.

또한 부르주아는 새로운 가치 체계를 만들면서도 봉건적 가치에 흡수되었다. 11~12세기 부르주아는 위계적·전사적·낭비적인 봉건적 가치 체계를 뒤흔들고, 대신에 평등적·수평적 질서 수립, 이윤과 계산 중시, 평화와 안정의 수립, 도시 공간의 자유화를 추구했다. 그러나 중세 말에 부르주아는 자신의 진정한 경제적·정치적 기능에 부합하는 이상과 가치 체계를 창조하여 정착시킨 것이 아니라, 제3신분으로서 자신의 계급적 정체성을 배반하고 봉건적 가치를 동경하거나 봉건 귀족이 되고 싶어 했다. 결국 부르주아는 도시적 착취 형태를 통해 봉건적 착취를 완성했다. 따라서 도시는 봉건제를 타파한 것이 아니라 봉건제라는 세계 안에서 공생했다.

11세기 중엽부터 13세기 중엽 사이 도시와 농촌에서 일어난 코뮌 commune 운동도 이 같은 공생관계 속에서 이해되어야 한다. 코뮌은 상업이 발전한 이탈리아, 프랑스, 라인강 유역, 플랑드르의 도시들에서 주로 많이 등장했다. 코뮌의 본질적 특징은 구성원의 상호 보호와 부조를 핵심으로 하는 '서약 결사conjuratio'라는 점에 있다. 서약 결사로서의 코뮌 운동의 기원이 원거리 상인 길드와 관련이 있는지, 아니면 10세기 말 일어난 평화 운동과 관련이 있는지는 논쟁거리다. 코뮌 운동이 도시마다 제각기 다른 특수한 배경에서 태동했기 때문에 일률적으로 규정하기는 어렵지만, 코뮌 서약의 독창성은 봉건제의 수직적·

배타적(귀족적) 서약과는 달리 법률상 동등한 부르주아들끼리 스스로를 돕고 지키자는 수평적·평등적 서약이었다는 점에 있다. 그러나 남프랑스와 이탈리아에서는 봉건 귀족과 도시 부르주아가 연합해 코뮌을 형성하고 도시 권력을 분점했다. 특히 이탈리아에서는 귀족 상인 출신의 콘술(행정관)들이 도시의 정치·사법·경제를 장악하고 코뮌이 도시국가로 발전했다.

코뮌 특허장을 획득하는 방법으로는 매입과 투쟁이 있었다. 특허장은 대부분 도시 영주와의 협상을 통한 매입으로 획득하였다. 그러나 도시민이 투쟁을 통해 쟁취하는 경우도 있었다. 특히 교회와 주교는 "코뮌, 그것은 새롭고 무서운 말"이라거나 "소란스러운 음모"라고 비난하며 도시민의 코뮌 특허장 판매 요구를 거부했다. 교회는 우선 돈이 궁하지 않았고, 더군다나 하느님의 질서에 속한 기존 예속관계의 변경을 신성모독으로 여겼기 때문이다. 그래서 교회 영주가 지배하는 도시에서는 자유와 자치가 시민의 봉기나 무력 행사 등 폭력적인 방법을 통해 획득되기 일쑤였다. 특히 주교 도시에서 코뮌 운동이 활발하게 일어났는데, 그 이유는 그레고리우스 개혁을 계기로 도시민이 부패한 고위 성직자의 권위에 도전하며 주교 선출에 자신들의 의사를 반영하고자 했기 때문이다.

코뮌을 거부하는 주교에게 맞서 도시민들이 들고일어났다. 이 중 가장 유명한 것이 1112년 폭동으로 비화한 '랑 코뮌 봉기'다. 1111년 시민들은 주교 고드리Gaudry가 잉글랜드에 가 있는 동안, 갖은 방법으로 서민의 고혈을 짜내던 부주교·성직자·귀족 들에게 돈을 바치고 코뮌 특허장을 획득했다. 그러나 탐욕스럽고 간악하며 부패한 고드리는 귀국한 뒤 코뮌을 와해시키려 시도했다. 시민들은 이를 막기 위해 프랑스 국왕 루이 6세에게 400리브르를 상납하겠다고 약조했다. 반면 고드리는 코뮌 폐지 인준의 대가로 국왕에게 700리브르를 바치겠다고 약속했다. 이에 국왕은 주교 편을 들며 코뮌 폐지를 인가해주었다. 그러자 주교는 국왕에게 주기로 한 700리브르를 시민들 부담으로 떠넘겼다. 이에 분개한 시민들은 장검·도끼·활·창으로 무장하고 "코뮌! 코뮌!"을 외치며 주교 관사를 급습해 수비대를 학살했다. 관사 지하실에 숨어 있던 주교 고드리를 끌어내 도끼로 패죽이고, 손가락을 잘라 반지를 빼갔다. 그들은 귀족들을 살해·약탈하고 주교좌 성당에 불을 질렀다. 시간이 흐르면서 귀족들은 약탈과 살육으로 시민들에게 복수했다. 1114년 국왕이 폭동 주동자들을 처형함으로써 사태는 진정되었다. 1128년 후임 주교도 코뮌을 인정하지 않았다. 결국 국왕은 코뮌이라는 이름을 붙이지 않은 채 그것을 부활시켰다.

이렇게 투쟁이나 매입을 통해 획득한 코뮌 특허장의 내용은 도시마다 다르다. 그러나 본질적으로는 영주의 자의적 착취 배제, 부수적으로는 상인과 장인의 경제활동 보호, 자치 행정관(또는 재판관) 선출을 담고 있었다. 간혹 각종 예속 세금의 폐지가 포함되는 경우도 있었다. 영주의 자의적 착취 배제란 세금 목록의 작성, 세금의 정액화 및 정기화를 말한다. 1111년 특허장을 획득한 랑 코뮌에 따르면, 인두세는 매년 1회 납부하고, 벌금은 법으로 정했으며, 농노에게 부과되던 모든 세금을 폐지했다.

다음으로 상인과 장인의 경제활동 보호다. 1155년 오를레앙 인근에 있는 소도시 로리스Lorris의 코뮌 특허장에 따르면, 영주든 누구든 로리스 부르주아에게 타이유세, 세금이나 보조금을 요구해서는 안 되며, 1년에 2회의 포도 수송을 제외하고 부역을 부과해선 안 된다며 자의적 세금 부과를 금지했다. 또한 로리스 본당구 주민이 개인 소비용으로 구입한 물품과 개인 소비용으로 생산한 물품에 대해 세금을 부과해서는 안 된다며 소비용 물품에 대한 과세 금지를 규정했다. 로리스 정기시장이나 상설시장을 왕래하는 자를 체포하거나 부당 대우해서는 안 된다며 상거래 행위의 자유를 보장했다.

마지막으로 자치권을 부여받는 경우도 있었다. 13세기 프랑스 동부에 있는 디종Dijon시의 시장 선거를 예로 들어보자. 매년 본당구 교적부에 등록된 모든 주민이 도시 묘원에 모여 시장을 선출했다. 주민 한 명씩 가장 연로한 영주의 대리인 앞으로 가서 지지자의 이름을 받아쓰게 하면 서기가 명부의 여백에 그 이름을 기록한다. 선거 결과를 모은 후 영주의 대리인은 새 당선자를 발표하고 부르고뉴 공작의 디종시 대관代官, bailli에게 그를 인사시킨다. 당선자는 엄숙한 행렬을 이루어 코뮌 교회로 가서 부르고뉴 공작에게 충성서약을 하고, 공작의 통치권과 도시의 특권을 준수할 것을 선서한다.

요컨대 코뮌 운동은 19세기 자유주의 역사가들이 생각했던 것처럼 혁명적이지도 반체제적이지도 않았다. 그것은 기존의 봉건적 지배와 착취를 전면적으로 폐지한 것이 아니라 봉건적 지배 아래 시민적 자율의 요소를 도입하고 봉건적 착취를 정기화·정액화·문서화한 것으로, 도미니크 바르텔미의 표현을 빌리면 "영주제적 착취의 근대화"에 지나지 않는다. 또한 코뮌 운동은 자유주의 역사가들이 강조했던 것처럼 조직이 그렇게 민주적이지도 않았다. 선거제는 사실상 의미를 잃고 한 명의 후보에 대해 주민들이 찬성하도록 강요했다. 그리하여 소수 유력 가문들이 대를 이어 돌아가면서 도시 권력을 장악하는 과두제가 팽배했다. 비록 이러한 한계가 있긴 하지만, 코뮌 운동이 지향했던 인신적 자유와 정치적 자율은 독일의 중세사가 크누트 슐츠Knut Schulz가 강조하듯이 자유에 대한 갈망을 표현한 것이라 하지 않을 수 없다.

기독교와 도시적 심성

도시에 대한 기독교적 표상은 양면적이다. 구약성서에서 도시는 악의 이미지다. 소돔과 고모라의 주민들이 남색에 빠지자 하느님은 이 두 도시를 유황불로 태워버렸다(「창세기」, 19장). 노아의 후손들이 바빌로니아의 한 들판에 '바벨'(바빌론)이라는 도시를 세우고 탑('바벨탑')을 하늘 높이 쌓아 올리자 이들의 교만함에 분노한 하느님이 세상의 모든 언어를 뒤섞어 들여와 도시를 혼란 속에 빠트렸다(「창세기」, 11장). 12~13세기 시토회 설교가 성 베르나르와 자크 드 비트리는 도시는 악의 소굴로서 최후 심판 때 지옥으로 떨어질 것이라 저주했다.

다른 한편, 도시는 천국의 이미지를 띠고 있다. 천국의 이미지는 에덴동산의 이미지에서 점차 도시의 이미지로 변모했다. 예루살렘은 구약성서에서 신이 만들었다고 하는 성스러운 도시다. 중세 초에 주교좌 도시는 지상 낙원으로서의 예루살렘이라는 성스러운 도시 이미지를 유지해 나갔다. 기독교는 도시에 먼저 정착했으므로 '도시=주교좌'라는 등가는 고대 도시의 보존에도 크게 기여했다. 그리하여 도시는 숭고한 천국의 이미지를 간직했고, 묵시록의 유행은 도시에 대한 환상을 고스란히 유지시켰다. 이 꿈은 천국에 이르는 문으로서의 성지 예루살렘에 대한 순례와 십자군의 폭발에 큰 기여를 했다.

12세기 말 런던에 대한 동시대인의 기술도 양면적이다. 12세기 말 윈체스터의 수도사 리처드 드비즈Richard of Devizes는 런던을 악의 소굴로 묘사했다.

나는 이 도시가 무척 싫다. 하늘 아래 모든 나라에서 온 각종 인간이 모여 산다. 각각의 인종은 자신의 악과 관습을 이 도시로 가져온다. 어떤 범죄에 빠지지 않고 이 도시에서 살 수 있는 사람은 아무도 없다. 도시 구석마다 심각한 음란이 번성하고 있다. 사람들은 불량하면 할수록 좋은 사람으로 평가된다. 음식점에서 사람들과 섞이지 마라. 〔……〕 기생충 같은 인간들이 부지기수다. 배우, 광대, 피부가 보들보들한 남색 소년들, 무어인들, 아첨꾼들, 예쁘장하게 계집애처럼 생긴 소년들, 남색가들, 춤추고 노래하는 소녀들, 돌팔이 의사들, 배꼽춤을 추는 무희들, 마녀들, 마술사들, 갈취자들, 밤에 배회하는 자들, 거지들, 익살꾼들 ─ 이 모든 족속이 모든 집을 가득 채우고 있다. 그러니 이 악인들과 함께 살고 싶지 않다면 런던에서 살지 마라.

같은 시기 캔터베리 대주교 토머스 베켓Thomas Becket의 측근 사제 윌리엄 피츠스티븐William Fitzstephen은 런던을 예루살렘의 이미지로 묘사했다.

평판의 여신으로부터 축복을 받은 세계의 고상한 도시들 가운데 잉글랜드 왕국의 중심지인 런던은 그 명성이 널리 퍼지고 부와 상품을 멀리까지 보내고 그 머리를 다른 도시보다 높이 쳐든 도시다. 이 도시는 축복받은 도시다. 맑은 공기며, 기독교 신앙에 대한 경외심이며, 단단한 성곽이며, 지형적 위치며, 도시민의 자긍심이며, 여인들의 정숙함에서 그렇다. 〔……〕 런던 시민들은 매너, 의상과 식탁의 우아함으로 인해 다른 모든 도시민을 능가하는 것으로 간주된다. 다른 도시의 주민들도 시민이라 불리지만, 런던 시민들은 '귀족'이라 불린다. 그리고 이들의 엄숙한 서약은 모든 분규를 종식시킨다. 런던의 여인들은 사비니 여인들과 아주 흡사하다.

중세 때는 상업이나 도시 관련 직업에 대한 금기가 특히 많았다.

고대 사회 또한 그러했다. 중세는 이로부터 유서 깊은 전통적 금기들, 예를 들어 푸주한·망나니·외과 의사·이발사·전사를 멸시하는 피의 금기, 염색공·축융공·표백공·요리사·직물공(푸른 손톱을 가진 이들)을 낮잡아 보는 불결의 금기, 상인·대금업·환전상·조폐공·용병·창녀 등을 천시하는 돈의 금기, 비농업 노동에 대한 유대적·그리스-로마적 금기 등을 물려받았다.

여기다 중세에 들어 기독교적 금기(7죄종 금기)가 부가되었다. 여관업, 목욕탕업, 여흥꾼(음탕한 춤), 선술집(도박·술·춤) 경영, 여직조공(매춘의 공급원)은 음욕죄와 관련된 직업이다. 상인은 탐욕죄와 관련된 직업이고, 요식업은 탐식죄와 관련된 직업이다. 특히 몇몇 직업은 복합적인 죄를 내포했다. 전사는 무고한 자를 살해하고 남의 재산을 약탈하고 폭력을 공허하게 과시하므로 교만죄와 탐욕죄를 저지르기 쉽다. 대금업은 "되받을 생각을 말고 꾸어주어라. 그러면 너희가 받을 상은 클 것이며"(「누가복음」, 6장 35절)라는 복음의 말씀을 거역하고 형제애를 파괴한다. 농민과 장인은 물질의 생산과 변형에 종사하며 효용 가치를 창조하는 데 비해, 상인은 아무런 창조도 하지 않으면서 구매 가격과 판매 가격의 차이를 이용해 이득을 취한다. 대금업 역시 아무런 창조도 하지 않으면서 시간을 팔아 이득을 얻는다. 따라서 중세 때 토지와 관련되지 않은 직업(상업과 대금업)은 대부분 금지되거나 경멸을 받았다. 한편 노예와 같은 예속 농업 노동은 기사와 성직자의 노동에 비해 비천하다. 반면에 금은 세공, 대장장이, 무기 제조 같은 장인 노동은 그 연금술적·마술적 가치와 귀족에 대한 봉사로 인해 긍정적 평가를 받았다.

12~13세기에는 이러한 금기가 완화되었다. 여기에는 몇 가지 요인이 작용했다. 하나는 상업과 도시의 성장, 이로 인한 분업의 증가,

새로운 직업의 탄생 및 발전 등과 같은 사회경제적 변화로 인해 다양성에 대한 감수성이 증가했다. 다른 하나는 강자/약자, 부자/빈자, 천국/지옥, 선/악의 이분법적·대략적 사고방식에서 탈피하고 미세한 차이를 섬세하게 고려하는 사고방식이 발전한 것이다. 이리하여 윤리적 문제에서 모든 상황을 고려해 회의주의적으로 판단하는 사례윤리론 casuistique이 등장했다. 그것은 '본성적'으로 불법적 직업과 '사례'에 따른 불법적 직업을 구분했다. 의도(선의/악의, 공익/사익), 사람(평신도/성직자, 남성/여성, 미혼/기혼), 장소(교회 안/밖), 불가피성을 고려하여 행위를 판단하였다. 이러한 심성은 나중에 살피겠지만, 12세기 말 천국/지옥으로 나뉜 양극단의 저승에 연옥이 탄생된 것과 관련이 있다. 연옥은 어정쩡한 죄를 지은 사람들이 가는, 천국과 지옥의 중간에 있는 회색 지대다.

마지막으로 도시적 심성은 노동을 긍정했다. 기독교 전통에서 노동은 원죄에 대한 책벌이다. 에덴동산에서 아담과 이브는 노동을 하지 않고도 먹고살 수 있었지만, 원죄를 지은 이후 자신들의 땀으로 먹고 살아야만 했다. 수도사의 노동은 자기 부정(참회와 금욕)인 동시에 생산 활동(자급자족)이기도 했다. 대부분이 노동을 천시하는 귀족 출신이었던 수도사들이 손수 일해 먹고산 것은 노동의 지위 향상에 기여했다. 도시 사회에서는 직업 행위와 그에 대한 대가를 인정하기 시작했다. 토마스 아퀴나스 같은 스콜라 철학자들은 상인은 사회가 필요로 하는 재화를 제공해주고 위험을 감수하므로 노동에 대한 정당한 대가를 받아야 한다고 주장했다. '말 장사'라 비난받던 대학교수의 보수도 노동에 대한 정당한 대가로 인정받았다. 매춘 행위도 그 목적이 자선에 있다면 노동으로 인정받기까지 했다.

대학

대학은 고딕 예술과 더불어 중세 도시가 낳은 가장 독창적인 창조물이다. 상업과 도시가 발전하고 사회가 다원화됨에 따라 새로운 지적 욕구를 충족시켜주는 유명한 선생 주변으로 학생들이 몰려들었다. 이들은 학교 규모가 커지자 자신들의 권리를 법적으로 보호받기 위해 새 조직의 필요성을 느꼈다. 이로부터 대학이 탄생했다.

도시 학교의 선생과 학생들은 우니베르시타스*universitas*라는 자발적 결사체를 만들고 당국으로부터 특허장을 받아냈다. 우니베르시타스란 말은 당시엔 상공인들이 조직한 길드(동업 조합)처럼 교육이나 학문과는 무관하게 공동의 목표와 이익을 도모하는 단체로 '조합'을 의미했다. 그러다가 15세기부터 중세 대학을 가리키는 스투디움 게네랄레*studium generale*(종합 학교)와 같은 뜻으로 쓰이기 시작해 오늘날처럼 '종합 대학'을 의미하게 되었다. 나티오*natio*와 콜레기움*collegium*도 중세 대학의 색다른 면모를 보여주는 용어다.

중세 대학의 특징은 다음 몇 가지로 나누어볼 수 있다. 첫째, 개방적이었다. 입학 자격에서부터 지역적·계층적 장벽이 없었다. 파리 대학의 경우, 학생들의 출신 지역이 프랑스는 물론이고 잉글랜드·독일·에스파냐·북유럽·동유럽 등 국제적이었고, 출신 계층도 귀족에서부터 농민까지 다양했으며, 나이도 13세에서 35세까지 걸쳐 있었다. 예컨대 자크 푸르니에Jacques Fournier(1285~1342)는 부친이 제빵업자 boulanger였지만 자신은 파리 대학에서 신학 박사를 취득하고 파미에 주교와 교황(베네딕투스 12세)까지 역임했다.

둘째, 보편적이었다. 대학에서 공부하고 가르치는 지식의 원천(고대 학문)과 언어(라틴어)와 권위의 근거(성경)뿐 아니라 교과 과정과 내용이 어디서나 동일했다. 그렇기 때문에 '교사자격증*licentia docendi*'을 가진 사람은 '어디서나 가르칠 권리jus ubique docendi'에 따라, 볼로냐 대학이든 파리 대학이든 옥스퍼드 대학이든 어느 대학에서나 가르칠 수 있었다. 이는 표준화한 교육 체계와 통일된 교과 과정을 갖추지 못한 아카데미아Akademia(플라톤 학당), 리케이온Lykeion, Lyceum(아리스토텔레스 학당) 같은 고대의 고등교육 기관에선 볼 수 없었던 모습이다.

셋째, 특권을 향유했다. 교수들과 학생들은 지식인으로서 성직자의 특전을 공유했다. 성직자처럼 독특한 가운을 착용하고 정수리 체발을 하고 교회법 적용을 받았다. 대학 졸업자는 출신 신분의 다양성에도 불구하고 하나의 특권층을 형성했다. 앞에서 말한 자크 푸르니에처럼 빵 장수의 아들도 신학 박사 학위를 받고 교황까지 될 수 있었다. 교황 피우스 2세(재위 1458~1464)는 "학문 연구는 하층 출신을 귀족의 반열에 오르게 할 수 있다"고 말했다. 실제로 신학부와 법학부는 인기가 있었으며, 제3신분 출신의 졸업생들이 중앙집권화로 수요가 증가한 교회와 국가의 관료로 진출하는 경우가 많았다.

마지막으로 자율과 자유를 추구하고 향유했다. 초창기 대학은 오늘날처럼 강의실·도서관·실험실 등 한곳에 고정된 건물을 갖춘 것이 아니라 민가나 수도원 또는 교회 건물을 빌려 썼기 때문에 자유롭게 학교를 이전할 수 있었다. 교회와 세속 권력에게 대학은 명예와 경제적 이익을 가져다주었기 때문에 외부 권력의 압력이 있을 때 학생들은 강의를 보이콧하고 학교를 옮겼다. 예컨대 파리 대학에서 로마법의 인기로 인해 신학의 위상이 약화될 것을 염려한 교황이 로마법 강의 금지령(1219)을 내리자 이에 반발한 교수와 학생들은 파리를 떠나 오를레앙에서 로마법 강좌를 이어갔다. 학생들은 출신의 다양성에도 불구하고 생각과 욕망, 행동에서 하나가 되었다. 그들은 자유롭게 생각하고 마음대로 행동했으며, 학위를 취득해 교사 자리를 획득하고,

교육 관련 왕실 관리와 주교에게 적대적 태도를 보였다. 「쾰른 대학의 설립 칙서bulle de fondation de l'Université de Cologne」(1388년 5월 21일자)는 중세 대학의 존재 이유를 요약해준다. "무지의 구름을 걷어버려라. 오류의 어둠을 날려버려라. 행동과 업적을 진리의 빛 속에 있게 하여라. 하느님과 가톨릭 신앙의 이름을 드높여라. 〔……〕 사회와 개인에게 유익하게 하여라. 인간의 행복을 증진시켜라."

유명한 교수가 있는 대학에는 학생들이 너무나 많이 몰려드는 바람에 출신 지역별로 학사를 조직하고 운영해야만 했다. 이것이 바로 나티오, 즉 '동향단同鄕團'이다. 동향단별로 강의실과 학사 과정을 갖추고 교수를 채용하여 대학을 운영하였다. 13세기 파리 대학에는 프랑스 동향단, 노르망디 동향단, 피카르디 동향단, 잉글랜드 동향단(스코틀랜드, 북유럽 출신 포함), 독일 동향단(동유럽 출신 포함) 등이 있었다. 학생들은 처음에는 성당 안이나 현관 앞, 광장 등 아무데서나 유명한 교사의 강의를 들었다. 그러나 학생이 많이 몰려들면서 이들을 위한 별도의 공간과 시설이 등장하여 강의실과 기숙사를 갖추었다. 오늘날 '단과 대학'을 의미하는 콜레기움이란 말은 원래 강의실이 딸린 기숙사를 의미했다. 그러나 자체의 교육 제도와 도서관을 갖춘 자율 단체로 점차 발전했다.

학부와 동향단을 통합한 '조합'은 교수와 학생 공동체의 규율을 감독하고, 외부 권력의 간섭으로부터 스스로를 보호하며, 자유와 특권의 수호를 위해 권력과 협상하는 일을 했다. 파리 대학에서는 1245년 경 등장한 '조합장rector'(오늘날로 치면 총장)이 이런 역할을 맡았다.

대학은 지역적으로 두 형태가 있다. 볼로냐 대학은 이탈리아와 남프랑스의 대학들의 모델이 되었다. 볼로냐 대학은 1158년 신성로마제국의 황제에게 특허장('학생들의 조합')을 받았다. 남유럽형 대학은 교

양학부를 마친 상급학부 학생들이 주도했기 때문에 '학생들의 조합'
이 많았다. 반면 교수들이 주도한 파리 대학은 후일 옥스퍼드 대학, 케
임브리지 대학, 하이델베르크 대학, 프라하 대학 등의 모델이 되었다.

　파리 대학의 경우, 13~14세에 교양학부(학사과정과 석사과정)에
입학해 박사과정인 상급학부(신학부·법학부·의학부)를 졸업하기까
지 대략 6~15년이 소요되었다. 1150년경 노트르담 성당 학교에서 시
작된 파리 대학은 교수와 학생 들의 투쟁을 통해 1200년 프랑스 국왕
필리프 2세에게 특허장('교수들과 학생들의 조합')을 받았고, 1215년에
는 교황 인노켄티우스 3세로부터도 인가를 받았다. 1257년 국왕 루이
9세의 궁정사제인 로베르 드 소르봉Robert de Sorbon이 센강 좌안의 학
교 지구에 가난한 신학부 학생 20명에게 콜레기움을 제공했는데, 이
로부터 콜레주 드 소르본Collège de Sorbonne이 유래했다. 왕과 교황이
파리 대학을 인가하고 지지한 데는 나름의 이유가 있었다. 왕은 대학
이 높여주는 수도의 명예와 많은 사람들이 가져오는 경제적 이득을
무시할 수 없었다. 교황이 보기에도 이단으로부터 위협받던 세계에서
파리 대학은 기독교 신앙의 보루요, 신학의 본산이었다. 교황 인노켄
티우스 3세가 찬양했듯이 "파리 대학은 보편 교회의 토양을 비옥하게
하는 강이요, 지상 낙원에 있는 생명나무"였다. 파리 대학 교양학부는
진부한 재료에서 인간 지혜와 합리적 변증법을 추출하고, 상급학부는
과학적 지혜를 정련하였다. 파리 대학 교수들은 '어디서나 가르칠 권
리'에 따라 상당수가 잉글랜드인, 독일인, 이탈리아인 등 외국인이었
다. 파리 대학에서 다듬은 것은 국경 없는 지혜였다.

　대학은 새로운 사유 방식으로 '스콜라적 방법scholasticism'을 탄생
시켰다. 그것은 새 학교의 '교수들scholastics'이 사용한 추리 방법을 말
한다. 전통적 방법에서는 신과 인간과 세계를 '직관으로' 이해했으나,

이제 '합리적으로' 이해하는 지적 방법이 탄생했다. 그것이 바로 문법과 논리학을 결합시킨 '변증법'이다. 변증법적으로 '이해한다*intellegere*'는 것은 사물을 정의하고 분류하고 관찰하는 것을 의미한다. 따라서 추리 기술이 중요했다. 신학에 사용된 변증법은 원전을 읽고 의미 비평을 하는 '읽기*lectio*,' 원전의 의미에 대한 비평들을 비교하며 문제점을 제기하고 수립하는 '질문*quaestio*,' 질문들에 대해 토론하는 '논쟁*disputatio*,' 교수가 논쟁을 종합하여 정리하는 '결론*conclusio*'으로 세분화한다.

이러한 변증법을 이용해 '스콜라적 방법'이라는 새로운 학문 방법을 세운 이는 12세기 신학자 피에르 아벨라르였다. 그는 저서 『그렇다와 아니다*Sic et Non*』에 상충하는 원문과 주석을 모아놓고 비교하면서 원문의 참된 의미를 합리적으로 추론하려 노력했다. 그러면서 종교적 관용과 이성에 대한 신뢰를 주장했다. "너의 이웃을 너의 종교로 이끌기 위해 강제하지 마라. 인간은 그의 빛을 통해서만 결정해야 한다. 강제로 거짓 지지를 얻어봤자 헛수고이다. 신앙은 무력이 아니라 이성에서 나온다."

'스콜라적 방법'을 신학에 적용한 것이 스콜라 철학이다. 대표적인 스콜라 철학자로는 피에르 아벨라르와 안셀름 캔터베리Anselm of Canterbury를 비롯해, 프란체스코 수도회 출신의 둔스 스코투스와 보나벤투라, 도미니쿠스 수도회 출신의 알베르투스 마그누스와 토마스 아퀴나스가 있다. 이들 스콜라 철학자들이 꾀했던 것은 '이성과 신앙의 조화,' 아니 안셀름이 천명한 구절을 빌리면 "이해를 추구하는 신앙 *fides quaerens intellectum*"이다. 안셀름이 보기에 "신앙을 전제하지 않는 것은 오만이며, 이성을 사용하지 않는 것은 태만"이었다. 반면에 프란체스코 수도회 출신의 스콜라 철학자 윌리엄 오컴은 "신앙만이 신학적 진리에 이르게 해준다"며 신앙과 이성을 분리할 것을 주장했다. 또한 그는 보편은 허명에 지나지 않고 개체만이 실재한다고 보는 '유명론唯名論, nominalism'을 지지했다. 어느 쪽에 서 있든 스콜라 철학자들은 신앙의 시대라는 굴레 속에서 이성의 역할과 가능성에 대해 나름으로 고뇌했다고 하겠다.

이성과 신앙 사이의 이러한 긴장의 밑바탕엔 아리스토텔레스 철학이 놓여 있었다. 12세기에 이뤄진 그리스 고전 번역을 통해 아리스토텔레스가 부활했다. 피에르 아벨라르부터 토마스 아퀴나스까지 당대 철학계의 거장들은 아리스토텔레스 철학을 기독교 신학에 접목시켰다. 일이 순탄치만은 않았다. 아리스토텔레스의 자연 철학과 이성주의가 하느님의 자유와 전지전능함에 배치되었기 때문이다. 급기야 파리 주교 에티엔 탕피에Étienne Tempier는 1270년에 이어 1277년 시제 드 브라방Siger de Brabant 같은 급진 아리스토텔레스주의자부터 토마스 아퀴나스 같은 온건 스콜라 철학자까지 싸잡아 비난했다. 이것은 아리스토텔레스 사상이 당시 학계에 얼마나 큰 반향을 일으켰는지, 이성과 신앙을 조화시키는 게 얼마나 어려운 일이었는지 짐작게 한다.

'스콜라적 방법'은 전거를 보다 치밀하게 이용하고 전거 사이의 불일치 문제를 해결하는 데 도움을 주었다. 또한 논쟁을 통해 다양성과 상이한 견해의 공존에 익숙하게 해주었다. 그것은 신학 같은 학문 연구뿐 아니라 다른 영역에서도 사용되었다. 건축가들은 건축 설계의 이상적 방법에 대해 '논쟁'하고, 건축이 기술이냐 과학이냐를 두고 '논쟁'하고, 고딕식 성당 건축에서 통일성과 모순을 양립시키는 방식의 적용을 놓고 '논쟁'했다.

지적 욕구의 증가와 더불어 책의 수요도 증가했다. 여기에도 '스콜라적 방법'이 영향을 주었다. 책을 여러 부분으로 나눠 여러 명의 필경사가 동시에 한 권을 필사하는 '분할 복사*pecia*'가 그러했다. 이것은 안티테제의 수립, 문제점의 분리, 종합이라는 '스콜라적 방법'의 한 전형적인 예다. 책의 양적 증가와 더불어 책의 탈신성화가 시작되었다. 중세 때 책은 화려하게 장식된 보물로서 신성한 가치를 지녔다. 그래서 사람들은 책을 읽기보다는 신비한 보물로 여겨 바라보기만 했다. 그러나 독서 인구가 늘면서 정보를 얻는 수단으로 책의 효용성을 고려하는 사고가 등장하기 시작했다.

중세 대학은 세속 정신을 탄생시키는 용광로였다. 그것은 신앙과 사상, 인간 활동을 합리적으로 이해하려 노력한 이성의 공간이다. 그것은 노동과 임금, 사업과 공정 가격, 대부와 이자 개념을 탄생시켰다. 예컨대 작은 '이자*usura*'가 붙는 대부조차 비난받던 시절에 스콜라 철학은 채권자가 일자리를 제공하고 잠재적 손실의 위험과 불확실성의 부담을 감수하므로 이자는 정당한 대가라고 주장했다.

고딕 예술

12세기 도시에서 발전한 대표적인 예술 양식은 고딕 예술이다. 고딕 예술은 로마네스크 예술에서 발전한 양식이다. 로마네스크 예술은 리옹·비엔·오툉처럼 고대 로마의 건축물이 많이 남아 있던 남프랑스 도시들에서 900년경부터 평평한 천장을 돔(둥근 천장)으로 바꾸면서 발전한 건축 양식에서 비롯되었다. 또한 남프랑스에서 가까운 클뤼니 수도원의 장엄한 건축과 화려한 장식도 고딕 예술에 영향을 주었다. 로마네스크 양식은 〈그림 15〉에서 볼 수 있듯이 천장의 돌 무게를 견뎌내도록 만든 '궁륭(활) 교차형 천장'과 두껍게 쌓은 육중한 벽, '반원형(둥근) 아치'로 된 작은 창문, 별도의 조명이 필요할 정도로 어두운 실내를 특징으로 한다. 천장에는 주로「창세기」에 나오는 이야기와 예

〈그림 15〉 로마네스크 양식의 반원형 아치와 궁륭 교차형 천장(독일 슈파이어 대성당, 1106년)

〈그림 16〉 고딕 양식의 첨두아치와 늑골 교차형 천장(프랑스 아미앵 대성당, 1220~1288년)

수의 탄생에 관한 일화가 묘사되어 있다.

고딕 예술은 대략 1120~1180년대에 북프랑스에서 점진적으로 등장했다. '고딕 건축'이란 용어는 르네상스 예술가들이 중세 건축 양식을 비하할 목적으로 사용한 말이지만, 오늘날 고딕 예술은 중세가 창조한 걸작으로 평가받고 있다. 하느님의 거처로 지어진 고딕식 대성당은 하느님에 대한 갈망과 천상의 예루살렘을 표현하고, 빛의 기적과 하늘의 영광을 신비롭게 체험하도록 설계되었다. 십자가 모양의 성당 평면 구성은 그리스도의 몸을 상징하고, 치솟은 첨탑은 시온산을 표현한 것이다. 날렵한 고딕식 성당은 기술적으로도 '하느님의 요새'처럼 육중한 로마네스크 양식을 뛰어넘었다. 〈그림 16〉에서 볼 수 있듯이 얇고 높은 벽과 천장의 무게를 수직 추력推力으로 감소시키는 역할을 하는 '첨두(뾰족)아치'로 된 가볍고 큰 창, 천장의 무게를 네 주랑으로 분산시키는 '늑골(갈비뼈) 교차형 천장,' 40미터를 넘나드는 높은 천장, 100미터가 넘는 까마득한 첨탑(샤르트르 대성당은 105미터, 랭스 대성당은 120미터, 1876년 철제로 올린 루앙 대성당의 첨탑은 151미터였다), 높은 천장과 벽을 안정시키기 위해 덧붙인 버팀벽, 큰 창으로 많은 빛이 들어오는 실내 등이 특징이다. 특히 성모의 색인 푸른색을 기본색으로 하여 신비스럽고 오묘한 천상의 분위기를 연출해내는 스테인드글라스는 성서 속 이야기나 예수와 성인들의 일화를 담고 있다(앞의 〈그림 9〉 참조). 그리고 성당 입구 위의 박공벽에 부조된 예수의 수난, 최후 심판, 천국의 이미지는 돌에 새겨진 일종의 성경이다. 고딕 예술은 파리 분지 유역의 북프랑스, 예컨대 생드니·샤르트르·파리·아미앵·보베·루앙·랭스에서 개화했으며 이후 유럽 주요 도시로 전파되어 만개했다.

고딕식 대성당은 도시 문화의 산물이다. 대성당의 장엄함은 도시

인구의 비약적 증가에 따른 많은 신도를 수용하고자 하는 욕구의 소산일 뿐 아니라, 도시민의 심미적 기준과 자긍심의 표현이었다. 장엄함에 대한 광기는 천장을 48미터까지 올렸던 보베 대성당이 1284년 붕괴된 것에서 볼 수 있다. 또한 고딕식 대성당은 상인 부르주아의 기부와 계절 실업 노동자의 이용, 프리메이슨단과 유사한 석공의 비결, 스테인드글라스를 장식하는 장인-예술가artisan-artiste의 헌신적 영혼이 없었다면 불가능했을 것이다. 대성당 건축에는 막대한 비용이 소요되었기 때문에 시공에서 완공까지 수십 년에서 수백 년이 걸리기도 했다(1272년 시공한 나르본 대성당은 지금까지도 미완성 상태다). 고딕 양식과 정신은 독일의 예술사가 에르빈 파노프스키Erwin Panofsky가 지적했듯이 '스콜라적 방법'과 밀접한 관련이 있다. 그것은 문제가 발생했을 때 해결책을 찾기 위해 '질문'과 '토론'을 통해 추론하는 도시 신학의 산물이었다.

도시민의 신심과 헌신이 돌과 빛의 예술로 육화한 고딕식 대성당은 기독교 사상의 가장 완벽한 예술적 표현, 아니 중세 예술사가 에밀 말Émile Mâle에 따르면 "가시화한 중세 사상"이다. 고딕식 대성당은 중세 도시민들이 자부심을 가질 만한 자랑거리요, 오늘날 우리 같은 이방인들도 경탄해 마지않는 걸작이다. 중세사가 앙드레 보셰 André Vauchez는 『기억의 장소Les lieux de mémoire』에 실린 논문 「대성당La cathédrale」에서 고딕식 대성당이 현대인에게 던져주는 의미에 대해 이렇게 말했다. "그 이름에 값하는 인간다운 사회는 자신의 직접적 필요와 아무 관계가 없는 상징적·기념비적 공간 없이는 생존할 수가 없다. 이 공간의 일차적 기능은 다름 아닌 그것이 갖는 타자성이다. 그것은 우리와는 전혀 다르면서 우리가 갖고 있는 모든 차이를 넘어서는 그 어떤 것을 인간으로 하여금 깨닫게 해준다."

3. 도시의 위기와 미래

도시의 위기

중세 말은 페스트와 전쟁, 기아와 민란, 왕권의 위기와 교회의 분열로 위기의 시대였다. 도시도 이러한 위기를 피할 수 없었다. 툴루즈를 예로 들면, 1440~1443년 4년 동안 여섯 번의 기근과 페스트, 여덟 번의 대화재와 범람, 두 번의 반란, 기타 군사 작전과 강도의 약탈 등을 겪었다.

유럽 도처가 전쟁터였다. 잉글랜드와 프랑스의 백년전쟁, 이탈리아 도시들 사이의 전쟁, 이베리아 반도에서의 '재정복' 전쟁, 잉글랜드에서의 왕위 쟁탈 전쟁(장미전쟁) 등 전쟁이 끊일 날이 없었다. 성벽 구축과 보수, 군사적 지출 등 전쟁에 소요되는 막대한 비용을 충당하기 위해 주민들에게 무거운 세금을 부과했다. 또한 도처에서 용병대의 약탈과 유린이 심각했다.

영주들은 세금을 자의적으로 부과하고, 귀족들이 도시 권력을 독점하는 등 봉건적 반동이 일어났다. 도시에서 '중상층 시민popolo grasso'과 '하층민popolo minuto' 사이의 갈등도 격화되었다. 조합의 폐쇄성으로 인한 갈등, 상위 조합과 하위 조합 간의 갈등, 상인과 수공업자 간의 갈등 등 집단 사이의 불화가 격화했다.

이에 대한 불만으로 각지에서 파업과 소요, 민란이 일어났다. 플랑드르 지방에서는 브루게(1302)와 겐트(1337)에서 소요와 반란이 일어났다. 파리에서는 에티엔 마르셀Étienne Marcel 반란(1357), 피렌체에서는 촘피Ciompi(최하층 모직물 노동자) 반란(1378), 잉글랜드에서는 와트 타일러Wat Tyler 반란(1381)이 일어났다.

이와 함께 만성 실업자, 떠돌이, 노숙인, 경범죄인, 매춘 여성 등 주변인이 증가했다. 유대인·동성애자·마녀 등 소수자에 대한 박해와 사냥이 중세 말에 격화되었다. 11세기부터 억압받기 시작한 유대인은 14세기 들어 프랑스와 잉글랜드에서 페스트의 희생양이 되거나 추방되었고, 이베리아 반도에서는 기독교로 개종하지 않으면 추방당했다. 이들은 폴란드와 러시아로 망명을 떠나지 않으면 안 되었다.

또한 노예제가 부활했다. 13세기 이탈리아와 에스파냐의 대도시에서 부자들은 노예 상인이 공급하는 그리스인·튀르크인·코카서스인·몽골인 등과 같은 동방의 이방인들을 가내 노예로 삼았다. 동방의 이국풍이 유행하던 시절에 이들은 도시 귀족의 생활수준을 과시하고 향상시켜주는 일종의 이국적 사치품이었다. 14~15세기에는 페스트로 인한 노동력 부족으로 이들에 대한 수요가 더욱 증가함에 따라 북아프리카의 무슬림들까지도 가사뿐 아니라 수공업에 활용되었다.

지역별 도시 발전의 유형

중세 말에 도시들은 이러한 위기에 적응하면서 발전하였다. 도시의 발전 형태는 지역별 사정에 따라 세 유형으로 나눌 수 있다.

하나는 이탈리아의 도시국가city-state형이다. 이것도 두 형태로 세분할 수 있다. 하나는 도시의 상인 가문이 마피아를 형성하여 도시 권력을 장악하고 콘타도를 지배하는 형태다. 예컨대 피렌체의 메디치Medici가, 밀라노의 비스콘티Visconti가와 스포르차Sforza가가 그러했다. 이 중에서도 메디치가는 자못 유명하다. 메디치가는 13세기 말과 18세기 초 사이 무역과 은행업을 통해 막대한 부를 축적하고, 이탈리아뿐 아니라 유럽의 정치·경제·사회·문화·종교 등 모든 영역에서 막강한 영향력을 행사했다. 16세기 무렵엔 교황 넷과 프랑스 왕비 둘(앙리 2세의 왕비 카트린Catherine과 앙리 4세의 왕비 마리Marie)을 배출하고, 피렌체와 토스카나 정치를 대를 이어 지배하였다. 그뿐만 아니라 학문과 예술을 통 크게 후원해 피렌체의 르네상스에 기여했다. 다른 하나는 베네치아처럼 귀족 지배 형태다. 베네치아는 13세기 말부터 귀족 참사회가 도시를 지배하고 도제Doge(선출된 공화국 원수)를 임명했다. 15세기엔 인근 육지를 정복하고 콘타도로 만들어 식량과 원료 공급지로 삼았다. 이탈리아 도시들이 서유럽의 다른 도시들과 구별되는 특징 중 하나는 귀족이 부르주아와 공동으로 도시를 지배하고 상업 활동에 적극 참여했다는 점이다. 동방의 향신료·면화·염료와 유럽의 직물·목재·은을 주로 거래하는 레반트 무역은, 오스만제국의 콘스탄티노폴리스 함락(1453)과 바스쿠 다가마의 인도 항로 개척(1498)의 충격을 딛고 16세기엔 예전의 활기를 회복했다. 하지만 네덜란드와 영국의 본격적인 인도 항로 진출, 오스만제국의 동지중해 장악(특히 크레타 점령)의 충격으로 17세기엔 끝내 쇠퇴했다.

다음으로 한자Hansa 도시형이다. 게르만어로 Hansa(또는 Hanse)는 본시 '무장 상단商團'을 의미했다. 런던에서 뤼베크까지, 함부르크에서 리가까지 주로 발트해 연안 도시들이 여기에 해당한다. 13세기부터 번영하기 시작해 1356년 한자동맹을 결성한 도시들은 역내 도시의 경제적 이익과 외교적 특권을 보장하고 무역을 지배했다. 동맹 상인들은 코펜하겐과 웁살라Uppsala, 뉘른베르크와 크라쿠프와 프라하, 노브고로드 등 북유럽과 동유럽에서까지 활동했다. 주요 거래 품목은 플랑드르와 잉글랜드의 모직물, 발트해 연안의 밀랍·호박·모피, 스웨덴의 철광석이었다. 16세기부터 위상이 한결 약화된 한자 무역은, 17세기 들어 새로 부상한 영국 및 네덜란드 상인들과의 경쟁, 발트해 연안에서 치러진 30년전쟁(1618~1648)의 여파, 오스만제국의 동유럽 상로 위협 등 주변 여건의 악화로 쇠퇴했다.

마지막으로 중앙집권화해가고 있던 왕권에 종속되어 있으면서 나름의 자치를 누리는 '좋은 도시bonne ville'형이다. 1200년경에 등장한 '좋은 도시'는 왕에게 재정적 보조금과 군사적 분견대를 제공할 수 있을 만큼 부유하고 강력한 도시를 이른다. 프랑스와 잉글랜드의 왕들은 '좋은 도시'의 관계망을 통해 재정적 보조를 받는 대가로 자율과 특권을 부여하면서 도시를 지배했다. 이베리아 반도에서는 '재정복'을 틈타 12세기부터 자치권을 획득한 도시들이 14세기부터는 왕의 지배 아래 들어갔다. '좋은 도시'는 왕권의 안정적 유지에 필수적이었다. 프랑스 국왕 루이 9세는 세자 필리프에게 남긴 「유훈遺訓, Enseignements」에서 이렇게 당부했다. "선왕들께서 간수해온 조건과 자치 상태대로 왕국의 '좋은 도시'와 코뮌을 각별히 신경 써 챙기도록 하라. 개선하고 재건할 것이 있으면 그렇게 할 것이며, 호의와 사랑으로 그걸 지키도록 하여라. 그러면 백성들과 외국인들, 특히 종친들과 신료들은 큰 도시의 힘과 부가 겁나서 너의 뜻을 거스르는 어떤 짓도 하지 못할 것이기 때문이니라."

요컨대 중세 도시는 규모가 작고 서로 고립되어 있었기 때문에 자체의 경계를 넘어 스스로 통합 세력의 중심으로 발전하는 경우가 드물었다. 중앙 권력이 강력한 지역에서는 도시도 왕권을 피해갈 수 없었던 반면, 독일·이탈리아·플랑드르처럼 중앙 권력이 약했던 지역에서는 도시가 일정한 한계 내에서 오랫동안 독자적 발전을 이어갔다.

제 4 장

농민의 자유와 예속

중세 때 전체 인구 중 절대다수를 차지했던 농민은 사회적 위계의 사다리에서 맨 아랫단을 차지하는 계층이다. 중세 초 농민 사회에 존재했던 노예들은 시간이 지남에 따라 점차 해방되었다. 그러나 곧바로 다수의 농민들은 자유를 상실하고, 노예제와는 또 다른 형태의 예속관계에 들어갔다. 여기서는 농민들의 처지를 주로 그들에 대한 영주제적 지배와 관련하여 살펴보기로 한다.

1. 자유민과 노예

자유민과 노예의 기본 개념

중세 초는 고대 로마 사회처럼 여전히 자유민과 노예로 구성된 사회였다. 그렇다면 이 시기 자유민과 노예는 어떻게 구별되었는지 살펴보자.

먼저 자유란 무엇인가? 고대 로마에서 물려받은 자유란, 가고 싶은 곳에 가고 원하는 대로 사는 삶, 아무런 구속 없이 계약서를 작성하고 보증을 서고 유언을 할 수 있는 권한, 공공 법정 외에 누구에 의해서도 자의적 처벌을 받지 아니하는 법의 보호를 의미했다. 이에 반해 게르만 전통에서 물려받은 자유는 무기를 휴대하고 전쟁에 참여해 전리품 분배 시 자신의 몫을 갖는 일종의 특권을 의미했다.

중세 초에도 여전히 로마 전통의 노예가 존속하고 있었다. 노예란 바로 위에서 말한 자유에 대비되는 것으로, 법적 능력이 박탈된 신분을 의미한다. 노예는 자신을 마음대로 처분할 수 있는 주인에 대해 어떠한 호소 수단도 갖고 있지 않았다. 아무것도 소유할 수 없고 노동 결실도 자신의 것이 아니었다. 배우자를 선택할 수도 없고 그 자식도 주인이 마음대로 처분했다.

게르만 이동을 전후한 시기에 노예의 조건은 개선되기는커녕 더 악화되었던 것으로 보인다. 흔히 생각하는 것과는 반대로 기독교는 노예제를 옹호했다. 노예 신분은 최초 인간이 지은 죄에 대해 하느님이 내린 형벌이라는 것이다. 성 아우구스티누스와 세비야의 주교 이시도루스 같은 신학자들은 참회를 통한 인류 구원의 섭리적 수단으로서 예속의 필요성을 합리화해주었다. 공의회는 노예를 해방시키면 하느님의 가산이 감소할 것이라고 한목소리로 강조했다. 교회는 신도들에게 노예 해방과 증여를 경건한 행위로 권장했지만, 교회와 수도원의 부속 기관은 정작 자신이 소유한 많은 노예를 해방시키지 않았다. 이처럼 기독교는 이웃을 형제처럼 대하라고 가르치는 사랑의 종교이면서도 다른 한편으론 노예제 같은 잔인한 제도까지 하느님의 뜻이라며 정당화해주는 등 수구적 지배 이데올로기 노릇을 했다.

중세 초에는 노예가 원활하게 공급되는 편이었다. 기독교 세계 변경에 있는 켈트인·앵글인·색슨인(작센인)·슬라브인뿐 아니라 약탈 전쟁이 끊이지 않았던 갈리아 지방의 주민들도 주요 노예 공급원이었다. 또한 살아남기 위해 자신의 인신을 유력자에게 맡기는 자유의 매각이나 사형감에 해당하는 자유민 범죄도 노예 공급원 중의 하나였다.

노예는 짐승 취급을 받았다. 노예 판매는 가축 판매 조항에 포함되었고, 주인은 동물 이름으로 노예를 불렀다.『살리 프랑크 부족법』에서 노예를 훔치거나 살해한 자에게는 35솔리두스의 벌금에 처했는데, 이것은 돼지 가격(15솔리두스)보다는 높고 말이나 황소 가격(45솔리두스)보다는 낮은 금액이었다. 가축과의 이러한 동일시로부터 노예의 탈사회화 과정이 도출되었다. 예컨대 노예 신분으로 강등된 자유민은 가족과의 유대가 단절되었다. 자유민 여성과 노예 남성의 성관계는 수간으로 간주되었기 때문에 자유민 여성은 잔인하게 처형되었다. 노예는 채찍질과 몽둥이질, 머리 밀기와 코·귀·혀·고환 절단, 죽임 같은 매우 잔인한 처벌을 받았다.

분화

중세 초 자유민과 노예가 각각 단일하고 동질적인 집단으로 이루어진 것은 아니었다. 권력을 이루는 요소들에 따라 자유민 범주 안에서도 분화가 발생했다. 최상층은 힘 있는 자들, 즉 '유력자들*potentes*'이다. 사료에서 흔히 '제1인자*proceres, primates*' '최선자*optimates*' '고위명사*clarissimi*'라 불리는 이들은 사회적 위계의 사다리에서 최상층을 차지하는 극소수의 귀족이다. 원칙적으로 왕으로부터 위임받은 공권력을 독점하고 명령하는 것을 임무로 하는 이들의 자유에는 제한이 없었다.

그렇지만 자유민 범주에는 일하고 복종하는 힘없는 자들, 즉 '약자들*pauperes*'이 거의 전부를 차지했다. 여기서 '힘없는*pauper*'이란 말은 '가난'보다는 '권력에 종속되었다는 것'을 의미했다. '약자들' 중에는 몇 개의 농장을 가진 부유한 이도 있었기 때문이다. 최고 관직을 갖고 있던 관리와 성직자 등 자유민 유력자들이 막강한 공권력을 이용해 이들의 토지를 노골적으로 강탈하는 일이 비일비재했다. 프랑크 왕들이 회유·협박·강요에 의한 유력자들의 탈취를 금지하고 감시하는 조치를 취해야 할 정도로 이들의 불법 행위가 심각했다. 이렇게 해서 토지를 강탈한 자유민 유력자들은 대토지 소유자가 되었고, 강탈당한 자유민 약자들은 이들의 지배 아래 들어가 예속 농민으로 전락했다.

메로베우스 왕조 시절은 살아남기 힘들 정도로 고난의 시기였다. 묘지에서 발굴된 귀족들의 유골 분석에 따르면, 귀족층마저도 발육 부진, 치아 골상, 폐결핵 등으로 인해 사망률이 높았고, 요절하는 경우가 많았다. 예컨대 클로비스왕은 45세, 다고베르투스왕은 36세에 사망했다. 지배층이 이러할진대 서민들은 더 말할 나위가 없을 것이다. 높은 사망률의 원인은 전쟁·지진·홍수·화재 같은 재난 외에 페스트·천연

두·이질 등과 같은 질병에 있었다. 특히 비잔티움에서 전염된 페스트는 6세기 말과 7세기 초 사이에 이탈리아와 갈리아를 강타했다(541년 비잔티움제국의 황제 유스티니아누스마저 감염되었다 하여 '유스티니아누스 역병Justinianic Plague'으로도 불리는 이 페스트는 8세기 중엽까지 근동에서 수많은 사람의 목숨을 앗아갔다). 이로 인해 농업 노동력이 고갈되고 기근이 발생했다. 585년 갈리아의 상황에 대해 투르의 주교 그레고리우스는 이렇게 썼다. "대기근이 7년 동안 갈리아 전역을 휩쓸었다. 포도씨·꽃씨·개암나무씨로 빵을 만드는 사람들이 많았고, 고사리나무뿌리로 빵을 만드는 사람까지도 있었다."

이처럼 입에 풀칠하기조차 힘들던 시절에 빈민들, 특히 채무를 진극빈자들은 살아남기 위해 가까이 있는 유력자와 탁신託身 계약을 맺고 그의 보호 아래 들어갔다. 탁신 계약은 이러한 '양식formula'에 따라했다. "소인이 먹을 것과 입을 것이 없다는 사실을 만인이 알고 있기에 자비를 베푸시어 소인을 나리의 손안에 받아들이시기를 간청하나이다. 그 조건은 다음과 같습니다. 소인이 나리를 섬기고 나리께 몸을 다바칠 터이니 소인에게 입을 것과 먹을 것을 주셔야 합니다." 서고트 부족법의 한 조항은 "자신을 파는 자는 자유 자격을 상실한다"고 규정했다. 메로베우스 왕조와 카롤루스 왕조의 법 또한 탁신을 통한 '자발적 노예'를 인정하였다. 빈민들이 14세 이상이 된 자식들을 노예로 판매하는 것도 합법적이었다.

자유민처럼 노예의 범주 안에서도 다양한 계층이 존재했다. 대장장이·목수·양치기·경호원처럼 전문 기술을 보유한 노예들도 있었고, 상서부 서기·궁정 하인·왕의 첩과 같은 왕실 노예들도 있었다. 그러나 절대다수는 대영지에서 집단 노동을 하는 농업 노예들이었다.

노예제의 쇠퇴

중세 초의 노예제는 6~7세기 동안 전성기를 맞았으나 8~10세기 사이 쇠퇴했다. 여기에는 여러 요인이 작용했다.

비록 교회의 최상층부에서는 노예제의 정당성에 대해 집착했지만, 농촌에 복음이 전파됨에 따라 노예의 짐승 지위를 인간의 지위로 전환시키는 종교적 지형이 형성되었다. 노예에게 세례를 해주는 경우가 그러했다. 노예는 세례를 통해 같은 하느님의 자식, 즉 인간이라는 '형제'의 대열에 합류하여 짐승 범주에서 벗어났다. 이리하여 노예도 자유민과 함께 교회에 출입하는 것이 허용되었다. 유력자들의 경건성은 개별적으로 노예를 해방시키기도 했다. 예컨대 사후 민심에 의해 성인으로 시성될 정도로 신심 깊은 남프랑스 오리야크의 귀족 제로 Géraud d'Aurillac는 909년 임종 자리에서 자신의 노예 가운데 100명을 해방시켰다.

노예의 빈번한 태업(불복종)과 도주, 간혹 일어난 반란이나 주인 암살 같은 소극적·적극적 저항도 주인들로 하여금 다른 형태의 보다 효율적인 노동 착취 방안을 모색하게 했을 것이다. 도리깨와 낫, 바퀴 달린 무거운 쟁기, 삼포제와 물레방아가 보급되면서 노예 노동이 경감되었다. 수도원 주도의 개간 사업에 노예들을 대거 동원하고, 새로운 개간지에 이들을 신분 상승시켜 정착하게 했다. 카롤루스제국의 지속적인 평화 수립 노력 역시 전쟁으로 공급되는 노예의 수를 감소시켰다. 작센인과 슬라브인처럼 이교 세계에서 공급되는 노예마저 점차 줄었다.

마지막으로 중요한 요인은 지주들이 주도적으로 솔거 노예를 외거 노예로 삼아 예속적 소작농으로 만들기도 했다는 점이다. 외부로부터의 지속적이고 안정적인 노예 공급이 여의치 않은 상황에서 양육을 통한 노예의 재생산, 늙은 노예와 농한기의 부양비, 노예 노동의 비자발성 등으로 솔거 노예제를 유지하는 것은 비효율적이었으므로, 영주입장에서도 노예를 외거 노예로 삼아 땅을 나눠주고 가족생활을 하도록 함으로써 자체적으로 재생산되는 노예 노동력을 지속적이고 안정적으로 확보하는 편이 훨씬 더 나았다.

이렇게 해서 노예들이 사라져갔다. 대신에 이들은 영주에게 땅을 분급받고 결혼하여 독립적인 가정생활을 영위하면서 부역과 각종 공납의 의무를 수행하는 예속적 소작농으로 변모했다. 이것이 고전적 의미의 노예와 근본적으로 다른 점이다. 이들은 이제 장원에 예속된 자유민 출신 소작농에 근접했다. 또한 하층 사회에서 7세기까지 엄격하게 금지되었던 자유민과의 통혼이 9세기에는 더욱 빈번해졌다. 이로인해 노예 출신 소작농과 자유민 출신 소작농 사이의 구별이 후대로 갈수록 희미해졌다. 또한 대토지 경영에 소요되는 노동 총량의 공급을 유지하기 위해서는 노예의 소멸로 생긴 노역奴役, *servitium*의 공백 상당 부분을 자유민 출신의 부역으로 채워 넣지 않으면 안 되었다.

10세기 들어 노예를 지칭했던 *mancipium*(노예), *servus*(남성 노예), *ancilla*(여성 노예) 같은 용어들이 공문서에 등장하는 빈도가 급격히 줄어들고, 11세기부터 옛 노예제는 시대착오적 잔재가 되었다. 다만 북해 연안 지역의 경우에는 사정이 달랐다. 전쟁과 약탈을 통해 스칸디나비아로부터 노예를 공급받은 덕택에, 잉글랜드에서는 12세기 초까지(1086년 작성된 잉글랜드의 국세조사 문서 『둠즈데이 북』에서는 노예가 주민의 9퍼센트를 차지했다), 에노와 나뮈르 같은 벨기에 지역에서는 12세기 이후까지도 노예가 존속했다.

2. 영주의 지배와 농민의 조건

영주의 지배

10~11세기에 유럽 대부분 지역에서 노예는 사라지고 자유로 나아간 듯하다. 그러나 이 시기의 자유는 실체를 갖지 못한 공허한 개념이었다. 서민들에게 자유는 깨지기 쉬운 환상에 불과했다. 기사제의 발전은 농민 보병의 초라한 무장을 가소롭게 했다. 중무장하고 강도 높게 훈련받은 기사들이 전장의 전면을 차지하고 폭력을 행사했다. 반면에 농민은 비무장인의 반열에 들어가 폭력에 노출되었다. 또한 교회에의 보시, 상속에 의한 분할 등으로 농민의 토지가 교회와 유력자에게 집중되고, 농민이 갖고 있던 작은 토지마저 빈발하는 흉작에 따라 유력자의 손으로 들어갔다. 그뿐만 아니라 카롤루스 왕조의 해체로 인해 공권력, 특히 재판권이 왕과 유력자에서 제후로, 다시 성주의 손에 들어갔다.

이리하여 성을 가진 영주가 성 주변의 일정 지역에서 공권력을 사유화하여 전횡을 일삼는 '공권 영주제' 시대가 열렸다. 이들 성주는 모든 농민에게 새로운 의무와 예속을 부과했다. 이것은 법률적 토대를 갖지 않기에 '관습coutumes'이라고 불렸다. '관습'이란 말을 최초로 언급한 사례는 995~1020년 사이 공권력이 가장 일찍 붕괴된 오베르뉴와 아키텐 같은 남프랑스 지역에서 발견된다. 그런데 이런 관습은 성주들이 강탈하고 요구하고 차지할 권리에서 유래하며, 이로부터 모든 '자의적' 세금이 파생되었다. 성주와 그 대리인은 농민의 거처를 징발하고 식량을 사용할 수 있는 숙영권을 갖고 있었다. 또한 재판권을 보유한 이들은 자의적으로 각종 벌금을 부과하고 재산을 몰수하였다.

11세기 들어 도처에 도래한 '공권 영주제'의 정착과 더불어 결정적인 변화가 일어났다. 잉글랜드에서는 자유민 농민의 수가 급감한 반면, 부역을 납부하는 예속 농민들이 급증했다. 사회 모델의 변화가 일었다. 농촌에서 일부가 잔인한 예속 상태에 있고 다수가 폭넓은 자유를 누렸던 사회로부터 거의 모두가 노예보다 덜 잔인한 예속 상태에 있는 사회로 전환된 것이다.

농민의 의무와 부담

농민의 예속화가 11세기에 갑자기 일어난 것은 아니다. 파리 지역에서는 자유민 농민의 예속화 과정이 매우 일찍 시작되었다. 메로베우스 왕조 때부터 자유민 농민들은 대영지의 예속 농민으로 전락해 노예와 거의 같은 조건에 놓였다. 루아르강과 라인강 사이 지역에서 9세기부터 발전한 고전장원제 아래서 자유민 하층 농민은, 영주에게 예속되어 각종 부역과 공납을 납부하는 노예 출신 농민과 거의 구별되지 않았다. 카롤루스 왕조의 해체와 더불어 성주들이 권력을 장악한 11세기부터는 장원에 예속되지 않았던 자유민 농민들까지도 영주 권력에 예속되는 과정을 겪었다.

농민은 고전장원제 아래서 각종 부역과 공납을 납부해야 했다. 고전장원제란 영주의 대토지가 영주 직영지와 농민 보유지로 구성되고, 영주한테 보유지를 분급받은 농민은 그 토지에 대한 대가로 직영지 경작에 부역을 제공하는 형태의 장원제를 말한다. 직영지는 영주 가족의 생계를 위해 할애된 토지를 말하며, 농민 보유지는 농민 가족의 생존을 위해 분급된 땅을 가리킨다(농민 보유지는 라틴어로 만수스*mansus*〔복수는 만시*mansi*〕, 프랑스어로 망스manse, 독일어로 후페Hufe, 영어로 하이드hide라고 한다). 지역과 시기에 따라 다르지만, 한 장원의 크기는 비농경지를 제외하고 대체로 300~400헥타르 정도였고, 직영지 면적 대비 농민 망스의 총면적 비율은 3배 정도였다. 한 장원에서 농민 망스는 10~30개 정도 있었고, 각 농민 망스의 크기는 대체로 5~15헥타르였다.

농민 망스는 최초 토지 보유자의 신분에 따라 자유민 망스, 반자유민 망스, 노예 망스로 나뉜다. 자유민 망스는 자유민이 빈곤으로 인한 탁신이나 영주의 강제에 의해 장원 체제에 편입되고 나서 받은 땅을 말한다. 반자유민 망스는 영주가 해방 노예에게 준 땅을 말하며, 노예 망스는 주인이 노예를 신분은 그대로 둔 채 외거 노예로 전환하여 토지를 분급한 데서 유래한 토지를 말한다. 초창기에는 토지 보유자의 신분에 따라 의무와 부담에서 차이가 있었으나, 9세기 이후에는 자유민 농민과 노예가 통혼하는 것이 예사였고, 보유지의 태생적 구분도 의미를 상실했다. 이를테면 노예가 자유민 망스를 보유하기도 하고, 자유민이 노예 망스를 보유하기도 했다.

9세기 초 파리 주변 지역의 생제르맹데프레Saint-Germain-des-Prés 수도원에서 작성된 『영지명세장*Polyptychum*』을 통해 이 수도원에 속한 고전장원의 인적·물적 구성을 간단히 살펴보자. 이에 따르면 농민 보유지 중에는 자유민 망스가 87퍼센트를 차지하고, 나머지는 거의 다 노예 망스(12퍼센트)였다. 장원에 소속된 농민을 신분별로 보면, 83퍼센트가 자유민(주로 콜로누스)이고 나머지는 노예였다. 평균적으로 영주 직영지는 곡물 경작지 242헥타르, 포도밭 8헥타르, 초지 7헥타르로 되어 있었으며, 농민 보유지는 곡물 경작지 9.8헥타르, 포도밭 0.1헥타르, 초지 0.2헥타르로 구성되어 있었다. 이 수도원에 소속된 빌라노바 장원을 사례로 삼아 영주 직영지와 농민 보유지 구성의 실상을 살펴보자. 직영지는 저택과 많은 부속 건물, 곡물 경작지 224헥타르, 포도밭 11.5헥타르, 건초 166수레를 생산할 수 있는 초지 21헥타르, 사용료로 27,000리터의 곡물을 받을 수 있는 물레방아 3대와 그렇지 않은 물레방아 1대, 500마리 돼지를 방목할 수 있는 둘레 4마일의 숲으로 구성되어 있었다. 같은 장원에 소속된 악타르두스와 엘리길디스라 불리는 콜로누스 신분의 부부가 보유한 자유민 망스는 곡물 경작지 8.4헥타르, 포도밭 0.5헥타르, 초지 0.57헥타르로 되어 있었다.

농민이 영주에게 부담하는 지대의 구성과 내용은 시기와 지역에 따라 차이가 있지만, 고전장원제에서는 부역과 공납으로 구성되어 있다. 부역의 형태적 구분으로는 솔거 노예 부역과 외거 농민 부역이 있다. 영주가 직접 거느리는 노예가 부역을 제공하는 전자는 매우 예외적이었으며, 땅을 분급받고 독자적으로 가정생활을 하면서 부역을 바치는 후자가 보편적 형태였다. 이들이 영주에게 바치는 부역은 경작 부역(쟁기질·써레질·파종·수확·도리깨질)이 주를 이루지만, 잡역(건초와 땔나무 작업, 수송과 보수, 각종 직조와 가금 사육 등)도 있었다. 부역의 또 다른 구분으로 정기 부역과 정적定積 부역이 있다. 정기 부역으로는 매주, 매월, 매년 일정 기간 수행하는 부역이 있었는데, 매주 3일 하는 부역이 가장 보편적이었다. 대체로 부농은 자신이 가져온 황소와 쟁기로 갈이질 부역을 하고, 노예 출신은 매주 3일씩 부역(경작 부역 2일과 잡역 1일)을 했다. 정적 부역은 일정한 면적의 직영지를 경작하도록 하는 방법이다. 이것은 정기 부역보다는 영주에 대한 예속의 정도가 낮았으므로 원래는 자유민 출신에게 부과된 부역 형태였다. 그러나 9세기부터 자유민과 노예의 출신별 구별은 희미해지고, 대신에 농기구(황소와 쟁기) 보유와 토지의 크기에 따라 부역의 종류와 양이 결정되었다. 또한 노예의 소멸로 자유민 출신의 부역 부담이 대폭 증가했다.

농민은 이러한 부역 외에도 영주에게 각종 물품이나 금전을 바치는 공납 의무를 수행해야 했다. 공납은 영주에게 공경과 감사를 표시하는 예물의 성격, 공권을 대행하는 영주의 지배에 대한 조세의 성격, 영주제적 예속에서 비롯된 신분세의 성격 등 다양한 요인에 의해 부과되었다. 공납은 곡물(밀·호밀·귀리), 축산물(돼지·닭·계란), 군역 대용으로 황소와 말과 기타 물품(땔나무·치즈·꿀·포도주·겨자 등)으로 납부했다. 그리고 공납의 양도 납부하는 농민의 신분, 보유지의 수확량, 지역과 시기에 따라 차이가 있었다.

그뿐만 아니라 경제외적 강제에 의한 착취도 있었다. 경제외적 강제란 영주가 갖고 있는 공권력에 기초한 강제력을 말한다. 메로베우스 왕조 때부터 공권면제immunitas를 부여받은 교회 기관은 국가로부터 재판과 각종 세금과 징발을 면제받고, 자체 소유지에서 독자적으로 사법권과 징세권을 행사했다. 또한 카롤루스 왕조 때는 교회 기관과 지방 영주들에게 이러한 공권면제를 대폭 확대했다. 10세기 말 카롤루스 왕조의 해체를 계기로 성주가 한 지역의 모든 주민에게 공권력을 행사하기 시작했다.

바날리테banalité(영주 독점 시설의 강제 사용)는 경제외적 강제에 의한 착취의 대표적 사례다. banalité란 말은 게르만어 'ban'(포고권·처벌권·징발권을 포괄하는 공권력)에서 파생된 용어다. 바날리테의 가장 대표적인 형태는 영주가 독점한 주요 시설물을 농민들에게 강제로 이용하게 하고 사용료를 받았으며, 이를 따르지 않을 경우에는 벌금을 부과하는 것이었다. 그러므로 농민들은 울며 겨자 먹기로 영주가 독점한 물레방앗간(제분세), 포도 압착기, 빵 화덕, 숲(방목세와 땔나무 채취세)과 선술집(주세)을 이용하고 사용료를 납부해야만 했다(앞에서 언급한 빌라노바 장원에서는 물레방아 3대로 엄청난 사용료 수입을 올릴 수 있었다). 그뿐만 아니라 영주가 독점한 씨받이 소와 돼지, 타작 말도 이용해야만 했다. 그 외에도 재판을 받을 경우에 농민들은 재판 수수료를 납부해야 했다. 영주들은 자신들이 개인적으로 소유한 사유교회에서 농민들이 납부한 십일조까지도 챙겨갔다.

위에서 언급한 부역과 공납의 수취 관계도 영주의 이러한 경제외적 강제가 없었다면 성립되기 어려웠을 것이다. 이와 관련된 또 다른 부담은 타이유세taille다. 이것은 그 어원인 tolir(강탈하다)가 말해주듯 영주가 마음대로 부과하는 자의적 세금이다.

이외에도 예속 신분을 상징하는 세금으로 인두세, 외혼세外婚稅, 상속세가 있었다. 인두세는 매년 화폐로 소액(보통 2~4데나리우스)을 납부하는 신분세다. 외혼세는 자신이 속한 장원 밖에서 배우자를 선택하는 경우에 납부하는 벌금이다. 마지막으로, 가산家産에 대한 완전한 상속권을 행사할 수 없었기 때문에 자신의 보유지를 자식들에게 상속할 경우 영주에게 상속세를 납부해야 했다. 액수는 보유지의 1/3값이나 반값에 해당했다. 거주 이전의 자유와 재산권 행사에 상당한 제약을 받았다는 것을 의미하는 이런 세금들을 내야 했던 농민들은 그야말로 전형적인 농노라고 할 수 있다. 주인은 농노들의 인신과 재산을 유증하고 매각할 수 있었다. 1244년 잉글랜드의 한 법령은 "백작, 신료, 자유민 농민 들은 그들의 농노를 황소나 암소처럼 합법적으로 매각할 수 있다"고 규정했다. 전체 농민 중에서 농노는 고전장원제 지역(북프랑스와 서부 독일, 잉글랜드)에서 다수를 차지했고, 기타 지역에서는 소수였다.

그러면 농민이 납부한 부역과 공납의 실제 사례를 알아보자. 생제르맹데프레 수도원 장원에서 앞서 언급한 콜로누스 신분의 부부가 보유한 자유민 망스(약 9.5헥타르)에 대해 납부한 지대는 다음과 같았다. 경작 부역으로 0.2헥타르의 정적 부역 쟁기질과 기타 수시 부역 쟁기질을 하고, 잡역으로 초지 0.12헥타르의 울타리 치기와 기타 손일을 했으며, 공납으로는 닭 3마리와 계란 15개와 1피트 크기의 받침목과 50개의 지붕널뿐 아니라 군역 대신에 첫해 3솔리두스, 둘째 해 2솔리두스, 셋째 해 암양 1마리를 납부했다. 숲 이용과 관련된 돼지 방목세와 땔나무 채취료로 각각 포도주 120리터와 4데나리우스를 바쳤다.

지역에 따라 11~12세기부터 고전장원의 직영지가 감소되거나 폐지되고, 이로 인해 농민들이 부역 대신 생산물이나 화폐로 지대를 납부하는 '순수장원'(또는 '지대장원')이 등장했다. 이러한 변화를 초래한 원인은 두 가지다. 하나는 화폐경제의 발전이다. 상업과 도시의 발전에 따라 농촌에도 화폐경제가 침투한 것이다. 또 다른 원인은 농업 생산성의 향상이다. 생산성이 향상되자 영주들은 직영지를 농민 보유지로 전환해 농민들로 하여금 창의적 영농을 하게 함으로써 더 큰 이득을 기대할 수 있었다. 영주들은 직영지를 소작제 형태로 10년 이상 장기 임대 해주기도 했다. 지대는 수확물을 일정한 비율로 나누는 분익소작제나 절반씩 나누는 절반소작제로 하는 것이 일반적이었다. 도처에서 나타나는 부역의 감소 내지는 폐지, 이를 대체하는 현물이나 화폐 지대의 보편화는 영주에 대한 농민의 직접적 예속을 완화시키는 해방적 기능을 하였다. 12~13세기에는 농민 보유지의 매매도 활성화되었다. 영주는 보유지 매도자와 매수자에게 각각 양도세(프랑스 동부에서는 지가의 15퍼센트)와 취득세(대개는 1년분의 지대)를 수취했다.

모든 농민이 다 예속적 지위에 있었던 것은 아니다. 같은 시기라 하더라도 지역에 따라 예속의 정도는 다양했으며, 같은 지역 안에서도 그러했다. 지역 사례 연구들에 따르면 영주의 장원에 속하지도 직접 지배를 받지도 않고, 가산에 대해 완전 소유권을 행사하는 자유민 농민들이 꽤 많았다. 그렇지만 이들도 결국에는 관할 구역의 영주가 갖고 있는 재판권을 벗어날 수 없었다.

또한 농민층 내부에서도 계층 분화가 발생했다. 땅을 조금밖에 보유하지 못한 영세농은 가족 부양비로 수확물을 소진했고, 자식들을 결혼시키거나 흉작이라도 드는 해에는 영주나 교회 기관 또는 부유한 농민한테 보유지나 농작물을 담보로 차용하거나 매각했다. 이렇게 해서 결국 거지나 날품팔이가 된 이들은 산적 떼에 가담하거나 노예로 전락했다. 다른 한편으로는 영주 직영지의 차지인과 관리인, 토지소유권과 보유지 등을 염가로 구입한 모험적인 자유민 농민들 중 부농이 출현하기도 했다. 농기구(황소와 쟁기)와 많은 곡식을 보유한 이들 농촌 부르주아는 마을 공동체를 지도하고 영주의 집사 역할도 하면서 농민들에게 세금을 할당하고 영주를 대리해 재판을 하기도 했다. 부농들 중 일부는 장원을 보유하고 결혼을 통해 귀족층으로 신분 상승하기도 했다.

영농 기술과 생존 경제

오늘날 기술의 측면에서 산업화를 경험한 지역과 그렇지 않은 지역 사이에는 현격한 차이가 있다. 그러나 전통사회에서는 서양이건 동양이건 어디서나 초보적이었고 농기구는 단순한 수동식이었다. 이러한 한계 내에서 서양 중세 때는 농기구와 영농 기술 분야에서 고대에 비해 약간의 양적·질적 발전을 이루었다.

먼저 농기구의 발전을 살펴보자. 특히 주목할 만한 것은 무거운 쟁기가 보급되었다는 점이다. 중세 초에는 땅을 긁어 흙을 양쪽으로 밀어내는 고대 로마 시대의 '가벼운 쟁기aratrum'가 여전히 사용되었다. 가벼운 쟁기는 표층이 얕고 흙이 푸석푸석한 지중해 연안과 산악 지방에는 적합했을지 모르나, 표층이 깊고 흙이 차진 알프스 이북 평야 지대에서는 땅에 생채기만 낼 정도여서 깊이갈이가 불가능했으므로 같은 땅을 여러 번 갈아야만 했다. 튜턴 문화권에서 1세기 이전부터 사용된 것으로 알려진 '바퀴 달린 무거운 쟁기carruca'가 8세기 폴란드와 보헤미아에서 사용되었으며, 지역에 따라 9~11세기부터 널리 보급되기 시작했다.

무거운 쟁기는 앞의 〈그림 5〉에서 볼 수 있듯이 수레바퀴에 성에age(쟁기의 몸통에 해당하는 쟁깃술에서 앞으로 길게 뻗쳐 있는 목제 부분)를 연결하고, 중간에 제초용 칼날, 쟁깃술 바닥 앞에 육중한 철제 보습soc과 그 위에 철제 볏versoir을 장착한 것이다. 이 그림에서 농부는 왼손으로 쟁깃술 손잡이를 잡고, 오른손으로 바퀴 위에 얹혀 있는 소몰이 막대를 잡고 있다. 바퀴가 달린 차대車臺는 쟁기질할 때 작업의 안정성 유지와 고랑의 깊이 조절, 다른 경작지로의 이동을 수월하게 해주었다. 특히 비대칭식 볏의 장착은 기술상의 큰 혁신이었다. 비대칭으로 비스듬하게 생긴 이 볏은 보습으로 갈아 넘기는 흙을 한쪽으로만 떨어지게 해 이랑을 만들었다(반면에 대칭식 볏은 흙을 양쪽으로 떨어지게 해서 이랑을 만들 수 없었다). 또한 이랑은 두툼한 두둑에서 깊은 고랑으로 배수와 통풍이 잘되게 해주기도 했다. 이 무거운 쟁기는 비대칭 볏이 장착되어 있다 하여 '비대칭 볏쟁기'라고도 하고, 비대칭 볏이 이랑을 만든다고 하여 '이랑쟁기'라고도 한다. 이 쟁기는 잡초가 무성한 늪지대며 산림지대며 휴경지의 개간이나 갈이질에도 매우 효율적이었다.

　이와 동시에 역축의 노동 효율성도 크게 향상되었다. 고대에 존재
했던 말발굽 보호용 철제 편자가 말 이용이 증대되면서 널리 보급되
고, 수레나 쟁기를 역축에 연결시키는 마구인 계가繁駕, attelage가 혁신
되었다. 전통적 계가는 역축의 목에 연결되었기 때문에 전진할 때 목
을 압박해 호흡을 어렵게 했으므로 역축의 노동 효율성을 저하시켰다.
전통적 계가에 무거운 쟁기를 다는 방식은 적합하지 않았으므로 새로
운 계가가 필요했다. 그래서 계가를 역축의 어깨에(황소의 경우에는 뿔
에) 연결하여 견인하는 방식이 도입되었다. 쟁기질할 때 무거운 쟁기
와 어깨띠 계가의 결합은 일부 역사가들이 '농업혁명'이라고 부르는
중요한 혁신의 동력을 제공했다. 기술사가 리샤르 르페브르 데 노에
트Richard Lefebvre des Noëttes에 따르면 새로운 계가는 전통적 계가보다
역축의 노동 효율성을 4~5배 높여주었다.

　무거운 쟁기의 보급은 농경 방식의 변화와 더불어 촌락 공동체의
발전을 촉진했다. 바퀴 달린 무거운 쟁기는 짝수의 여러 마리(보통은
두 마리, 때로는 네 마리나 여섯 마리) 역축이 끌었기 때문에 쟁기를 자
주 유턴하는 것은 여간 힘든 일이 아니었다. 따라서 농민들은 마을 전
체의 농지를 경계나 울타리 없이 긴 개방 경지로 만들어 공동으로 쟁
기질하고 경작하였다. 각 농가는 개방 경지의 기다란 이랑으로 된 지
조地條, strip를 자기 몫의 땅으로 분배받고 거기서 나오는 수확물을 가
져갔다. 이와 더불어 경작지에 산재했던 농가들이 마을 중심가로 옮겨
가 집촌 형태의 촌락을 형성했다.

　역축으로는 주로 황소를 이용했다. 소는 말의 노동력의 30퍼센트
에 지나지 않았지만, 사룟값이 싸고 고기를 식용으로 쓸 수 있다는 이
점이 있었다. 그러나 센강과 라인강 사이 지역에서는 11세기부터 사료

작물로 귀리를 재배하고 말을 더 많이 사용했다. 상업과 도시가 발전하는 시기에 그 지역에서는 특히 수송 분야에서 소에서 말로의 교체가 일어나는 것이 일반적 현상이었다. 그러므로 말은 기술적 측면에서 중세 사회를 활성화시킨 요소 가운데 하나였다. 산간 지방에서는 짐바리 동물로 노새와 당나귀가 많이 활용되었다. 손 맷돌을 대신하는 물레방아도 장원마다 여러 대씩 보유했다. 써레질과 파종 겸용의 써레, 수확용의 철제 낫과 타작용 도리깨도 널리 보급되었다.

역축과 물레방아는 중세 동력원의 일부에 지나지 않는다. 이탈리아 경제사가 카를로 M. 치폴라Carlo M. Cipolla에 따르면 인간 노동력은 전체 동력원의 80퍼센트를 차지했다. 그러나 영양부족으로 인해 착취 가능한 에너지가 제한되어 있었다. 중세 농민의 노동 에너지는 오늘날 노동자의 노동 에너지(10만 칼로리)의 10퍼센트에 불과했다. 그래서 노동자 수를 확대하기 위해 다산을 권장하고 독신자에게 특별세를 부과하는 등 세속 사회의 윤리는 독신을 권장하는 교회의 입장과 대립되었다.

중세 사회는 그 자체로 기술 발전을 제약하는 요인을 내재했다. 사회구조상 필요 이상의 수요를 창출하지 못했기 때문이다. 귀족들은 자신들이 필요로 하는 견직물이나 모피를 수입하거나 사냥하여 충당하였다. 농민들은 기본적인 생활이 충족되면 만족했다(허구적 욕망과 필요를 조작해 생산과 소비를 자극하는 것은 20세기 자본주의적 소비사회에 이르러서다). 중세인의 심성 자체도 반反기술적이고 반反진보적이었다. 대대로 전해 내려오는 오랜 경험적 지혜를 신뢰하는 농경 사회에서, 새로움과 혁신은 두려움의 대상이요 악이었다.

영농 방식 또한 조잡했다. 인공 비료는 전무했고, 퇴비와 분뇨(가축과 사람의 배설물) 같은 천연 비료도 턱없이 부족했다. 가축을 방목할 경우에 거름은 채취가 불가능했다. 그래서 한 통의 분뇨는 농민들이 영주에게 바치는 세금이자 집사에게 지불하는 급료이기도 했다. 부족한 비료를 채우고 토질을 유지·향상시키기 위해 도처에서 경작지의 반을 휴경하는 2포제를 실시했다. 이리하여 중세 농업은 낮은 생산성을 면치 못했다. 생산성은 곡물과 토질에 따라 편차가 있으나, 카롤루스 왕조 때 정상적으로 수확했을 경우, 파종량 대비 밀과 보리의 수확량은 2~3배 정도였다.

그러나 앞서 언급한 개량된 농기구와 새로운 영농 기술의 보급으로 10~13세기 사이 농업이 성장하고 생산성이 향상되었다. 지중해 연안과 산악지대 같은 척박한 지역을 제외하고 경작지를 봄밀 재배지, 가을밀 재배지, 휴경지로 나누어 1/3씩 돌아가며 휴경하는 3포제 윤작(춘경지·추경지·휴경지)이 널리 시행되었으며, 토질을 향상시키기 위해 같은 땅을 서너 번씩 쟁기질했다. 그 결과 평균 수확량이 3~5배로 높아졌고, 농경 조건이 양호했던 북프랑스에서는 7배까지 증가했다(참고로 한마디 덧붙이면, 같은 시기 중국에선 소출이 적은 밀에 비해 쌀은 "100배의 수확을 올린다"고 마르코 폴로의 『동방견문록』은 전한다. 오늘날 밀의 경우 세계 평균 수확량은 파종량 대비 20배를 웃돈다). 이와 더불어 유럽 인구도 1000년경 4,200만에서 1300년경에는 7,300만으로 거의 두 배 증가했다.

그러나 가뭄이나 폭우, 이상 저온 등 악천후로 인해 흉작이 드는 해에는 씨앗을 건지기도 힘들었다. 중세에는 자급자족 경제를 운용했으므로 기후와 토질에 맞지 않는 작물을 재배하기도 했다. 사정이 이렇다 보니 포도 재배의 북방 한계선이 파리까지임에도 이보다 훨씬 북쪽에 자리한 랑이 중세 때는 포도 재배의 수도로 간주될 정도였다.

생산성도 낮은 데다가 생산물의 상당 부분을 각종 봉건지대로 납부해야만 했던 비자유농민은 자신과 가족의 생존을 이어가기도 힘들었다. 영국의 중세사가 마이클 M. 포스탠Michael M. Postan에 따르면, 13세기 후반 잉글랜드에서는 봉건지대가 농민 수입의 절반 이상을 차지했다. 그리하여 중세 경제는 기본적으로 인간의 자기 보존만을 목표로 하는 생존 경제였다. 그러나 생존의 의미는 계층에 따라 달랐다. 생존이라는 것은 경제적·생물학적 의미를 넘어 사회적·심리적 의미까지 포함하는 개념이기 때문이다. 생존이 농민들에게는 먹고 입고 자는 것과 같은 기본적 필요의 충족만을 의미했지만, 영주들에게는 육체적 욕구 말고도 귀족 계급의 품위를 유지하는 비용까지 포함했다.

이러한 생존 경제에 맞춰 교회는 도덕경제론을 주장했다. 생존의 기본적 필요의 충족 이외의 경제적 타산과 이자는 죄악이었다. 복음서는 대가를 바라지 않는 보시와 자선을 권장했다. 대금업은 형제애를 파괴하기 때문에 증오의 대상이었다. 노동의 목적은 식량 생산, 보시, 육욕 억제, 나태 추방에 있었으므로, 노동은 경제적·도덕적 개념을 포함했다. 경제활동의 목적은 기본적 필요를 충족시키는 데 있었고 그 이상은 죄악이므로 자본 축적은 불가능했다. 어쩌다가 잉여가 발생하는 경우에는 교회의 자선과 하느님의 영광을 위해 쓰이거나 성당 같은 공공 건축에 투입되었다. 그렇지 않으면 축장 형태로 사장되어 기근과 같은 위기 시에 사용되었다.

스콜라 철학자 토마스 아퀴나스의 경제적 정의론은 이러한 생존 경제에 초점을 두고 있다. 그는 생존에 필요한 사적 소유권은 인정하되 잉여는 가난한 사람들의 공동 사용권에 속한다고 주장했다. "긴급하고 절박한 필요urgens et evidens necessitas"에서, 즉 최소한의 자기 보존을 위해 타인의 것을 훔치는 것은 절도가 아니었다. 반면에 그 이상으로 소유하고 잉여를 가난한 사람들의 공동 사용권으로 인정하는 않는 것은 불의였다. 또한 필요 이상을 가진 사람들이 법적 의무이자 정의의 임무인 자선을 하지 않는 것은 중죄라고 보았다. 또한 생존용 식량 구입을 위해 빌린 돈에 이자를 붙여서는 안 되며, 육체노동자의 임금은 시장의 수요 공급이나 경기 변동에 영향을 받아서는 안 된다고 주장했다.

기술의 낙후성과 낮은 생산성, 反기술적인 사회구조와 심성, 봉건적 착취, 자연재해(홍수·가뭄·한파)와 이에 대처할 중앙 정부의 부재나 무능 등으로 말미암아 중세는 어느 시대보다도 식량 부족과 기아에 시달렸던 시대다. 토머스 R. 맬서스에 따르면 인구와 식량의 불균형을 해소하는 방법으로 파괴적 방법(전쟁과 기아)과 예방적 방법(산아제한)이 있다. 중세 때는 주로 파괴적 방법으로 이러한 불균형을 해소했다. 인구가 급증했던 11세기, 14세기, 16세기 때 일어난 대기근이 바로 그러했다.

사회적 안전망이 구축되지 않았던 중세는 재앙의 계층적 차별성이 매우 컸다. 기근은 부자들을 우회하여 농민, 특히 가난한 농민들을 강타했다. 빈자들은 식량 부족으로 풀과 나무껍질, 흙을 밀기울에 섞은 조악한 음식을 섭취하고 심지어는 인육까지 먹었다. 1030년대 초 연이은 홍수로 인한 흉작으로 대기근이 일어났을 때 사람들은 살아남기 위해 끔찍한 행동을 했다. 이에 대해 클뤼니 수도원 수도사 라울 글라베Raoul Glaber가 『역사Historiae』에 수록한 기록은 중세의 대기근에 대한 고전적 서사다.

기근이 맹위를 떨치기 시작하자 사람들은 인류가 소멸될까 두려워했다. 〔……〕 그들은 극심한 기아의 세계에서 갖가지 썩은 고기와 차마 입으로는 말할 수 없는 것들을 모으기 시작했다. 죽음을 모면하기 위해 풀뿌리와 물풀을 먹는 사람도 있었다. 결국 당시 사람들 사이에 만연했던 끔찍한 행동에 대한 얘기를 들으면 등골이 오싹해질 것이다. 아! 슬프도다! 어느 시대를 막론하고 듣기 힘든 일이 일어났다. 극심한 기아로 사람들이 인육을 먹었던 것이다. 여행자들은 자신들보다 더 건장한 사람들한테 유괴되기 일쑤이고, 이들은 그들의 사지를 절단하여 불에 구워 먹었다. 사람들은 기근을 피해 이곳저곳 떠돌아다니는 이들을 환대한 후 밤중에 살해하여 먹이로 삼았다. 많은 사람이 과일이나 계란으로 아이들을 꼬여 으슥한 곳에 데려가서 게걸스럽게 잡아먹었다. 시체들이 도처에서 도굴되어 마찬가지로 허기를 채우는 데 이용되었다.

이러한 기근과 영양실조에다 공중보건의 미비와 전염병(천연두·말라리아·장티푸스·이질 등)의 만연, 의학의 낙후함으로 인해 중세인의 기대 수명은 매우 낮았다. 현대에는 80세를 넘나드는 기대 수명이 중세 때는 30세를 넘지 못했으며, 페스트가 만연하던 14세기에는 17세 아래로 떨어졌다. 또한 폐병과 연주창 환자뿐만 아니라 영양 결핍성 장애인(맹인·곱사등이·절름발이)도 많았다. 허약해진 신체는 환상 속에서 안정을 추구하려 했고, 이러한 생리적 지형이 환영과 기적을 쉽사리 받아들일 수 있게 했다. 그들은 공짜로 마음대로 실컷 먹을 수 있는 음식이 넘쳐나는 '풍요의 나라,' 태초 황금시대와 지상 낙원으로의 도피를 꿈꾸었다.

농촌의 코뮌 운동과 자유

11세기 중반에서 12세기 사이에, 도시처럼 농촌에서도 코뮌 운동이 일어났다. 12세기에는 농촌 코뮌이 일어나기 좋은 환경이 조성되었다.

먼저 지배 계급의 심성이 변화했다. 영주들은 온건하지만 정규적인 세수가 무분별한 착취보다 더 많은 이익을 가져다준다고 생각했다. 또한 왕은 봉건 영주의 권력에 평형추 역할을 하면서 특허장 부여에 주도적 역할을 했다. 이것 또한 왕령지 팽창 정책의 수단이기도 했다. 도시의 부르주아들이 돈을 축적해 코뮌 특허장을 매입했듯이 농민들도 자유를 매입할 수 있을 정도로 돈을 축적했다.

도시와 촌락의 자유가 언제나 유혈 투쟁을 통해 획득되었던 것은 아니다. 12~13세기 피카르디 지방의 촌락 특허장 200개 중 유혈 투쟁을 통해 획득한 특허장은 10개밖에 되지 않았다. 대부분은 타협의 산물이었다. 그러나 자유는 매우 비싼 가격으로 거래되었다. 자유의 대가로 파리 인근 타이스 마을은 2,200리브르, 오를리 마을은 4,000리브르를 지불해야 했다(참고로 덧붙이면 당시 최고급 군마 한 필 값이 40리브르, 프랑스 왕국의 1년 예산이 10만 리브르였다). 농민들은 특허장 구입비를 담세 능력에 따라 분담하고 수년에 걸쳐 분납했다.

그럼 이들이 획득한 자유의 실체는 무엇인가? 이를 이해하기 위해서는 중세 때 자유란 무엇을 의미하는지 간단히 살펴볼 필요가 있다. 중세인은 구속으로부터의 해방이라는 적극적 의미의 자유 개념을 갖고 있지 않았다. 오히려 자유는 다양한 종속 속에서만 구현될 뿐이었다. 그들은 기본적으로 가족 공동체, 촌락 공동체, 장원 공동체, 교회 공동체뿐 아니라 직업에 따라서는 다양한 길드에 겹겹이 속해 있었다. 마르크 블로크의 표현대로 중세인은 모두 "누군가의 예속민"이었다. 농민은 영주의 '예속민'이었고, 영주는 왕의 '예속민'이었으며, 왕은 하느님의 '예속민'이었다. 사도 바울로도 아내의 머리는 남편이요, 모든 사람의 머리는 그리스도요, 그리스도의 머리는 하느님이라 하지 않았던가. 11세기 교회개혁주의자들이 내세운 '수도사의 자유'

'교회의 자유'라는 것도 사실은 세속 권력의 간섭으로부터 벗어나 교황에게로 예속되는 것을 의미했다. 어떤 의미에서 중세 때 어느 누구에게도 예속되지 않은 진정한 의미의 자유를 누린 이는 하느님뿐이었는지 모른다. 중세처럼 만성적 폭력과 빈발하는 기근에 노출되어 생존마저 위협받던 세계에서 사람들은 강력한 보호자를 갖고 있는 상태, 적어도 누군가에게 의지할 데가 있는 상태를 든든하게 느꼈을 것이다. 중세인의 심성에서 이러한 의식은 예속되어 있는 상태를 자연스러운 것으로 받아들이게 하고, 주체적 개체로서 구속으로부터 해방이라는 적극적 자유 의식의 각성을 어렵게 했다. 그러므로 중세 때 자유란 기본적으로 예속을 전제로 한 소극적 의미의 자유였다.

코뮌 운동에서 운위되는 자유에 대한 인식 역시 중세인의 이러한 심성 속에서 이해해야 한다. 프랑스 중세사가 피에르 미쇼-캉탱Pierre Michaud-Quantin은 이렇게 표현했다.

중세 때 자유란 상급자의 자의恣意를 거부하는 것을 의미한다. 중세 사람들은 자신에게 부과된 의무가 권력을 쥔 상급자에 의해 일방적·자의적으로 결정되는 것이 아니라 계약적 또는 법적 규정의 대상이 되는 한, 스스로를 자유롭다고 생각했다. 자유롭다는 것은 자신의 예속의 경계가 어디까지인지를 토론할 수 있고 권리와 의무를 명확히 규정하는 규약을 보유하는 것을 의미했다.

말하자면 영주와의 협의하에 세금의 양과 시기를 정하고 그것을 문서로 작성한다면 자유롭다고 생각했다는 것이다. 이를 염두에 두면서 코뮌 운동으로 획득한 자유의 내용과 성격이 무엇인지 살펴보자.

농촌 코뮌 특허장에 명시된 자유의 내용은 코뮌마다 달랐다. 코뮌 특허장이 영주의 징세권을 전면 폐기한 것은 아니다. 어떠한 자유도 제공하지 않는 경우도 있다. 그러나 다양한 양도를 수반하는 경우가 많았다. 영주 대리인의 권한 남용을 억제한다든지, 촌락 공동체가 스스로 임명한 자치 관리를 통해 마을의 치안을 담당하게 한다든지, 관습화된 세금의 목록과 양과 시기를 문서로 작성하여 고정한다든지 하는 것이었다. 마을 공동체가 자치적으로 가축의 수, 집의 크기, 보유지의 면적 등 가구별 능력에 따라 타이유세를 책정하고 코뮌 특허장 매입금을 분담하게 했다. 가난한 농민들조차 세금의 자의적 부과만 억제해준다면 분담금을 납부할 용의가 있었다. 또한 영주들이 인두세·외혼세·상속세 같은 예속 세금을 면제해주는 경우도 많았다. 이러한 굴욕적인 세금을 내는 농노들도 도시민들처럼 돈을 주고 자유를 구입하거나 투쟁했다. 예컨대 13세기 초 일드프랑스의 농민 5명 중 1명이 농노였는데, 1250년 오를리Orly의 농노 2,000여 명이 해방을 위해 모였다. 그리하여 13세기 중엽부터 농노는 거의 소멸되었다.

그러나 농촌 코뮌 운동 역시, 도시 코뮌 운동에 대해 19세기 자유주의 역사가들이 생각했던 것처럼 혁명적이지도 반체제적이지도 않았다. 그것은 기존의 봉건적 지배와 착취를 폐지한 것이 아니라 영주의 일방적·자의적 착취를 타협을 통한 정기적·정액적 수취로 대체한 것에 불과하다. 그러므로 농민들이 코뮌을 통해 자유를 획득했다고 해서 영주의 재판권과 징세권으로부터 해방된 것은 아니다. 영주들은 농민들의 코뮌 운동을 통해 상실한 것을 그의 공권력을 통해 만회하였다. 영주들은 결코 밑지는 장사를 하지 않았다.

3. 반동과 재앙

봉건적 반동

12~13세기 농촌의 코뮌 운동은 영주의 자의적 착취를 억제하는 방향으로 나아갔다. 그러는 한편 코뮌의 권력을 소수의 유력자들이 장악하거나 농민의 지위를 악화시키는 반동적 경향이 나타나기도 했다.

프랑스에서는 13세기 말부터 코뮌이 과두정으로 전환되었다. 자치 제도와 의사 결정을 소수의 명사층이 장악하고, 후대로 갈수록 특혜가 힘 있는 자들에게만 돌아가는 현상이 전반적으로 강화되었다. 그리고 인두세·외혼세·상속세 같은 예속 세금을 다시 부과하거나 화폐로 납부하던 부역을 부역 노동으로 부활시키는 봉건적 반동이 일어나기도 했다.

잉글랜드에서는 농민에 대한 영주의 압제가 12세기에는 약간 완화되었으나 13세기에 봉건적 반동이 일어나 뒤늦게 고전장원제의 전성기를 맞았다. 1180~1250년 사이에 라눌프 드 글랜빌Ranulf de Glanvil과 헨리 브랙턴Henry of Bracton 같은 왕실 법률학자들은 예속에 대한 로마법의 영향을 받아 농민의 조건에 관한 가혹하고 상세한 법을 마련했다. 농민을 토지에 결박하고 농민의 인신과 재산에 대한 영주의 절대적 지배권을 인정해주기까지 했다.

카탈루냐에서는 농민의 법적 지위가 악화되었다. 이베리아 반도 남동부의 제한된 지역에서만 '재정복'된 땅으로 이주한 사람들에게 자유를 부여했다. 그러나 오지의 농민들을 토지에 결박하는 것이 일반화되고 영주의 '악습'도 합법화되었다. 1202년의 한 법은 영주에게 농민에 대한 '학대 권한'을 부여했다.

농민들은 귀족들의 억압과 착취에 대한 반발과 자유에 대한 갈망으로 들고일어났다. 1358년 프랑스의 자크리 반란(자크리는 농민을 의미하는 프랑스 고어 '자크jacques'에서 파생된 말)과 1381년 잉글랜드의 농민 반란은 무참히 진압되었다. 그러나 '토지에 결박된 농민들'이 주축이 되어 일으킨 카탈루냐 농민 반란은 1380년부터 1486년까지 한 세기 넘도록 장기간 투쟁한 끝에 승리를 쟁취했다. 결국 아라곤의 국왕 페르난도 2세(재위 1479~1516)는 '악습'을 폐지하고 농민의 자유를 인정해주는 칙령을 발표했다.

도시처럼 농촌에서도 노예제가 다시 등장했다. 중세 말 대서양 항해의 발전과 더불어 아프리카 흑인 노예가 대량으로 유입되었다. 1450년부터 1600년 사이 아마도 유럽의 흑인 노예가 아메리카의 흑인 노예 못지않게 많았을 것이다. 수만 명의 노예가 에스파냐의 농장과 광산에 투입되었다. 이들의 노동과 생활 조건은 정확하게 알려져 있지 않으나 집단 학살된 경우도 있었던 듯하다.

재앙

프랑스 시인 외스타슈 데샹Eustache Deschamps은 자신이 사는 14세기를 음울한 음조로 규정했다.

> 고통과 시련의 시대
> 눈물과 시기와 고문의 시대

우울과 저주의 시대

종말이 임박한 시대

이것은 기근으로 인한 고통, 전쟁과 용병들의 파괴와 유린, 페스트의 피해와 충격, 추방과 학살을 동반한 민란, 왕권의 위기와 교황권의 분열 등을 겪은 세대의 정서적 반응을 표현한 것이다.

전통 사회에서 가난한 노동자–농민들에게 언제 좋은 시절이 있었겠냐마는 중세 말은 특히 고난의 시기였다. 가난한 농민들에게 봉건적 반동보다 더 무서운 것은 천재였다. 재앙은 13세기 후반부터 냉하고 습해진 기후에다 과잉 경작으로 인한 토지 고갈과 지력 저하로 말미암은 잇따른 흉작에서 비롯되었다. 특히 1315년에는 장기간 내린 폭우로 끔찍한 기근이 발생했다. 연속되는 혹독한 기근으로 사람들은 11세기의 기근 때처럼 개와 고양이, 풀뿌리와 나무껍질은 물론 인육까지 먹었다.

이런 상황에서 14세기 중엽에 들이닥친 페스트는 재앙을 더욱 부채질했다. 쥐벼룩을 통해 감염되면 제일 먼저 나타나는 피하 출혈의 검은 반점 때문에 흑사병이라고 불렀다. 출혈과 고열로 죽음에 이르게 했던 이 치명적인 전염병은, 제노바의 갤리선이 흑해 북안(크림 반도)의 항구도시 카파Caffa(현재는 페오도시아Feodosia)에서 유럽으로 옮겨온 것으로 알려져 있다(제노바 상선이 카파에서 페스트를 옮겨왔다는 단선적 전파설은 오랫동안 정설로 여겨졌으나 최근 들어 흔들리고 있다. 새로운 연구에 따르면 14세기 페스트는 근동의 여러 지역에서 여러 경로를 통해 유럽으로 전파되었다는 것이다). 재앙의 계층적 차별성이 컸던 시절에 페스트가 모든 계층을 죽이는 것을 보고 사람들은 놀랐다. 포스터 재앙계Foster scale에 따르면 14세기 페스트(10.9도)는 제2차 세계대전(11.2도)에 이어 역사상 두번째로 큰 재앙이다. 1347~1351년 사이 온 유럽을 뒤덮은 페스트는 인구의 약 1/3을 앗아간 것으로 추산된다. 페스트로 아내와 다섯 자녀 등 가족을 모두 잃은 시에나Siena의 연대기작가 아뇰로 디 투라Agnolo di Tura가 말했듯이 "하도 많은 사람이 죽어 다들 세계 종말이 왔다고 생각했다." 1361~1362년 '제2의 페스트'가 엄습하여 많은 어린이가 죽었다. 1369년에는 '제3의 페스트'가 발생하여 유럽 인구의 10~15퍼센트가 목숨을 잃었다.

당시 사람들은 정체를 알 수 없는 전염병의 창궐에 어찌할 바를 몰랐다. 대개는 집 안에 콕 박혀 있거나 페스트에 감염되지 않은 곳으로 도피했다(14세기 이탈리아 작가 보카치오의 『데카메론』에 나오는 10명의 주인공들이 그러했다. 페스트가 창궐하는 도시를 피해 시골 오지로 들어온 이들은 한 빌라에 콕 박혀 있으면서 무료함을 달래기 위해 돌아가며 음담패설과 민담 등 재미있는 이야기보따리를 풀어놓는다). 개중엔 페스트로 표현된 하느님의 진노를 달래기 위해 떼 지어 채찍질 고행이나 순례 고행을 하는 이들도 있었고, 우물에 독극물을 풀어 페스트를 전파시켰다는 혐의를 씌워 유대인을 공격하는 이들도 있었다.

이후에도 주기적으로 발생하는 페스트·천연두·말라리아·이질·장티푸스 같은 역병의 만연으로 특히 가난하고 병약한 사람들이 많이 희생되었다. 그 결과 1400년경 유럽 인구는 인구밀도가 최고조에 달했던 1300년경에 비해 거의 절반으로 떨어졌고, 1500년경에야 페스트 이전의 인구 수준을 회복했다. 인구 급감으로 '유기된 농지agri deserti'는 황무지나 숲으로 변해 곰·멧돼지·늑대·여우·사슴 등과 같은 야생동물의 세상이 되었다.

비극적 역설이긴 하지만, 인구가 대폭 감소함에 따라 생존의 위기를 넘기고 살아남은 자들에게 유리한 환경이 조성되었다. 농노들은 장원의 복구 과정에서 새로운 조건하에 거의 다 해방되었다. 날품팔이 빈농들은 실질 임금의 상승으로 충분한 식량을 구입할 수 있었다. 농민들은 지대를 감면받고 양질의 토지를 소작제 형태로 경작할 수 있게 되었다. 반면에 선택의 여지가 별로 없던 동유럽에서는 농민의 예속이 강화된 끝에 이른바 '재판농노제Second Serfdom'가 등장했다.

다른 한편으로 농민들 사이에 새로운 계층이 출현했다. 잉글랜드에서는 지대 소득으로 풍족하게 살면서 무급으로 지방 공직에 종사하는 중소 귀족 지주층인 '젠트리'와, 자신의 땅을 직접 경작하면서 비교적 여유 있게 사는 부유한 자영농인 '요먼'이 등장했다. 프랑스에서는 전통적으로 자신이 소유한 역축과 쟁기로 자신의 땅을 경작하면서 여유롭게 사는 '부농' 말고도, 도시에 거주하면서 부재지주不在地主(농지의 소재지에 살고 있지 않는 땅임자)로 변모한 귀족들의 대토지를 통째로 임대받아 경영하는 '대차지농'이 등장했다. 이들 부농층 반대쪽에는 약간의 땅을 갖고 있으면서 맨손으로 품 팔아 먹고사는 '빈농'이 있었다. 특히 잉글랜드에서는 인클로저 운동(중세 말부터 지주들이 개방경작지와 공유지를 수익이 더 나은 양모 생산용 목초지로 전용하기 위해 토지를 새로 구획하고 울타리를 친 농업자본주의 경향)으로 인하여 소작지에서 쫓겨난 가난한 농민들이 걸인이나 유랑민으로 전락했다. 도시에서건 농촌에서건 소수 부자와 다수 빈민층의 격차가 심했다.

영농 방식에 있어서도 업종의 전문화와 함께 국제적 비교 우위 농업이 등장했다. 기근이 심하던 시절에는 기후와 토질에 관계없이 곡물을 재배했으나 이제는 기후와 토질에 맞춰 수익이 더 나은 업종을 선택했다. 지역별로 가축 사육, 포도 재배, 맥아 생산을 전문으로 하는 특화 농업이 등장하는 가운데, 국가별로는 잉글랜드가 목양과 맥주, 프랑스가 포도주, 스웨덴이 낙농업에서 여전히 비교 우위를 보였다.

제 5 장

소수 집단

어느 시대, 어느 사회에서건 소수 집단은 존재하기 마련이다. 권력을 쥐고 있는 지배 집단은 스스로의 존립과 정체성을 확보하기 위해 자신과 다른 집단을 '비정상'으로 규정하고 타자로 만든다. 그리고 타자는 자아의 물리적 대립물로서 지배 질서를 위협하는 부정적 세력으로 규정된다. 여기서는 중세 때 지배 권력이 어떤 맥락에서 소수자를 만들어 어떤 방식으로 처리했는지 톺아보려 한다. 이들은 종교적 범주(이단자·유대인·마녀)와 성적 범주(매춘 여성과 동성애자)로 나눌 수 있다.

1. 종교 소수자

이단자

이단heresy이란 말은 "선택, 선호, 특수한 분파적인 시각"을 뜻하는 그리스어 *haeresis*에서 유래했다. 이단의 실제 개념은 권력과 밀접한 관련이 있기 때문에 중앙 권력이 강할수록 이단은 더욱 확실하게 추적받고 단죄되었다. 콘스탄티누스 황제의 기독교 공인 이후 교부의 권위를 거부하는 자는 합법적으로 추적·색출되었다. 이단은 중앙 권력이 매우 미약했던 중세 초에 서서히 사라졌다가 영주권이 성립되는 11세기에 등장했다. 교황권이 절정으로 치달은 12세기부터 이단에 대한 탄압이 강화되었다. 이단자는 로마 교회가 요구하는 '정통' 교리에 복종하기를 거부한 사람들이다. '정통'을 따르지 않는 '다른' 견해는 당국이 그것을 관용할 수 없을 경우에 이단이 되었다. 권위에의 복종 여부가 이단을 판단하는 시금석이므로 이단은 전체주의적 사고와 체제의 부산물이라고 할 수 있다.

11세기 초 이단에 대한 흔적이 수도원 기록에 처음 등장했다. 아내를 내쫓고 십자가를 부수고 십일조를 거부한 샹파뉴 농민 뢰타르Leutard, 재산 공유와 정절과 금욕을 실천하고 교회의 위계를 거부한 토리노 교구의 농촌 참회 공동체, 금욕주의적인 평신도 공동체인 아라스Arras 이단, 기도와 금식을 하며 사도 생활을 모방해 수도사를 위협한 아키텐 이단, 성당의 고위 성직자들의 주도 아래 성사(세례성사와 성체성사)와 회개와 결혼을 거부하고 금욕을 주장한 오를레앙 이단 등이 있었다. 11세기 후반부터 12세기 초 교회 개혁과 서임권 투쟁 시기에 교황권은 결혼한 성직자, 성직을 매입한 성직자, 황제 지지파, 광신적 개혁가들을 이단으로 규정했다. 12세기 후반부터 푸블리카니파 Publicani, 카타리파, 발도파 등과 같은 새로운 이단이 대거 등장했다.

푸블리카니파는 "수도사 복장으로 위장하고 비열한 옷 장수들과 함께 다니는 마니교의 일파로서 죄지은 여성들과 함께 이곳저곳으로 도피 행각을 벌였으며, 이들은 지도자들과 추종자들로 나뉘었다"라고 기록되어 있다. 푸블리카니는 로마제국 말기에 '하급 세리'를 지칭하는 말로, 신약성서에서는 이교도로 경멸받는 소인배를 의미했으며, 비잔티움제국에서는 이단을 의미했다. 이들은 1160년부터 랭스와 베즐레Vézelay, 옥스퍼드로 확산되었다.

카타리파는 1163년 에크베르트 폰 쇠나우Eckbert von Schönau가 쓴 『카타리파 반박 설교Sermones contra catharos』에서 처음 언급되었다. 그리스어 katharos에서 유래한 카타리는 '순결한' '완벽한'을 뜻했다. 카타리파는 라인란트Rheinland, 남프랑스, 북부 이탈리아에서 급속히 번성했다. 특히 남프랑스는 교회 권력과 세속 권력이 미약해 카타리파가 번성하기에 안성맞춤의 토양이었다. 그중 남프랑스 도시 알비Albi는 카타리파의 상징적 거점이었고, 이로부터 남프랑스의 카타리파를 총칭하는 '알비 카타리파Albigeois'란 말이 파생되었다. 이들은 세례·결혼·고해성사를 거부하고, 성체성사도 평신도가 집전할 수 있다고 주장했다. 그리고 로마 교회의 사제들을 "탐욕스러운 늑대들"이라고 비난했다.

발도파는 1173년 자신의 재산을 처분하고 사도적 청빈을 주장한 리옹의 상인 발도Waldo의 이름에서 유래했다. 이들은 '리옹의 빈자들'이라 불리기도 한다. 성경을 속어로 번역하고 속어로 설교했던 이들은 제3차 라테라노 공의회에서 설교권을 허락받기 위해 자신들의 활동을 변호했지만, 끝내 공인받지 못하고 이단이 되었다. 발도파는 론강 유역에서 남프랑스와 북이탈리아로 급속히 전파되었으며, 특히 북이탈리아에서 오랫동안 맹렬히 활동했다.

14세기 말에 새로 등장한 잉글랜드의 롤라드파Lollardy와 보헤미아의 후스파Hussites는 사회경제적 위기 및 민족주의 운동과 관련이 있다. 이 두 이단의 색다른 점은 종교 운동에 존 위클리프나 얀 후스 같은 사상가들이 참여하여 공헌했다는 데 있다. 교황과 성직자의 과도한 물질주의와 면벌부와 화체설을 비판하고 성경의 절대적 권위를 강조하는 이들의 개혁 사상은 지지자를 끌어들이는 데 성공했다. 패배한 것처럼 보이는 이들의 반성직자적·반교황적 사상은 16세기 종교개혁의 초석이 되었다.

이단에 대해 12세기 초까지는 주교나 영주 같은 지방 권력이 탄력적으로 대응했지만, 12세기 중엽부터는 중앙 권력이 적극적으로 개입하기 시작했다. 교황권은 1163년 툴루즈 공의회와 1179년 제3차 라테라노 공의회를 개최하여 이단, 특히 카타리파에 대해 일련의 단호한 조치를 취했다. 이단자들을 격리하고 그들의 집회를 금지시켰다. 주교들에게는 교구에 있는 이단자를 색출하고, 세속 제후들에게는 이단자와 공모한 자의 재산을 몰수하라고 명령했다. 그리고 이단 십자군에 참여하는 자에게는 면벌을 약속했다.

교황 인노켄티우스 3세는 다음 세 가지 조처를 취했다. 하나는 법적 조치다. 로마법에 따라 이단을 대역죄로 간주해 이들의 재산을 몰수하고 공직과 상속권을 박탈했다. 주교들에게는 이단 추적권을 부여

〈그림 17〉 화형당하는 얀 후스(미상, 15세기)

하고, 확실한 증거가 없더라도 소문과 평판만으로도 고발할 수 있도록
했다.

　다른 하나는 이단 십자군이다. 1204년 시토회 수도원장 피에르 드
카스텔노Pierre de Castelnau를 특사로 임명해 남프랑스의 이단 척결을
위한 설교 임무를 부여하고, 프랑스 국왕 필리프 2세에게 이단 십자군
출정을 요청했다. 그러나 왕은 응하지 않았고, 특사 피에르는 1208년
아를 근처에서 암살되었다. 이에 교황은 '알비 카타리파'에 대한 이단
십자군을 선언했다. 암살을 교사한 혐의와 이단의 두령 역할을 한 혐
의로 툴루즈 백작이 고발되었다. 드디어 1209년 이단 십자군이 출정해
이단에 호의적이었던 베지에Béziers를 함락시키고 카르카손Carcassonne
을 장악했다. 하지만 십자군이 두 도시에서 색출해낸 이단은 정작 몇
명에 불과했다.

마지막으로 재통합 정책이다. 교황은 시토회 수도사들의 설교 활동을 통해 발도파를 교회에 재통합하고, '리옹의 빈자들'에서 회심한 '가톨릭 빈자들'을 이단 척결에 활용하도록 했다. 그리고 남프랑스에 탁발 수도사들을 파견해 잔여 카타리파 추종자들을 회심시켜 재통합하는 설교가와 재판관의 임무를 부여했다.

다른 한편으로 이단 재판 제도를 강화했다. 교황 그레고리우스 9세는 1231년 이단특별재판소를 설치했다. 제3자가 소문만으로도 이단 혐의자를 쉽게 고발할 수 있게 하고, 고발인에게 혐의 입증 책임을 면제해주었다. 비밀리에 심리를 하고 변호사도 딸리지 않았다. 그리고 증거가 부족할 때는 자백을 얻어내기 위한 고문을 허용했다. 성사를 거부하는 자, 교회의 단일성을 부인하는 자, 성경을 잘못 해석하는 자, 새로운 종파를 만드는 자, 신앙 개조를 로마 교회와는 달리 이해하는 자는 모두 이단자로 규정되었다. 그리고 자백을 하지 않을 경우에는 무고한 혐의자가 고문을 받고 온갖 파렴치한 행위를 저지르는 악마 숭배자가 될 수도 있었다.

유대인

중세 유럽에서 유대인의 역사는 초기에는 모호하게 기독교 세계에 통합되었다가 결국에는 거부당한 '소수자의 역사'다. 유대인의 역사는 자기 정체성을 추구하는 세계에 타자성의 이미지를 제공했기 때문이다.

서유럽 기독교 세계에 언제부터 유대인이 살게 되었는지는 명확하게 알 수 없다. 기원후 1~2세기에 유대인들이 가족 단위로 이탈리아·남프랑스·이베리아 반도에 정착했던 것으로 보인다. 그러나 유대인의 배타성과 열렬한 포교 활동, 예수 그리스도의 죽음에 대한 책임

등은 언제든 기독교도와 마찰을 일으킬 수 있는 잠재적 불씨였다. 최초의 위기는 6세기 말 에스파냐에서 기독교로 개종한 서고트족이 유대인을 탄압하면서 발생했다. 유대인은 세례를 받거나 무자비한 처벌(채찍질, 사지 절단, 재산 몰수)을 받거나 양자택일을 해야 했다. 그러나 카롤루스 왕조 시기는 주로 라인강 유역에서 상업에 종사하던 유대인들에게 행복한 시절이었다.

11세기에는 동방에서 온 유대인들이 이탈리아 반도에서 알프스를 넘어 파리 분지, 샹파뉴, 라인란트로 이동하여 급속하게 유대 사회를 형성했다. 독일의 유대인 수는 1000년경 약 4,000명에서 1096년에는 약 20,000명으로 증가했다. 이들은 상업 활동을 하고 유력자들의 행정을 담당했다. 적어도 제1차 십자군 이전까지 유대인들은 경제활동을 법적으로 보호받는 가운데 고유한 관습을 평온하게 유지하며 토착 지배층에 근접한 지위를 누릴 수 있었다.

1096년 제1차 십자군 출정은 서유럽 유대인 역사에 결정적 전환을 초래했다. 성지에서 기독교의 적들을 몰아내기 전에 기독교 세계 안에 있는 그리스도의 원수부터 제거해야 한다는 소리가 돌기 시작했다. 소문이 현실이 되었다. 오합지졸의 십자군(소위 '민중 십자군')이 보름스·마인츠·노이스Neuss 등 라인강 유역의 유대인을 학살하고 약탈했다. 반면 슈파이어Speyer와 쾰른 같은 지역에서는 성직자나 도시민들이 유대인을 성공적으로 보호했다.

그러면 중세 중기에 반유대주의는 어떤 이유와 논리로 형성되었을까? 십자군 전쟁 시기에 기독교의 적들에 대한 탄압 속에서 자신의 종교적 정체성의 담보물을 찾으려는 시도에서 저지른, 통제되지 않은 폭력의 분출은 교회로 하여금 기독교 세계에서 유대인의 지위와 관련된 교리를 다듬게 했다. 경제가 비약적으로 성장하고 대부 수요가 급증하던 12세기에 유대인들은 유동 자금을 공급할 여력을 갖고 있었다. 이로부터 교회는 유대인에게 이자 대부를 허용할지 말지, 또한 국가는 국고에 기여할 유대인의 활동을 지지할지 말지를 놓고 검토할 필요가 있었다. 12~13세기 교회와 국가는 유대인의 '예속' 신학과 이자 대부 문제를 중심으로 유대인 정책을 결정했다. 이러한 정책의 연장선에서 반유대주의가 탄생했다.

유대인의 '예속' 신학은 다음의 두 원리의 상보성을 강조했다. 하나는 관용의 원리로, 유대인이 현존하는 것을 인정한다는 좁은 의미에서의 관용이다. "저자들〔하느님의 적들〕을 죽이지 마옵소서"(「시편」, 59편 11절)라는 구절은 유대인의 현존이 유용성을 지닌다는 이념의 보증으로 활용되었다. 인노켄티우스 3세를 비롯한 12~13세기 교황들의 유대인 보호 칙령에 이 구절이 인용되었다. 군주들도 이러한 관용을 고려했다. 1275년 잉글랜드 국왕 에드워드 1세의 칙령, 카스티야 국왕 알폰소 10세의 『7부법Siete Partidas』에 따르면, 로마 교회는 물론이고 황제·왕·제후 들은 증언자 민족 자격으로 "유대인이 기독교도들 사이에 끼어 사는"것을 허용해야 하며, 그것은 유대인이 십자가 수난의 죄를 사죄하기 위해 감당해야 하는 '포로 상태'의 모습이다. 또 다른 하나는 전락의 원리다. "당신의 힘으로 저자들을 흩으시고 치소서"(「시편」, 59편 11절)라는 구절은 유대인과 기독교도 사이의 모든 관계에서 유대인 차별의 의미로 해석되었다. 이로부터 엄격한 분리 정책이 도출되어, 1215년 제4차 라테라노 공의회는 유대인에게 구별을 위한 배지 착용을 의무화했다.

세속 국가들이 유대인의 '예속' 개념을 활용함에 따라 유대인의 법적 조건이 재규정되었다. 신성로마제국 황제 하인리히 4세는 보름스의 유대인들을 "내 금고지기"라고 주장했고, 프리드리히 2세는 유대인을 "우리의 금고지기"라고 불렀다. 프랑스 국왕 루이 9세는 왕의 직무 중에는 유대인에 대한 특별한 책무가 있다고 주장하면서 유대인의 화폐 대부를 금지했다. 잉글랜드의 많은 문서들은 유대인은 왕권에 종속되어 있으며 소유가 불가능하다고 규정했다. 1253년 헨리 3세는 "어떠한 유대인도 왕을 위해 봉사하지 않는다면 잉글랜드에 머물 수 없다"고 명령했다. 이베리아 반도에서 유대인은 "왕의 노예"이며 "국고에 속한다"라고 규정했다.

하지만 군주가 절도와 비슷한 대금업에서 나온 수입을 국고로 삼아 혜택을 본다면 그도 공범자가 아닌가? 결국 이처럼 난처한 관용은 밀려나고 반유대주의가 득세했다. 1144년 잉글랜드의 노리치Norwich에서 유대인이 기독교 소년 윌리엄을 살해했다는 소문은 반유대주의 정서에 기름을 부었다. 기독교 신도를 제물로 삼아 예수의 십자가 수난을 재현한 이 '제의 살인ritual murder' 혐의는 유대인이 토착 주류 사회에 대해 품고 있던 적대감을 표출한 것으로 여겨졌다. 이를 계기로 유대인이 기독교 사회를 파멸시킬지 모른다는 저간의 의혹이 힘을 받았다. 1144년부터 노리치에서 모든 유대 사회 대표들이 1년에 한 번씩 모임을 갖고 살인 음모를 꾸몄다. 결국 잉글랜드 유대인들이 기독교 어린이를 납치하여 살해하지 않았던가.

중세 말은 유대인에게 고난의 시기였다. 1290년 잉글랜드에서는 수천 명의 유대인이, 1306년 프랑스에서는 10만 명이 넘는 유대인이 추방되었다. 1321년 유대인들은 한센인과 공모하여 샘물에 독을 풀었다는 혐의를 받았고, 14세기 중엽에는 페스트를 전파시켰다는 혐의로 유대인 마을이 공격을 받았다. 1450년 이후 새로운 성장기에 유대인은 신용 거래 활동에서 추방되어 경멸적인 직업으로 내몰렸다. 에스파냐와 시칠리아에서는 1492년, 프로방스에서는 1500~1501년, 나폴리

왕국에서는 1510년 유대인이 추방되었다. 이것은 중세 서유럽에서 유대인 역사의 종말을 의미한다. 이러한 가운데 독일과 이탈리아에서는 위기가 없지 않았으나 유대인 마을이 존속하고 발전하기도 했다.

다른 한편, 유대의 지성사는 서유럽 주류 사회의 태도 변화와는 다른 별도의 리듬을 따랐다. 10~12세기 북유럽에서 일어난 탈무드 연구와 경건주의는 북유럽 유대 사회의 활기를 증언해준다. 또한 12~13세기 남프랑스와 이베리아 반도에서도 철학적·신비적 탈무드 연구가 활기를 띠었다. 이러한 분위기의 연속선상에서 르네상스기에 고조된 신비주의 철학과 탈무드 연구 열기는 17세기 들어 서유럽에 유대인을 다시 받아들이게 하는 데 유리한 지형으로 작용했다.

마녀

마법witchcraft, sorcellerie이란 말은 민속 주술을 마귀 들린 사술邪術로 인식하는 지배 권력의 불편한 시선을 함축하고 있다. 기독교가 출현하기 전부터 민속으로 면면이 이어온 주술이 중세에 들어 사탄에 휘둘린 마법으로 의심받기 시작했고, 15세기부터는 '마녀 야연Sabbath'과 '마녀사냥witch hunt'이 본격적으로 등장했다. 민속 탄압과 여성 혐오에서 불붙어 폭발한 '마녀사냥'의 광기는 17세기까지 수만 명의 희생자를 내고 수그러들었다. 따라서 중세 말에 '마녀사냥'이 어떻게 탄생했는지를 그 장기적 진화 과정 속에서 고찰할 필요가 있다. 이를 위해 먼저 마법과 마녀 추적의 누적적 착상 과정을 살펴보자.

황제 숭배를 공식 종교로 삼았던 로마제국에서 마법은 점차 대역죄로 간주되었고, 기독교 공인 이후로 주문·마술·점치기·강신술 등은 우상 숭배로 인식되었다. 교부 시대에 선악의 기독교적 드라마에서 사탄의 형상이 출현했다. 그는 항시 신에게 종속되어 있지만 어둠과 환각의 군주로 그려졌다. 5세기부터 마법에 관련된 기본 개념들이 자리를 잡아가는 가운데 중세 초의 저술가들과 공의회는 제비점, 주문, 미약과 성 불능 치료 푸닥거리, 모든 형태의 점 등을 비난했다. 카롤루스 왕조 시절에는 성속 두 권력이 하나가 되어 주술에 대한 탄압 입법을 시도했다.

중세 중기에 이르러 사람들은 악마와 그 공모자인 마녀가 실제로 존재하여 사람과 가축을 해치거나 죽일 수 있다고 믿었다. 10세기 초 작성된 「주교의 임무Canon Episcopi」는 이러한 악마적 환상 이론의 기본 헌장이다. 이 사목 매뉴얼은 밤에 빗자루를 타고 들판을 날아다니는 마녀라든지, 생자 세계와 망자 세계 사이를 왕래하며 중개자 역할을 하는 영매라든지, 가축 폐사·뇌우·성 불능을 초래하는 마법 등 농촌 세계에 오랫동안 존재했던 민속을 근절할 것을 주교들에게 요구했다. 그러나 중세 중기에 주교들은 이단을 더 위협적인 세력으로 보았기 때문에 아직 이러한 민속에 신경 쓸 겨를이 없었다.

교황청은 13세기부터 마법에 관심을 보이기 시작했다. 교황 알렉산데르 4세는 1258년과 1260년 사이 재판관들에게 이단뿐 아니라 "이단의 낌새가 있는 주문과 점"에 대한 재판 권한을 부여했다. 마법이 교황청의 사법적 관심권 아래 들어온 것이다. 이단 재판관을 위한 1270년경의 지침서들에는 '점쟁이와 우상 숭배자 심문 방법'에 관한 장이 수록되기 시작했다.

새로 도입한 재판 제도는 마녀사냥에 안성맞춤이었다. 피해 당사자만 고발할 수 있었던 옛 신명재판('당사자주의')에서는 피의자가 무죄로 판명되면 고발인이 처벌을 받았다. 반면에 새로운 재판 제도에서는 고발인이 피의자의 범죄를 증명할 의무가 없었고, 피해 당사자가 아닌 제3자(재판관이나 이웃)도 '아니면 말고' 식으로 쉽게 고발할 수

〈그림 18〉 밤에 빗자루를 타고 날아다니는 마녀(미상, 1451년)

있었다. 또한 이단자나 마녀를 극형에 처하기 위해서는 피의자의 자백이 반드시 있어야 했기 때문에 재판관들은 피의자한테 자백을 얻어내기 위해 혈안이었다. 결국 교황청은 1252년 고문을 허용했다. 이것은 신의 영역과 인간의 영역을 구분하던 옛 재판 제도로부터 인간이 사법을 완전히 전유했음을 의미한다. 마구잡이 고발과 잔인한 고문이 없었다면, 그토록 많은 마법과 마녀들이 만들어지지 않았을 것이고 '마녀사냥' 또한 분출되지 않았을 것이다. 마녀가 추적을 받았지만 고문을 삼가고 배심재판제가 발전했던 잉글랜드에서는 사탄 숭배와 '마녀 야연'에 대한 믿음이 존재하지 않았을 뿐만 아니라 마녀에 대한 유죄 선고 비율이 상대적으로 낮았던 것(고문을 했던 지역의 최대 95퍼센트의 유죄 선고 비율에 비해 50퍼센트 미만)이 이에 대한 반증이다.

14세기 초 마법의 정형이 만들어지는 데는 여러 요인이 작용했다. 카타리파와 발도파의 최후 신봉자들을 추적하던 이 시기에 악은 적그리스도의 도래를 알리는 묵시록적 징후로 해석되었다. 그리하여 이단자, 점쟁이와 예언자, 악마를 숭배하는 자와 악마에게 간구하는 자는 의심과 심문의 대상이 되었다. 또한 마녀는 유대교에 애착을 갖는 기독교도이거나, 개종했으나 다시 변절한 유대인과 유사한 취급을 받았다. 사회적 배척, 오염, 섹스, 야수성, 악마의 힘 등에 대한 다양한 망상들이 마녀의 정형을 만드는 데 일조했다.

경쟁 권력이 대항 권력을 악마로 낙인찍어 공격한 것 또한 마법의 정형을 완성하는 데 기여했다. 프랑스 국왕 필리프 4세는 교황 보니파티우스 8세와 성전기사단을 마법 혐의로 고발했다. 또한 그는 한때 한통속이었다가 갈라선 트루아Troyes의 주교 기샤르Guichard에게 왕비 잔Jeanne을 주술로 시해했다는 혐의를 씌웠다.

새로운 전환은 15세기 초 알프스 서쪽 지방에서 일어났다. 1430년대 일련의 악마적 특성이 종합되어 집단적 마녀 '종파' 개념과 마녀 재판이 등장했다. 바젤 공의회(1431~1449)에서는 기독교 사회의 정화와 더불어 이단과 마녀를 발본색원하기로 결정했다. 15세기 중반부터 마녀 재판은 에스파냐, 이탈리아, 프랑스 중서부와 라인란트 지방으로 번져갔다. 1484년 교황 인노켄티우스 8세는 라인강 유역에서 마녀를 발본색원하라고 도미니쿠스 수도회의 두 재판관 하인리히 크라머 Heinrich Kramer와 야코프 슈프렝거Jacob Sprenger를 파견했다. 이곳에는 몽마와 음몽마녀로 변신하는 마녀, 주문을 거는 마녀, 기독교 신앙을 거부하는 마녀 들이 있었다. 두 재판관은 1486년 『마녀 퇴치Malleus Maleficarum』를 저술했다. 인쇄술의 발명과 함께 17세기까지 약 3만 부가 발행된 이 책은 재판관의 휴대용 매뉴얼로 활용되어 근대 초 마녀사

낭의 폭발에 일조했다.

　마녀 박해는 세속 권력의 발전과도 밀접한 관련이 있다. 로마법이 부활하고 고문이 세속 재판에서 활용되고 마법이 군주에 대한 대역죄로 간주되었다. 절대주의의 진전과 더불어 '왕의 위엄'은 점차 '신의 위엄'과 동일시되었다. 근대에 들어 세속 재판권은 교회 재판의 '세속적 팔' 역할을 하는 것으로만 그치지 않고 마녀사냥에서 주역을 담당했다.

　그리하여 16~17세기는 마녀사냥과 처형이 극에 달했다. 불만을 품은 이웃은 주술로 자신에게 위해를 가했다며 특정 여성을 찍어 고발했다. 고문에 못 이겨 혐의를 '자백'한 여성들 대부분은 화형, 일부는 교수형 또는 익사형에 처해졌다. 희생자들 중에는 당국에서 규정한 마녀의 정형대로 정말로 사탄과 계약을 맺고 그를 숭배하며, 야연에서 그와 성관계를 갖고 야간 비행을 하며, 남에게 해코지를 하는 마법적 능력을 갖고 있다고 자처하는 여성들이 일부 있었는지도 모른다. 그러나 희생자들 중 대부분은 남에게 아무런 해를 끼치지 않았음에도 사회에서 의심받는 부적응자이거나 주변인 들이었다. 그러므로 사탄을 숭배한다는 '마녀'의 실체는, 기독교 교리와 지배 질서에 거슬리는 자를 찍어내기 위해 권력과 여론이 하나가 되어 상상의 음모 속에서 만들어낸 소수자요 희생자였다.

2. 성 소수자

매춘 여성

중세 때는 매춘 여성이 동성애자와 함께 탄압을 받았다는 점 때문에 성 소수자로 분류된다. 당시에는 농촌 매춘, 이동 매춘, 도시 매춘 등 다양한 형태의 매춘이 있었다. 도시와 상업이 쇠퇴하고 농업 중심 사회가 지배했던 중세 초에는 현실적으로 '직업 매춘 여성*meretrix*'이 존재하지 않았으며, 따라서 각별한 매춘 정책이랄 것도 없었다. 매춘은 본질적으로 도시적 현상이었다. 성적 서비스의 수요와 공급은 도시의 편력 상인이며 미혼 청년 집단이며 인구 등의 규모와 도시의 경제적·사회적·문화적 요인들에 의해 결정되었다. 화대의 지불은 화폐가 유통되던 도시 교환 경제에서 훨씬 용이했다. 도시가 비약적으로 성장하던 13세기에 매춘은 당국의 각별한 관심사가 되었다.

프랑스 국왕 루이 9세는 매춘에 대해 가장 적극적인 규제 정책을 펼쳤다. 그는 '성왕'이라는 시성에 걸맞게 왕국의 대대적인 도덕적 개혁의 일환으로 매춘과의 가차 없는 전쟁을 시도했다. 1254년 12월 왕령은 매춘 여성들을 도시에서 축출하고 그들의 재산과, 심지어는 옷까지 몰수하라고 명령했다. 또한 매춘부 갱생원을 설립해 갱생한 "거리의 여인"들에게 4,000리브르라는 막대한 연금을 지불했다. 그러나 실제로 갱생한 여성은 200명에 불과했으며, 나머지 여성들은 대로상으로 밀려나고 말았다. 매춘 여성을 "점잖은 거리와 도심"에서 추방하고 성소(교회·수녀원·묘원)에 접근하지 못하도록 한 1256년의 추가 수정 조치는 그의 매춘 추방 정책이 실패했음을 보여준다. 이후 16세기 초까지 프랑스 왕국의 매춘 정책은 매춘의 추방이나 일소보다는 매춘 구역을 지정하는 정책으로 전환하거나 도시 당국에 일임하는 입장을 취했다. 도시 법령에서는 매춘 구역('홍등가')을 지정하고 영업시간과 매춘부 복장을 규정하는 한편, "점잖은 거리"에서의 영업과 호객 행위를 금지했다. 이러한 보호를 받는 매춘 여성들은 시민권을 보유하고 자신들의 활동을 하나의 직업으로 인정받았다.

매춘에 대한 교회의 기본 태도를 제공한 것은 교부 철학자 성 아우구스티누스다. 그는 "만일 사회에서 매춘부를 제거한다면 정욕이 세상을 혼란에 빠뜨릴 것이다"라며, 매춘은 불완전한 현실 세계에서 기혼자의 아내와 딸을 보호하고 더 나쁜 악을 예방하기 위한 '필요악'이라 주장했다. 13~14세기 신학자들과 설교가들도 성 아우구스티누스의 매춘관('필요악'으로서의 매춘)을 환기하면서 매춘부의 역할과 유용성에 대해 언급하기 시작했다. 스콜라 철학자 토마스 아퀴나스는 매춘의 존재가 공공선을 함축한다는 이유로 매춘에 대해 관용의 원칙을 전개하고, 이를 계승한 설교가인 프톨로메오 다 루카Ptolomeo da Lucca(1236~1327)는 "매춘 여성과 사회의 관계는 〔……〕 궁정과 하수구의 관계와 같다. 하수구를 없애면 모든 궁정은 오물로 가득할 것이다"라는 소위 '하수구론'을 설파했다. 이리하여 '필요악'으로서의 매춘은 공공선의 기능을 하는 것으로 규정되었다. 인간의 비참을 예증하는 극빈층인 매춘 여성들은 구원을 받을 수 있을 뿐 아니라 그들의 노동과 보시는 공공선의 기능을 하는 것으로 인식되었다.

페스트와 전쟁, 이로 인한 인구 위기와 사회 혼란이 극에 달했던

1350년과 1450년 사이에 도시 당국은 매춘을 공인하고 공창을 설립했다. 14세기 후반부터 도시 당국이 '홍등가' 구역을 설정하고 매춘을 제도화한 것은, 그것이 도시의 '더 큰 악'을 예방하고 공익에 기여한다는 일반적 인식과 관련이 있다. '더 큰 악'은 일반적으로 기혼자의 부인과 딸에 대한 간통이나 성폭행을 의미하지만, 도시마다 처한 상황에 따라 강조점에서 약간 차이가 있었다. 피렌체나 베네치아처럼 동성애가 번성했던 이탈리아 도시들에서 매춘은 그보다 '더 큰 악'인 '반자연적 성범죄'인 동성애를 예방해줄 것으로 기대했다. 특히 공창은 사창보다 통제가 용이했으므로 공공질서를 유지하게 해주고 더 큰 성범죄를 예방해주는 공익적 기능을 하는 것으로 인식되었다.

지배층의 기혼 남성들 또한 총각과 청년 들이 자기 부인과 딸 들로부터 눈을 돌려 공창가에 자유로이 드나들도록 유도했다. 이론적으로 공창 출입이 금지된 기혼자와 성직자 들은 악명 높은 매음굴인 목욕탕과 사창가에 드나들었다. 사창 역시 이들을 간통이나 내연 관계로부터 멀어지게 하여 공공질서 유지에 비공식적으로 기여했다. 이와 더불어 매춘 여성에 대한 사회적 규제도 약화되었다.

공창은 시 당국이 '홍등가'로 지정한 구역에 시 재정으로 설립한 후 경영자들에게 임대해주는 형태를 취했다. 남부 프랑스, 남부 독일과 북부 이탈리아의 도시들에서 이러한 시영 공창이 14세기 후반부터 15세기 중반 사이에 개설되어 보편화되었다. 시영 공창의 운영 형태는 세 가지로 나뉜다. 하나는 최고 입찰가를 써낸 입찰자에게 청부를 주고 그 수익금을 공창가 유지와 시 재정으로 사용하는 형태이고, 다른 하나는 자선단체가 운영하여 그 수익금을 자선사업에 쓰는 형태이며, 마지막으로 작은 도시에서 소규모 공창의 경우 공공서비스 차원에서 비영리적으로 운영하는 형태가 있었다.

그러나 매매춘에 대한 관용은 오래가지 않았다. 15세기 말부터 도시에 빈민과 이주민이 넘쳐나자 사회적 긴장이 고조되었다. 이방인과 빈민에 대한 공포, 빈민으로 전락해 딸이 매춘을 하지 않을까 하는 불안 등이 토착 도시민들의 심성을 바꾸었다. 공창이나 목욕탕의 매춘 여성과는 전혀 다른 형태의 고급 매춘부들도 등장했다. 외모나 행동에서 양갓집 여성과 전혀 구별이 되지 않는 이들은 소수 선택된 엘리트 고객만을 상대했다. 1470년대부터 매춘을 규제했던 옛날로 돌아가야 한다고 주장하는 설교가가 등장하면서 매춘에 대한 거부 조짐이 나타났다. 도시들은 매춘 여성이 더는 필요 없다고 공식 선언하기 시작했다.

매춘은 1520년대부터 1570년대 사이에 종말을 고했다. 여기에 결정적 영향을 끼친 것은 종교개혁이었다. 루터는 교회의 극단적 성 모럴(성직자 독신)뿐 아니라 세속 사회의 관용적 성 풍속도 거부했는데, 후자는 매춘에 대한 비난으로 이어졌다. 1537년 폐쇄되었다가 1540년 다시 개설된 프라이부르크Freiburg 시영 공창에 대해 루터는 "그러한 집을 다시 개설하고자 하는 사람들은 우선 신의 이름을 거부해야 하고, 자신들이 기독교도라기보다는 신의 이름을 모르는 이교도임을 인정해야 한다"라며 단호한 입장을 취했다. 루터파 설교가들은 아우크스부르크(1532), 울름Ulm(1537), 레겐스부르크Regensburg(1553), 뉘른베르크(1562) 등 독일 도시에서 공창을 폐쇄하는 데 일조했다.

프랑스에서도 매춘과의 전쟁이 일어났다. 몽펠리에Montpellier 대학의 신교도 교수와 학생 들은 신입생들에게 매춘을 통과의례로 치르도록 하는 학생회의 관행에 대해 비난하고, 매춘 여성을 구타하고 귀를 잘라버렸다. 신교 못지않게 가톨릭도 트렌토 공의회를 통해 공창의 폐지와 사창의 엄격한 감시 및 처벌을 결정했다. 오를레앙시 당국은 1561년의 행정 개혁령에서 "모든 형태의 매춘 금지"를 선언했다.

이 법은 중세 말에 공인되고 묵인되었던 공창과 기타 모든 형태의 매춘에 대한 공식적인 조종으로 매춘 역사에서 하나의 이정표가 되었다.

동성애자

동성애에 대한 기독교의 기본 입장은 사뭇 부정적이다. 인간에게 섹스가 허용된 것은 오로지 종족을 재생산하기 위한 것이지 딴 이유는 없다. 출산을 초래하지 않거나 그럴 가능성이 없는 모든 형태의 섹스는 '자연에 반하는 범죄crime against nature'였다. 암수의 구별과 교접, 출산과 양육을 통한 자기 보존이라는 자연의 순리에 역행하는 범죄에는 자위·동성애·수간 등이 포함된다.

성서는 동성애에 대한 부정적 태도의 근거가 된다. 구약성서 「창세기」(18~19장)에서 하느님은 동성애로 물든 소돔과 고모라에 유황불을 부어 태워버렸다. 「레위기」(18장 22절, 20장 13절)에서는 동성애를 근친상간·수간·간통과 같은 범주로 분류하면서 동성애를 사형감에 해당하는 혐오 범죄로 규정했다. 신약성서에서 예수는 동성애에 대해 한마디도 언급하지 않았으나, 바울로는 동성애를 하는 사람은 "하느님의 나라를 차지하지 못합니다"라고 했다(「고린도전서」, 6장 9절).

중세 기독교 세계와는 달리 고대 세계는 동성애를 관용했다. 그리스에서는 연장자와 연소자, 스승과 제자 사이의 소년애paiderastia가 성행했다. 그리스 남성들은 동성애 관계가 결혼 생활에서나 부모 및 자녀와의 관계에서 찾기 어려운 강렬한 인격적 관계에 대한 욕구를 채워준다고 생각했다. 이것은 여성이 지적·육체적·정서적으로 열등한 존재라는 여성 혐오에 토대를 두고 있다. 동성애 관계에서 연장자-스승은 연소자-제자의 미·힘·수완·인내심 같은 인격적 특징을, 후자는 전자의 경륜·지혜·통솔력을 존중했다. 로마 사회에도 자유민 남성과 비자유민 남성(주로 노예), 연장자와 연소자 사이에서 능동성(남성성)과 수동성(여성성)의 질서가 전복되지만 않는다면 동성애 관계가 아무런 비난을 받지 않았다. 동성애를 관용했던 서양 고대 사회는 동성애가 불변의 도덕적 절대물이 아니라 역사적으로 형성된 문화적 구성물임을 말해준다.

기독교의 도래는 이 모든 것을 변화시켰다. '호모 섹스'란 말이 사용되지 않았던 중세 때는 동성애에 관련된 용어로 소도미(남색)란 말이 사용되었다. 앞에서 언급했듯이 동성애 관계로 하느님의 분노를 사 불타버린 도시 '소돔'에서 파생된 '소도미'란 말은 항문 성교뿐 아니라 자위와 수간처럼 출산을 초래하지 않는 성관계 일체를 지칭한다.

클레멘스Clemens, 히에로니무스Hieronymus, 오리게네스Origenes, 아우구스티누스 같은 초기 교부 철학자들은 출산 목적 이외의 모든 섹스를 죄로 규정했다. 지상에 있는 하느님의 대리 통치자로 자처했던 비잔티움 황제 유스티니아누스는 동성애자에게 사형을 부과했다. 그러나 중세 초 게르만 부족법과 게르만 왕들은 대체로 동성애 문제에 대해 침묵하거나 무관심했다.

동성애에 대한 교회의 관심은 사제들의 사목 매뉴얼로 사용된 『참회 고행 지침서Liber poenitentialis』에 나타나 있다. 동성애에 부과된 참회 고행의 양은 지침서에 따라 다양하다. 11세기 초 보름스의 주교 부르차르트Burchard von Worms가 기존의 다양한 지침서들을 참고하여 거기에다가 자신의 의견을 보태어 쓴 『참회 고행 지침서』는 가장 영향력 있는 교범이다. 그는 남색을 수간과 함께 최고의 죄로 규정하고, 죄인의 나이와 신분과 범행 빈도에 따라 40일에서 15년까지의 참회 고행을 부과했다.

동성애에 빠졌다고 알려진 집단은 세 그룹으로 나뉜다. 하나는 귀족들, 특히 젊은 귀족들이다. 노르망디 공 로베르, 잉글랜드 국왕 윌리엄 2세와 리처드 사자왕, 궁정 관리들이 동성애를 한다고 비난받았다. 두번째는 성직자들이다. 특히 수도사들의 동성애 행각은 수도원 당국의 골칫거리였다. 이를 예방하기 위해 수도사는 수도원장의 침대가 있는 방에서 불을 켜둔 채 옷을 입고 자도록 했다. 마지막은 학생들이다. 파리 대학 학생들은 동성애를 한 것으로 이름 높다. 이 세 그룹은 장자 상속제나 독신 서약, 공부 때문에 결혼을 하지 못한 총각들이었다. 그러나 베네치아 법정 기록들을 보면 동성애가 성직자와 귀족 말고도, 이발사와 심부름꾼, 뱃사공과 하인, 어른과 소년 할 것 없이 모든 연령 집단과 계층에 고루 퍼져 있었던 것 같다.

동성애가 성직자에게 확산되는 것을 우려한 피에트로 다미아니가 11세기 중엽에 쓴 『고모라서Liber Gomorrhianus』는 자위, 서로 해주는 수음, 대퇴부 삽입 성교, 항문 성교 등 4개 성행위를 동성애의 변형으로 꼽았다. 그리고 동성애·이단·한센병·사탄은 서로 직접적 연관 관계가 있음을 지적했다. 십자군이 세운 예루살렘 왕국에서 1120년 개최된 나블루스Nablus 공의회는 십자군 전쟁 동안 성적 일탈을 하는 이슬람 세계와의 접촉이 기독교 세계에 동성애 성향을 증대시켰다고 암시하면서 동성애자를 살인자·이단자·반역자와 동일하게 취급했다. 12~13세기 일련의 공의회를 통해 성직자들의 남색에 대해 성직 박탈과 참회 고행을, 평신도의 남색에 대해 파문을 결정했다.

그동안 남색을 하는 사람들에 대해 관대했던 세속 권력도 13세기 들어 동성애를 엄격하게 처벌하기 시작했다. 부활된 로마법은 군주들에게 도덕 문제에 관심을 갖고 그 위반자를 처벌하도록 자극했다. 동성애자를 공개 화형으로 처벌했던 유스티니아누스 법을 모델로 하여 잉글랜드 국왕 에드워드 1세와 프랑스 국왕 루이 9세는 동성애자를 화형에 처했다. 15세기 말 에스파냐에서도 동성애자는 화형 대상이었다. 그러나 신성로마제국의 황제 프리드리히 2세는 예외적으로 동성애자에게 아무런 조치를 취하지 않았다. 시대를 앞서간 그는 이들을 행정에 활용하고 있었기 때문이다. 동성애가 성행했던 이탈리아에서 도시 당국은 상습적인 남색자를 거세나 화형, 참수형에 처하는 등 '더 큰 악'인 동성애를 탄압하는 대신 청년들을 공창으로 유도했다.

정적을 사탄 숭배-이단-남색으로 몰아붙여 매도하는 것은 중세의 상투적 수법이었다. '알비 카타리파'는 흔히 남색을 했다는 혐의를 받았다. 마법과 관련하여 앞에서 언급했지만, 프랑스 국왕 필리프 4세가 교황 보니파티우스 8세와 성전기사들을 고발하면서 이들에게 덧씌운 혐의는 마법 말고도 동성애였다.

중세 기독교 사회는 기본적으로 동성애를 관용하지 않았지만, 12세기 이후 그에 대한 반감이 더욱 고조되고 처벌도 극형으로 강화된 이유는 첫째, 십자군 전쟁이 불러일으킨 외국인 혐오증 때문이다. 특히 이슬람은 기독교 세계에 동성애를 증폭시켰다고 비난받았다. 둘째, 남색과 이단이 관련되어 있다고 믿었기 때문이다. 특히 카타리파는 자기들끼리 난잡한 성교와 남색을 했다는 의심을 받았다. 셋째, 복음주의적 퓨리터니즘Puritanism의 영향이다. 교회와 왕국과 도시 당국은 로마법과 탁발 수도회의 영향을 받아 동성애를 억압하는 일에 착수했다. 여기에 14세기 중엽 페스트의 엄습과 이로 인한 인구 감소라는 현실적 이유에다가 페스트가 남색의 만연에 대한 하느님의 책벌이라는 도덕적 이유까지 더해졌다. 그리하여 동성애는 오랫동안 억압과 침묵의 어둠 속에 있게 된다. 동성애가 질병이 아니라 타고난 성적 지향 중 하나라고 밝혀낸 의학적 검증과 더불어 도덕적·법적으로 공인받기 시작하는 20세기 말까지 말이다.

제3부

·❊·❊·

일상적 삶의 세계

변하는 것과 지속되는 것이 섞여 있는 나날의 삶 속에 구조와 콩종크튀르가 있다.
— 페르낭 브로델, 『지중해』

몽타이유 마을 사람들은 일벌레들이 아니었다. 그들은 낮잠과 무위 안일을 즐겼고, 〔……〕 사정이 허용한다면 일도 한나절만 하는 경향이 있었다.
— 에마뉘엘 르루아 라뒤리, 『몽타이유』

이제 성직자, 귀족, 도시민, 농민과 소수자를 넘어 그들이 나날이 영위한 일상적 삶의 세계로 들어가 보자. 일상적 삶이란, 귀족이든 비귀족이든 성직자든 평신도든 그들이 태어나서 죽기까지 '생활인'으로서 마주하는 삶의 '틀에 박힌routine' 측면을 일컫는다. 그것은 일차적으로 생존을 떠받쳐주는 물질적 조건에 의해 성립되는 것이면서, 더 크게는 가족·마을·지역사회 등과 같이 겹겹이 포개지고 얼크러진 크고 작은 동심원적 사회관계 속에서 계층적으로나 집단적으로 형성하는 문화적 복합 구조에 의해 지탱된다. 이 구조는 뻗쳐 나가려는 개인의 주체적 삶의 열정에 일정한 한계를 부과하기도 하지만, 이 범위에 포섭된 나날의 자잘한 개별적 삶에 대해 그 나름의 질서와 안정을 보장해주는 울타리 역할도 한다. 또한 이 구조는 지속되면서도 변화한다. 그러므로 나날의 일상 속에 있는 장기 지속적 구조와 이것의 움직임, 즉 콩종크튀르conjoncture를 함께 살펴야 한다.

일상생활사는 중세사는 물론이려니와 서양사 전반에서도 오랫동안 무시된 분야다. 중세의 연대기 작가들은 순교자나 기사, 더 나아가서 교단 설립자의 업적 같은 큰 인물들의 고급한 사실만을 언급하고, 중세 역사가들은 봉건제, 교권과 속권, 도시와 상업, 예술 등 '큰 이야기'에 더 많은 주의를 기울여왔다. 하지만 다양한 계층을 포함하는, '살과 피'를 가진 구체적 존재로서의 중세 사람들이 실제로 어떻게 살고 느끼고 생각했는지를 나날의 일상성 속에서 이해하려는 관심이 최근에 증가하고 있다. 여기서는 시간 체계와 의식주, 가족제도와 성 풍속, 죽음과 저승 같은 주제를 중심으로 그들의 삶을 살펴보려 한다.

제 1 장

일상의 시간과 공간

1. 시간

현대인은 '매우 바쁜' 사람이다. 현대인은 자본주의적 사회조직이 부과하는 가차 없는 시간표에 매여 무언가에 쫓기듯 숨 돌릴 겨를도 없이 정신없이 살아가고 있다. 현대인의 이러한 강박적이고 들뜬 삶에 비추어 중세 사람들이 어떤 시간 속에서 살았는지 살펴보는 것은 그들의 삶을 이해하는 지름길이다. 전통 사회에서 모든 생활에 준거가 되는 시간은 기본적으로 자연의 순환에 기초한 완만하고 반복적인 시간이었다. 이러한 순환적 시간관에서는 경험적 전통이 중시되었다. 지난 일과 다가올 일이 준準자연적 경험에 의해 통일되어 있었고, 혁신이나 새로움은 불안한 지평이었다. 자크 르고프는 중세인의 이러한 시간 의식을 "그들은 머리를 뒤로 돌린 채 앞으로 걷고 있었다"라고 표현했다. 이러한 보수적 시간관은 독일의 지성사가 라인하르트 코젤렉 Reinhart Koselleck이 지적했듯이 유토피아를 과거가 아니라 미래에 투사함으로써 경험 공간과 기대 지평 사이에 단절이 발생하기 시작했던 18세기 말까지 오랫동안 유럽인의 시간 의식을 지배했다.

핼러윈의 탄생

시간 체계에서 중세에 일어난 변화는 이교 신들의 시간이 기독교의 유일신과 성인들의 시간으로 슬그머니 전환된 것이다.

기독교 사회가 물려받은 로마의 달력 체계는 한 해를 열두 달로 구분하고, 달 이름은 이교 신들(문간의 신 *Janus*, 정화의 신 *Febra*, 전쟁의 신 *Mars*, 생산의 신 *Maius*, *Jupiter*의 아내 *Juno*), 신성한 영웅들(카이사르의 *Julius*, 옥타비아누스의 *Augustus*), 숫자('두번째'란 뜻의 *aprilis*, 7의 *septem*, 8의 *octo*, 9의 *novem*, 10의 *decem*)에서 빌려와 붙였다. 그리고 *Janus*의 달인 January가 아니라 *Mars*의 달인 March에 새해가 시작되었다.

　그렇지만 매달을 세분하는 방식에 관해서는 보름 단위(1일과 15일)로 세분한 로마 방식이 아니라 7일 단위로 세분한 유대적·동방적 방식을 채택했다. 기독교를 공인한 콘스탄티누스 황제는 유대교의 안식일(토요일) 대신 그리스도의 부활을 기리는 주일主日, 즉 일요일을 휴무일로 지정했다. 일요일을 휴일로 하라는 명령은 초기에는 잘 지켜지지 않았으나, 후대 황제들의 법령과 일련의 공의회(506년 아그드Agde 공의회, 538년 오를레앙 공의회, 589년 니케아 공의회)를 통해 더욱 엄격하게 지켜지기 시작했다. 그리하여 카롤루스 왕조 때부터 기독교 사회에서는 안식일 대신 주일이 주간의 중심축이 되었고, 이러한 달력 체계가 중세인의 종교적·정치적·사회적·직업적 활동 등 모든 생활의 시간적 지표가 되었다.

　하루의 시작 시점은 로마의 일출, 켈트의 일몰에서 중세에 들어 자정으로 바뀌었다. 교회는 자정부터 세 시간 단위로 편성된 성무 일과에 따라 하루를 새벽 기도, 찬과(오전 3시), 조과(오전 6시), 제3시과(오전 9시), 제6시과(정오), 제9시과(오후 3시), 만도(오후 6시), 종과(오후 9시)로 구분하였다. 그러나 태양의 운행에 따라 시간을 구획하였으므로 해가 긴 여름철에는 낮 동안의 단위 시간이 더 길어지고 밤 동안의 단위 시간은 더 짧아졌으며, 해가 짧은 겨울철에는 그 반대였다. 낮을 오전과 오후 두 나절로 나누는 '정오noon' 개념은 중세 말 일당을 받는 노동자의 휴식 및 노동 시간 계산과 관련하여 등장하였다. 비록 중세 말에 하루를 24시간으로 나누고 1시간을 60분으로 하는 기계식 시계가 등장하긴 했지만, 중세인들은 '대략적인' 시간에 지배되었으므로 현대인들처럼 '정밀한' 시간에 구속되지도 않았고, 중세의 사회구조 자체도 그러한 시간을 필요로 하지 않았다.

매년 반복되는 기독교 축제 중에는 이교 축일을 기독교 축일로 정하여 은밀하게 기독교화하는 경우가 적지 않았다. 기독교 축제 달력의 기본 준거가 되었던 그리스도의 삶에 관한 일화가 대표적인 예다. 성탄절 날짜는 원래 아기 예수가 동방 박사의 경배를 받은 1월 6일이었다. 그러다가 4세기 초 시리아 지방에서 동지 때 태양 축제가 열리는 12월 25일로 대체되었고, 1월 6일은 예수가 세례자 요한으로부터 세례를 받고 하느님의 아들로 입양되는 주현절主顯節이 되었다. 기독교는 부활의 종교이므로 기독교 사회에서 부활절은 성탄절을 능가하는 축일이었다. 음력과 양력을 함께 고려하는 부활절 날짜(춘분 이후 첫 보름달 직후의 일요일)는 매년 유동적이기 때문에 부활절 날짜 계산에 따라 이와 관련된 축일들의 날짜가 결정되었다.

부활절 이전에 특별 기간으로 그리스도의 수난을 되새기는 사순절이 있다. 초기에는 2~3일 동안이었으나, 6세기 그레고리우스 대교황 때부터 예수가 황야에서 단식을 하며 악마의 유혹을 견뎌냈던 40일, 즉 사순四旬으로 확대되었다. 사제가 신도의 머리에 십자가 모양으로 재를 바름으로써 '육체의 소멸'을 상징하는 의식을 치르는 '재의 수요일'부터 부활절 전날까지, 일요일을 제외한 40일 동안 금욕과 금육을 실천하고 참회를 해야 했다. 특히 모든 기독교 신도는 매년 적어도 1회 이상 고해를 해야 한다고 결정한 1215년 제4차 라테라노 공의회 이후, 신도들은 지난 1년을 되돌아보면서 자신의 양심에 반하는 죄를 낱낱이 본당신부에게 고백하고 정결한 상태에서 경건한 마음으로 부활절 성체배령(성찬식)을 할 준비를 해야 했다.

이러한 금욕주의적인 사순절과 밀접한 관련 속에서 12세기부터 발전한 것이 카니발carnival, 곧 사육제謝肉祭다. 고대 이교 세계에서도 이와 유사한 겨울 축제들, 가령 그리스의 디오니소스 축제, 로마의 사투르누스(농경신) 축제와 루페르쿠스Lupercus(다산의 신) 축제가 있었는데, 사육제가 이러한 이교 축제를 기독교화한 것인지는 확실하지 않다. 어원상으로 '고기와 작별하다carne vale'(고기여 안녕) 또는 '고기를 끊다carnem levare'(고기를 제거하다)라는 의미를 지닌 사육제는 사순절을 전제로 한 반反사순절적 성격을 지녔기 때문이다.

주현절(1월 6일)부터 시작되는 사육제가 절정을 이루는 '육식일'(사육제의 마지막 일요일부터 '참회 화요일'까지 육식이 허용되는 마지막 3일로서 오늘날에는 사육제가 이 '육식일'로 한정되었다) 동안, 가난한 사람들도 부자들이 제공하는 풍성한 고기와 술을 맘껏 먹고 마시는 가운데, 익명성이 보장되고 갖가지 상징성을 지닌 동물(양·토끼·당나귀·수탉·자고새·독수리·늑대·곰 등)의 탈을 쓴 가장무도 행렬이 벌어진다. 여기서는 지배 질서를 풍자하는 '거꾸로 하기inversion'와 금기를 넘어서는 '과도한 행동excess'이 일정한 한계 내에서 허용되는 '그네들의 왕국'이 잠시 동안 펼쳐진다. 지배층의 입장에서 볼 때 이것은 피지배층의 욕구불만을 일정한 한계 내에서 배설하게 하여 사회적 안정을 확보하도록 해주는 안전밸브 역할을 했다. 그렇지만 '재의 수요일'부터는 '육식일' 동안 비웃고 시시덕거리던 해방의 환상에서 깨어나 울적하고 경건한 마음으로 사순절을 맞이해야 했다.

성인 축일은 기독교 사회에서 또 다른 시간 지표로 사용되었다. 중세 초부터 교회는 우상을 숭배하는 이교 민속을 말소하기 위해 그것을 성인 축일로 대체했다. 세례자 성 요한 축일(6월 24일)은 마을의 경제적 번영을 기원하는 하지의 짚불 축제를 대체한 것이다. 아기 예수의 신전 봉헌과 성모 마리아의 취결례取潔禮를 기리는 성촉절(2월 2일)은 곰이 겨울잠을 마치고 굴에서 나오는 시기에 열리는 곰 숭배 축제를 대체한 것이고, 생 마르탱 축일(11월 11일)은 곰이 겨울잠을 자러 굴로 들어가는 시기에 열리는 곰 숭배 축제를 대신한 것이다.

밸런타인데이(2월 14일)는 로마의 루페르쿠스 축제 전야제에서 유래했다. 전야제에서 젊은 여성들이 자기 이름을 적은 종이쪽지를 항아리에 넣으면 청년들은 이것을 하나씩 뽑아갔다. 이름이 뽑힌 여성은 다음 축제 때까지 1년 동안 그 남성의 연인이 되었다. 로마 황제 클라우디우스 2세(재위 268~270)는 청년들이 군 입대를 기피하는 이유가 애인 곁을 떠나지 않으려는 것에 있다고 보고 그들의 약혼과 결혼을 금지하는 칙령을 내렸다. 그런데 로마의 사제 밸런타인(라틴어로는 발렌티누스)이 이를 무시하고 기독교도 청년의 결혼을 주선한 죄로 270년 루페르쿠스 축제 전야제 날(2월 14일) 처형되었다.

이러한 유래를 갖는 밸런타인데이는 중세 말에 다른 맥락에서 새로운 형태를 띠었다. 페스트의 창궐로 나날의 삶이 위태로웠던 시절, 생과 사의 모호한 갈림길에서 춥고 고달픈 겨울이 지나가고 생명의 봄이 돌아왔음을 상징하는 이날에 새들의 사랑을 모방하여 제비뽑기로 짝을 지은 청춘 남녀들은 교회로 가서 1년 동안 서로 건강을 기원해주고 상대방을 즐겁게 해줄 의무가 있었는데, 이 의무의 하나로 '달콤한 것'을 선물로 주고받곤 했다.

만성절萬聖節, All Saints' Day은 원래 '성모 마리아와 모든 순교자 성인'을 기리기 위해 5월 13일에 열리는 축제였다. 그러나 농업이 발전하던 9세기에 축일이 농번기와 겹치는 것을 피할 수 있도록 켈트인의 설날인 11월 1일로 날짜가 대체되어 오늘날까지 이어지고 있다. 예컨 대 오늘날 가톨릭 국가인 프랑스의 4대 국경일은 부활절, 혁명 기념일, 만성절, 성탄절이다. 11월 2일의 만혼절萬魂節, All Souls' Day은 11세기 초 클뤼니 수도원의 주도로 만성절 다음 날 '모든 망혼들'에게 미사를 드리는 축일로 정착했다.

만성절 전야제와 관련이 있는 것이 핼러윈(10월 31일)이다. 핼러 윈은 고대 켈트인의 민속에서 겨울과 새해를 맞이하는 사윈Samhain 축제에서 유래했다. 켈트인은 가축 떼를 우리에 가두고 식량을 충분히 비축하는 등 월동 준비를 완료하고 겨울을 맞는 11월 1일을 새해 첫날 로 삼았다. 육신은 죽지만 영혼은 1년 동안 다른 사람의 몸속에 있다 가 내세로 간다고 믿던 이들은, 사윈 축일이 시작되는 일몰부터 귀신 복장을 하고 집 안을 차갑게 하여 유령이 자신의 거처로 돌아오는 것 을 막는 풍습이 있었다. 또한 인간 세계와 초자연적 세계 사이의 장벽 이 무너지는 이날, 사람들은 땅의 생산성을 관장하는 초자연적인 힘들 을 달래기 위해 곡물과 동물을 제물로 바치고, 결혼·질병·죽음과 같 은 자신의 미래 길흉에 대해 점을 치곤 했다. 그러나 이러한 사윈 민속 은 9세기 들어 설날(11월 1일)이 만성절로 바뀌면서 일몰 이후 행사만 만성절 전야제로 남았다. hallow란 말은 앵글로색슨어로 saint(성인) 를 뜻하며, 오늘날에는 All Hallows' Eve(All Saints' Eve, 만성절 전야) 가 줄어서 Halloween이란 말이 쓰이고 있다.

오늘날의 핼러윈 축제는 아일랜드·스코틀랜드·웨일스·잉글랜드 북부 등과 같은 유럽의 켈트 문화권과, 이 문화권 사람들이 이주하여 전파한 북아메리카(미국과 캐나다)에서 국민 축제로 자리 잡았다. 오 늘날에는 저승의 존재와 초자연적인 힘들을 흉내 내는 기이하고 신비 스러운 복장과 가면을 강조하고, 특히 어린이가 주역을 담당하는 축제로 변모했다. 어린이들은 속을 도려낸 큰 호박에 구멍을 뚫어 악마의 눈·코·입 등의 모양을 새겨 넣고 그 안에 촛불을 고정시켜 도깨비처럼 번쩍이는 핼러윈의 상징물인 잭오랜턴Jack-o'-lantern(호박 초롱)을 만든다. 그러고는 유령·마녀·악마·흡혈귀·해적 등으로 분장하고 집집마다 방문하여 "trick or treat!"(한턱 내지 않으면 골탕 먹일 거야!)라고 외치며 집주인한테 초콜릿과 사탕, 학용품 등을 받아낸다.

성모영보절(수태고지, 3월 25일), 성모방문절(7월 2일), 성모몽소승천절(8월 15일) 등처럼 성모 마리아의 일화와 관련된 일련의 축일들은 12세기에 마리아 공경 열기가 고조됨에 따라 큰 중요성을 띠게 되었다. 기독교 사회에서는 대축제 전날에 특정한 의례로 전야제를 열었다. 이것은 환자들이 의술의 신 아스클레피오스Asklepios 신전에서 병을 고치거나 치유 비법을 계시받기 위해 밤새 간구했던 고대 그리스-로마의 '철야기도 의식incubatio'을 계승한 '준비'를 의미했다.

한 해를 시작하는 날은 성탄절 양식, 성모영보절 양식, 부활절 양식 등 지역과 종교적 전통에 따라 다양했는데, 12세기부터 대부분의 기독교 세계에서는 부활절을 새해의 시작으로 삼았다. 오늘날처럼 1월 1일을 새해 시작일로 고정시킨 것은 1582년 교황 그레고리우스 13세의 역산曆算 개혁(소위 '그레고리오력')에 따른 것이다.

타종 소리

수도원과 교회는, 성무 일과를 수행하고 제례 달력을 계산하기 위해 시간을 계측하고 관리하는 유일한 기관이었다. 시간의 계측과 관리에 있어서 중세 초에는 수도원이 크게 기여했다. 7세기에 도입된 수도원의 타종 소리는 수도사들과 인근 농민들에게 기도 시간과 노동 시간 구분, 식사 시간 고정(농촌에서건 도시에서건 낮이 긴 여름을 제외하고 하루 두 끼 식사만 했다) 등과 같은 일상생활의 시간적 지표가 되었다. 1000년경부터 많이 들어선 도시와 농촌 교회에서 성무 일과에 맞춰 세 시간마다 치는 종소리가 주민들에게 시계 구실을 해주었다. 늦가을부터 초봄까지 해 보기가 힘든 계절에는 특히 더 그러했다.

중세의 모든 시간이 기본적으로 자연의 순환적 리듬에 종속되어 있었지만, 농민의 시간은 자연의 완만한 순환 그 자체였다. 농민의 시간은 무엇보다도 농업의 시간이요, 농업의 시간은 본질적으로 자연의 시간이기 때문이다. 조르주 뒤비가 연구한 1000년경 프랑스 중동부 마코네 지역의 농사력을 예로 들어보자. 대림절(성탄절을 준비하는 4주간)이 시작되는 11월 말부터 사순절에 접어드는 이듬해 3월 중순까지는 농한기였다. 이 기간에 이삭 털기며 해자 보수며 장작 패기 등과 같은 일을 하고, 공납의 납부며 잉여 농산물 판매며 필수품 구입 등과 같은 한 해의 가정 경제를 결산했다. 4월부터 9월까지는 농번기였다. 봄밀 파종과 포도나무 가지치기에서부터 건초 베기와 말리기, 밀 베기와 양털 깎기, 포도 수확까지 일련의 농사일이 이어졌다. 한 해의 농사력은 가을밀과 호밀을 파종하고 월동준비를 마무리하는 11월 초 만성절 무렵 끝났다. 이처럼 농업의 시간은 농작물의 성장과 수확을 가능하게 하는 자연의 완만한 순환에 따르는 기다림과 인고의 시간이요, 서두를 것 없는 느긋한 시간의 반복이었다. 그래서 중세인들은 '운명의 수레바퀴'에 따라 길흉화복 등 주어진 삶의 굴곡을 숙명처럼 여기며 세상 모든 일을 새옹지마로 받아들였다.

농민들은 절대다수가 비록 물질적으로 빈궁했지만 노동에 중독된 '일벌레들'이 아니었다. 중세 말 남프랑스 몽타이유 마을 농민들이 그러했다. 이들은 농번기에도 한나절만 일하고 오후에 낮잠siesta을 잤으며(지중해 연안 지방에서는 오늘날까지도 뜨거운 여름철에는 점심을 먹고 나서 낮잠을 잔다), 친지가 오면 하던 일을 중단하는 등 빈둥거리는 시간이 많았다. 러시아 경제사가 알렉산드르 V. 차야노프Alexander V. Chayanov가 세워놓은 산업사회 이전의 농촌 경제 이론은 이를 뒷받침해준다. 그에 따르면 "자가 소비를 위한 가내 생산 체제에서의 노동 강도는 생산 단위의 상대적 노동 능력에 반비례한다." 다시 말하면, 가족 중에서 일할 수 있는 식구가 많을수록 식구 개인의 노동 강도는 더 약해진다. 농민들은 생존의 필요를 충족시키기 위해 필요한 만큼만 일을 했으며, (자본주의적) 잉여 창출 동기가 없는 한 기본적 필요 이상으로 강도 높은 노동을 하지 않았다는 것이다. 물론 10~11세기 봉건적 착취가 심했을 것으로 추정되는 농촌에서나, 교환 경제가 침투하고 노동 집약적 원예 농업을 했던 대도시 근교 농촌에서는 사정이 좀 달랐을 것이다. 아무튼 필요 이상의 허구적 욕망을 끊임없이 자극하여 소비하게 하는 자본주의 사회와는 달리 중세 사회는 생존의 기본적 필요가 생산과 소비를 조절하고 결정했다.

농민들의 시간에는 자연적·민속적·기독교적 시간이 공존하고 있었다. 농민들은 날짜를 보름을 기준으로 한 음력을 이용하여 구분하고, 결혼식 날짜도 점성술에 기대어 길일을 택했으며, 달과 계절은 "느릅나무 잎이 나올 때" "딱총나무 꽃이 필 때" "밀과 무 수확 때" "포도 수확 때" 같은 표현처럼 자연현상을 기준으로 하여 구분하기 일쑤였다. 그러면서도 늦가을부터 봄까지 걸쳐 있는 농한기(기독교 사회에서 그리스도와 관련된 대축일은 대부분 농한기에 있다)에는 만성절, 성탄절, 사육제, 사순절, 성지주일, 부활절, 성령강림절, 승천절 등과 같은 기독교 축일을 기준으로 절기를 구분하기도 했다.

기독교 교리에 따르면 시간은 하느님이 창조한 것이기에 하느님의 소유물이고 따라서 시간을 이용해 이득을 취하는 행위는 절도와 같은 죄로 간주했다. 반면 현실의 상업계에서는 시간이 바로 돈이었다. 상인은 매점매석의 형태로, 대금업자는 저당의 형태로 시간을 빌려 이득을 취했기 때문이다. 그래서 13세기 자크 드 비트리 같은 모럴리스트들은, 도시는 악의 소굴(바빌론)이며 이들은 최후 심판 때 지옥으로 떨어질 것이라 저주했다.

12~13세기에 발전한 도시의 시간은 교회의 시간에 맞서 시간을 '세속화'하는 데 기여했다. 도시 성곽의 보초 교대 시간을 알려주는 망루의 종, 화재나 외침 혹은 반란 같은 위기를 경고해주는 도시 당국의 종, 노동 시간의 리듬을 알려주는 작업장의 종 등 속세의 다양한 종들은 성무 일과 시간을 알려주는 교회의 종과 맞섰다.

14세기 위기로 인해 일당을 더 벌려는 직물 노동자들이 요구하는 야간 노동에 대해 고용주들과 당국(도시법과 조합 정관)은 이를 금지했다. 그 이유는 현실적으로는 인공조명이 빈약했던 사회에서 고용주들이 가급적 최상급의 노동을 확보하고자 하는 바람에서였겠지만, 그 이면에는 마법사와 마녀의 시간이요, 악마와 악령의 시간인 밤에 대한 공포가 작용했기 때문일 것이다. 중세 때는 동일한 범죄라도 밤에 저지른 범죄는 낮에 저지른 범죄보다 더 무겁게 처벌했다. 그래서 도시에서는 밤이 되면 성문의 도개교를 올리고 성곽에 보초를 세우고 시내에 야경을 돌게 했다.

12세기부터 도시에 출현한 대학의 시간은 여가와 바캉스의 시간을 탄생시켰다. 토마스 아퀴나스는 여가를 '레크레아티오recreatio,' 즉 "하느님이 인간에게 부여한 생명력의 회복 시간"이라고 정의했다. 중세 때 그렇게도 많았던 축일에는 휴업을 했기 때문에 오늘날보다 노는 날이 훨씬 많았다.

시간은 또한 사회적·정치적 갈등과 경쟁의 대상이 되기도 했다.

14세기 위기 때 노동 시간의 계측 문제는 일당을 받는 노동자들과 이들의 노동 시간을 악의적으로 조작하는 고용주 사이에 사회적 투쟁을 초래하기도 했다. 제후와 상인은 역참망 수립과 연락망 단축을 위해 경쟁했고, 왕은 도시에서 시간 계측의 혁명적 수단으로 13세기 말에 등장한 기계식 시계를 놓고 다투었다. 해시계, 물시계, 모래시계, 양초가 타는 시간 등 고풍스러운 시계들은 기계식 시계와의 경쟁에서 패배했다. 그러나 낮과 밤의 시작 시점과 단위 시간의 길이도 일출과 일몰에 맞추어졌기 때문에 지역과 계절에 따라 달랐고, 기계식 시계도 자주 고장이 났다. 왕은 시간 계측과 통제의 새로운 주체가 되었다. 프랑스 국왕 필리프 4세는 한날한시에 왕국 내의 모든 성전기사단을 해체시키는 데 성공했고, 샤를 5세는 왕국 내의 모든 시간을 파리에 있는 왕궁의 시계를 표준으로 하라고 명령했다.

중세 말에 나타나는 개인주의적 경향은 시간 개념에서도 확인된다. 12세기 말에 등장한 연옥 신앙과 유언장의 보급, 중세 말에 많이 보급된 판화 『선종善終의 방법*ars moriendi*』은 개인적 시간의 발전과 관련이 있다. 개인의 긍정과 더불어 시간은 '재산'이 되었다. 15세기 이탈리아의 인문주의자 레온 B. 알베르티Leon B. Alberti는 시간은 "가장 소중한 재산"이라고 주장했다. 이와 더불어 르네상스기에 부자들이 많이 휴대한 회중시계는 개인적 배려가 결여된 교회 시계(타종 소리)에 맞서 노동과 휴식, 여가에 대한 개인의 통제 범위를 넓혀주었다.

영국 근대사가 키스 토마스Keith Thomas에 따르면 중세의 대략적이고 들쭉날쭉하고 불규칙한 시간은 17세기 후반부터 기계의 작동처럼 정확하고 균질하고 규칙적인 시간에 자리를 내주기 시작했다. 합리주의적인 엘리트 식자층에서 등장한 근대적 시간 개념은 19세기 말에 이르러 모든 계층이 공유하는 하나의 심성으로 굳어졌다.

2. 공간

중세인에게 일상생활의 공간적 지평은 무척 좁았다. 장거리 여행은 상인·순례자·십자군처럼 소수에만 해당되었고, 대다수 주민은 일생 동안 좁은 테두리를 벗어나지 못했다. 여정의 속도가 너무 느리고 비용이 많이 들었기 때문이다. 중세 말에 상인이 짐바리 동물을 몰고 하루에 걸어갈 수 있는 최대 거리는 30킬로미터였다. 이 속도로 파리에서 아비뇽까지 25일, 아비뇽에서 베네치아까지 20일이 소요되었다. 예루살렘 순례자의 경우 베네치아에서 성지의 관문 야파Jaffa 항까지 배로 35일, 거기서 성지까지 걸어서 5일이 걸렸으며, 귀로까지 포함해 총 150~200두카토의 경비가 들었다(당시 베네치아 인쇄공 월급이 3두카토였다). 사정이 이러했으므로 전통사회에서 일상 공간은 걸어서 하루에 다녀올 수 있는 범위로 한정되었다. 이런 상황은 시간과 공간을 대폭 단축시켜주는 철도와 자동차 같은 근대적 교통수단의 이용이 대중화할 때까지 오래 지속되었다. 여기선 중세인의 일상 공간을 그 핵심이 되는 집을 중심으로 살펴보려 한다.

가축과의 동거

게르만의 이동 시기에 고대 도시는 쇠퇴했다. 게르만에 의해 파괴되거나 점령된 로마제국 시대의 빌라(지주의 석조 저택을 중심으로 형성된 농장)는 촌락 구조에서 구심적 기능을 상실하고, 일반 농가는 이로부터 독립해나가는 경우가 많았다. 중세 초에는 도시에서나 농촌에서나 가옥은 주로 나무로 지어졌기 때문에 초라했다. 가옥 구조의 핵심은 골조를 떠받치는 나무 기둥과 넓은 초가지붕이었고, 벽은 나무와 짚을 섞은 흙으로 되어 있었다.

1000년경 성과 교회를 중심으로 촌락이 형성되었다. 구릉지가 많고 외부 위협이 상존했던 이탈리아·남프랑스·이베리아 반도 같은 지중해 연안 지방에서는, 언덕이나 절벽에 세워진 성을 중심으로 주변에 가옥이 다닥다닥 붙은 집촌을 형성하고 성벽을 둘렀다. 이처럼 성을 중심으로 형성된 작은 요새화한 세계를 이탈리아에서는 인카스텔라멘토incastellamento라고 칭했다. 다른 대부분 지역에서는 마을에 성이 없거나 성이 있다 하더라도 주민들과 사이가 좋지 않았다. 또한 바퀴 달린 무거운 쟁기의 공동 운영으로 인해 개방 경지제를 도입한 지역에서는 가옥들이 한곳에 모여 집촌을 형성했다. 이럴 경우 교회가 마을의 중심적 역할을 했다. 교회는 마을 사람들의 회합 장소요, 이승과 저승 사이, 생자와 교회 묘원에 매장된 망자 사이의 접촉 창구이기도 했다. 교회의 외관적 특징은 일반 농가와는 구분되는 건물의 질과 높은 종탑으로 표현되었다. 요새화한 교회는 비상시 주민들의 대피소 역할도 했다.

비록 도시 주택에 비해 시대별 변화가 적었지만, 농가도 11~14세기 사이에 발전을 했다. 나무로 기둥을 세우고 가파른 지붕에 이엉을 얹고 짚을 섞은 흙으로 벽을 두른 집이 지배적이었지만, 때로는 돌이나 벽돌로 지은 집이 등장하기도 했다. 농가의 전형적 형태는 한집 안에서 사람과 가축이 서로의 온기에 기대어 함께 사는, '롱 하우스long house'라 불리는 복합 가옥이었다. 크기는 폭 5미터에 길이가 15미터 정도였고, 4~5명의 가족이 살았다. 이런 형태의 가옥은 출입문을 중심으로 한쪽에는 화덕과 침대가 딸린 인간의 공간이, 다른 쪽에는 우리와 건초 창고가 있는 가축의 공간이 공존해 악취가 나고 쥐며 빈대며 벼룩이 많았다. 중세 때는 한 지붕 밑에서 같이 사는 피붙이뿐만 아니라 하인과 장기 유숙하는 손님까지도 가족이었듯이, 집 안에서 기르는 말·소·돼지·개는 물론이고 집 주변에서 사는 여우·족제비·쥐·까치도 가축이었다. 이처럼 인간과 가축이 한 식구처럼 같은 지붕 아래에 동숙하는 농가에 대해, 17세기 프랑스 서부의 브르타뉴 지방을 여행하던 한 여행객은 "집은 대개 나무로 지어져 쥐가 많았고, [……] 벼룩과 이도 없지 않았다. [……] 소가 뒤척이는 소리로 잠을 설쳤다"라는 기록을 남겼다. 이런 가옥 형태는 알프스산, 프랑스의 중남부 산악지대와 브르타뉴, 영국의 웨일스처럼 고풍스러운 지역이나 산악 지대에 오늘날까지도 남아 있다.

봉건적 지배의 상징이자 구현인 성은 점진적으로 축조되었다. 1000년경 성주령 시대에는 둔덕에 나무나 벽돌로 지은 둔덕 성탑이 많이 들어섰고, 1200년경에는 대귀족들이 벽돌이나 돌로 된 단단한 성채를 많이 지었다. 같은 시기에 기사에서 귀족의 반열에 오른 하급 귀족들도 실제로는 농가와 크게 다를 바 없지만, 대귀족의 성채를 모방하여 해자·토성(때로는 울짱)·둔덕과 성탑 모양의 현관 등을 갖춘 '요새화한 가옥fortified house'을 보유하고 이것을 귀족 신분의 표지로 과시하였다. 성의 공간적 구성은 장자상속제가 발전한 지역의 경우 영주 부부와 그 자녀만이 거주할 수 있었다. 예컨대 1129년 북프랑스의 부빈 지방에 건립된 아르드르Ardres성은 1층은 식량 창고로, 2층은 거실(식당 겸용)과 침실(영주 부부의 침실, 어린이와 유모의 방)로, 꼭대기인 3층은 장성한 자식들의 방으로 사용되었다.

도시의 복합적 공간 구성은 지형에 따라 11~12세기부터 매우 다양한 주거 공간을 제공했다. 도시 권력의 관할 권역에 있는 근교 농촌이나 성곽 부근에 있는 가옥은 농촌에 있는 가옥과 흡사했다. 그러나 대도시의 성곽 안 중심지에 있는 제후의 저택, 주교의 공관, 부유한 부르주아의 주택은 성채와 유사했다. 도로 쪽으로는 탑이며 높고 둥근 천장이 있는 홀이며 여러 층에 많은 방을 갖춘 본채를 짓고, 뒤쪽 안뜰에는 정원과 다수의 부속 건물을 갖추었다. 목재가 많은 북부 지방에서는 목조 가옥이, 돌이 많은 지방에서는 석조 저택이 상당수를 차지했지만, 중세 말로 갈수록 도처에서 석조 저택이 증가했다. 상인과 장인의 가게는 거리에 면했고, 구두장이·마구장이·재단사·금세공인·이발사·푸주한 등은 행인들이 들여다보는 가운데 일을 했다. 푸줏간 앞 노상에서 가축의 목을 쳤고, 과일 장수와 생선 장수가 노상 좌판에서 장사를 했다. 골목길은 말을 타고 지나가기 어려울 정도로 비좁고 미로처럼 복잡했다. 한편 대도시에서는 인구 증가로 후미진 구역에 여러 층(4~5층)을 여러 세대에게 임대해주는 '다가구 주택'이 건립되었다. 날품팔이 노동자나 직인과 같은 도시 빈민들은 꼭대기 층에 있는 단칸 다락방에서 옹색하게 살아야만 했다.

　도시는 성곽 안에 텃밭과 채원(또는 과수원)이 있었고, 대로와 골목길에는 각종 쓰레기와 오물이 널려 있었으며, 하수도와 하천 등 곳곳에서는 썩은 오수와 오물(도축장에서 흘러나온 핏물과 찌꺼기, 가축과 사람의 분뇨, 온갖 생활 오수와 쓰레기)로 인해 악취가 났다(이러한 환경에 길들여진 중세인은 현대인에 비해 악취에 둔감한 편이었다). 거리를 배회하며 쓰레기를 뒤져 먹고 사는 소·말·돼지·양·닭 등의 가축들과 길에 널려 있는 이들의 분변이 행인과 마차의 통행에 장애가 되기도 했다. 예컨대 프랑스 국왕 루이 6세의 세자 필리프는 파리에서 말을 타고 가다 갑자기 뛰어든 돼지와 부딪혀 일어난 낙마 사고로 목숨을 잃기까지 했다(1131년 10월 13일). 사람들은 아무 데서나 대소변을 보았기 때문에 거리에는 가축의 분변 말고도 인분이 널려 있었던 것 같다. 파리와 리옹 같은 대도시에서조차 거리 이름 중에는 우스꽝스럽게도 'Merderet'(똥을 누는 거리), 'Rue de l'Enfant-qui-Pisse'(어린이가 오줌을 누는 거리), 'Brenneuse'(배설물로 가득한 거리)가 있을 정도였다. 도로 상태 또한 좋지 않아 마차가 지나가면 행인과 주변 건물이 먼지나 흙탕물을 뒤집어쓰기 일쑤였다. 이러한 각종 오물과 조악한 도로 상태 때문에 굽 높은 신이 등장하고 이로부터 하이힐이 유래했다.

한편 정부 당국이 도시 위생에 관심을 갖고 환경 개선 조치를 취하기도 했다. 프랑스 국왕 필리프 2세는 왕궁 옆을 지나가는 마차가 먼지를 날리고 흙탕물을 튕기는 것에 불쾌감을 느껴 도로를 포장하라고 명령했으며, 장 2세(재위 1350~1364)는 파리 시내에서 쓰레기를 뒤지며 도로를 파헤치고 오물을 대량 배출하는 돼지 사육을 금지한다고 포고했다. 아비뇽에선 주민들이 각종 오수와 오물을 도로에 마구 버리자, "(……) 뜨거운 물, 짚 부스러기, 포도 찌꺼기, 구정물, 사람의 배설물, 기타 어떠한 쓰레기도 도로에 투척해서는 안 된다"는 도시 법령(1243)을 제정하고 이를 위반한 자에게 벌금을 부과했다.

이처럼 궂은 환경 조건 속에서 일상을 꾸려나간 중세인의 생리적 배설 매너 또한 거침없고 투박했다. 예절의 사회사를 개척한 노르베르트 엘리아스에 따르면 중세 사회는 외견상으론 기독교적 엄숙주의가 팽배했던 것처럼 보이지만 실제로는 본능적 욕구 표현에 대한 사회적 금기와 제재가 미약했다. 사람들 앞에서 아무 데서나 가래침을 뱉어대고 코를 풀어버리고 방귀를 뀌어대고 변을 보고 하는 것은 상스런 짓도 쑥스런 짓도 아니었다. 귀족층에서조차 급하면 아무데나 대소변을 해결하고, 방구석과 계단에다 예사롭게 소변을 보곤 했다. 또한 용변을 보고 있는 사람 곁을 지날 땐 못 본 척하는 것이 예의였다. 심지어 귀족이 손님과 하인 앞에서 변을 보는 것이나, 귀부인이 목욕 시중을 드는 남자 시종(인격이 없는 시종에겐 남녀 성 구분이 무의미했다)에게 자신의 알몸을 드러내 보이는 것은 주인이 이들에게 베푸는 호의의 표시로 간주되기까지 했다.

노상 방뇨는 근대에 들어서도 사라지지 않았다. 16세기 프랑스의 교육학자 마튀랭 코르디에Mathurin Cordier가 쓴 교과서 『학동들의 대화 4편Colloquiorum scholasticorum libri quatuor』(1568)에는 교사가 어린이들에게 모범생의 아침 일과를 본받으라고 가르치는 장면이 나온다. "아침에 일어나 식사하기 전까지 무엇을 했는지 정확한 순서대로 말해보세요. 어린이 여러분, 이 학생이 하는 이야기를 잘 듣고 배워 앞으로는 그대로 따라 하세요." 학생이 대답한다. "저는 잠에서 깨어 침대를 빠져나와 속옷을 입고 양말을 신고 허리띠를 차고 안뜰 담벼락에 소변을 보고 양동이로 찬물을 퍼다 세면을 하고 수건으로 닦고 〔……〕 합니다." 이 모범생처럼 어려서부터 안뜰 담벼락에 소변보는 것이 자연스럽게 몸에 밴 사람들로선 남의 집 담벼락이나 길거리에 방뇨하는 것이 대수로운 일은 아니었을 것이다. 1729년 루앙에서 출간된 한 예절서는 배뇨가 다급할 경우 "인적이 뜸한 곳"에서 하라고 가르쳤다(이젠 노상 방뇨를 하더라도 남의 눈에 띄지 않게 하는 게 예의라는 것이다). 남자들은 자기들끼리 떼 지어 노상 방뇨하는 것을 사내다움을 확인하고 친목을 다지는 의례로 버젓이 여겼다.

화덕을 중심으로

인구가 밀집한 도시에서 부유층은 가구마다 화장실이 있었지만 서민층은 여러 가구가 실외 화장실을 같이 쓰면서 성곽과 하천가의 공중 화장실을 이용하기도 했다. 고대에서부터 존재한 야간 침실용 소변기인 요강night pot, chamber pot은 중세는 물론 19세기까지도 널리 사용되었으며, 궁정 귀족을 위한 의자형 대변기인 매화틀chaise percée은 루이 14세의 베르사유 궁정에 등장했다. 도시와 농촌에서는 분뇨를 탱크에 모아 거름으로 사용한 반면, 성채에서는 대소변을 화장실 변기에서 해자로 직접 배설하여 흘려버렸다.

귀족과 상층 부르주아는 개인 욕실이 있었지만 서민들은 욕실이 따로 없었다. 그래서 도시에는 공중탕이 많았는데, 목욕탕 본래의 기능을 배제한 고급 매음굴로 이용되는 경우가 있어서 몸만 씻는 목욕탕은 따로 안내판을 설치하기도 했다. 농민들은 면도며 세면이며 목욕을 자주 하지 않았다. 그들은 오히려 불결한 육체의 악취를 남성다움의 표시로 간주하였고, 그래서 몸과 옷에는 체외 기생충, 특히 이(사면발니·머릿니·옷엣니)가 많았다. 기독교 윤리는 몸을 가꾸는 목욕과 화장을 극도로 제한했으며, 그래서 클뤼니 수도원에서는 수도사들에게 1년에 두 번(부활절과 성탄절)만 목욕을 하도록 규정했다.

화덕은 고대 로마 시대부터 전통 사회에서 가구의 수를 대신하는 과세 단위로 평가되었을 뿐만 아니라 집과 같은 의미로 쓰일 정도로 중요한 것이었다. 불은 기본적으로 취사용이나 난방용으로 매우 중요한 필수품이었기 때문에 주부는 이를 잘 간수할 의무가 있었다. 농가에서 화덕은 방바닥에 그대로 설치하였고, 후대로 갈수록 돌이나 벽돌로 만든 받침대 위에 설치하는 경우가 많았다. 화덕과 같은 의미로 쓰였던 굴뚝이 농가에서는 천장에 구멍만 내는 형태로 되어 있어서 실내는 연기가 자욱하고 그을음이 많았다. 중세의 한 속담은 남정네가 집 밖으로만 도는 요인으로, 빗물이 새는 초가지붕과 바가지 긁는 아내 외에 화덕의 연기를 뽑았다. 연통의 형태를 갖춘 굴뚝은 중세 말에 가서 귀족과 부르주아 저택에 많이 설치되었으며, 장작 받침쇠·부삽·부젓가락·풀무 등도 중세 말에 갖추었다. 화덕에서 나오는 온기가 기본 난방이었고, 벽난로와 이동식 화로는 중세 말에 부자들이 많이 사용하였다.

따라서 온난한 지중해 연안 지방을 제외하곤 햇빛을 보기 힘든 음습한 날씨가 늦가을부터 초봄까지 계속되는 유럽의 대부분 지역에서, 온돌방도 난로도 없는 서민층 가정은 화덕과 그 주변이 가내 노동(주로 길쌈), 식사와 회합, 잠과 휴식 등 모든 가정생활이 영위되는 핵심 공간이었다. 농촌에서 기나긴 겨울밤에 친지나 이웃 사람들이 놀러와 현실적·상상적 이야기꽃을 피우며 정보를 교환하는 '밤마실veillée'은 바로 이 화덕 주변에서 등걸불이 꺼질 때까지 이어지곤 했다(화덕가에서 이뤄지는 밤마실의 사교와 문화 전승에 대해서는 나중에 다시 살펴보기로 한다). 그러므로 서민층에서 화덕과 그 주변은 주방·식당·거실·침실(특히 환자를 위한 병석) 등 다양한 목적으로 사용될 정도로 집 안에서 가장 중요한 공간이었다.

창문은 사치품에 속했다. 농가에는 하나 또는 두 개(이 경우 하나는 인간 전용으로, 다른 하나는 가축 전용으로 사용됨)의 출입문 외에는 창이 없기 일쑤였고, 고급 건축물에만 창이 있었다. 성당과 성, 부자들의 저택은 채광과 환기를 용이하게 하고 바람·비·추위를 막기 위해 두 쪽으로 된 목제 덧창과, 석고판 또는 채색 유리로 만들거나 기름 또는는 밀랍을 바른 천으로 된 안창이 달려 있었다. 이 창문은 귀족 사회에서 외출을 엄격하게 통제받던 소녀가 몰래 바깥세상을 구경하는 창구일 뿐만 아니라, 말을 타고 지나가는 청년과는 연가와 사랑의 징표를 교환하는 통로이기도 했다.

인공조명도 부에 달려 있었다. 양초는 악취가 나지 않고 그을음이 적었기 때문에 가장 세련된 조명 기구였지만, 값이 비싸서 교회의 제례나 부유층에서만 사용했다. 가장 흔하게 이용된 서민용 조명 기구는 식물성 기름 램프와 동물성 기름 초였다.

가구 또한 그 보유자의 특권을 나타내주는 표지였다. 침대는 가구 중에서 필수적이면서도 가장 비싼 가구였으며, 중세 말에는 신부의 혼수품 가운데 하나였다. 농민들도 최소한 한두 개의 침대를 보유했다. 화덕을 중심으로 그 좌우에 궤짝을 높이 쌓아 침상을 얹고, 그 위에 짚, 깃털, 길쌈에서 나오는 부산물을 넣은 매트리스를 깔았다. 서민층에서는 부모와 어린 자녀, 형제자매들이 대개 한 침대나 때로는 한 방을 같이 사용하는 것이 예사였으므로, 사생활을 위한 개인별 전용 공간을 확보하는 것은 아직까지 요원한 일이었다. 반면에 부자들은 고급 목재 침상과 솜털 매트리스를 갖추고 있었고, 중세 말로 갈수록 개인용 서재와 침실 같은 사적 전용 공간을 더욱 확대했다.

이불은 중세 말에 보편적으로 사용되었지만, 그 크기의 불균등은 침대 크기의 불균등을 반영한다. 왕과 제후가 덮던 큰 이불에서부터 온 식구가 덮기에는 너무나 작은 농민의 이불까지 다양했다. 이불의 품질도 단순한 거친 천에서부터 누비이불, 붉은 줄무늬 모직 이불까지 다양했다. 부자들은 누비이불에 가벼운 비단을 입히고 자수로 장식하거나 모직 이불에 모피를 덧씌워 사치와 안락에 대한 취향을 표현하기도 했다. 15세기에 이르면 침대에 닫집이나 커튼을 두르기도 했다.

농가에서는 방바닥 깔개로 대개 흙바닥에 갈대나 짚으로 엮은 거적을 깔았고, 근동에서 수입된 양탄자는 부자들만이 사용하는 희귀품이었다. 농민과 도시 서민 들의 가구는 아주 간소했다. 방 안에는 특히 궤짝이 많았는데, 그것은 뒤주·옷장·앉을깨·침대 받침 등 다양한 용도로 사용되었다. 나무와 벽토와 주춧돌이 그대로 드러난 벽에는 아무것도 칠하지도 바르지도 않았다. 유일한 천은 침대보와 이불이었다. 반면에 부자들은 벽에 벽지를 바르거나 다양한 문양으로 장식하고, 가구(장롱)를 칠하거나 조각했으며, 침대도 생생한 색깔의 침대보와 공들여 만든 베개 등으로 장식했다.

중세 말에 이르면 가축과 동숙하는 복합 농가 형태가 감소한다. 집 안에 사람을 위한 전용 공간이 확대되었고, 도시의 영향을 받아 벽에 창을 내고 난로를 사용하는 등 일부 농민의 주거 조건이 부분적으로 개선되었다. 그러나 대다수 농민들은 여전히 춥고 어둡고 충충하고 매캐하고 퀴퀴한 집에서 쥐와 갖가지 해충(빈대·벼룩·이)에 시달리며 가축과 함께 살았다. 난방과 조명, 신선한 실내 공기, 탁 트인 전망, 안락한 실내 분위기, 사적 전용 공간의 확보 등은 중세 말에 궁정이나 도시 저택에 사는 부자들이 향유하는 특권에 속했다. 집은 사회적 분화가 가시적으로 드러나는 한 방식이었다.

그러나 농민들에게 집은 이처럼 물질적으로는 누추했지만 정서적으로는 매우 소중한 가치를 지녔던 것 같다. 중세 농민 가옥을 '지저분하다'고 폄하하는 것은 집의 청결과 안락, 자산 가치만 중시하는 현대의 물질주의가 투사된 시대착오적 편견일지도 모른다. 가옥과 가족을 동시에 의미했던 집은 대대로 나고 자라고 살고 죽는 곳이요, 죽어서는 망혼이 주말에 돌아와 잠을 자고 조상이 행운을 가져다주는 곳이었다. 또한 심리적·정서적 차원에서 집은 그것을 핵으로 하여 펼쳐져 있는 동심원적 우주의 중심이었으며, 부모와 자식이 서로 사랑하는 화목한 집은 농민적 천국의 원형이었다. 우리에게 초라하고 지저분해 보여도 그들에게 집은 자신을 켜켜이 둘러싼 세계의 든든한 중심이요, 조상의 넋이 깃들어 있는 영혼과 육신의 푸근한 안식처였다.

제 2 장

음식과 옷

1. 빵과 고기

중세는 고대의 두 음식 문화 전통을 물려받았다. 하나는 경작과 식물성 음식 비중이 높은 지중해의 그리스-로마 전통이고, 다른 하나는 목축과 동물성 음식 비중이 높은 대륙의 켈트-게르만 전통이다. 중세 기독교 사회는 이 두 전통을 수용해 빵과 고기를 중심으로 한 유럽 음식 문화의 기틀을 마련해주었다.

많이 먹기

그리스-로마적 전통에서는 공간을 문명의 공간인 '경작지*ager*'와 야만적 공간인 '비경작지*saltus*'로 구분하였다. 전자로부터 채소·곡물·과수의 재배 및 목축 등 경작에 비중을 두는 문화가 발생했고, 음식도 빵·밀가루 죽·포도주·올리브기름·채소를 주식으로 하고 여기에 약간의 고기와 치즈를 곁들이는 식물성 위주의 음식 문화가 발달했다.

이에 반해 켈트-게르만적 전통에서는 토지의 경작보다 숲과 초지의 활용에 기초한 사냥과 목축 경제를 운영하였으며, 그래서 동물성 음식이 주식이었다. 특히 사냥하여 잡은 고기가 주식이었고, 곡물보다 채소의 비중이 더 컸던 식물성 음식은 부수적 역할만 했다. 로마의 포도주를 접하기 전까지는 맥주(갈리아 곡주), 과실주, 마유주馬乳酒, 꿀술(꿀을 발효시켜 물과 섞은 술)을 마셨다. 이런 음식 문화가 게르만 이동 이후에도 오랫동안 지속되었다.

중세 기독교 사회는 이 두 전통의 음식 문화를 점진적으로 융합시켰다. 우선 로마의 음식 문화가 기독교 사회에 수용되었다. 지중해 음식 문화의 농업적 모델이 유럽 전역으로 확산한 주된 이유는 그리스-로마 문명이 '야만적인' 정복자들에게 큰 매력을 느끼게 했고, 기독교 세계가 확장되면서 지중해에서 기원한 빵과 포도주와 올리브기름이 교회의 특정한 의례(성체성사와 축성 의례)에서 성스러운 물건으로 격상했기 때문이다. 또한 수도원 운동도 금욕주의와 세속으로부터의 도피에 적합한 로마의 음식 문화를 확산하는 데 기여했다. 이러한 이유로 빵과 포도주는 이미지가 격상하여 중세 사회가 널리 공유하는 음식이 되었으며, 식물성 기름도 비록 동물성 지방에 대한 집요한 편애와 충돌하긴 했지만 유럽 전역으로 확산했다. 또한 교회는 일주일 중 특정한 날(전통적 재계일인 수요일, 그리스도의 수난일인 금요일)과 연중 특정한 절기(특히 사순절)에 동물성 음식의 섭취를 금지함으로써 식물성 음식 문화가 발전하는 데도 한몫했다.

이와 동시에 기독교 사회는 게르만의 음식 문화도 수용했다. 게르만의 정치·사회적 지배는 그들의 문화, 특히 숲과 초지의 가치를 새롭게 인식하게 했다. 그리하여 그 당시 경제는 기후와 환경이 허락하는 한 숲-초지 경제 형태를 띠었다. 이와 더불어 중세 초 기독교 사회에서는 고대 로마 사회에 비해 고기가 중심이 되고 곡물 비중은 감소했다. 그래서 수렵, (그리스인과 로마인이 독차지한 해양 어업보다는) 민물 어로(송어·잉어·뱀장어·철갑상어), 멧돼지 사육 등에 각별한 관심을 기울였고, 곡물도 재배하기 더 쉬우면서 지방질이 더 많이 함유된 보리·귀리·조·기장·수수·호밀을 선호했다.

그리하여 중세 초부터 점차 두 음식 문화의 혼합 모델이 지배하기 시작했다. 곡물과 채소, 고기와 어류가 공존하고, 이 두 부류의 음식이 부자나 빈자 사이에 선택과 정도의 차이가 있을지언정 대다수 주민들의 일상적 생존에 필수적인 음식이 되었다.

그러나 계층들 사이에는 질적이라기보다는 양적인 차이가 있었다. "많이 먹는다"는 사실 자체가 비록 기독교, 특히 수도원 윤리와 충돌했지만, 귀족층에서는 사회적 우월과 특권의 표지 역할을 했다. 배가 나오고 뚱뚱한 것은 선망과 존경의 대상이었다. 그래서 중세 왕들 중에는 폭식으로 인해 비만한 왕이 많았다. 프랑스 국왕으로는 앙리 1세, 필리프 1세, 루이 6세가, 잉글랜드 국왕으로는 윌리엄 정복왕과 헨리 1세가, 신성로마제국 황제로는 하인리히 4세와 하인리히 5세가 그러했다. 반면에 식욕이 약한 사람은 지배자가 될 자격이 없었다. 예컨대 9세기 말 스폴레토 공작 구이도Guido가 그랬다. 10세기 연대기 작가 리우트프란트는 "적은 식사로 만족하는 그는 우리를 지배할 자격이 없다"라고 하며 그가 프랑크 왕국의 왕이 되지 못한 이유를 그의 매우 약한 식욕 탓으로 돌렸다. 이것은 음식이 정밀한 기호학적 의미를 지닌 사회문화적 현실을 상징함을 보여준다. "많이 먹는 것"이 곧 권력이요 특권이라는 '탐식'에 대한 강박관념은 중세처럼 일상적 기아의 문제로 고통받았던 사회와 문화에서만 의미가 있다. 반면에 현대 사회처럼 채식 위주의 소식을 권장하는 슬리밍 열풍은 음식이 넘쳐나고 비만한 사람이 많은 사회에서만 의미가 있다.

중세 초에 특히 성행했던 '탐식' 문화는 음식에 대한 이러한 강박관념뿐 아니라 공동 식사의 색다른 의례적 성격에서도 기인했다. 게르만 전사 공동체에서 종사가 군장에게 바친 충성의 대가로 받는 '봉급'은 풍성한 음식이었으며, 이들이 '함께하는 식사(빵)companis'는 동료companio(이 말은 companis에서 유래함) 간의 유대를 돈독히 하는 기회였다. 카롤루스 왕조 이래로 상부상조를 목적으로 많이 결성된 길드나 각종 형제회 같은 수평적 결사체의 회원들이 주요 행사 때마다 여는 주연compotacio은, 동료들 사이의 유대를 새롭게 다지는 의례의 성격을 띠었다. 또한 폭력이 난무했던 중세 사회에서, 이를테면 살인과 같은 가문 간의 사적 분쟁을 해결하는 과정에서 두 가문이 평화 협정을 조인할 때, 키스를 교환하고 결혼을 약속함과 더불어 술과 음식("화해의 음식")을 서로 나누어 먹는 것이 가문 사이의 '돈독한 우의'를 조성하는 합의 의식의 필수 절차이기도 했다. 12~13세기에 교회가 탐식을 주요 죄악으로 규정하면서 탐식의 사회적 가치는 하락했지만, 연회와 주연에서 '함께하는 식사'는 중세 내내 우의와 평화의 기능을 수행했다.

서민층에게 중세는 기술의 한계와 식량 공급 체계의 미비로 인해 다른 어느 시대보다도 더 식량 부족과 기근에 시달리고 신체적으로 허약했던 시대였다. 중세 초 기근은 다양하고 복합적인 양태로 나타났는데, 이를테면 목축 경제보다 생산성이 더 높은 곡물 경작의 확대로 인한 곡물 음식 비중의 증가와 연이은 흉작, 하천의 결빙으로 인한 어로의 불가, 도토리나무의 고사로 인한 야생동물의 집단 폐사 등의 형태로 발생했다. 특히 6세기 말, 11세기 초중반, 13세기 말과 14세기 초처럼 혹독한 기근이 빈발했던 시기에 허기진 사람들은 조악한 음식뿐 아니라 심지어는 인육까지도 먹었으며, 이로 인해 허약해진 육체는 영양실조와 각종 질병에 시달렸다. 노르망디 지방에서 발굴된 유골 분석에서 드러나듯이 중세 초의 평균 신장은 남성이 1.67미터, 여성이 1.55미터로 작았고, 중풍·실명·구루병 등 영양 결핍으로 인한 병에 많이 걸렸다.

이처럼 허약한 신체는 육체적 질병에 시달린 것에서 그치지 않고

꿈·환각·환영 같은 정신적 방황에도 쉽게 빠지곤 했다. 이런 상태에서는 육체가 초자연적인 것을 쉽게 지각하도록 준비되어 있었고, 정신은 이것을 수용하도록 유혹했다. 이러한 생리적 조건에서 종말에 대한 공포며 구원에 대한 기대며 기적에 대한 간구 등 종교적 감수성은 더욱 예민해졌고, 바로 이런 상태에서 악마·천사·성인·성모·하느님 등이 쉽게 출현할 수 있었던 것이다. 예컨대 11~12세기 서민층이 성인의 기적적 개입을 통해 치유되길 빌었던 병을 내림차순으로 살펴보면, 중풍과 운동장애(33퍼센트), 실명과 안질(17퍼센트), 벙어리와 난청(11퍼센트), 정신병(8퍼센트) 등으로 나타났는데, 이것은 중세에 기적적 치료가 간구되는 주요한 질병이 앞서 언급한 영양 결핍으로 인한 질병과 거의 일치하고 있음을 보여준다. 이를 통해 중세의 조악한 생리적 조건이 종교적 감수성과 밀접한 관계가 있었음을 알 수 있다.

양에서 질로

9~10세기 이후에는 인구 증가로 인해 하층민의 음식에도 변화가 일어났다. 인구 증가와 더불어 11세기에 더욱 빈발했던 기아는 조방적 화전 농법의 형태로 숲과 초지를 개간해 곡물을 재배하는 경종耕種 농업의 발전을 자극했다. 개간지가 1050년경부터 13세기 중엽 사이에 급속히 확산되어 숲과 초지 자원의 이용은 점차 줄어들고, 남은 숲마저 귀족 계급의 배타적 사냥터가 되었다. 방목과 수렵, 땔나무 채취 등과 같은 유서 깊은 농촌 공동체적 권리들을 감소시킨 숲-초지의 개간은 서민들에게 하나의 중요한 사건이었다. 이것은 음식의 계층적 분화를 자극하고, 이런 경향은 특히 음식의 질로 나타났다. 이때부터 식물성 음식이 서민들의 주식이 된 반면, 고기는 소수 부자들이 독점하여 점차 특권의 가시적 표지로 간주되었다.

이와 더불어 고기 문화와 빵 문화 사이의 전통적 대조가 부활했다. 사냥은 공동체적 권리가 아니라 귀족적 특권의 성격을 띠었고, 대다수 농민들에게 숲-초지의 활용 비중은 감소했다. 고대의 상이한 두 음식 문화 전통을 상징하는 빵 문화와 고기 문화의 유서 깊은 지리적 대조가 이제 계층적 의미를 띤 새로운 형태로 부활한 것이다. 심리적·이데올로기적 측면에서 '고기의 기근'은 부자의 음식과 완전히 대조되는 빈자의 현상으로 나타났고, 부유층은 고기의 우월한 사회적 가치에 집요하게 매달렸다. 그리하여 고기가 소수 부유층에서는 현실이, 다수 서민층에서는 하나의 꿈이 되었다. 서민들은 바다 너머 어디에 있다는 환상적인 풍요의 땅인 '코케인의 나라'에 대한 꿈과 신화적 황금시대에 대한 향수를 갖고 있었다. 이런 곳에서는 공짜로 마음대로 먹을 수 있는 "산더미처럼 쌓인 고기"며 "우유의 강물"이며 "치즈로 된 강둑"이 있었다. '풍요'에 대한 민중의 이러한 환상은 특권층이 조직적으로 추구한 음식의 목적, 즉 "고기를 많이 먹고" 그것을 "과시하는 것"을 역설적으로 표현해준다.

또한 중세 중기에는 여기에 더해 도시민적 소비 모델과 농민적 소비 모델이 새로운 대조를 이루었다. 도시민은 다양한 시장에서 질 좋은 식량을 공급받고, 여기에다 법적·정치적 조치를 통해 정규적 식량 공급을 보장받는 등 다양한 혜택을 누렸다. 반면에 농민은 숲-초지의 경제활동에서 배제되고 경작지의 생산물에만 의존했다. 그렇지만 시장이 도시민에게 언제나 먹거리를 보장해주었던 것은 아니다. 평상시에는 도시 서민도 특권적 혜택을 누렸지만, 위기 시에는 높은 물가, 매점매석, 식량 품귀 등으로 농민보다 더 위험한 상황에 놓이기도 했다. 이런 경우 반半전원적인 도시 풍경에 널려 있는 텃밭에서 나오는 산물로는 식량을 충당하기에 턱없이 부족했다.

하지만 평상시에는 농민들보다 고기를 더 많이 먹고 다양한 음식을 섭취하고 밀을 도시로 반입했다. 따라서 도시민들은 밀가루가 더 많이 들어간 '흰 빵'을 먹은 반면, 농민들은 잡곡이나 밀기울이 더 많이 들어간 '검은 빵'(갈색 빵)이며 밀가루 죽이며 수프 등 조잡한 음식을 먹었다. 예컨대 밀라노 지방 농민들의 음식에 대해 13세기 이탈리아 작가 본베시노 달라 리바Bonvesino da la Riva는 "빵 대신에 기장·강낭콩·밤을 먹었다"라고 지적했다. 농민의 주식은 하급 곡물과 채소류(콩), 밤(그 당시에는 밤나무를 '빵 나무'라고 불렀다), 돼지 비곗살이었다. 음식에서 이러한 농민적 모델로부터 해방된다는 사실은 도시민에게 도시민적 거드름의 중요한 토대인 동시에 도시민적 정체성의 한 요소가 되었다. 도시민적 모델은 전통적 음식인 돼지고기를 주성분으로 하는 음식을 부분적으로 포기하고, 대신에 양고기와 쇠고기를 더 많이 소비했다.

　기독교 신도가 하느님에게 간구하는 '일용할 양식'('일용할 빵')은 생존에 필수적인 기본 음식을 의미한다. 이 필수적 음식 중에서 '빵'은 중세의 기본 음식이었다. 서민들에게는 12~13세기부터 음식이 식물성 위주로 바뀌면서 빵 문화가 지배했다. '빵'이란 말은 경작을 통해 공급되는 모든 음식을 지칭하는 환칭적換稱的·상징적 의미를 지니게 되었다. 예컨대 서민의 음식인 수프와 밀가루 죽도 '빵'이었다. 그리하여 로망스어 사용 지역에서 콤파나티코companatico(빵에 곁들여 먹는 음식)라는 어휘가 널리 보급되고, 토지 임대 계약에서 경작지는 "빵을 생산하는 땅"으로, 토지 수확은 "빵의 수확"으로 불렀다. 또한 이러한 '빵'의 범주에는 외래 식품인 쌀과 국수도 포함된다. 아시아 음식이 이슬람을 통해 유럽에 전파된 것이다. 에스파냐에선 10세기부터 벼농사를 지었고, 시칠리아에선 11세기부터 국수가 등장했다. 이로부터 파에야·리소토·파스타 같은 지중해 요리가 탄생했다.

　서민들에게 중세 말은 배고픔의 시대였다. 기근 개념이 중세 초에는 복합적이고 다양한 의미를 지녔지만, 이제는 단순화하여 '곡물 부족'과 거의 같은 말이 되었다. 또한 기근이 시장경제와 연결됨으로써 점점 간접적인 형태로 나타났다. 예컨대 '곡물 품귀caristia'는 '곡물의 절대 부족fames'이 아니라 '곡물가의 등귀'를 의미했다. 식량의 측면에서 1200~1250년대는 행복한 시절이었지만, 1270년대 이후에는 농업 성장이 인구 증가를 따라 잡지 못하고 헐떡거리기 시작했다. 곡물 생산에 부적합한 토지를 경작하면서 생산성이 점차 감소했기 때문이다. 이러한 농업 생산성 저하 및 생산량 감소에 설상가상으로 14세기 초에는 일련의 혹독한 기근이 들이닥쳤다. 이것은 기후 변동(지역에 따라 서늘한 날씨나 가뭄과 홍수)뿐만 아니라 사회경제적·기술적 측면에서의 구조적 결함, 인구와 자원 간의 근본적인 불균형에서 기인했다. 그리고 1347~1351년 살인적으로 창궐한 페스트는 기근으로 생리적 고통을 받고 있던 주민들을 덮쳤고, 역으로 기근은 페스트의 확산에 유리한 생리적 지형을 마련해주었다. 페스트로 인한 인구 감소가 경작지의 감소를 초래했으나, 그렇다고 해서 이것이 전통적인 숲-초지 경제로의 복귀를 의미하지는 않았다. 중세 말에 경작지를 초지로 전용하고 목양지를 개발한 것은 상업적 요구(도시 시장에 고기 공급)와 수공업적 필요(모직물 산업을 위한 양모 생산)를 충족시키려고 한 것이지 농민들을 위한 것은 아니었다.

음식에도 위/아래가 있다

지배층의 음식 문화는 중세의 새롭고도 독창적인 미식가적 취향을 발전시켰다. 13~14세기에는 상층 귀족과 도시 부자 들의 요리사를 위한 전문 요리책이 등장하고, 새로운 맛을 추구하는 경향이 발전했다. 이들은 쓴맛과 단맛, 단맛과 짠맛 등처럼 여러 맛을 섞는 경향을 지녔던 로마적 미각을 계승하고, 여기에 독특한 취향을 부가했다. 향신료는 로마 시대에는 조금만 사용하고 그것도 후추만으로 제한했으나, 중세 때는 후추를 대량으로 사용하고 그 외에도 계피·생강·정향·육두구·샤프란 등과 같은 다양한 향신료를 고기와 밀가루 죽, 생선과 채소 등에 넣어 먹었다. 향신료 중에서도 특히 정향과 육두구는 값이 비싸서 부와 권력의 외적 표지로 간주되었다. 하지만 15세기부터는 서민도 후추 소비에 동참함으로써, 향신료는 특권적 지위를 상실하기 시작했다. 그리하여 중세의 음식은 향신료가 많이 들어간 오늘날의 아랍 음식과 비슷했다. 그러나 맑음·엄격·자연·단순미를 추구하는 17세기 고전주의 시대에 이르자, 향신료 냄새를 역겨워하는 새로운 미각이 등장했다. 루이 14세 때 프랑스에서 태동한 근대 음식 모델은 향신료는 후추만, 그나마도 적게 사용하고, 담백하면서도 감칠맛 나는 버터, 샬롯(양파의 일종), 송로(버섯의 일종)를 넣어 음식의 원재료 맛과 자연적 풍미를 살리는 방향으로 발전했다.

중세 말에는 음식의 질 또한 특권의 가시적 표지였다. 중세 초에는 양적인 특성, 즉 많이 먹느냐 적게 먹느냐를 중시했다. 하지만 13세기부터 음식의 질에 따라 인격의 질을 평가하고 각각의 인간은 '품격에 따라' 음식을 먹을 것을 권유하는 지배 이념이 등장했다. 농업 관련 서적들은 농민들에게 가축 사료로 쓰이는 호밀과 수수처럼 거친 음식을 먹으라고 권장하고, 이것이 그들의 생활수준에 적합하다고 소개했다. 의학서들은 음식의 계층적 이데올로기를 '과학적으로' 이론화해주었다. 자신의 지위에 맞지 않는 음식을 먹는 사람에게는 재난과 질병이 들이닥칠 것이니, 부자가 위에 부담이 되는 걸쭉한 수프를 먹으면 소화 문제가 발생할 것이고 가난뱅이의 거친 위는 고급 음식을 소화할 수 없을 것이라고 가르쳤다.

인격의 질과 음식의 질은 불가분의 관계였다. 이 양자의 관계에는 인간의 위계와 자연의 위계 사이의 조응이 성립되고 위(선, 천국)/아래(악, 지옥)의 기독교적 공간 가치 체계가 적용되었다. 예컨대 (밤을 제외하고) 나뭇가지에서 채취한 식품(복숭아 같은 과일)이나 하늘에서 획득한 식품(꿩이나 자고새 같은 조류)은 '고귀'하므로 귀족에게 적합한 반면, 땅에 있는 쓰레기나 각종 뿌리를 뒤져 먹고 사는 돼지, 땅속에서 채취한 식품(배추나 부추 같은 채소와, 순무나 양파 같은 알뿌리 식물)은 '천'하니 농민에게 적합하다는 식이었다.

또한 식사 공간과 도구도 음식의 질처럼 사회적 지위의 표지 역할을 했다. 전통적으로 귀족의 성이나 부르주아 저택에 있는 홀이 거실과 식당, 때로는 침실로 사용되었기 때문에 식사 때는 네발 달린 식탁과 다양한 의자를 사용하고 식사 후에 치웠다. 하지만 중세 말에 점차 고정된 식탁이 등장하고 이와 더불어 전용 식당이 자리 잡기 시작했다. 농민들은 식구가 적을 경우에는 화덕 주변에 있는 식탁에 앉거나, 식구가 많은 경우에는 일부 식구들이 바닥에 주저앉거나 때로는 앉을 깨(흔히는 궤짝)에 걸터앉아 식사를 하기도 했다(말이 나온 김에 한마디 덧붙이면, 중세 이래로 유럽인들은 식탁 의자에 똑바로 앉아서 식사를 하지만, 고대 로마인들은 식탁 소파 위에 왼손 팔꿈치를 짚고 비스듬히 누워서 식사를 했다). 대마로 만든 냅킨은 희귀품이었지만, 세련된 식탁보가 있는 점잖은 식사에서는 아마포가 냅킨으로 사용되었다. 식기의 경우에 부유층은 유리잔·은잔·금잔을 사용하고 서민들은 나무잔을 사용했으며, 지중해 지방에서는 세련된 토기와 유리그릇이, 북유럽에서는 나무 식기가 널리 사용되었다.

중세의 식사 예절은 후대에 비해 거칠었다. 고기는 동물의 원형을 그대로 식탁에 올렸다. 이 책 맨 앞의 〈그림 7〉과 〈그림 8〉처럼 꿩과 자고새는 깃털이 달린 채로, 새끼 돼지는 통째로, 송아지는 네 등분하여 식탁에 올렸다. 왕실과 고위 귀족층에서조차 원형대로 나온 이 고기를 맨손으로 뜯어 먹었다. 개인용 식사 도구가 아직 등장하지 않았기 때문에 묽은 음식과 음료는 남의 입이 닿은 하나의 스푼·주발·잔으로 돌려 마셨다. 그러므로 중세의 식사 문화는 남의 손과 입이 닿은 음식에 대한 감수성이 매우 둔감했고, 따라서 후대에 비해 '수치의 역 threshold of shame'이 낮은 '뒤섞임의 문화'였다.

그러나 이것을 역겹게 느끼는 세련된 감수성이 15~17세기 사이 궁정 귀족층에서 점진적으로 나타나기 시작했다. 고기는 전문 요리사가 외딴 주방에서 동물의 원형이 무엇인지 전혀 환기되지 않도록 보기 좋게 요리하여 식탁에 올렸다. 이와 더불어 개인 접시에 담긴 고기를 개인용 나이프로 썰어 먹고, 더 나아가 음식을 개인 식기에 담아 개인용 포크와 스푼으로 먹기 시작했다. 반면에 남의 입이 닿은 음식을 먹거나 맨손으로 고기를 뜯어 먹는 것은 '점잖지 못한' 매너로 여겨졌다. 귀족들은 세련되고 까다로운 식사 예절을 만들고 식탁 서비스를 다양화하여 '상것들'과 차별화하고자 했던 것이다.

상승하는 부르주아 '상것들'에 맞서 귀족층이 자신들의 특권을 강화하면서 폐쇄적으로 되어갔던 시기에 이처럼 식사 예절이 명확하게 규정되고 규약화한 것은 우연이 아니다. 이러한 귀족 예절의 차별적 이데올로기는 노르베르트 엘리아스가 멋지게 분석했듯이 이후 부르주아와 서민층으로 확산되는 동안 '문명화 과정'의 기제로 작동했고, 19세기에는 동시대 다른 원시 사회의 '야만'과 차별되는 유럽 '문명'의 핵이 되었다.

2. 로브

시각적 기호와 그 해석이 항상 주목거리였던 중세 사회에서 개인의 외관은 집과 음식만큼 중세인 각각의 존재와 신분을 반영했다. 중세에는 옷감값이 제법 비쌌기 때문에 개인이 선택할 여지가 거의 없었고, 복식 문화는 부·신분·설교·사치금지법 등 안팎으로부터의 압력과 지배 이데올로기에 종속되었다.

원피스에서 투피스로

중세인들은 아랫부분이 치마 모양으로 된 원피스인 로브robe(게르만어로는 rauba)를 입었다. 갈리아 지방의 게르만 복식을 계승한 이 옷은 고대 그리스-로마인들이 입던 튜닉(무릎까지 내려오고 허리를 띠로 묶은 헐렁한 원피스)보다는 길이가 더 길고 품이 더 좁다는 점에서 차이가 있었다. 신분과 지위의 고하, 남녀노소를 막론하고 모든 사람이 로브를 입었고, 다만 옷의 길이에서만 차이가 있었다. 농민은 무릎까지 내려오는 옷을 입은 반면, 저명인사는 발목까지 내려오는 옷을 입었다. 여성의 옷도 남성의 옷과 확연하게 구별되지 않았다. 다만 여성은 머리 꾸밈새가 다르고(대개 머리를 묶고 어깨까지 내려오는 두건을 씀), 더 긴 색깔 옷을 입고, 겉옷이 거칠어서 안에 란제리를 받쳐 입는다는 점에서 차이가 있었다(앞의 〈그림 4~6〉 참조). 어린이도 배내옷을 벗을 단계가 지나면 성별에 관계없이 어른과 똑같은 로브를 입었다.

　이러한 가운데 중세 말부터 투피스(상의와 하의)로 된 옷이 새로 등장했다. 14세기부터 시종, 악사와 어릿광대 등 서비스업에 종사하는 사람들은 현대 남성 복식의 선조가 되는 '저고리pourpoint'(엉덩이까지 내려오고 허리 부분이 잘록한 상의)와 바지chausse(발목까지 내려오고 몸의 윤곽이 드러날 정도로 꽉 끼는 스타킹 같은 하의)를 입기 시작했다. 당시의 모럴리스트들에게 "야하다"고 비난받던 이 새로운 복식은 17세기 이르러 각계각층의 성인 남성들이 보편적으로 입는 옷이 되었다. 그러나 노인·재판관·왕실 관리·성직자 등 연로하거나 '점잖은' 사람들은 17세기까지도, 성직자·변호사·교수들은 필요한 경우 오늘날까지도 '품위'의 상징으로 여겨지는 치렁치렁한 로브를 입었다. 18세기 말 대도시 주변에 사는 서민들은 선원과 군인의 옷에서 유래한 작업복인 판탈롱pantalon(헐렁한 긴 바지)을 입은 반면에 귀족들은 퀼로트culotte(반바지)를 입었다. 그래서 '퀼로트를 입지 않는 사람'을 뜻하는 '상퀼로트sansculotte'란 말은 프랑스혁명 때 민중과의 일체성을 주장하는 '과격공화파'를 일컫기도 했다. 한편 여성은 19세기 말부터 자전거를 타기 시작하고 20세기 들어 1차 세계대전을 치르면서 복식의 자유와 더불어 몸의 해방을 맞았다. 허리와 복부를 옥죄는 코르셋과 크리놀린의 압박에서 풀려나고, 머리에서 발목까지 뒤덮은 보닛과 로브의 감춤으로부터 벗어났다. 대신에 신축성 있는 거들과 브래지어를 착용하고, 간편한 로브나 스커트, 더 나아가 바지를 입기 시작했다. 1920년대에는 자유분방한 머리와 복장, 행동을 서슴지 않는 '사내 같은 아가씨garçonne'(최근에 일어난 '탈코르셋 운동'의 선조)가 유행하면서 페미니즘 논쟁이 일기도 했다. 20세기 후반에 여성의 바지 착용이 보편화한 것은 여성복의 민주화 과정에 하나의 이정표가 될 것이다.

의복에서 계층 간의 차이는 무엇보다도 재질과 장식에 있었다. 서민들은 집에서 대마나 양털로 실을 뽑아 짠 삼베나 모직물로 옷을 지어 입었다. 거친 옷감과 초라한 색상, 어림으로 한 재단은 서민들의 옷을 특징지었다. 치장보다는 육체 보호를 주요한 기능으로 삼았기 때문에 노동의 성격과 계절의 변화에 따라 같은 옷을 걷어 입거나 겹쳐 입었다. 추운 겨울에는 가죽신에다 양말을 신고, 거친 모직 망토나 값싼 모피 외투(염소·양·토끼·고양이의 모피)를 걸쳐 입었다. 옷값이 비쌌기 때문에 부자들은 죽을 때 자신들의 헌 옷을 자식들에게 상속하거나 빈자들에게 기부하기도 했다.

옷감의 질, 옷의 색상·다양성·수량, 그리고 고급 모피(담비·오소리·여우·다람쥐·수달·족제비의 모피)의 길이와 폭 등이 귀족의 특권적 지위를 나타내 주었다. 귀족은 올이 촘촘한 모직물 옷을 입었다. 최고 사치품인 비단옷은 14세기 초까지 의례와 축제 때만 착용했지만, 중세 말에는 상층 귀족의 일상복이 되었다. 겨울에는 털을 안쪽으로 향하게 한 모피를 입었다. 털을 바깥쪽으로 향하게 할 경우 야생동물로 오인되어 사냥꾼한테 희생되기 십상이었을 것이다.

서민층의 옷이 실용적이었다면, 부유층의 옷은 예술품이요 '제2의 몸'이었다. 촌부의 단조로운 옷과는 달리 귀부인의 옷은 갖은 보석과 액세서리로 치장되곤 했다. 특히 궁정 귀부인에게 옷은 몸매를 과시하는 수단이기도 했다. 그래서 허리선이며 가슴과 어깨 노출이며 젖가슴의 암시 등이 강조되었다. 중세 말에는 호리호리한 몸보다는 풍만한 몸이 여성의 이상적인 몸매로 간주되었다. 이 시기에 새로움을 추구하는 상층 귀족 출신의 총각과 처녀 들이 유행을 창조했고, 궁정 사회에서는 교제가 빈번해지고 서로 영향을 주고받음에 따라 이국적인 취향이 증가했다.

중세 때는 옷의 영역에서도 사적인 것과 공적인 것이 근대만큼 명확하게 구분되지 않았다. 농민에게는 실내복이 작업복과 구별되지 않았고, 교회에 가거나 축제에 참석할 때만 가장 좋은 옷을 차려입었다. 도시 사회에서는 헌 옷은 일상복으로 입고 새 옷은 축제 때만 입었다. 상층 귀족 사회에서도 사적 영역에서 입는 옷이 공적 영역에서 입는 옷과 구별되지 않았고, 다만 장식(장식한 소매, 진주를 박은 두건, 의례용 망토)을 착용하지 않는다는 점에서만 차이가 있었다. 내의류는 중세 말에 위생 방법이 향상되고 아마 재배 기술이 발전하면서 귀족과 부르주아층에서 보편화하기 시작했다. 취침 전까지 입는 야간 드레스nightdress나 취침용으로 입는 파자마pajamas가 따로 없었기 때문에 도시에서건 농촌에서건 대개 알몸으로 잤는데, 이때 어른들은 남의 시선을 개의치 않았다. 그러나 귀족층에선 16세기 말부터 알몸을 대신하는 잠옷이 등장하고, 부유층에선 18세기 중엽부터 공동 침대를 대신하는 개인 침대와 침실이 보편화했다. 이처럼 잠과 침실이 개인화함에 따라 알몸은 금기의 장벽으로 둘러싸인 은밀한 성역이 되었다.

손수건도 없었으므로 당연히 섬세한 손수건 사용 준칙도 존재하지 않았다. 귀족들조차 코를 소매로 훔쳐내거나 맨손가락으로 방의 벽이나 식탁에다 풀어대고 가래침을 아무 데나 뱉어대기 일쑤였다. 중세 말 이탈리아에서 숙녀들이 화려하게 장식한 천을 허리춤에 매달고 다녔는데, 르네상스기에 속물적인 청년들이 그것을 딴 사람에게 선물하거나 입에 대고 다니는 풍습이 유행했다. 르네상스기에 등장한 초창기 손수건은 귀족들의 재산 목록에 들어갈 정도로 희귀하고 비싼 것이어서 특권적 가치를 갖고 있었다. 예컨대, 프랑스 왕 앙리 4세(재위 1589~1610)의 재산 목록에는 금과 은을 박고 비단으로 수를 놓은 화려하고 고급스러운 손수건 5장이 포함되어 있었다.

옷은 몸의 표상이다

옷은 단순히 몸을 보호하기 위한 것만은 아니다. 의복은 시대의 육체
관념을 담고 있는 하나의 기호다. 르네상스기 인문주의자 에라스뮈스
는 옷을 '몸의 몸,' 즉 '두번째 몸'이라고 했다. 옷은 신체의 확장이고
신체의 표상이다. 따라서 복식과 옷에 관련된 색·장식 등에는 육체에
대한 관념과 이데올로기가 실려 있다.

고대부터 전통 사회에서 '기본 3색'으로 간주되었던 흰색·검은
색·붉은색 중 중세인들이 가장 좋아한 색은 붉은색 계통인 진홍색이
었다. 고대 로마인들이 선호했던 주홍색처럼 꼭두서니와 연지벌레에
서 채취한 염료로 물들인 모직물과 견직물의 진홍색이 왕과 귀족들이
애용하는 고상한 색깔이었다.

서양에서 푸른색은 11세기 말부터 처음으로 대접받기 시작했다.
대청大靑에서 채취한 푸른색은 원래 고대 로마 시대부터 추함과 야만
의 상징으로 홀대받던 색깔로, 중세 초에는 장인이나 농부의 작업복
색으로 쓰였다. 그러다가 푸른색이 12세기 고딕식 성당의 스테인드글
라스 색과 성모 마리아 도상의 색으로 사용되면서 13세기부터는 귀
족과 왕(예컨대 프랑스 국왕 필리프 2세와 루이 9세, 잉글랜드 국왕 헨리
3세)까지도 선호하는 고상한 천상의 색깔이 되었다. 그러자 대청 상인
과 경쟁하고 있던 꼭두서니 상인들은 지옥과 악마를 푸른색으로 그리
게 함으로써 푸른색의 가치를 떨어뜨리려 했다. 중세 말에 푸른색의
지위 상승과 더불어 붉은색의 가치가 상대적으로 하락하긴 했지만 부
자들, 특히 붉은색을 황제의 색(황복은 붉은색이었다)으로 여겼던 독
일과 이탈리아의 지배층은 여전히 다양한 색상의 진홍색 계열에 애착
을 갖고 있었다. 그렇지만 근대 서양의 역사는 프랑스혁명에서 푸른색
의 혁명적·국가적 함의(공화국의 색)와 20세기 블루진(청바지)의 폭

발적 인기가 보여주듯이 빨간색보다는 푸른색 편을 들어주었다.

13세기부터 유행했던 여러 색상을 혼합한 바둑판무늬 옷과 줄무늬 옷은 비록 15세기에 새로 등장한 상하의 단색 옷에 밀리긴 했지만, 중세 말에 하인·시동·악사·어릿광대 등의 제복으로 사용되었다. 중세 때 '점잖은' 기독교도들이 혼합된 색이나 울긋불긋한 색을 품위 없는 색깔로 여겼기 때문이다. 중세 말의 사치 단속과 종교개혁기의 도덕적 요구로 인해 검은색은 푸른색과 더불어 소박과 절제를 상징하는 색깔로 인식되어 성직자뿐만 아니라 왕과 귀족, 부유한 부르주아 들도 애용하는 색깔이 되었다. 이러한 금욕주의적이고 근엄한 색 감수성은 근대 자본주의 사회에서 옷 색깔과 상품의 도장 색을 장기간 지배했다. 이것을 잘 보여주는 대표적인 사례가 청교도주의적인 자본가 헨리 포드Henry Ford(1863~1947)가 검은색 자동차 생산을 오랫동안 고집한 것이다.

중세처럼 위계질서가 엄격한 사회에서 옷차림·장식·외모는 신분을 나타내는 '제복' 역할도 했다. 하느님이 세워놓은 위계의 표현으로서 복식은 중세 말로 갈수록 사회적 3분 체계에 충실하면서도 더 복잡하고 다양해졌다.

성직자의 예복은 길이·색깔·장식 등에서 세속인의 특징을 지워버리도록 했다. 또한 외모상으로도 성직자의 정수리 체발과 면도는 세속 귀족의 긴 머리와 수염에 대비되었다. 수도사는 후드가 달린 망토를 착용했다. 전통적인 베네딕투스 수도회 수도사는 검은 옷을 입었지만, 11~12세기 은둔주의 교단과 시토회 수도사 들은 개혁의 징표로 '흰옷'(색을 '물질'이라 경멸했던 시토회의 경우에는 염색을 하지 않은 '무색 옷')을 입었다. 13세기부터 도시 문제와 씨름하고 도시적 심성의 형성에 주요한 역할을 했던 탁발 수도회 수도사들은 많이 돌아다녀야 했으므로 두꺼운 회색 옷을 입었다.

기사는 신분의 상징으로 박차를 차고 다녔고, 갑옷과 투구, 창과 방패에 문장을 부착하여 자기 가문의 귀족적 정체성을 표현했다. 기사의 갑옷은 앞에서 살폈듯이 장궁과 쇠뇌 같은 공격 무기가 발전함에 따라 철갑으로 바뀌었다.

도시민의 옷은 기본적으로 농민의 옷과 큰 차이가 없었지만, 도시 사회의 새로운 계층과 각종 조합의 회원들은 자신들의 지위를 특수한 방식으로 표현해주는 액세서리(장갑과 모자)에 각별한 관심을 기울였다. 예컨대 교수들은 양가죽으로 만든 긴 장갑과 베레모를 착용했다.

옷이 사회적 의미를 지닌 만큼 벌거벗은 육체는 사회로부터의 거부와 추방을 뜻했다. 나체가 남성에게는 야만과 광기를, 여성에게는 유혹과 음탕을 의미했다. 낮에는 인간으로 있다가 밤이 되면 늑대로 변신해 숲속을 배회하는 늑대 인간loup-garou은 '야만'으로 갈 때는 옷을 벗고 '사회'로 돌아올 때는 옷을 입는다.

본시 하느님의 모습을 본떠 빚어진 아담의 육체는 선도 악도 알지 못하는 순수성을 지녔지만, '살caro'의 유혹 때문에 원죄를 지은 이후 아담과 이브는 자신들의 나체에 부끄러움을 느끼고 성기를 가리기 시작했다. 전통 사회에서 죄인을 처벌할 때 권력의 작용점은, 감옥이 탄생한 19세기 이후처럼 '정신'을 겨냥한 것이 아니라 '육체'를 직접 겨냥했다. 십자가 위에 있는 예수 그리스도의 벗은 몸은 원죄의 원흉인 '살'의 고통을 통한 대속代贖을 의미한다. 중죄를 지은 죄인이 이승에서 공개 처형되거나 저승(지옥과 연옥)에서 책벌의 고통을 받을 때 알몸으로 처벌을 받는다.

그러나 일상 현실의 차원에서는 육체에 대한 정서적 장벽이 후대만큼 크지 않았으므로 잠자리나 공중탕에서 흔히 접하는 타인의 알몸을 태연하게 대했다. 또한 육체의 '복권'이 시도되었던 중세 말의 예술 작품들에서는 알몸은 거리낌없이 자연스럽게 묘사되었다. 알브레히 트 뒤러Albrecht Dürer의 「알몸으로 포즈를 취하고 있는 젊은 여성Young Woman Posing Naked」(1493)에 묘사된 아름답고 우아한 여체가 바로 그 러했다. 그러나 이 그림에서는 여인의 건강하고 아름답고 풍만한 몸, 즉 정제된 이상적인 몸매만 묘사하고 음부와 음모는 묘사하지 않았다. 누드화에서 여성의 음부와 음모, 매춘 여성과 남성 노동자의 쭈그러지 고 추한 나체를 생생하게 묘사하기 시작한 것은 19세기 사실주의 화 풍에 이르러서다.

중세 말에 강화된 옷에 대한 규제는 중세인이 외관에 부여한 비중 을 말해줄 뿐만 아니라, 하느님이 중세인 각자에게 할당한 자기 분수 를 벗어나지 말라는 이데올로기를 담고 있다. 남성 중심적 여성 혐오 는 여성의 옷에 대한 규제를 초래했다. 설교가들은 귀부인들이 가슴이 너무 깊게 파인 옷을 입는다고 비난하고, '계집애 같은' 남색 소년들이 '배꼽을 드러내고 몸에 꽉 끼는 옷'을 입는다고 개탄했다. 일부 국가에 선 '공공선'이라는 미명 아래 여성의 사치를 규제하는 법을 만들고 이 를 위반할 경우 벌금을 부과했다. 1431년 화형에 처해진 잔 다르크의 주요 죄목 중엔 그녀의 짧은 머리와 남장男裝 행적이 포함되어 있었다.

13세기부터 지배 권력은 소수 집단에게 특별한 표장을 착용하도 록 강요했다. 유대인의 '노란색(때로는 붉은색) 둥근 표지'와 이단자의 '노란색 십자가 표지'(노란색은 13세기부터 배신과 허위를 상징하는 색 이 되었다), 매춘부의 '빨간색 매듭 끈'(도시에 따라서는 다양한 형태와 색으로 표시를 했다), 한센인의 'L자형 표지'(L은 한센인을 뜻하는 라틴 어 leprosus의 이니셜) 같은 치욕의 표장은 소수자에 대한 사회적 배제를 사람들 마음속에 낙인처럼 각인시켰다.

제 3 장

가족과 성

1. 핵가족과 양계제

핵가족

중세의 지배적인 가족 형태는 무엇인가? 막스 베버와 에밀 뒤르켐 같은 사회학자들은 가족의 역사를 가부장적 대가족에서 부부 가족으로의 진화 과정으로 보았다. 가부장적 대가족은 같은 지붕 아래 같은 조상의 후손이 함께 사는 가족 형태로 산업혁명 시기까지 지속되었다. 부부 가족은 부부와 미혼 자식으로 구성된 가족 형태로 산업혁명 이후 등장했고, 그것은 결국 '근대 가족'의 전형인 핵가족으로 귀결되었다는 것이다. 그러나 1970년대 들어 피터 래슬릿 같은 역사가들은 사회학자들의 이러한 진화론을 비판하고 새로운 견해를 제시했다. 이들은 17~18세기 앙시앵레짐 시기에도 가족의 규모는 4~6명 정도로 그리 크지 않았으며, 거의 대부분이 부부 가족이었다고 주장했다. 최근의 연구들은 핵가족이 이보다 더 거슬러 올라가 고대 로마 말기부터 중세를 통틀어 지배적인 가족 형태였음을 밝혀주고 있다.

중세 때 집*domus*은 가옥house과 가족family을 동시에 의미하는 물질적·정서적 삶의 기본 단위이자 중심이었다. 거주 단위로서의 집이 모든 친족을 포함하는 경우는 드물었다. 그러나 전쟁·폭력·기아의 빈발과 이로부터 백성을 보호해줄 국가 기능의 미약으로 말미암아 중세처럼 불안이 일상화했던 시대에는 피붙이가 안전한 울타리 역할을 했기 때문에 가족 개념의 외연이 현대보다 더 넓고 탄력적이었다. 그래서 부잣집의 경우에는 직계 가족 말고도 한 지붕 밑에서 같은 빵을 먹고 함께 사는 가난한 방계 친척(특히 친척 고아와 과부), 남녀 하인과 사생아까지도 가족 구성원으로 간주되었다.

그러나 중세의 전형적 가족 형태는 소가족(부부 가족 또는 핵가족)이 지배적인 가운데, 부부를 중심으로 그 부모의 생존이나 동거 여부, 형제자매들과 자식들의 동거 여부에 따라 확대 가족, 부부 가족, 핵가족이 순환하거나 결합된 가족 형태를 띠기도 했다. 귀족층에서는 정치적 상황에 따라 일시적으로 양계의 친족이 수평적으로 느슨하게 결합된 대가족을 이루기도 했지만, 11세기부터는 가문이 성을 중심으로 일정 지역에 정착하고 장자상속제가 등장하면서 핵가족 형태가 우세했다. 농민들은 대부분 7~8세기부터 장원에 속해 있는 망스(농민 보유지)에 정착하고 소가족이 지배적인 형태였다. 대규모 방목을 하는 일부 산간 지방에서는 노동의 협업을 위해 다세대 핵가족 형태를 띠기도 했다. 중세 말 도시 사회에서는 소가족이 지배적이었지만, 도시에 따라서는 독신 가정(홀어미·홀아비·미혼자 가정), 확대 가족(조부모·부모·형제자매·사촌 등의 동거 형태), 다세대 핵가족, 대가족 등 다양한 가족 형태가 공존하기도 했다.

가족의 수는 핵가족의 경우 부모와 자식을 합하여 4~6명 정도였다. 한 여성이 약 20여 년의 가임기 동안 대략 10명 내외의 자식을 낳았고, 이 중에 5세가 되기 전에 반이 사망할 정도로 유아 사망률이 매우 높았다. 높은 유아 사망률과 조악한 생존 조건으로 인해 기대 수명은 대체로 30세를 넘지 못했고, 페스트가 만연하던 중세 말에는 20세 미만으로 떨어졌다.

부계 우위의 양계제

중세의 친족은 공동 조상에서 나온 육신적 친족, 혼인을 통해 이루어
지는 결연 친족, 제3의 친족 형태인 영적 친족 등으로 구성되며, 이 중
에서 마지막은 서양 중세에 새로 등장한 독특한 제도다.

인류학적 관점에서 친족 조직의 형태는 크게 일계제—系制와 양계
제兩系制로 나뉜다. 일계제는 부계와 모계 중 상대방 계통을 배제하고
일방에 의해서만 계승과 상속이 이루어지는 제도를 말한다. 일계제에
의한 친족과 비친족 구분 방식은 타방의 불연속적인 이산 집단을 초
래하고, 개인은 태어날 때부터 역할이 자동적으로 부여된다. 반면에
양계제는 계승과 상속이 부계와 모계 양쪽을 통해 이루어진다. 여기서
는 자신의 아버지와 어머니 계통에 모두 애착을 갖기 때문에 이산 집
단이 형성되지 않고, 공동 조상을 모시는 집단으로 구성된 '육친들' 간
의 복잡한 관계가 형성된다.

이 두 모델 중에서 양계제 유형이 로마제국 말기에 등장하여 중
세 초부터 지배하기 시작했다. 이것은 친족을 지칭하는 용어를 중심
으로 로마와 비교해보면 분명해진다. 로마 공화정기에는 양계 친족들
을 무차별적으로 지칭하는 용어와, 부계를 특권적으로 우대하는 용어
를 병렬적으로 사용했다. 코그나티오*cognatio*는 양계 친족 모두에게 쓸
수 있는 용어지만, 아그나티오*agnatio*는 가부장에 종속되는 부계 친족
만을 의미했다. 파트루우스*patruus*(삼촌)/아미타*amita*(고모)는 아분쿨루
스*avunculus*(외삼촌)/마테르테라*matertera*(이모)와 확연히 구별되는 용어
였다. 그러나 로마제국 말기부터 중세 초 로망스어 형성기 사이에 부
계와 모계의 그러한 구별은 분명하게 약화되었다. 프랑스 고어에서 옹
클oncle('외삼촌'을 의미하는 *avunculus*에서 파생된 말)과 앙트ante('고모'
를 의미하는 *amita*에서 파생된 말)는 양계친의 형제와 자매, 그리고 그

배우자를 구별하지 않고 지칭하는 양계제 용어가 되었다. 오늘날에도 프랑스어의 옹클onle(영어의 uncle)은 삼촌과 고모부, 외삼촌과 이모부를, 탕트tante(영어의 aunt)는 숙모(또는 백모)와 고모, 외숙모와 이모와 같이 양계 친족을 통칭한다. 중세 북프랑스어에서 '종족宗族, lignage'(같은 시조에서 나온 겨레붙이)이란 말도 이와 유사하게 양계를 포함한다. 예컨대 원탁의 기사 이야기에서 아서왕은 친조카(동생의 아들)인 가웨인과 누이의 외손자인 클리제스Cligès를 똑같이 자신의 '종족'으로 여겼다.

양계제로의 전환은 재산 상속 준칙에서도 비슷하게 나타난다. 남성이건 여성이건 간에 모든 개인은 로마 공화정기와는 반대로, 현대 유럽 사회처럼 아버지와 어머니, 그리고 친조부모와 외조부모로부터 재산을 상속받을 수 있었다. 중세 초의 여러 법전과 13세기의 관습법에서 표명된 준칙이 다양함에도 불구하고 양계 상속의 기본 원칙은 중세 내내 포기되지 않았다.

그럼에도 이러한 양계 상속의 원칙 아래서도 부계 상속이 중세 때 우세했던 이유는 무엇인가? 이것은 두 가지 현실, 즉 넓게는 여성에 대한 남성의 사회적 우월성과, 좁게는 가산 상속에서 남성의 우선권과 관련이 있다. 남성의 사회적 우월성은 시기와 지역에 따라 다소간 차이가 있지만, 봉건적·가족적 책무뿐만 아니라 지배 신분의 물질적·상징적 토대인 토지와 기타 부동산을 아들에게 상속하기를 선호하는 결과를 낳았다. 특히 봉건 귀족이 성을 중심으로 일정한 지역에 정착하는 11세기부터 가산과 봉건적 책무(특히 군사적 기능)의 핵심적 상속자로 딸보다 아들을 선호하였다. 그러나 딸도 상속재산의 일부를 '신부지참재산dos'으로 받았다. 외동딸인 경우 아들처럼 부모로부터 재산을 물려받아 자식들에게 상속할 수 있었다. 특히 귀족 사회에서는 몇

대에 걸쳐 어머니에서 딸에게로 가산이 상속되는 경우도 있었다. 그러나 결혼할 때 친아버지로부터 받는 '신부지참재산'과 남편으로부터 받는 '과부산*donatio*'에 대한 처분이 중세 초에는 아내의 전권에 속했으나, 11세기부터 중세 말로 갈수록 남편이나 아들의 후견 아래 들어감으로써 그에 대한 아내의 권리는 감소하는 추세였다.

중세에는 그리스-로마와 달리 직계 상속을 선호하였다. 망자의 남성 형제들과 먼 남계 친척 등 방계보다는 아들이, 그리고 아들이 없는 경우에는 딸이 일반적으로 상속에서 우선권을 가졌다. 특히 11~12세기에 가산의 보존을 위해 채택했던 장자상속제는 상속에서 장자 이외의 아들과 딸에 대한 배제를 수반했다. 어떻든 간에 이러한 상속 제도는 방계보다는 직계를 우선하고, 직계 내에서는 딸보다 아들을, 아들 중에서는 장자를 우선하는 것이 원칙이었다.

그러나 유럽의 모든 지역에서 이러한 원칙이 적용된 것은 아니었다. 로마의 전통에 더 강하게 영향을 받았던 중세 말 이탈리아의 토스카나 지방에서는 아들이 없는 경우 상속에서 방계의 남성 친척이 딸보다 우선권을 가졌다. 또한 중·동부 유럽과 아이슬란드, 서유럽의 일부 지역(프랑슈-콩테, 가스코뉴, 노르망디와 앙주)에서는 장자상속제가 시행되지 않았으며, 그 대신 아들과 때로는 딸에게 분할 상속하기도 했다. 또한 잉글랜드의 일부 지역에서는 부모들이 노후 생활을 보장받기 위해 막내아들을 우대하는 말자상속 관습이 있었다. 중세 말 위기의 시대에는 자식을 모두 잃은 아버지가 많았는데, 이 경우에 가산은 사위나 방계 남계친의 수중으로 들어가는 것이 일반적인 관례였다.

한편 혈통 계승에서도 여성이 전적으로 배제된 것은 아니었다. '종족'이란 말은 실제에 있어서 양계제의 유연성에 조응하는 신축성을 띠고 있었다. 그것은 경우에 따라 종족의 남계만을 포함하기도 하고, 때로는 위에서 언급한 아서왕의 사례처럼 종족의 남계와 여계의 자손 들을 넓게 포함하기도 했다.

본시 중세에서 부계제란 말은 오늘날처럼 부계명, 즉 성姓, family name의 계승을 뜻한다. 중세 초에는 부계제에 기초한 로마식의 '세 요소로 이루어진 이름'(개인 이름·씨족명·가문명) 대신에 아들이건 딸이건 개인이 부나 모 또는 양계 종족에서 파생된 게르만식의 '하나의 이름'을 사용했다. 봉건 귀족층에서는 '종족'이 성을 중심으로 일정한 지역에 정착함에 따라 귀족층 남성들은 11세기 중엽과 12세기 중엽 사이에, 여성들은 더 늦은 13세기부터 '개인 이름'(또는 세례명)과 '별명'(또는 부계명)의 두 요소로 이루어진 이름을 사용하는 경향이 등장해 다른 계층에까지 널리 확산되었다. '별명'은 신체적·도덕적 특징, 직업, 지명이나 아버지 이름에서 유래했으나 그것조차 대대손손 세습적으로 사용된 것이 아니라 한두 세대마다 바뀌곤 했다.

또한 장자 외의 자녀들이 어머니 이름이나 모계 조상의 이름을 '개인 이름'이나 '별명'으로 사용하는 것을 배제하지도 않았다. 특히 외가가 친가보다 '더 고귀한' 가문이거나 어머니가 외가의 재산을 단독으로 상속받았을 경우 그 자식들은 장자까지도 모계에서 가장 '영예로운' 조상의 이름을 따다 사용했다.

그러나 공증문서의 사용이 증가하고 국가의 사법과 징세 제도가 발전하면서 개인으로 하여금 보다 정확하게 자신의 신원을 밝히도록 요구함에 따라 중세 말부터 '별명' 대신 오늘날과 같은 '성'의 세습적 사용이 점차 대중화하였다. 이와 동시에 성인聖人의 이름, 예컨대 남성은 장(요한)·피에르(베드로)·자크(야고보), 여성은 마리(마리아)·잔(요한의 여성형)·카트린(카테리나) 등을 '세례명'(개인 이름)으로 사용하는 경향이 정착하면서, 오늘날과 같은 '두 이름'(개인 이름과 성) 형태가 자리 잡았다. 한편 이 '두 이름' 중간에 간혹 '별명'을 부가하여 '세 이름'을 사용하는 사람이 등장하기도 했다. 결혼한 여성 중에는 자신의 성을 버리거나 거기에 남편의 성을 덧붙여 사용하는 경우도 있었고, 거꾸로 부유한 외동딸과 결혼한 가난한 남성은 처가에 살면서 자신의 성을 버리고 아내의 성을 취했으며 그 자식들도 모계의 성을 따랐다.

모두가 하느님의 자식들—영적 친족제

중세 기독교 사회에 새로 등장한 독특한 친족제는 대부모-대자녀 관계로 맺어진 영적 친족제spiritual kinship다. 6세기부터 교회에서 하나의 제도로 정착시킨 이 영적 친족제는 성령에 의한 탄생에 근거한 친족 형태를 신성화하고, 성교를 통한 생물학적 친족을 악마화했다. 이러한 영적 친족 모델의 전형은 동정녀 마리아가 성령으로 하느님의 아들 예수를 잉태하여 탄생시킨 것이다. 이러한 모델이 인간 질서에 전이되어 기독교도와 하느님, 곧 교회와의 영적 결합에 대한 성사 이념의 토대가 되었다. 영세 의식은 바로 이러한 관계가 구체적으로 표현되는 하나의 성사다.

4세기부터 기독교 사회에 등장한 세례는 원래 기독교 세계로의 입회('개종')를 특징짓는 의식이었다. 그러다가 6세기에 대부모 제도의 창안, 신생아의 세례에 친부모의 적극적 관여 금지를 주요 내용으로 하는 새로운 특징을 갖추었다. 교회는 영세 의식을 거행하여 원죄로 때가 묻은 육신적 탄생과 영적 탄생 사이의 엄격한 구분을 만인에게 인지시켰다. 세례를 집전하는 사제는 말씀(강복)과 성수(원죄 씻기)와 성유(성령)로써 새로운 기독교도를 탄생시켰다. 이를 통해 비로소 불완전한 존재는 원죄의 때를 씻어버리고 새로 태어나 기독교 사회의 신분증인 세례명을 받았다.

교회는 대부모의 숫자를 3명까지로 제한했다. 남아는 2명의 대부와 1명의 대모를, 여아는 1명의 대부와 2명의 대모를 둘 수 있었다. 3이란 숫자는 세례식 때 세례반에 아기를 세 번 적시면서 환기하는 삼위일체를 상징했다. 그러나 귀족과 부르주아 계층에서는 대부모를 3명으로 제한하는 준칙을 지키지 않고 가급적 더 많은 대부모-대자녀 관계를 맺어 대부와 친부 사이의 사회적 유대를 창출하거나 강화하기 위한 가문 전략으로도 활용하였다.

한편 세례는 친부모를 떠나 '하느님의 자식'으로 입양되는 의식이기도 하다. 따라서 모든 신도가 성령으로 다시 태어난 '하느님의 자식들'이므로 영적 친족제는 카리타스(이웃에 대한 형제애적 사랑)의 이념을 담고 있다. 그것은 육친관계의 대 잇기의 위계질서를 약화시키고, 모든 관계를 하느님과의 친자관계에서 탄생한 '일반화한 형제관계'로 만들어주며, 카리타스를 모든 사회관계의 정서적 준거가 되도록 하는 이념을 내포했다. 그리하여 중세는 물론이려니와 이후의 서양 사회에서도 다양한 형태로 적용할 수 있는 독특한 현상들을 강화시키는 기본 이념으로 작용했다. 다시 말하면, 결혼을 통한 육체적 결합의 가치를 상대적으로 격하시키고 결연 가족의 구조적 역할을 제한하는 족외혼을 강력하게 요구했다. 또한 육신적 친족 기능에 대한 교회의 통제(세례, 결혼의 '불가해소성')를 강화했다. 마지막으로 생물학적 생식과 육신적 친족 모델의 한 변양인 양자제 대신 영적 탄생과 영적 친족 모델의 한 실천 형태인 '수양제fosterage'를 적극적으로 권장하였다. 수양제란 대 잇기와 가산 상속을 전제로 한 가부장제적 양자제와는 달리, 친자식이 있음에도 남아든 여아든 남의 불우한 아이를 카리타스에서 우러나와 대가를 바라지 않고 길러주는 입양제를 말한다. 이 점에서 카리타스에 기초한 입양제는 비록 '하느님의 자식들'로 한정된 것이긴 하지만 박애 이념을 담고 있다. 제2차 바티칸 공의회 (1962~1965)에서는 '하느님의 자식들' 범위를 '기독교 신도'에서 '모든 인류'로 개방했다.

중세 말에 이르면 가문과 가산 보전을 위한 뿌리 깊은 세속적 관습에도 불구하고 개인 이름에 세례명을 사용하는 경향이 보편화되고 전통적 우의*amicitia*의 이념과 기독교적 '영적 형제애'의 이념이 결합한 '형제회'가 증가하는 등 영적 친족제에 기초한 사회관계가 발전했다. 그렇다고 해서 다양한 양태를 지닌 육신적 친족제가 중세의 현실 정치며 경제며 사회에서 무시할 수 없는 역할을 담당했다는 사실도 간과해서는 안 될 것이다.

2. 금욕주의와 자연주의

에덴동산에서 추방된 성

인간의 모든 기능 중에서 성性, sexuality은 가장 개인적이고 중요하면서도 전통 사회에서 가장 규범화된 기능이다. 친족 제도, 더 나아가 모든 사회조직은 성관계의 준칙에 근거해 만들어지기 때문이다. 중세 교회는 그리스-로마와 유대의 유산을 수용하면서 독특한 성 윤리를 발전시켰다.

중세 때 성에 관한 관용의 담론을 정당화하는 지적 근거는 대개가 그리스-로마의 지식에서 원용된 것이다. 고대의 지적 전통에서는 육체와 성적 쾌락을 중세 기독교만큼 조직적으로 악과 연결시키지 않았으며 주요 관심사는 건강이었다. 육신의 움직임은 이성에 반하는 것이기 때문에 정신적 건강은 생식력에 반비례한다. 육체적 쾌락은 이성적 쾌락과 구별되고 절제되어야만 한다는 것이다.

유대 전통에서 성은 성스러움과 대립되는 관계에 있기 때문에 그것에 접근하고자 하는 자는 먼저 정화淨化 예식을 치러야 했다. 그리스도는 부정에 대해 별로 언급한 바 없지만 초대 교회에서는 성스러움과 접해 사는 사람은 주요한 오염을 경계할 것을 요구했다.

교회는 이러한 전통적 개념을 다수 차용하면서도 그것과 구별되는 독특한 기독교 윤리를 발전시켰다. 크리소스토모스Chrysostomos· 암브로시우스Ambrosius·히에로니무스·아우구스티누스 등과 같은 교부 철학자들은 기독교적 삶에서 성관계가 담당하는 역할을 규정하는 데 크게 기여했다. 이들은 성에 대해 금욕주의적 가치를 강조했는데, 이 것은 이들 대부분이 생애의 일부를 수도사나 은수자로 금욕주의적 삶을 살았다는 사실과도 관련이 있다. 이들은 성을 원죄의 소산으로 간주했다. 특히 아우구스티누스는 원죄를 '살의 욕구*concupiscentia carnis*' 또는 색욕*luxuria*의 결과인 성욕의 죄로 돌렸다. 아담과 이브는 원죄 이전에 성을 알고 있었지만 성기는 의식적 통제 아래에 있었다. 그러나 최초 인간이 하느님에게 반역했듯이 타락한 후 인간의 성기도 자신의 의지로는 통제할 수 없게 되었다.

이들 교부 철학자들은, 독신으로 사는 것이 최선이지만 자제할 수 없는 사람은 "욕정에 불타는 것보다 결혼하는 편이 더 낫다"는 바울로의 가르침(「고린도전서」, 7장 2~10절)에 따라 성에 대해 3원적 등급(동정·결혼·음행)을 설정했다. 동정은 최고 서열을 차지한다. 동정을 지킨 성직자들은 성교를 하지 않고 천사처럼 사는 삶을 하느님에 대한 사랑의 표지와 모델로 보여주고, 결혼한 자들은 얻을 수 없는 도덕적 권위를 부여받는다. 그러나 차선책인 결혼은 자제할 수 없는 사람들에게 최악을 피할 수 있게 해주는 대안일 뿐이다.

교회가 악(성)의 선용善用으로 유일하게 인정하는 합법적 부부 관계에서도 죄악을 피할 수 있는 유일한 성관계는 자식 생산을 목적으로 하는 성교다. 출산을 목적으로 한 부부간의 성관계도 피해야 할 금기와 따라야 할 준칙이 수도 없이 많았다. 쾌락을 목적으로 성관계를 가져서는 안 된다, 음행을 조장하는 기회나 행동을 멀리해야 한다, 성교는 야간에만 해야 한다, 성관계를 할 때 알몸을 피해야 한다, 음탕한 몸짓이며 노래며 태도로 욕정을 자극해서도 안 된다, 육욕을 자극하는 고기와 술의 과도한 섭취를 피해야 한다, 성관계를 할 때도 아내는 남편에게 주도권을 주어야 한다, 성교 체위도 하느님이 세워놓은 자연법칙에 따라 '인간의 방식대로' 교접하는 소위 '선교사 체위missionary position'(폴리네시아에서 동물의 방식처럼 '후위 삽입 성교'를 하는 원주민들이 서양 선교사들이 하는 남성 상위 체위에 대해 붙인 이름)를 취해야 한다, 그 외 다른 성교 체위는 자연 질서를 전복하여 하느님의 분노를 살 수 있으니 피해야 한다, 특히 개처럼 하는 후위 삽입 성교는 괴물을 잉태할 수 있으므로 금해야 한다 등등. 피해야 할 금기일도 많았다. 중세 초에는 성교 금기일이 250일 이상이었으나 10세기 이후에는 장기적 금기일(그중에 사순절만 남음)이 소멸하면서 점차 줄어들었다. 그러나 수·금·토·일요일, 기독교 축일, 참회 고행 기간, 여성의 생리·임신·수유 기간 등 수많은 금기일은 그대로 남았다.

느슨한 성 풍속

이러한 금기를 평신도들은 얼마나 준수했을까? 이 문제에 관한 자료가 부족해 정확히 알 수는 없다. 중세 초에는 교회 제도의 미비로 농촌에 있는 다수의 평신도들이 이러한 금기를 자세히 알 수도 없었을 테고, 만약 알고서도 금기를 위반했다면 양심의 가책을 받았을 것이다. 교회의 통제 기제가 섬세해지고 구체적 통계 자료가 더 많아지는 중세 말 이탈리아 도시들에서 주요한 금기일에 수태하여 탄생한 어린이의 숫자가 상대적으로 적었음을 보여주는 기록이 있다. 그러나 중세 말까지도 여전히 교회의 성 윤리가 농민층에게 침투되었는지는 의심스럽다. 예컨대 14세기 초 남프랑스의 두메산골 몽타이유 마을 사람들은 간통과 간음, 심지어는 근친상간과 같은 혼외관계에 대해서조차 죄의식을 느끼기는커녕, 당사자가 즐거움을 느낀다면 하느님도 불쾌해

하지는 않을 것이라는 자연주의적 성 관념을 갖고 있었다.

한편 교회의 금욕주의적 성 윤리는 12세기 말부터 현실을 감안한 성 윤리로 변화하기 시작했다. 그것은 11세기에 교황 그레고리우스 주도로 성직자의 음행에 대해 투쟁하고 성직자의 결혼을 금지하는 엄격한 개혁 운동이 강력한 반발에 부딪히면서 잉태되었다. '성직자의 결혼 옹호론자들'은, 금욕은 하나의 은총이지만 그것을 체질상 정기적 배설이 필요한 사람에게 강요하는 것은 오히려 '더 큰 죄'를 저지르게 할 위험이 있다고 주장했다. 한편 카타리파와 같은 이단들은 세속의 정화, 결혼 거부, 출산 비난, 성교를 통해 생산된 모든 동물성 음식 거부 등 육체적인 것에 대해 극단적인 경멸을 공언했다. 이러한 이단의 번성으로 말미암아 신학자들은 결혼과 성에 대해 자신들의 견해를 재검토하게 되었다. 더욱이 이단과의 투쟁 임무를 맡고 도시 사회의 도덕적 문제들과 씨름했던 탁발 수도회 수도사들은 이미 저지른 죄는 이승에서의 참회와 연옥에서의 정화에 의해 차후에 씻을 수 있으며, 죄는 행위뿐 아니라 의도에도 있다고 가르치는 등 다원적이고 유연한 윤리를 제공했다.

14세기 경기 침체와 페스트 같은 위기로 인한 인구의 격감은 이러한 완화 추세를 더욱 추동시켰다. 신학자들은 천국보다는 지상을 다시 채우는 것이 급선무라고 생각했다. 이에 대해 조르주 뒤비가 적절하게 지적했듯이 "전쟁은 육신적인 것과 정신적인 것 사이가 아니라 자연과 그에 반하는 것 사이에 일어났다." 그리하여 다수의 신학자들은 동정과 금욕의 상대적 평가 절하, 성교에서의 자연적 쾌락 인정, 그 대신에 '자연에 반하는' 성행위(특히 동성애)에 대한 가차 없는 비난 등에 합의했다.

그렇지만 남녀의 성관계에는 사회관계처럼 여전히 남성 중심주의적 이중 잣대가 적용되었다. 신학적 입장에서는 성관계 의무의 측면에서 부부가 "서로 상대방의 요구를 거절하지 마십시오"라고 말하는 바울로의 가르침(「고린도전서」, 7장 4~5절)에서 볼 수 있듯이 성적 권리와 책임에서 남편과 아내에게 원칙적으로 동등한 의무를 부여했다. 그러나 현실 사회에서는 이중적 성 윤리를 강요했다. 남성에게는 가산과 가문의 명예에 피해를 주지 않는 한 혼외관계에서 모든 성적 자유를 부여했지만, 여성에게는 정절을 요구했다. 일부일처제는 보호할 가산도 없고 아내를 여럿 거느릴 수 있는 재력도 없는 가난한 남성들의 관습이었고, 금욕은 소수의 성직자만 준수했다.

남성 중심주의는 부부의 성생활에도 그대로 적용되었다. 성교의 정상성은 일체의 전희를 금기시한 채, 여성의 질에다 남성의 성기를 삽입하고 사정하는 것으로 규정되었다. 이 경우 남성은 자신의 욕망을 채우기 위해 여성의 입장을 전혀 배려하지 않은 듯하다. 이것은 15세기에 노동자들과 장인들이 자기 부인과 성관계를 갖는 것을 '말을 타다chevaucher' '넘어뜨리다roissier' '고랑을 파다labourer'란 말로 표현한 것에서 엿볼 수 있다. 여성의 성에 대한 이 같은 멸시와 무지로 인해 결혼 첫날밤이 신부에게는 '강간'과 다를 바 없는 경험으로 치러지기 일쑤였다.

그레고리우스 개혁파가 꿈꾼 정화된 세계는 기독교 사회에서 어정쩡하게 실현되었다. 이 불완전한 승리는 내연관계나 사실혼 상태에 있는 성직자의 견고한 핵을 그대로 유지시켰고 간음을 묵인했다. 예컨대 그레고리우스 개혁기에 토스카나 지방의 성직자들 중 20퍼센트가 사실혼 상태에 있었고, 북유럽·잉글랜드·에스파냐 등지에서도 그러했다. 14세기 초 남프랑스 몽타이유 마을 본당신부 피에르 클레르그는 12명을 내연녀를 두고 갖은 음행을 서슴지 않은 것으로 유명하며,

16세기 초의 한 종교개혁가는 성직자 독신 준칙을 준수한 잉글랜드 성직자가 전체 성직자의 1/3도 안 된다고 추산했다. 거의 모든 교구에서 주교들은 이 문제를 등한시했으며, 교구사목회의는 그것이 사회적 물의를 일으키지 않는 한 수수방관했다.

중세 말에 장 드 묑Jean de Meung, 장 제르송 같은 시인과 철학자들은 본능을 거역하는 것이 건강에 좋지 않다고 주장했고, 의사들은 금욕이 위험하다고 반복해서 경고했다. 특히 미혼 청년의 질병은 욕망 충족을 통해 치유될 수 있다고 설파했다. 자연에 반하지 않고 다른 사람(더 높은 계층)에게 해를 끼치지 않고 평화에 위배되지 않는 한, 남성의 성적 자유는 보장되었다.

반면에 반자연적 성행위(특히 동성애)에 대해서는 엄격한 태도를 보였다. 동성애자와 '계집애 같은 남성'의 추적은 1400년경에 더욱 강화되었는데, 설교가들이 동성애에 대해 퍼부은 비난은 역설적으로 사내다움의 긍정적 가치를 강화시켜주었다. 이리하여 사내다움을 극단적인 범죄 행위로 표출한 강간이 오히려 순수한 성 행동으로 간주되다시피 했다. 비천한 출신의 소녀나 평판이 나쁜 여성을 강간하는 것은, 프랑스 중세사가 자크 로시오Jacques Rossiaud가 해석하듯이 청년들이 욕구 불만을 표현하고 사내다움을 과시하는 행위요, 마을의 동년배 패거리끼리 벌이는 어른 되기 훈련으로 일종의 '통과의례'였다. 도시에서 강간 사건이 빈발하자 귀족과 상층 부르주아들은 부인과 딸의 안전을 염려하며 불안해했다.

중세 말에 이들에 의해 장악된 도시 당국은 젊은이들의 고삐 풀린 성 행각에 질서 있는 배출구를 마련해주기 위해 매춘을 수수방관하거나 시영 공창을 개설해 운영토록 했다. 이처럼 15세기에 사회적으로 관용된 매춘은 무질서한 성과 '더 나쁜 악'(지배층의 부인과 딸에 대한 성폭행과 특히 동성애)에 대한 예방책으로서 '필요악'으로 간주되었고, 이것은 악명 높은 매음굴인 목욕탕을 관용하게 했다. 고급 매춘부들이 호화판 목욕탕에서 영업을 했고, 명사층이나 군주들(예컨대 부르고뉴 공국의 필리프 선공이나 신성로마제국의 황제 지기스문트)은 거리낌 없이 손님을 이곳으로 안내하여 접대하곤 했다. 이러한 매춘의 '황금시대'는 남성의 사실혼이나 간음에 대해 사회적으로 비교적 관대했던 시기와 일치했다.

그러나 매춘의 '황금시대'는 종교개혁과, 점차 통일적 질서를 요구하는 절대군주정의 통제를 이겨내지 못했다. 16세기 초부터 사창을 포함한 모든 형태의 매춘이 금지되고 남성의 프리섹스는 추방되었다. 종교개혁을 계기로 개신교는 성경에 근거가 없고 더 큰 죄만 조장한다는 이유로 성직자 독신을 철폐한 반면, 가톨릭은 예수회신학교를 설립해 성직자 지망생들에게 어려서부터 엄격한 금욕 훈련을 시키는 등 성직자 독신을 실효적으로 강화해나갔다.

제 4 장

태어나서 죽기까지

1. 어린 시절

탄생

중세처럼 유아 사망률이 높았던 전통 사회에서 임신과 출산은 비록 근심거리이긴 했어도 정서적으로 원초적 행복을 느낄 수 있는 기회였다. 특히 아들이 태어날 경우에 그랬다. 그래서 아들의 탯줄을 잘라 부적으로 보관하면 가문의 송사訟事에서 이길 수 있다고 믿었다.

기독교 사회에서 신생아는 부모의 성교를 통해 원죄를 이어받고 태어났으므로 영세 의식을 받고 영적으로 다시 태어나 기독교 사회의 일원이 되었다. 부활절 밤에 본당신부가 지난 한 해 동안 낳은 마을의 모든 신생아를 모아 한꺼번에 집단으로 세례해주는 것이 일반적이었다. 그러나 세례를 받지도 못하고 죽는 위험을 줄이기 위해 출생 직후 빠른 시일 안에 개별적으로 세례를 해주는 경우가 13~14세기부터 점점 더 많아졌다. 일반적으로 산모는 산후 6주 동안은 "부정 탄다" 하여 성스러운 의례에 참석하는 것이 금지되었을 뿐만 아니라 교회에서는 친부모가 세례에 관여하는 것을 금했으므로 산모는 세례식에 참석할 수 없었다. 영세 의식에 참여할 수 있는 사람은 사제와 세 명까지의 대부모뿐이었다. 대모가 뒤를 따르는 가운데 대부가 교회로 아기를 안고 가면 사제가 교회 현관 앞에서 신생아 입에 소금을 묻혀 마귀를 추방하고 지혜의 복을 받을 수 있도록 강복 의식을 거행한다. 그러고 나서 아기를 세례당이나 교회 안으로 데려가 세례반의 성수에 담근 다음 세례명을 준다. 대부모는 아기를 성수에서 꺼내 흰 세례복을 입히고 사제는 아기의 머리를 성유로 도유한다. 이렇게 해서 원죄의 때를 씻고 영적으로 다시 태어난 아기는 친부모에게 돌려보내진다. 이 영세의식은 앞에서 살펴보았듯이 신생아가 기독교도가 되고 영적 친족 관계를 맺는 의식이었는데, 이것은 이단자 마을이라 불린 몽타이유의 농민들에게까지도 "즐거움과 돈독한 우의의 원천"으로 간주되었다.

세례를 재탄생(영적 재탄생)으로 여긴 중세 기독교 전통에서는 원죄의 소산인 육신의 탄생을 기념하지 않았다. 그러했기에 원나라의 수도 베이징에 머물고 있던 베네치아인 마르코 폴로(1254~1324)는 몽골의 생일 기념 풍속이 낯설었다. 그는 『동방견문록』에서 "여러분은 모든 타타르인이 자신의 생일을 기념한다는 사실을 알아야 합니다"라고 환기하면서 쿠빌라이 대칸大汗과 그의 신하 12,000명이 입은 비싸고 화려한 옷, 각지 수령이 바치는 진상품 등 그의 생일(1215년 음력 8월 28일생) 기념 연회 광경을 호기심어린 눈초리로 묘사했다. 반면 중세 유럽 사회에서는 개인의 정확한 탄생 날짜와 나이에는 별로 관심이 없고, 대신 세례를 받은 날이나 망자의 구원과 영생을 빌어주는 추도식 날짜에 더 관심이 많았다. 그래서 중세의 저명인사들 가운데 사망 연대는 알려져 있으나 출생 연도와 날짜는 정확히 알 수 없는 사람들이 많았다. 또한 오래 살수록 자신의 나이를 잊어버리거나 정확하게 알지 못해 과장되게 말하는 노인들도 많았다.

생일 기념 관습과 의례는 기독교 전통을 벗어나면서 점진적으로 탄생, 정확히 말하면 재탄생했다. 그것은 16~17세기 귀족층에서부터 시작되어 19세기 부르주아 사회를 거쳐 20세기 들어 서민층으로 확산되었다. 프랑스 중세사가 장-클로드 슈미트의 『생일 기념의 탄생

L'invention de l'anniversaire』(2009)에 따르면, 정말로 오늘날과 흡사한 케이크와 양초, 선물과 인사말이 갖춰진 생일 기념 모습은 1802년 53개 양초가 켜진 케이크를 받은 괴테의 53회 생일 기념 장면에서 볼 수 있다. 생일 축가 역시 최근에 만들어진 것이다. 오늘날 전 세계 거의 모든 사람들이 영어나 모국어로 무심코 부르는 생일 축가 「Happy Birthday to You」는 1893년에 곡이 만들어지고 1924년에야 가사가 붙여졌다.

어린이에 대한 태도

필리프 아리에스Philippe Ariès는 "중세에는 어린이 개념이 없었다"라고 주장한 바 있다. 그에 따르면 중세 때는 어린이에 무관심했다. 어린이에 대한 사랑은 근대 초 왕족·귀족·부르주아에서 등장해 민중으로 점차 확산되었다. 아이가 학교에 가고 특수한 복장을 착용하면서 점차 형성되는 어린이 개념은 중세에는 없었고, 따라서 중세의 어린이는 어른의 축소판, 즉 "작은 어른"에 불과했다는 것이다. 그러나 최근의 연구들은 중세에도 어린이를 사랑했음을 밝혀주고 있다.

남성 중심적인 중세 사회에서 여아 살해가 고대 로마만큼 널리 실행된 것 같지는 않다. 바버라 해너월트Barbara Hanawalt가 지적하듯이 만약 유아 살해가 보편적이었다면 그것을 적극적으로 합리화하는 민속이 존재했을 것이다. 민간에서는 오히려 아이가 살해되면 유령으로 나타나 어머니를 괴롭힌다고 믿었다. 만약 중세에 흔히 있었던 아기의 질식사처럼 의도적으로든 실수로든 자기 아이를 살해했다면 그 당사자는 상당한 죄책감을 느꼈을 것이다. 또한 모든 생명은 고귀하다고 주장한 교회는 자신의 아이를 살해한 어머니를 처벌토록 규정했다. 그래서 원치 않는 아기나 기형아가 태어나면 살해하지 않고 딴 사람이나 구호 기관이 데려다 영세를 해주고 기를 수 있도록 교회나 수도원문 앞에 몰래 갖다버렸다.

유아의 양육 방식은 계층과 부에 따라 달랐다. 귀족과 상층 부르주아들은 아기를 대부분 유모의 젖을 먹여 양육했다. 천장에 매단 요람이며 기저귀와 포대기 등 유아 용품도 따로 있었다. 그러나 서민층에서는 어머니가 하녀로 일하는 동안 자신의 아기를 다른 집에 맡기는 경우를 제외하곤 직접 자기 젖을 먹여 키웠다.

"매를 아끼면 아이를 버린다"는 속담이 말해주듯 아버지는 자신의 권위를 무시하는 자식에 대한 처벌권을 갖고 있었다. 그럼에도 부모들은 자기 아이를 사랑했다. 적어도 서민층에서 아기와 엄마와의 관계는 정서적 측면에서 오늘날의 서양 사회보다 더 친밀한 안정감을 형성했던 것 같다. 몽타이유 마을에서 수유기의 아기는 유모차도 젖병도 알지 못했고, 대부분의 시간을 엄마 품과 팔에서 지냈다. 이유기가 지난 후에도 엄마와 같이 잤다.

특히 자식이 어린 나이에 병으로 죽는 것은 부모에게 큰 슬픔이었다. 15세기 초 피렌체 상인 조바니 디 파골로Giovanni di Pagolo가 그러했다. 그는 9세의 어린 나이에 갑자기 죽은 장남 알베르토를 생전에 충분히 사랑해주지 못한 것을 자책하며 꿈속에서 한 번만이라도 안아보고 싶어 뒤척이는 밤을 수도 없이 보냈다. 자식을 먼저 보내는, 이른바 참척의 아픔은 예나 지금이나 부모로서 감당하기 힘든 고통이다.

2. 청소년에서 어른으로

샤리바리

유년기*infantia*가 지나면 기존 문화를 본격적으로 학습하는 소년기 *pueritia*에 들어간다. 특히 7세가 되면 사회화를 위한 학습 임무가 부과되었다. 교회는 대체로 6~7세 어린이에게 세례를 완결하는 견진성사를 집전해주고 기독교 신자로서 주일 미사에 참석할 것을 의무화했다 (16세기 종교개혁 이후 견진성사를 10대 초반에 '성인식'처럼 치르기도 했다). 세속 사회는 계층에 따라 다양한 훈련을 시켰다. 귀족층에서 아들은 부모와 떨어져 주군의 집에서 시동으로 봉사하면서 무술과 귀족 예절을 배우고, 딸은 정혼을 한 집에서 성장하거나 수도원에 들어가기도 했다. 부유한 도시 부르주아층에서는 아들에게 사업 관련 도제 훈련을 시키거나 아들을 학교에 보내기도 했다. 농촌에서는 소년에게 가축을 돌보거나 아버지 일을 돕게 했다. 도시에서든 농촌에서든 소녀는 어머니의 가사를 도우며 신부 수업을 받기 시작했다.

12세(늦어도 13~14세)부터는 사춘기*adolescentia*를 거쳐 청년기*iuventa*로 접어든다. 이 단계는 육체적으로 생식 능력을 갖게 되고 정신적으로 부모로부터 독립하는 시기로 '철들 나이age of reason'다. 교회는 여성은 12세부터, 남성은 14세부터 결혼하는 것을 법적으로 인정하고, 대모와 대부 같은 영적 부모가 되는 것을 허용했으며, 12세 이상의 이단자 자녀들을 이단 재판의 심문 대상으로 삼았다. 이 시기부터 귀족 청년들은 기사서임을 받고 기사가 되거나, 농민 청년들은 농사에 본격적으로 종사하기 시작했다. 또한 이 시기부터 가부장권을 공유하면서 공무에도 취임할 수 있었다. 예컨대 프랑스 국왕 샤를 5세는 1374년 왕의 성년 나이, 즉 어린 왕이 친정親政을 할 수 있는 나이를 14세로 규정했다. 이때부터 부잣집에서는 형제자매가 방을 따로따로 쓰거나 같은 성끼리는 한 방에서 개인 침대를 사용했다. 그러나 가난한 집에서는 여전히 한 침대에서 형제자매가 함께 잤기 때문에 우발적으로 근친상간이 벌어지는 경우가 있었으며, 이를 예방하기 위해 16세기 가톨릭 교회는 대응종교개혁을 통해 형제자매가 한 침대에서 같이 자는 것을 금지했다.

특히 귀족층과 상층 부르주아층에서 혼기가 된 여성은 엄격한 감시와 통제를 받았다. 여성은 귀족 가문끼리 정략결혼을 통해 시가의 순수한 피를 이어갈 의무가 있으므로 결혼할 때는 처녀여야 했다. 그래서 상층 귀족 사회에서는 여식이나 며느릿감을 성의 맨 꼭대기 층에 경비원을 딸려 거주하게 하거나 수도원 같은 별채의 '규방'에 자물쇠를 채워 가두고, 헛된 짓은 꿈도 꾸지 못하도록 기도·실잣기·수예 같은 일을 시켰다. 귀족층에서 여성의 순결과 다산은 한마디로 가문의 명예요 자랑거리였다. 그래서 이들이 교회에 가거나 축제에 참석하거나 순례 여행을 갈 때는 경호원을 대동시키고 창이 가려진 가마에 태워 남성들이 넘보지 못하도록 보호했다. 하지만 이들이 결혼한 후 아이를 낳지 못하는 경우에는 공개 모욕을 주어 내쫓아버렸다.

그러나 가문의 명예에 속박될 이유가 별로 없는 귀족의 사생아나 서민층의 처녀 들은 순결을 귀족들만큼 강력하게 요구받지 않았다. 귀족의 사생아로 태어난 여성은 귀족 남성들의 성적 노리갯감이기 일쑤였다. 또한 극빈층의 여식들은 부잣집의 하녀로 들어가 사실상 주인의 정부 노릇을 하고 사생아를 낳는 경우가 많았다. 예컨대 15세기 중반 피렌체 기아원棄兒院 재소자의 1/4 내지 1/3이 그렇게 태어난 아이들이었다. 그리하여 베네치아 같은 일부 도시에서는 이를 예방하기 위해 성적 매력과 수태 능력이 절정기에 달하는 30세 미만의 여성을 하녀로 고용하는 것을 금지시키기까지 했다. 그렇지만 서민층에서는 여성들이 혼전 경험이 있거나 사생아를 데리고 있다는 사실이 이들이 정식 결혼을 하고 정상적인 부부 생활을 하는 데 장애가 되었던 것 같지는 않다.

이와 관련하여 특히 주목할 만한 것은 자식들이 부계보다는 모계에 더 애착을 갖고 있었다는 점이다. 이것은 중세 친족관계를 나타내는 용어에서 확인할 수 있다. 중세 때 '삼촌uncle'이란 말은 원래 '외삼촌'을 의미하는 고전 라틴어 아분쿨루스avunculus에서 유래했다. 이러한 모계 중시 현상은 다음 세 요인으로 설명할 수 있다. 하나는 혼전이나 혼외 성관계로 태어난 수많은 사생아들이 자기 아버지에 대해 그 정체를 알 수 없거나 알고 있더라도 물질적·정서적 유대가 단절되었던 반면, 자기를 낳아 길러준 어머니에 대해서는 그 정체를 확실하게 알 수 있고 정서적으로 친밀했기 때문이다. 다른 하나는 사생아나 서출뿐만 아니라 적출로 태어난 경우에도 결혼 연령의 격차(남성의 만혼과 여성의 조혼으로 인한 격차)로 인해 외삼촌과의 나이 차가 친삼촌과의 나이 차보다 크지 않았고, 따라서 생리적·정서적·문화적으로 외삼촌과 더 친밀했기 때문이다. 마지막으로 상위 신분 여성과 결혼하는 경우다. 여기서 태어난 자식들은 친가보다 사회적 위신이 더 높은 외가에 더 애착을 가질 수밖에 없었다.

중세의 청년 문화에서 간과할 수 없는 것이 샤리바리charivari(소란 법석)다. 농촌의 민속적 전통에서 유래하여 중세 말에는 도시에서도 보편화된 샤리바리는 마을의 안녕과 번영을 유지하기 위해 다양한 축제를 조직하고 결혼 질서를 위반한 자에게 집단 제재를 가하는 청년 문화를 이른다. 농촌에서 청년들이 조직한 '청년회'는 이웃 마을 청년들과의 공차기 시합, 기혼자에 대한 힘겨루기, 한 해의 다산과 풍년을 기원하는 짚불 축제, 조상들께 제사를 드리는 만혼절의 타종 등과 같은 여러 행사와 축제를 조직하고 주관했다. 혼례식 때는 결혼 행진 길에 사슬을 설치해 신랑 신부를 골탕 먹이고 첫날밤을 제대로 치르지 못했다는 구실을 내세워 신방에 난입하는 등 신랑 신부에게 가혹한 '통과의례'를 치르도록 했다. 또한 결혼한 지 1년이 넘어서도 임신하지 못하는 신혼부부, 아내한테 매 맞는 남편, 간통한 아내를 둔 남편 등에게 다양한 방법으로 제재를 가했다. 간통한 부부는 물속에 빠뜨리고, 아내에게 매 맞는 남편과 아내가 바람피우는 남편에게는 당나귀 등에 돌려 태워 꼬리를 잡고 마을을 한 바퀴 돌게 하는 공개 모욕을 주었다. 임신하지 못하는 신혼부부(잘 알려진 예로는 16세기 랑그도크 지방의 마르탱 게르Martin Guerre 부부), 특히 자신들의 신붓감을 축나게 하는 재혼한 부부, 나이 차가 심한 부부에게는 벌금을 내지 않으면 샤리바리, 그러니까 이들의 집 앞에서 갖가지 가면을 쓴 채 일주일 동안 냄비·북·종·뿔 나팔 등으로 시끄러운 소리를 내면서 '소란 법석'을 피워댔다(앞의 〈그림 10〉 참조).

이처럼 외견상 무질서해 보이는 샤리바리는 마을 질서에 대한 반역이 아니라 마을 공동체를 위한 것이었다. 이를 통해 청년들은 자신들이 감당해야 할 책임, 즉 마을의 결혼 규범을 유지하고 마을의 생물학적 번성을 보장하는 책무를 수행했다. 샤리바리 과정에서 폭력이나 혼란이 발생할 수도 있었지만, 그것은 하나의 실수이거나 우발적인 사건이었다. 특히 카니발적인 '거꾸로 하기'의 일정한 한계를 넘어 기존 질서를 위협하는 정치적 성격을 띨 때, 그것은 마을의 부자나 원로로부터가 아니라 외부 권력(왕권·교회·도시 당국)으로부터 탄압을 받았다. 그럼에도 불구하고 적어도 전통과 관습에 대해서는 비교적 관용적이었던 가톨릭 국가에선 이러한 '청년회'의 조직과 문화가 농촌에서는 거의 변화 없이, 도시에서는 변형된 형태로 18~19세기까지 존속했다.

결혼

어느 사회나 가족을 이루고 재생산하는 주된 방법은 결혼이다. 고대 로마 사회에서는 결혼이 대체로 사적인 문제로 간주되었으나, 교회는 그러한 공과 사의 구분을 철폐하고 결혼에 대한 교회의 통제를 점진적으로 강화하여 기독교 세계에 통합시켰다. 교회의 결혼 준칙은 고대 로마의 결혼 준칙 중 일부를 수용했으나, 두 가지 점에서 본질적 차이를 보여주었다. 결혼의 '불가해소성'(이혼 불가) 원칙과 이로 말미암은 일부일처제가 바로 그것이다.

　또한 교회는 근친혼 금지 영역을 더욱 확대했다. 로마식 계촌법 대신에 게르만식 계촌법을 교회법적 계촌법으로 채택하여 7촌(1대를 1촌으로 계산하였으므로 우리식 계촌법으로는 14촌) 이내의 육신적 친족끼리의 결혼을 금지하고, 결연 가족(죽은 배우자의 형제자매는 물론이려니와 7촌 이내의 결연 가족)과의 결혼도 금했다. 영적 근친혼 금지 규정은 7세기부터 대부모와 대자녀 간, 대부모와 대자녀의 부모 간, 대부모의 자녀와 대자녀 간, 대부와 대모 간, 대부모의 자녀와 대자녀의 자녀 간의 결혼을 금지했다(1563년 트렌토 공의회는 이처럼 복잡한 영적 근친혼 금지 규정을 단순화하여 대부모와 대자녀 간, 대부모들 간의 결혼만을 금지시켰고, 1983년에는 이러한 금지마저도 철폐했다). 12세기에는 이러한 일련의 금지들로 인해 같은 공동체 내에서 합법적인 결혼 상대를 찾을 수 있는 범위가 극소화하였고, 같은 시기에 결혼은 성사적 성격을 띠어 교회의 관할권에 속하게 되었으며(혼인성사), 결혼 예고제와 결혼식의 공개를 요구하는 등 결혼에 대한 교회의 통제를 강화해나갔다.

그러나 육신적 친족과 결연 친족의 남계와 여계에다 영적 친족까지 계산하는 교회법의 근친혼 금지 준칙은 너무 복잡한 실타래 같아서, 실천하거나 심지어는 이해하고 기억하는 것조차 불가능했다. 실제로 귀족층에서조차 기록된 족보의 추적이 기껏해야 4대조를 넘지 못했으므로 그 이상의 촌수를 계산하는 것은 여간 힘든 일이 아니었다. 또한 귀족층에서는 가산의 유지·확대를 위해 동족혼을 선호하면서도, 아내가 아들을 낳지 못할 경우 근친혼이라는 이유를 내세워 결혼의 '불가해소성' 원칙을 무시하곤 했다. 이러저러한 이유로 로마 교회는 1215년 제4차 라테라노 공의회에서 육신적 친족과 결연 친족의 근친혼 금지 촌수를 4촌으로 낮추고, 관면권寬免權을 활용해 현실에 탄력적으로 대응했다. 16세기 종교개혁 이후 민법은 근친혼 금지 촌수를 로마식 계촌법에 따라 4촌(교회 계촌법으로는 2촌)으로 더 낮추고, 일부 개신교 국가에서는 4촌 간의 결혼을 허용하기도 했다.

아무튼 중세 때는 동족혼이 성행했다. 귀족을 제외하고 도시에서건 농촌에서건 대부분 같은 마을이나 이웃 마을 사람들끼리 지역적 동족혼을 했고, 교회의 금지령에도 아랑곳하지 않고 혈연적 동족혼을 하는 경우도 많았다. 그뿐만 아니라 이단자의 경우에는 같은 종교를 가진 사람끼리 하는 문화적 동족혼, 귀족의 경우에는 같은 계급끼리 하는 사회적 동족혼이 관례였다.

결혼은 약혼으로부터 시작된다. 교회는 약혼에서부터 "결혼 당사자의 자유로운 동의"를 요구했지만, 실제로는 형식적인 것에 그치기 일쑤였다. 귀족층에서는 유년기에 두 가문의 가장끼리 먼저 정혼을 하고 나중에 아기의 "방긋한 미소"를 동의로 간주했을 정도였으니, 정혼은 실제로는 두 가문의 가장과 친척 들에 의해 이루어졌다. 가문의 명예가 귀족층만큼 소중하지 않았던 서민층에서는 결혼 당사자의 의사가 개입될 여지가 오히려 더 많았다. 이는 남성에만 해당되고 여성은 여전히 그 집안의 가장이 선택한 남성과 결혼해야 했다. 물론 가장이 맺어준 부부가 함께 아이를 낳고 살아가면서 정분을 쌓는 경우도 있었을 테지만, 중세 때 일반적으로 참된 사랑이란 정식 결혼한 부부 관계보다는 서로 마음에서 우러나와 자발적으로 맺는 '간통'이나 '간음'처럼 교회법에서 불륜으로 간주한 혼외관계에서나 존재하는 것으로 생각했다. 그래서 12~13세기 자유분방한 음유시인들은 이런 혼외 사랑을 "순수한 사랑" "참된 사랑"이라고 불렀다.

결혼 연령은 지역과 시기에 따라 차이가 있지만 대체로 여성은 10대 중후반, 남성은 20대 중후반이 적령기였다. 11~12세기 귀족층에서부터 시작된 장자상속제나 1인 우대 상속으로 인해 결혼하지 못한 차남 이하의 총각 기사들은 모험과 방랑 생활을 하면서 좋은 혼처를 구하려다 혼기를 놓치거나, 도시 부르주아 총각들은 사업이나 경력을 쌓으려다가 만혼하는 경향이 있었기 때문에 부부간의 나이 차가 더 벌어지는 경우도 있었다. 예를 들어, 12세기 말 잉글랜드의 위대한 기사 윌리엄 마셜은 44세에 아일랜드와 프랑스에 막대한 영지를 갖고 있던 클레어 백작의 외동딸인 17세 엘리자베스와 결혼했고, 14세기 이탈리아의 상인 프란체스코 다티니Francesco Datini는 41세에 16세 소녀 마르게리타Marguerita와 결혼했다. 하지만 남성이 연상의 여성과 결혼하는 것은 마을 청년들의 샤리바리 감에 해당했다.

민속 혼례식에서는 신부 집에서 신부 아버지가 신부를 신랑에게 넘겨주고 다산 의식으로 신부에게 곡식을 뿌리는 풍습이 있었다. 또한 민간 풍속에서는 딸이 결혼한 후 남편한테 사랑받을 수 있도록 딸의 초경혈을 부적으로 보관하기도 했다(남프랑스에서는 소녀가 소년의 사랑을 얻기 위해 소년의 음료수에 몰래 자신의 피 한 방울을 떨어뜨리는 풍습이 오늘날까지도 남아 있다). 교회법은 특히 12세기부터 교회식 결혼을 신도들에게 요구했다. 혼례식 날 교회에서 사제가 신랑 신부에게 개인적 동의와 근친혼 여부를 확인한 다음, 하느님께 결혼 서약을 하고 신부를 신랑에게 인도했다. 이리하여 결혼은 하나의 성사(혼인성사)로 규정되고 이로부터 결혼은 파기해서는 안 된다는 준칙(결혼의 '불가해소성')이 도출되었다. 그러나 교회식 결혼이 점차 수용되었음에도, 결혼식을 올리고 나서 신부에게 곡식을 뿌리는 풍습과 신방 침대에서 신부에게 다산을 기원하는 관습은 오랫동안 지속되었다(교회에서 결혼식을 마치고 나오는 신랑 신부에게 곡식을 뿌리는 풍습은 오늘날까지도 볼 수 있다). 또한 교회가 요구하는 결혼 성립 조건(결혼 당사자의 동의와 신방치레) 중에서 육체적 결합(신방치레)을 더 중시한 민간 풍속에서는 신랑 신부가 가족과 친지들이 지켜보는 가운데 신방 침대에 올라야 했고, 그 이튿날 아침에는 첫날밤을 성공적으로 치렀음을 입증하기 위해 이들에게 침대보를 보여줘야 했다.

사교 생활과 염치의 윤리

부부간의 관계에서 "모든 남성은 그의 성에서 왕이다"라는 속담이 보여주듯이 남편은 아내의 주인이었다. 특히 결혼 연령 차가 클 때 남편은 아내에게 엄격한 아버지 역할까지 겸했다. 귀족과 부르주아층에서는 아내가 남편에게 서로 말을 놓는 '너tu' 대신 '당신vous'이란 경칭을 쓰는 등 존댓말을 사용했지만, 서민층에서는 이러한 경어를 쓰지 않았다. "매를 아끼면 아이를 버린다"는 속담은 아내에게도 적용되었다. 아내의 권한은 가사와 육아 외에 남편으로부터 위임받은 제한된 범위 내에서만 행사되었다.

그러나 아내가 권력을 행사하는 모권제가 조성되는 경우도 일부 있었는데, 남편의 요절로 가장이 되거나 친정의 재산을 많이 물려받은 상속녀의 경우가 그러했다. 이들에게는 예컨대 나로쿠아Na Roqua(로쿠아 여사)처럼 여가장domina을 의미하는 '나Na'란 경칭을 이름('로쿠아') 앞에 붙여주기도 했다. 그러나 농민들은 아내를 "암퇘지"라고 부를 정도로 멸시하는 것이 예사였다.

그러나 이처럼 고단하고 모멸적인 삶을 살았던 부인들은 늙어서는 자식들에게 공경을 받고, 평상시에는 이웃과의 친교를 통해 위안을 받을 수 있었다. 주부의 활동 공간은 기본적으로 가정이었지만, 주일 미사와 축제에 참석한다든지 장에 간다든지 우물가와 빨래터(수다와 웃음소리로 넘쳐나는 '아낙네들의 집회소')에서 매일 만난다든지 월동용 음식(예컨대 훈제 돼지비계)을 함께 만드는 기회를 통해 이웃과 교류했다. 특히 도시에서든 농촌에서든 화창한 날에는 문 앞에 모여 앉아 이웃 여성들과 수다를 떨기도 하고 서로 머릿니를 잡아주기도 하면서 허물없이 지냈다(현대인들에게 매우 낯선 이 잡아주기 풍속에 대해 한마디 덧붙이면, 야외에서 여성이 가족이나 이웃의 이를 잡아주는 것은 농촌에서는 오랫동안 전혀 문제가 되지 않았으나 도시에서는 '문명화'의 진행에 따라 점차 풍기 단속 대상이 되었다. 이 잡아주기는 여성의 몫이었다. 여성이 남의 이를 잡아준다는 것은 원초적 친밀함이나 각별한 호의의 표시로 간주되었다. 내연녀가 내연남의 머릿니를 잡아주거나 장모가 사위의 머릿니를 잡아주는 경우 특히 그러했다).

남성은 여성보다 사교 기회가 더 많았다. 농촌 마을이나 도시의 구역(각 구역에는 같은 직업을 갖고 있거나 고향이 같은 사람들끼리 모여 살았다)마다 있는 선술집에서 이웃과 한잔하면서 주사위 놀이를 하거나 정보를 교환했으며, 여름철에는 광장에 모여 앉아 마을에 떠도는 소문 이야기로 밤이 깊어갔다. 임신·출산·세례·결혼식·장례식 등과 같은 경조사에는 이웃과 친척 들이 참석했고, 그때마다 본당신부는 상석을 차지했다. 상류층에서 자식이 사제 서품이나 기사서임을 받을 때는 가문의 명예와 위신이 걸린 문제였으므로 성대한 잔치를 열고 많은 사람을 초대했다.

중세인의 사교 생활에서 간과할 수 없는 것이 있다. 저녁에 마을 사람들이 이웃집으로 놀러가서 화덕에 둘러 앉아 등걸불이 꺼질 때까지 밤늦도록 이야기꽃을 피우는 '밤마실'의 사교 기능과 문화 전수 역할이다. 그때는 오늘날과 같은 대중매체도 없고 마을 주민의 절대다수가 문맹자여서 책을 통해 정보를 얻을 수도 없던 시절이었다. 예컨대 14세기 초 몽타이유 마을 주민 200~250명 가운데 책을 읽을 수 있는 사람은 본당신부, 백작의 대관, 본당신부의 시종 세 명뿐이었으니 주민의 1퍼센트 정도만이 책을 읽을 수 있었다. 앞에서 지적한 것처럼 비록 가난했지만 느긋하게 살던 시절이어서 저녁 식사를 하고 나면 이웃이나 친지들이 한집에 모여 갖가지 이야기를 나누며 밤늦도록 함께했다. 마을에서 일어난 일이며 타지에서 온 동향인이나 친지들이 전해주는 외지 소식이며 글을 읽을 줄 아는 사람한테 전해 듣고 들려주는 민속과 신화 등 이야기 주제에 제한이 없었다. 또한 이단에 물든 마을에서는 이단 선교사가 신도들을 모아놓고 은밀하게 이단 사상을 강론하고 전파하기도 했다. 이러한 밤마실 문화는 여기서 교환되고 전달

되는 구술 정보와 지식을 통해 중세인의 정신적 기재를 형성하고 계승하는 역할을 했다(우리의 전통 농촌 마을에서도 볼 수 있었던 밤마실 문화는 가정마다 전기와 텔레비전이 보급되고 야간 노동을 자극하는 시장경제가 침투한 1970년대부터 사라지기 시작했다).

이처럼 다양한 기회를 통해 맺어지는 이웃과의 허물없는 교제와 친밀한 상호관계는 이웃의 눈길(평판)을 의식하고 명예와 체면을 중시하는 공동체적 에토스를 형성하는 바탕이 되었다. '양심'을 뜻하는 라틴어 *conscientia*의 어원적 의미는 '같이+앎*cum+scientia*'이다. 양심이란 나 자신의 행위를 누군가가 같이 알고 있다는 의식, 나의 행위와 마음의 모든 것을 누군가 보고 있다는 자각에서 출발한다. 그러므로 양심이란 '내면화한 타자의 눈길'이다. 평판과 체면, 명예를 중시하는 공동체적 에토스의 밑바탕에는 이러한 도덕적 기제가 깔려 있다. 몽타이유 같은 농촌 마을에서 사람들이 고해를 하고 보시를 하는 것은 하느님에 대한 사랑보다는 이웃에게 좋은 사람이라는 '평판'을 듣기 위해서였다. 범죄와 도둑, 남의 농작물에 폐해를 끼치는 일이 적었던 것도 '이웃의 눈길' 때문이었다. 심지어 근친상간조차도 중대한 성범죄라기보다는 이웃에게 '부끄러운 일'로 여겼다. 자신의 잘못을 부끄러워하고 남의 잘못을 미워하는 수오지심羞惡之心에 바탕을 둔 이러한 염치의 윤리는 나중에 서서히 침투하여 내면화한 기독교적 죄의식의 윤리와 함께 중세 사회를 지탱하는 유서 깊은 도덕 체계의 근간이 되었다.

3. 노년에서 죽음으로

노년은 없다

중세는 요절하는 사회였으므로 노인의 수도 적고 그 역할도 미미했다. 현대 산업사회에서는 80세가 넘는 기대 수명이 중세 때는 30세를 넘지 못했다. 또한 그 당시에는 50세를 '고령高齡, great age'이라고 부를 정도로 꽤 이른 나이에 노년기가 시작되었다. 생식능력을 상실하는 갱년기 이후를 노년기로 규정할 때, 중세 말 토스카나 지방의 이런 의미에서의 노인 인구 비중을 예로 들면 농촌에서는 약 10퍼센트였고 도시에서는 5퍼센트를 넘지 않았다.

중세 때는 오늘날과 같은 정년퇴직 개념이나 노인복지 제도가 없었을 뿐 아니라 늙어갈수록 자신의 정확한 나이를 모르거나 늘려 말하곤 했으므로 노년을 나이만으로 규정하는 것은 적절하지 않다. 중요한 것은 나이가 아니라 건강이었고, 거부된 것은 노년이 아니라 병약한 상태였다. 건강이 허용하는 한, 기사들은 60세를 넘겨서도 활동했고(1307년 프랑스 성전기사단 재판의 심문조서에 기록된 기사 40명 가운데 60세 넘는 기사가 10명이나 되었다), 농민들도 늙어서까지 노동을 했다. 삶을 활동과 비활동으로 단선적 구분을 했던 중세 사회에서 정말로 노쇠하여 거동이 불가능한 노인은 병자, 불구자, 거지, 어린이, 무위도식하는 사람과 같은 범주로 분류되었다.

짧은 수명과 결혼 연령의 격차로 인해 노년기에는 홀아비보다 홀어미가 더 많았다. 중세처럼 젊은 혈기와 강력한 체력이 요구되는 기사-농민 사회에서는 노인이 우리의 전통 사회에서만큼 공경을 받지는 못했고 '원로 정치'가 발을 붙이지도 못했다. 대부분의 어린이들이 자기 할아버지를 보지도 못했기 때문에 할아버지의 '교육자' 역할도 미미했다. 또한 귀족층에서는 상속 문제를 놓고 젊은 자식과 늙은 아버지 사이에 갈등이 일어나기도 했다. 귀족층에서는 죽음이 임박하면 사후 구원을 받기 위해 수도원으로 은거하여 승복을 입고 참회를 하면서 죽음과 저승으로의 통과를 준비하기도 했다.

우리는 모두 죽는다

죽음은 저승으로 가는 여러 가지 의례를 수반했다. 망자가 저승에서 구원받기 위해서는 임종 단계에서부터 많은 중개인이 개입해야 했다. 이승에서 해를 입힌 사람에게 마지막으로 고해와 속죄를 하고 떠나야 했으므로 본당신부가 병자성사를 집행했다. 본당신부며 가족이며 이웃이며 친척이며 심지어는 어린이까지 가급적 많은 사람이 지켜보는 가운데 임종을 했다. 필리프 아리에스는 현대 사회에서 양로원이나 병원에서 가족도 없이 '혼자' 임종하는 '쓸쓸한 죽음'에 비해 이처럼 '함께하는' 죽음을 "친근한 죽음" 또는 "공동체적 죽음"이라고 불렀다.

변사하는 경우를 제외하고 죽기 전에 유언을 해야 하는데 문서가 거의 사용되지 않던 중세 초에는 구두로만 유언을 했다. 로마법의 부활·전파와 함께 12세기 말부터 문서로 유언장을 작성하는 관습이 상류층에서부터 일반화하기 시작했다. 본당신부와 가족, 기타 증인들이 참석한 가운데 유언자가 재산 분배와 상속인 지정을 하고 종교 기관에 구원을 위한 '경건한 유증'을 하면, 공증인이 이것을 유언장 서식에 정서하여 유언자에게 다시 확인을 받았다. 반면에 재산이 별로 없는 서민들은 구두로만 유언을 하는 것으로 그쳤다.

　중세 말에 유언장은 구원을 위한 보험 증서, 아니 자크 르고프의 표현을 빌리면 "천국으로 가는 여권passeport pour le ciel"이 되었다. 부자들은, 한편으로 현세에서의 탐욕스런 삶에 대한 애착과 다른 한편으로는 내세에서의 저주받을 가능성에 대한 공포 사이에서, 자신의 운명의 타개책을 저승에 대한 아낌없는 투자에서 찾았다. 나중에 살펴보겠지만 12세기 말에 탄생한 연옥 신앙은 부와 경건성의 결합을 통해 부자들과 심지어 고리 대급업자들한테도 구원의 문을 열어주었다. 그들은 죽음이 임박하면 권력과 탐욕적 삶을 포기하고, 교회와 자선 기관에 많은 재산을 유증했으며, 그래서 그들에게 죽는 날은 '돈을 푸는 déthésauriser' 날이었다. 이렇게 하여, 부자가 천국에 가는 것은 낙타가 바늘귀를 빠져나가는 것보다 더 힘들다는 복음서의 가르침(「마가복음」, 10장 23~27절)과는 달리, 부유한 사람들이 실제로는 가난한 사람들보다 구원의 가능성을 더 많이 확보하게 되었다. 필리프 아리에스는 부자들이 죽기 전에 구원을 위한 보속 조치로 교회에 재산을 유증하는 이러한 경향을 산업혁명 이전 사회의 특징으로 규정했다(프랑스의 고고학자이자 로마사가인 폴 벤Paul Veyne에 따르면, 재산을 이처럼 비생산적인 분야에 투입한 것은 전통사회의 일반적인 특징이었다. "매년의 잉여를 기계나 철도 같은 생산적 자본에 투자한 것은 산업혁명 이후다. 그 이전, 아득한 원시사회에서조차 그러한 잉여는 대개 공공건물이나 신전 형태에 투입하였다").

　임종을 마치면 장례 절차가 시작된다. 조곡을 하고 시체를 씻어주고 염습하는 일은 유구한 민속 전통에 따라 중세 말까지도 여전히 여성의 몫이었다. 사람은 죽은 뒤에도 머리칼과 손발톱이 계속 자란다고 믿던 농민층에서는 염습하기 전에 죽은 부모의 머리칼과 손발톱을 조금씩 잘라 집의 영속과 번영을 위한 부적으로 보관하기도 했다. 이것은 왕가에서는 왕의 유골을, 교회와 수도원에서는 성인의 유골을 보관하는 신앙의 민중적 짝이라 할 수 있다. 또한 민속 전통에서는 시체 옆에서 철야를 하는 풍습이 있었는데, 그 이유는 악마가 시체를 검은 고양이와 바꿔치기 한다고 믿었기 때문이다. 철야를 하는 동안 시체 옆에서 술 마시고 농담하고 춤추고 노래하는 풍습이 있었다. 가족의 죽음에 대해 집단적으로 애도하는 가운데 망자에 대한 기억과 그의 현존에 대한 믿음을 동시에 내포하고 있는 이 같은 철야 풍속이, 비록 교회가 철야를 금지하고 대신 시체를 교회에 안치하도록 했음에도 민간에서는 19세기까지 잔존했다.

중세 때는 노환보다는 각종 질병으로 사망하는 경우가 더 많았으므로 가급적 빠른 시일 안에 매장하는 것이 일반적 관습이었다. 병으로 죽는 경우에는 임종한 날에, 노환으로 죽는 경우에는 그 이튿날 매장하곤 했다. 그러나 중세 말에 왕들은 "그들의 위엄이 결코 죽지 않는다"라는 상징으로 시체를 방부 처리하고 일정 기간이 지난 다음 안장하도록 했다. 시체를 자기 집 침대에서 무덤으로 운구하는 장례 행렬은 가족과 친척과 친지 들, 때로는 천국으로 가는 중개인의 상징으로 '빈자들'과 탁발 수도회 수도사가 참석하여 서열별로 배치되었다. 부자는 수도원이나 교회에 있는 가족묘에, 서민은 본당 교회에 있는 공동 묘원에 매장되었으며, 여기서 망자는 먼저 죽은 조상을 다시 만났다. 매장이 끝나면 망자가 저승으로 순조롭게 통과할 수 있도록 참석자들(특히 '빈자들'과 탁발 수도회 수도사들)에게 술과 음식으로 장례연을 베풀었다.

제 5 장

죽음 이후의 세계

죽음은 인간의 피할 수 없는 운명이기에 죽음만큼 종교적인 것도 없다. 모든 종교는 죽음을 초점으로 삼으면서 인간이 죽음에 갇혀 있지 않고 그것을 넘어선다고 가르치기 때문이다. 부활의 종교인 기독교는 사후 부활과 영생의 가능성을 보장했다. 영생을 얻기 위해서는 일단 죽고 나면 망자가 할 수 있는 것이라곤 아무것도 없었으므로 지상에 남아 있는 가족과 '친구들'(각종 조합의 회원들)의 도움이 절대적으로 필요했다. 중세 때 망자와 생자 사이의 관계가 중요했던 것은 바로 그 때문이었다.

1. 애도와 추모

장례식이 끝난 뒤 남아 있는 가족들은 3일이나 7일 또는 30일 동안 상복을 입고 장례식을 재현하는 형태로 망혼을 위한 미사를 드렸다. 영혼이 시체와 분리되는 부패의 시작 및 해골로의 전환과 밀접한 관계가 있는 일련의 제례를 마무리하는 것이 1년 뒤 올리는 미사다. 이것은 망자가 육신의 부패를 완료하고 영혼이 결정적으로 조상의 세계로 들어가는 애도의 시간이 종료되었음을 의미한다. 그러고는 매년 기일마다 추도 미사를 올렸다. 그러나 연옥에서의 망자의 상태와 망자에 대한 생자의 감정에 따라 애도의 시간이 길어질 수도 있고, 생자가 망자를 위해 자선·기도·미사(이 중 교회가 가장 많이 권고한 것은 미사였다)를 베푼다면 그 시간은 대폭 단축될 수도 있었다. 그래서 부유층에서는 망자가 확실하게 천국으로 갈 수 있도록 종교 기관에 막대한 기증을 하고, 기일은 물론이려니와 가급적 자주, 그것도 전속 사제를 두고 매일 영속적으로(유언장에 사용된 표현으로는 "수천 번" 내지 "수만 번"씩) 미사를 드리게 했다. 이렇게 하여 중세 말 대다수의 평신도 망자들은 3단계의 소멸 과정을 겪었다. 먼저 무덤에서 육체가 소멸하고, 다음으로 연옥에서 영혼이 소멸하고, 마지막으로 망자에 대한 기억이 생자들의 영혼에서 소멸하였다.

망자와 생자의 공존

중세 초에 생자와 망자의 관계에는 이교적인 세속 모델이 장기간 지속했다. 어느 정도는 고대사회의 전통을 계승한 세속 모델에서 가족이 중요한 역할을 했다. 가족 구성원이 죽었을 때 가족들은 '통과의례'로 이별 의식을 수행할 의무가 있었다. 철야·염습·조곡 등 대부분의 장례 절차는 여성이 맡았다. 가족들은 주기적으로 반복되는 추도를 통해 안식처를 찾지 못한 망혼을 위무할 책임이 있었다. 자식이나 친척이 망자의 넋을 위무해주지 못할 때 망자는 유령의 모습으로 살아 있는 친척들 곁으로 돌아와 그들을 괴롭힌다는 믿음이 널리 퍼져 있었기 때문이다. 중세 초에는 유령의 소행을 악마의 그것이라 보고 탄압했지만, 11세기부터는 기독교 신앙에 통합되었다.

한편 중세 때는 고대 관습과는 전혀 다른 망자 숭배 형태가 등장했다. 고대에는 망자를 거주지 밖으로, 특히 도시 성문 밖으로 추방하고, 망자가 유령의 형태로 생자에게 돌아와 괴롭히지 못하도록 묘 주위에 가시울타리를 칠 정도로 죽음에 대한 두려움과 외경심이 뒤섞여 있었다. 그런데 지역에 따라 4세기 말에서 7세기 후반 사이 망자의 공간이 거주지 안으로, 도시의 교회 묘원 안으로 들어오기 시작했다. 성인 숭배는 이에 대한 주요한 원인이 된다. 교회에 안치된 성인의 묘가 신도들로부터 경배되고 그 유골은 갖가지 제의적 숭배 대상이 되었다. 신도들은 자신을 성인들에 의탁하고 그들의 유덕을 회상하며 받들었다. 이처럼 성인의 보호를 추구하는 신도들은 '성인들 곁에*ad sanctos*' 매장되길 갈망했다. 이에 거주지 밖에 매장되었던 망자의 공간이 거주지 한복판에 있는 성인 묘를 따라 도시 안으로 들어왔다. 망자의 공간이 살아 있는 인간 세계에 통합된 것은 10세기까지 일어난 큰 변화들 가운데 하나였다. 고대 말과 중세 초를 연구하는 역사가 피터 브라운

Peter Brown이 지적했듯이 "생자의 도시와 망자의 도시 사이의 태곳적 담장은 결국 무너지고 말았다."

이리하여 묘원은 생자와 망자의 공존 공간이 되었다. 도시에서건 농촌에서건 망자의 공간은 회합과 축제가 거행되는 장소요, 재판을 하고 협정을 맺고 시장이 열리는 곳이었다. 외견상으로 드러나는 중세 묘원에서의 무질서와 무례는 망자에 대한 무시와 무관심을 반영하는 것이 아니라, 오히려 생자와 망자 사이의 관계를 새롭게 인식하는 독특한 방식이라고 할 수 있다. 생자들의 공동체를 망자들의 공동체와 접촉하게 하는 것을 주요한 기능으로 삼는 민속도 존재했다. 이를테면 남프랑스에서는 성령강림절 전야에 젊은 청춘 남녀들이 묘원에서 조상의 무덤 위에서 민속적 춤을 추었는데, 이는 조상과의 육체적 접촉을 추구한 것이다. 또한 망자와 생자 사이를 중개하는 영매도 있었다. 14세기 남프랑스의 영매 아르노 젤리스Arnaud Gélis가 본 망자 사회는 생자 사회와 유사한 모습으로 연결되어 있다. 거기엔 시신의 부패도 해골도 없다. 유령이 생자와 별로 다를 바 없다. 기사는 피 흘리고, 의사는 환자를 돌보며, 유대인은 멸시받는다. 유령은 집이 없어 교회를 전전하고, 주말엔 생가로 돌아와 잠든 가족을 흐뭇이 바라보며 자고 간다. 이승에 사는 어떤 부모는 아르노에게 행방불명된 아들 소식을 묻고, 어떤 유령은 아르노를 통해 가족의 도움(기도와 보시)을 청한다. 정처 없이 떠돌던 유령이 드디어 사후 몇 주 만에 안식처로 간다. 이제부턴 아르노의 중개도 가족과의 유대도 단절된다.

교회, 죽음을 장악하다

11~12세기에 정착한 영주제는 망자에 대한 민속적 제례와 교회의 추모 미사들 사이의 접촉과 융합의 기원이 되었다. 지방 유력자이자 성

의 주인인 영주들은 자신과 조상들을 위해 교회에 미사를 요구했다. 성직자와 수도사는 그들에게 기도를 보장해주고, 그들을 수도원과 교회 묘원에 받아들였다. 특히 1030년경 클뤼니 수도원이 이미 사망한 모든 신도를 위해 추모 미사를 드리는 만혼절(11월 2일)을 제정한 것은 망자 숭배를 기독교화하는 장기적 과정에서 결정적 단계에 해당한다. '모든' 망자를 위한 '하나'의 추도일이 교회에 도입된 것은 달력과 전례를 통일하고자 하는 교회의 의지를 웅변한다. 새로운 만혼절 덕택에 어느 망자도 교회의 영향권을 벗어날 수 없었다.

이와 동시에 정교한 교회식 장례 관습이 하급 귀족과 도시민에게도 전파되었고, 죽음의 절차에 대한 교회의 통제도 더욱 강화되었다. 병자성사며 유언장 작성 등은 임종 때 사제의 참석이 전제되어야만 가능했다. 클뤼니 수도원과 시토회 수도사들은 망자가 생자에게 유령의 모습으로 나타나 고통을 벗어나게 해달라고 호소하는 유령 이야기를 수집·편찬했으며, 탁발 수도회 설교가들은 생자들로 하여금 망자에게 기도하고 교회에 기부하도록 촉구하기 위해 자신들의 설교에 이러한 유령 이야기를 삽입하곤 했다. 그동안 악령이라며 탄압받던 유령이 이제는 신자들에 대한 교회의 영향력을 증대시켜주는 전략적 수단이 된 것이다. 또한 망자에게 개입하는 제도들이 다양해지고 증가함에 따라 소위 '장례 시장'이 발전했다. 자신과 가족의 구원에 대해 관심을 갖게 된 부르주아들은 화폐를 매개로 한 교환 모델을 모방해 다양한 기관에 '경건한 유증'을 하고 대도代禱(기도·보시·미사)를 '소매'로 구입하곤 했다. 성직자들은 기부금을 낸 사망자들의 기일표를 만들고, 여기에다 그들이 매일 거행해야 할 미사 목록을 기록했다.

또한 망자 숭배에도 변화가 일어났다. 그 원인은 두 가지다. 하나는 성문법의 도입으로 법률이 체계화되고 성문법의 한 형태인 유언장이 13세기부터 보편화된 것이다. 다른 하나는 '국가'(왕)의 역할이 증대한 것이다. 예컨대 13세기 생드니 수도원에서 역대 프랑스 왕의 사망자 명부를 재정비하고, 역대 왕의 위치를 카롤루스 왕조와 심지어는 메로베우스 왕조까지 소급되는 족보 속에 자리하게 했다. 보다 일반적으로 말하면, 중세 말에 망자에 대한 기억은 권력의 정통성 수립을 목표로 하는 세속 가문의 역사(족보)를 구축하는 데 기여했다.

장례식에서도 "왕의 위엄은 죽지 않는다"라는 것을 보여주기 위해, 소멸될 운명에 있는 왕의 '개인적 신체'와, 공공 영역에 속하면서 영원히 죽지 않는 '법률적 신체'를 구별했다. 중세 말에 정교해진 장례는 왕의 몸의 이 같은 이중적 차원을 잘 표현해준다. 왕의 사후에 밀랍 인형을 제작했는데, 비록 왕의 '개인적 신체'는 죽었지만, 죽은 왕을 살아 있는 왕처럼 재현한 밀랍 인형은 후임 왕이 등극하기 전까지 왕의 공공적·법률적 기능의 연속성을 상징했고, 밀랍 인형 속에 살아 있는 선왕의 몸은 '국가'의 법률적 건설의 후원자가 되었다.

지배층의 시체를 보관·처리하는 방법에 대해 살펴보면, 시체를 분해하는 방식과 온전하게 처리하는 방식이 있었다. 성인과 왕의 시체는 개인적 신심의 수단이 되었으므로 시체를 절단하고 분해하는 관습이 일반적이었다. 이들이 죽으면 영혼의 거처로 간주된 머리와 심장, 그리고 나머지 유골을 분해하여 서로 다른 성소에 안치함으로써 성인과 왕에 대한 숭배의 '탈국지화' 현상이 일어났다. 이와는 반대로 시체의 온전한 보존에 관심을 갖는 다수 성직자들은 시체 분해를 반대했다. 1299년 교황 보니파티우스 8세는 '끔찍한' 절단 관습을 금지시켰다. 그렇다고 해서 일부 왕들이 관면을 받고 시체를 절단하는 것을 막지는 못했다. 로마 교황청과 추기경층에서는 시체를 방부 처리하고, 시체가 온전하게 보존될 수 없을 때는 장례 때 시체를 대신하는 밀랍 인형을 만드는 관습이 확산되었다.

나르시시즘적 죽음

또한 성문법의 보급으로 사회가 법제도에 기반을 두면서 수도사의 영역은 축소되었다. 이전에 성직자가 관리하던 제도를 세속 사법권이 떠맡았고, 망자에 대한 교회의 기도 독점이 약화되었다. 그리하여 속인은 보시를 하고 성직자는 망자를 위해 기도하는 사회적 상보 기능이 이 시기부터 의문시되었다. 예컨대 일부 세속인들은 세속적 성격의 '형제회' 혹은 '참회 단체'를 만들어 '수도사들 방식대로' 자기들끼리 망자를 위해 기도했던 것이다.

이에 대해 교회는 성과 속의 엄격한 구별을 시도하는 것으로 대응했다. 교회는 사회에서 자신들의 특권을 유지하기 위해, 속사와 성사, 세속적인 것과 영적인 것, 세속인과 성직자 사이를 이전보다 더 예리하게 구별했다. '망자에 대한 배려'는 영적인 권력의 편에 배치되고, 비록 교회 기관의 권한과 권력은 더 제한되었지만 집중된 영역으로 재정비되었다. 설교가들은 개인의 집에서 벌어지는 철야를 비난하고, 대신에 임종 후에 시체는 교회로 운구하여 장례식 때까지 보관해야 한다고 요구했다. 교구사목회의 법령들은 전통적 관습에서는 허용되었던 교회 묘원에서의 집회며 재판이며 거래며 가무 등 모든 세속적 활동을 금지시켰다.

13세기부터 도시의 비약적 성장으로 주민들이 고향을 떠나 도시로 이주하고 14세기에는 페스트로 많은 사람들이 사망함에 따라 '조상을 잃은 고아들'의 사회가 형성되었다. 생자는 조상으로부터 멀어지고 혼자 고독하게 죽음을 맞이했던 것이다. 이에 대응해 부유층에서는 죽어 가는 자 스스로가 유언을 통해 화려한 장례식(조복의 과시, 많은 조객의 동행과 화려한 장례 행렬)을 요구하고 조직하는 등 나르시시즘적 죽음의 무대를 연출했다. 또한 조상의 과거를 추적하고 족보와 가문의 역사를 복원하려는 강박적 시도는, 잃어버린 조상을 재발견하고 그것을 후손에게 전달하려는 의도를 내포하고 있다. 이주와 페스트로 조상과 부모를 잃고 '고아'가 된 부유한 유언자들은 자신들의 영혼 구원을 위해 전속 사제를 두고 수천, 수만 번의 미사를 요구했다. 이에 조응하여 도시 교회에서는 본당신부와 성당 참사회 외에도 하루 종일 망자를 위해 미사를 전담하는 전속 사제가 증가했다. 특히 도시에서 활동했던 탁발 수도회는 소속 교회의 장례 업무를 담당함으로써 이러한 새로운 '죽음의 시장'에서 상당한 수입을 챙겼다.

중세 말에 앙상하게 뼈만 남은 망혼이 연출하는 '죽음의 춤danse macabre'과 시체가 누워 있는 와상의 이미지, 15세기 중반부터 널리 보급된 판화인『선종의 방법』등과 같은 죽음의 담론들은 삶의 덧없음과 개인적 죽음에 대한 새로운 공포를 보여준다. 그것은 또한 조상과 부모를 잃음으로써 비롯된 외로움과 버림받음에 대한 한 사회의 정서적 반응을 표현한 것이기도 하다. 이와 동시에 망자들을 돌보고 그들의 구원을 위해 기도하는 '참회 단체'와 '형제회' 등과 같은 새로운 연대가 형성되었다. 타향에서 혼자 죽어 장례의 예를 갖추지도 못할까 두려워 도시민과 마을 사람들은 일종의 상조회를 조직했던 것이다.

중세 말의 개혁 운동과 근대 초의 종교개혁은 성인 숭배와 대도를 폐지하고, 조상과 유지된 옛 관계를 단절시키고, 생자를 운명에 맡겼다. 종교개혁은 가톨릭 전례와의 확연한 단절을 보여준다. 그러나 역설적으로 그것은 어떤 의미에서 중세 말에 이미 시작된 완만한 변화를 마무리한 것에 다름 아니었다. 차후 생자와 망자는 별개의 세계에 속하게 된다.

2. 저승 세계와 사회 현실

죽음과 관련하여 중세에 일어난 주요한 변화 가운데 하나는 죽음을 둘러싼 공포가 이승에서 저승으로 이동하였다는 점에 있다. 기독교적 상상은 내세에서의 심판과 지옥에서의 끔찍한 처벌 이미지를 강조했기 때문이다.

기독교적 저승—심판·천국·지옥

천국과 지옥의 이미지를 구성하는 기본적 논거는 복음서다. 하느님은 최후 심판 때 그의 오른편에 있는 선한 자를 천국으로, 왼편에 있는 악한 자를 영원한 불속으로 보낸다(「마태복음」, 25장 31~46절). 또한 사악한 부자와 가난한 나사로의 우화는 천국과 지옥의 건널 수 없는 분리, 생자와 망자 사이의 관계를 내포한다(「누가복음」, 16장 19~31절). 망자와 생자가 지옥을 피하고 천국에 갈 수 있도록 제도를 조직하려는 시도가 중세 신앙의 핵심을 이루었다. 저승에 대비해서 결성한 사회적 연대는 중세에서 주요한 사회적 유대 중의 하나였다.

저승의 공간적 위치는 일찍이 확립되었다. 지옥은 지하에, 천국은 하늘에 자리한다. 하늘과 천국은 동의어이지만 하늘은 위에, 천국은 가장 높은 곳에 있다. 그러나 일반적으로는 두 개의 하늘이 공존하였으니, 하나는 우주적인 자연으로서 과학을 통해 인식하는 하늘이요,

다른 하나는 하느님과 선택된 자들의 영원한 거처인 형이상학적 하늘이다. 천국과 지옥의 기독교적 공간 배치의 원칙은 위/아래의 배치다. 천국과 지옥을 고대에서처럼 지하에 좌(지옥)/우(천국)로 나란히 배치하는 것이 아니라 수직적으로 배열했다. 기독교적 공간 가치 체계에 따라 위에는 선과 하늘이, 아래에는 악과 지옥이 있다. 하늘을 곧 천국과 동일시하는 사고방식은 영혼 순례의 길, 즉 위로 하늘로 하느님에게로의 상승에서 구원적 극기의 실현을 규정해주며, 그것은 예수 그리스도와 동정녀 마리아의 삶을 특징짓는 운동(승천과 몽소승천)을 반복한다. 그리하여 기독교판 시시포스 신화에 해당하는 '야곱의 사다리'(「창세기」, 28장 10~22절)가 중세 때 큰 인기를 끌었다.

인간이 이승에서 살아가는 동안 지옥과 천국을 인식할 수 있는 방법 중의 하나가 저승 여행담이다. 이것은 초대 교회의 계시문학에서 비롯되어 7세기부터 발전했다. 그것은 하느님에게 저승 방문의 은총을 받고 천사나 대천사의 인도를 받아 지옥과 천국을 방문했던 사람들에 관한 이야기다. 수도원이 이승과 저승의 중개자 역할을 했기 때문에 수도사는 환영vision을 볼 수 있는 특권적 혜택을 받았다. 중세 때 저승 여행담을 구성하는 자료는 대개가 이교적 전통과 민속에서 유래한 것이다. 그중 가장 큰 유산을 이루는 것이 로마적 전통이다. 베르길리우스가 쓴 『아이네이스*Aeneis*』에서 아이네이아스가 저승에서 본 여행담은 그 전형을 이룬다. 그는 문을 지나 무덤도 없는 망자의 영역을 통과하고, 강을 지나 두 갈래 길에 도달한다. 왼쪽 길은 신음과 비명으로 가득한 어둠의 왕국인 타르타로스*Tartaros*(지옥)에, 오른쪽 길은 행복의 노랫소리가 울려 퍼지는 찬란한 초원인 엘리시움*Elysium*(천국)에 이른다.

저승에 이르기 위해서는 심판을 받아야 한다. 하나는 최후 심판 때 모든 영혼이 심판을 받는 총체적 심판이고, 다른 하나는 죽음 직후에 받는 개인적 심판이다. 최후 심판 때는 예수 그리스도가 재림하여 친히 심판을 한다. 그는 인간들의 선행과 악행을 기록한 이력서를 천사들이 가져다주면 그것을 참고해 심판을 내린다. 개인적 심판 때는 대천사 미카엘이 영혼을 계량해 심판한다. 그때 천국의 문지기 성 베드로와 지옥의 주인 사탄이 자신 쪽의 저울을 무겁게 하기 위해 영혼을 놓고 다툼을 벌인다. 판결이 내려지면 선택된 자는 베드로의 안내를 받아 '천국'으로 가고 저주받은 자는 '지옥의 아가리'로 떨어진다. 이렇게 개인적 심판을 통해 천국이나 지옥으로 간 영혼은 최후 심판을 아예 면제받거나 아니면 싱거운 견진성사처럼 가볍게 치른다(그러나 앞에서 언급한 14세기 남프랑스의 영매 아르노 젤리스가 본 '민속적' 저승은 '기독교적' 저승하곤 사뭇 다르다. 거기엔 심판도 지옥도 천국도 연옥도 없다. '모든' 영혼을 위한 안식처만 있을 뿐이다).

천국의 이미지는 전통과 시대, 계층적 감수성에 따라 다양한 안락이 제공되는 공간이다. 우선 천국의 유서 깊은 이미지는 선택된 자들이 향유하는 낙원이다. 찬란한 빛(『신곡』에서 단테의 천국은 빛을 향한 여정이다), 갖은 꽃, 행복한 노래, 감미로운 향기, 맛있는 과일, 부드러운 천이 있다. 여기에 천궁天宮의 이미지가 부가되었다. 간혹 천궁은 보석으로 두른 높은 담이 있고, (하느님과 대면하여 누리는 기쁨인) 지복직관至福直觀, *visio beatifica*을 할 수 있는 하느님의 거처 부근에 동정녀 마리아며 수많은 성인 성녀들이 거처하는 공간을 포함한다. 또한 천국은 천상의 예루살렘을 본떠 성벽이 둘러진 도시의 형상을 띠기도 했다. 일부 농민 사회에서는 부모와 자식이 서로 사랑하고 모두가 평등한 지상의 '거대한 집'과 같은 모습일 것으로 상상했다.

저승 체계의 본질은 천국이 아니라 지옥이다. 교회는 신도들로 하여금 구원을 목적으로 고해를 하고 선행을 하도록 자극하기 위해 천국에 대한 소망보다는 지옥에 대한 공포를 더 많이 제시했다. 그래서 신도들은 죽음 그 자체보다는 지옥을 더 두려워했고, 이리하여 '공포의 기독교'가 정착했다. 이를 통해 교회가 지상 사회에 있는 신도들을 보다 손쉽게 통제함으로써 저승은 중세의 또 다른 이데올로기 투쟁장이 되었다. 로마 교회의 현실적 지배력과 이념적 독점이 위기를 맞았던 중세 말에는 더욱더 그러했다.

　책벌의 공간으로서 지옥의 이미지도 다양하다. 그것은 우선 검붉은 연기로 자욱한 불의 공간이다. 쉬지 않고 '영원히' 타지만 빛을 발하지 않는 영적인 불이 피어나는 어둠의 세계, 저주받은 자들을 공포에 떨게 하는 검붉은 연기가 자욱하고 지독한 소음과 악취만을 뿜어내는 불의 공간이다. 여기에 악마에 의한 고문이 부가된다. 최악의 경우 저주받은 자들은 가공可恐스러운 악마가 가하는 잔인한 고문을 '영원히' 받는다. 그것은 또한 가파른 산과 깊은 계곡으로 이루어지고, 쇳물·파충류·괴물로 가득 차고 악취가 나는 강과 호수가 있는 끔찍한 공간이기도 하다. 지옥에 이르는 길도 소름을 돋게 한다. 구렁텅이로 추락하거나 점점 좁아지는 미끄러운 다리 틈새로 추락한다.

　중세 말에는 지옥에서의 고문 수단으로 이처럼 끔찍한 자연물(기상·지형·동물)에 의존하는 가운데(단테의 지옥은 험악한 날씨·지형·동물과의 만남이다) 인공물, 특히 일상용품을 이용하는 경향이 상대적으로 증가했다. 저주받은 영혼을 '가마솥'에 넣고 끓이거나 톱·집게·꼬챙이로 고문했다. 또한 죄의 원인적 범주와 그에 조응하는 책벌 원리, 즉 "눈에는 눈, 이에는 이"라는 '동태同態의 복수법loi du talion'에 따라 고문했다. 예컨대 시기하는 자(시기죄)는 눈으로 매달고, 나태한 자(나태죄)는 숯불 침대에서 불태우고, 탐욕스럽고 인색한 자(탐욕죄)에게 강제로 돈을 퍼 먹이고, 탐식하는 자(탐식죄)에게 탄탈로스의 고통을 가하고, 음탕한 여성의 성기(음욕죄)는 뱀으로 공격케 했다. 이처럼 중세 말 지옥에서의 가공할 만한 책벌 이미지가 일상용품과 실내 공간에 침투하고 처벌 방법이 죄의 원인에 조응한 것은, 일상생활에서 죄를 저지르려는 충동을 감소시키고 죄의식을 일깨우는 데 더욱 효과가 있었을 것이다. 요컨대 이러한 정교한 처벌 방식은 교회가 신도들을 더욱 효율적으로 통제하는 기제로 작용했다.

저승은 현실을 모방한다— 연옥의 탄생

이러한 양극적 저승관에 '제3의 저승'으로서 연옥이 부가되었다. 성 아우구스티누스는 인간을, "전적으로 선한 사람"(천국행), "전적으로 악한 사람"(지옥행), "그렇게 선하지도 않은 사람"과 "그렇게 악하지도 않은 사람"의 네 범주로 분류했다. 중세인은 이 중에서 마지막 두 부류에 속하는 망자들이 지옥의 불과 비슷한 '정화적purgatoire' 불을 통한 '정화의 고통'을 받음으로써 죄를 씻는다고 상상했다. 그러나 이 정화적 공간은 성격이 모호했다. 중세 초 그레고리우스 대교황은 그러한 공간이 지상에 있다고 상상했고, 저주받은 자들이 벗어날 수 없는 하위의 지옥(본래적 의미의 지옥)과 다소 장기간 고통과 정화를 받고 천국으로 올라가는 상위의 지옥만을 구별했다.

12세기 말에는 집행 유예된 어정쩡한 선민選民(위의 네 범주 중에서 마지막 두 범주에 속하는 사람들)을 위한 독자적 '공간'으로 연옥 *purgatorium*이 탄생했다. 연옥은 저승의 '제3의 공간'으로 천국과 지옥 사이에 있는 중간 지대다. 이 공간은 최후 심판 이후 모든 영혼이 천국으로 떠나면 소멸된다. 연옥의 체류 기간을 결정하는 요소는 세 가지다. 그것은 망자의 임종 시 죄의 양(지옥행의 속죄 불가능한 '중죄'와는 달리 속죄 가능한 '경죄'), 생자들(이승에 있는 가족이나 친구)이 연옥에 있는 영혼의 정화 기간을 단축시켜주기 위해 지불하는 대도, 교회의 개입 여부에 따라 다르다. 특히 교회는 연옥 체류 시간의 완전 면제나 부분 단축을 망자에게 보장하는 수단으로 면벌부를 판매했다(면벌부의 무분별한 남발은 종교개혁의 도화선이 되었다. 루터는 '95개조 반박문'에서 면벌부가 망자에 대해선 사면 효력이 없음을 조목조목 꼬집었다).

연옥의 탄생은 지상 사회의 변동과 밀접한 관련이 있다. 이처럼 더 복잡하고 유연한 '제3의 공간'의 탄생은 동시대의 지상 사회에서 상업과 도시의 발전으로 형성된 다양한 신분들과 다원적인 사회의 발전에 조응했다. 행위의 결과와 함께 그 의도와 상황을 사례에 따라 고려하는 사례윤리론과, 사물을 섬세하게 구분하고 종합하는 스콜라적 사고방식도 중간적 범주의 영혼들에게 숨통을 틔워주는 역할을 했다. 이에 따라 현실 사회에서 주요한 죄악의 화근(물욕죄·탐식죄·음욕죄)을 제공했던 대금업자까지도 참회를 하고 부당하게 번 돈을 돌려주거나 가난한 사람들에게 기부한다면, 연옥에서 죄를 씻고 천국에 갈 수 있다는 희망을 가졌다.

연옥은 구원을 기다리는 곳이라는 측면에선 천국에 가깝지만, 정화의 시련을 겪는 곳이라는 점에선 지옥에 가깝다. 연옥에서 보이는 시련의 이미지는 저주받은 영혼을 책벌하는 불지옥과 비슷한 면이 있다. 그래서 죄를 씻는 연옥의 불이 지옥 불처럼 처벌적 성격을 띠기도 한다. 그러나 연옥의 불은 악한 자를 '영원히' 고문하는 지옥의 불과는 다르다. 그것은, 바울로가 「고린도 전서」(3장 15절)에서 말한 "불속에서 살아나오는 사람처럼" 영혼이 '통과하는' 불이다. 연옥의 불은 불타는 호수·바다·절벽·해자·산(단테의 연옥은 산 오르기다)·계곡·강 등처럼 다양한 형태가 있지만, 이 중 가장 지배적인 형태는 냉온 샤워처럼 불과 물의 쌍으로 되어 있는 '불타는 강'이다. 영혼은 이 강을 통과

하는 시련을 겪음으로써 죄를 씻고 구원받을 자격을 갖추게 된다.

중세 저승 체계는 이러한 3개 기본 공간(천국·지옥·연옥)에 림보 (책벌의 고통이 없는 '지옥의 변두리limbo') 2개가 보태지며 완성되었 다. 하나는 '성조聖祖 림보limbus patrum'다. 이곳은 그리스도 강생과 세례 제도 이전에 살은 의인들(가령 아브라함·이삭·야곱 같은 예수의 조상 들)의 오래된 처소다. 그리스도가 수난 후 음부陰府, inferna에 내려가 이 들을 천국으로 올려 보내면 이곳은 비워진다. 다른 하나는 '어린이 림 보limbus infantium'다. 기독교 사회에서 세례를 받지 못하고 죽은 어린이 들은 지옥으로 갔었다. 그러나 12~13세기에 일어난 일련의 해방과 사 례윤리론에 힘입어 이들을 위한 특별 휴식처로 '어린이 림보'가 탄생 했다. 하지만 그리스도가 이들까지 천국으로 올려 보내지는 않는다.

중세 말 저승에 대한 상상은 근대 왕정과 왕궁 모델에 영향을 주 었다. 14~15세기에 형성되고 있던 근대 왕정은 천국을 '천궁'으로 변 모시켰다. 천궁에서 신성한 군주(신은 곧 군주의 이미지이면서 동시에 군주는 신의 이미지다)의 주변에, 말하자면 하나의 신-태양의 주변에 있는 천사들과 대천사들의 찬송이며 온통 위광으로 둘러싸인 성인, 성 녀 들의 복종의 모델이 조화롭게 형성된다. 절대주의로 나아가고 있던 지상 군주국의 영광스러운 이미지를 확립시켜준 것이 바로 이러한 천 궁의 이미지다.

중세의 기독교적 저승 이미지는 근대에 들어서도 근본적으로 변 한 게 없다. 그러나 개신교에서는 성경에 근거가 없고 교회를 타락시 키는 제도라 하여 연옥 신앙을 거부했다. 또한 교회의 집요한 노력에 도 불구하고 지옥 신앙도 약화된 것으로 보인다. 근대인들은 현세적 삶에 애착과 미련을 갖게 되면서 지옥보다는 죽음 그 자체를 더 두려 워했기 때문이다.

제4부

신앙과 상상의 세계

기적은 반드시 일어나야 한다는 생각이 기적을 믿게 만들었다.

—마르크 블로크, 『기적을 행하는 왕』

중세인들은 두 눈을 뜬 채 꿈을 꾸는 몽상가들이었다.

—자크 르고프, 『다른 중세를 위하여』

이제 지배 권력, 엘리트 문화와 소수 집단, 일상적 삶의 구조를 넘어 신앙과 상상의 세계를 탐사하려 한다. 중세는 민속이든 기독교든 신앙의 시대요, 기적·환영·변신 등을 사실로 믿던 상상의 시대였다. 신화와 전설, 구전과 비공식 교육을 통해 형성된 정신적 기재가 상상을 사실로 만들었다. 신비주의와 여성의 신앙생활, 성인의 기적과 성인의 유골 훔치기, 부적과 어린이 치료 민속 신앙, 변신 전설과 상상, 향신료 관련 환상은 중세 문화의 색다른 측면을 보여준다. 그것은 근대의 합리주의가 제거해버린 전통세계의 심층적 토양이요, 산업화를 거치면서 "우리가 잃어버린 세계"의 원초적 민낯이다. 그것은 오늘날 황당하게 보이는 세계이지만, 당시 사람들은 실제로 존재한다고 믿고 살았던 세계다.

이러한 세계를 접하는 우리 현대인에게는 소위 '후진적' 또는 '원시적'이라고 알려진 사회의 문화를 있는 그대로 받아들이며 그 나름의 논리를 이해하려 노력하는 인류학자들의 태도가 요구된다. 기적을 일으켜 지역사회의 안녕과 번영을 증대시켜주는 성인의 유골을 확보하기 위해 도둑질을 서슴지 않는 중세 사람들의 행동에 대해 패트릭 J. 기어리가 한 말은 새겨들을 만하다. "훗날 우리의 후손이 우리 자신의 사회에서 모순을 발견할지 모르듯이 우리가 이러한 이미지에서 모순을 느끼는 것은 자연스러운 일일 것이다. 그러나 그 모순이 무엇이든 그것을 있는 그대로, 즉 당시 사람들이 엮어간 삶의 피륙의 한 부분으로 받아들여야 한다."

제 1 장

신앙과 기적

1. 여성의 신비주의 신앙

신비주의

신비주의mysticism란 신에 대한 직접 체험과 인식을 말한다. 중세 말의 신학자 장 제르송에 따르면 그것은 "신에 대한 체험적 인식"이다. 수도사의 전유물이었던 신비주의가 12세기 말부터 수도원을 나와 평신도화laicization와 여성화feminization라는 이중적 변화를 보이기 시작하더니 14~15세기에는 본격적으로 평신도 여성의 종교적 소명이 되었다. 평신도 여성들이 실천하고 체험하는 그리스도 수난에 대한 묵상, 환영과 엑스터시는 신과의 강렬한, 때로는 에로틱한 결합을 초래했다. 이러한 결합은 최면, 감각 마비, 공중 부양, 눈물이나 성흔聖痕의 형태로 나타났다.

신비주의는 중개자를 배제한 환영 속에서 신과 합일하는 개인적 모험이므로 사제도 교회 기관도 필요치 않았다. 신비적 체험은 남성이 통제하는 교회에서 소외되었음을 느끼는 여성에겐 일종의 도피처였다. 신비주의는 일상적 구분을 폐기했다. 그것은 수도사에게도 사제에게도 평신도에게도 속하지 않았다. 그것은 담장과 경계를 넘었다. 그것은 교회 공간도 필요치 않았다. 13세기 말 남프랑스의 독실한 평신도인 마트프레 에르망고Matfré Ermengau는 "우리는 기회가 날 때마다 침대에서 집에서 기타 으슥한 곳에서 남몰래 기도해야 한다"라고 주장했다. 13세기 말 북프랑스에서 베긴회(속세에 있으면서 신앙 생활과 봉사활동을 하는 단체) 회원으로 활동했던 마르그리트 포레트 Marguerite Porete는 모든 성직자적 매개를 부인하고 권위에 복종하기를 거부했다. 『소박한 영혼들의 보감Speculum simplicium animarum』을 씀으로 인해 그녀는 이단자로 판정받아 1310년 파리에서 화형을 당했다.

로마 교회는 신비주의자들을 이단으로 선언하는 경우를 제외하고 신비적 체험을 제도권 안으로 끌어들여 길들였다. 가장 효율적인 방법은 신비주의자들이 쓴 속어 저술을 남성 성직자들, 대개 고해신부들이 원문을 다듬고 첨삭하고 거기에 도덕적 고려를 첨가하여 라틴어로 개작하는 것이었다. 신비주의자 대부분의 신비 체험은 전기 작가들의 저술을 통해 알려져 있다. 이 작가들이 일을 말끔하게 처리한 덕분에 14세기부터 교황청은 여성 신비주의자들을 성인으로 시성하기 시작했다. 중세 말에 여성 성인의 비중이 증가한 것은 이를 반증한다. 1500년까지 서양의 성인 3,276명 가운데 남성 성인은 2,754명으로 84퍼센트, 여성 성인은 522명으로 16퍼센트를 차지했다. 이를 시기별로 보면 여성 성인이 12세기에는 11.8퍼센트, 13세기에는 22.5퍼센트, 15세기에는 27.7퍼센트, 16세기에는 18퍼센트, 17세기는 14.4퍼센트를 차지했는데, 13~15세기 사이 여성 성인의 비중이 증가해 평균을 넘었음을 알 수 있다. 특히 주목할 것은 평신도 여성 성인의 비율이 증가한 것이다. 평신도 남녀 성인 가운데 평신도 여성 성인이 13세기에 50퍼센트에서 1305년 이후에는 71.4퍼센트로 증가했다.

중세 말에 평신도 여성 성인이 증가한 것은 다른 두 추세와 관련이 있다. 하나는 여성의 준성직자적 역할이 쇠퇴하고 거룩한 여성의 예언과 환영 권능에 대한 회의가 증대했다. 10~12세기에 여성은 교회에서 설교며 고해 듣기며 강복, 그리고 사제 없는 미사에서 성체성사를 시행하기도 했다. 교회는 여성의 이러한 역할에 대해 비판하고 설교와 성물 만지기를 금지했다. 중세 말에는 중세 초와 같은 막강한 수녀원장이 적었고, 여성이 관리하는 이중 수도원도 제약을 받았다. 새로 탄생한 탁발 수도회 또한 여성의 입회를 금지했다. 다른 한편 서민 여성의 사회적 역할이 증대했다. 12~14세기에 귀족 여성들이 그전까지 담당하던 장원 관리와 행정을 전문 관료들이 대신함에 따라 역할이 쇠퇴한 반면, 서민 여성들은 수공업과 상업 같은 사업을 통해 독립하고 새로운 기회를 포착했다.

그러나 이것만 가지고 중세 말에 여성의 지위가 향상되었다고 일반화하는 것은 위험하다. 여성의 종교적 역할에 대해 남성의 의심과 감시가 증가되었기 때문이다. 여성 신비주의자들은 이단이나 마녀로 몰릴 위험이 있었다. 물론 민중 종교 운동과 신비주의에 대해 의심하던 14세기에는 남성의 신비주의에 대해서도 적대적이었다. 그렇지만 이 시기 여성 신비주의에 대한 의심은 뿌리 깊은 여성 혐오를 반영한 것이다. 여성의 열등한 본성에 대한 아리스토텔레스의 이념은 여성 신비주의자들이 흘리는 눈물의 성격을 해명해준다. 그에 따르면 여성은 본성적으로 습하고 쉽게 눈물을 흘리며 비이성적이다. 여성의 신비 체험에 대해 남성 성직자들이 내놓는 담론은, 감정적이고 분별력이 없는 여성, 그래서 양심의 지도자로서 남성의 이성적 권위에 종속된 여성 모델을 재생산했다. 한편 1500년대 성녀/마녀의 모델은 신들림/마귀들림, 공중 부양/야간 비행, 성흔/몽마의 자국 등과 같이 서로 유사한 측면을 지니고 있다. 성녀와 마녀의 이러한 유사성은 이 둘이 남성 성직자의 권위에 얼마나 위협적인 존재인지를 잘 보여준다.

성 카테리나의 경우

이러한 신비 체험을 했던 여성들 가운데서 이탈리아 출신의 성 카테리나 다 시에나St. Caterina da Siena(1347~1380)를 대표적 사례로 삼아 여성 신비주의 신앙의 실상에 대해 살펴보자. 미국의 중세 역사가 캐럴라인 W. 바이넘Caroline W. Bynum은 『거룩한 성찬과 거룩한 금식*Holy Feast and Holy Fast*』(1988)에서 중세 말 여성 신비주의자들에게서 보이는 음식 거부와 성체 배령 갈망의 종교적 의미를 분석했다.

카테리나는 쌍둥이로 태어났다. 어머니는 쌍둥이 가운데 카테리나만 자신의 젖을 먹여 키우고, 쌍둥이 자매 조바나Giovanna는 유모에게 맡겼으나 얼마 안 가 죽었다. 카테리나가 젖을 뗄 무렵 태어난 막내 동생은 '조바나'라는 죽은 쌍둥이 자매의 이름을 물려받았다. 자신이 선택됨으로써 양육에서 배제된 쌍둥이 자매의 죽음, 동생의 이름을 통한 그녀에 대한 끊임없는 환기는 어린 카테리나에게 음식과 양육 관련 죄의식을 갖게 했을 것이다. 카테리나의 언니 보나벤투라는 남편의 방탕한 생활을 바로잡기 위해 단식을 했고, 그것은 성과를 거두어 남편을 개과천선시키는 데 성공했다. 그러나 언니는 분만 중에 사망했다. 카테리나는 사랑하는 언니에게서 단식으로 이룩한 성취, 결혼과 임신의 위험성에 대한 사례를 보았다.

카테리나는 어려서부터 금식을 하고 고기에 대한 혐오감을 품고 있었다. 사춘기부터 단식과 결혼 문제를 놓고 가족, 특히 어머니와의 갈등이 시작되었다. 갈등이 극에 달할 때면, 그녀는 삭발을 하고, 끓는 물로 자신의 몸에 화상을 입히고, 천연두 치료를 거부하고, 잠을 자지 않으면서 단식을 했다. 그녀는 음식을 먹는 것이 "자신을 처벌하는 것처럼" 고통스러웠다. 여러 목격자들의 증언에 따르면, 어쩌다 음식을 먹기라도 하면 그녀는 위에 남아 있는 음식을 참을 수 없어 목 깊숙이 막대기를 넣어 토해냈다. 대신 성체 배령에 대한 갈망은 몹시 강렬했다. 도미니쿠스회 수도사이자 전기 작가로 그녀의 영적 스승 역할을 한 라이몬도 다 카푸아Raimondo da Capua는 『성 카테리나 다 시에나 전기*Vita S. Catherinae Senesis*』(1395)에서 그녀의 음식 거부와 성체 배령에 대한 갈망을 이렇게 기술했다.

그녀는 날마다 성체를 배령하는 일이 버릇이 되어 삶의 일부가 되었다. 〔……〕 더 많은 성체를 배령하고 싶은 마음이 너무나 간절했기 때문에 그것을 받을 수 없을 때면 그녀는 허기를 느끼고 몸에 힘이 빠지는 것 같았다. 〔……〕 그녀는 방금 언급한 환영〔예수의 옆구리 상처에서 흐르는 피를 마시는 환영〕을 보거나 성체를 받을 때마다 하늘의 은총과 위안의 홍수가 그녀의 영혼을 휩쓸었다. 이 은총과 위안이 얼마나 컸던지 그 여파가 그녀의 몸을 덮쳐 체액의 자연적 순환을 막고 위장의 활동을 바꾸어놓았기 때문에 위는 더 이상 음식을 받아들이지 않았다. 실제로 그녀에게 음식 섭취가 불필요할 뿐 아니라, 너무나 큰 육체적 고통을 수반했기 때문에 불가능하기도 했다. 어쩌다 음식을 억지로 넘기기라도 하면 심한 고통이 뒤따랐고 소화도 전혀 되지 않았다. 억지로 넘긴 음식은 모두 격하게 토해냈다.

〔……〕 한두 번 목격한 일이 아니지만, 그녀의 몸이 냉수 한 모금을 제외하고 기운을 차릴 음식을 전혀 먹을 수 없을 만큼 극도로 쇠약해지면, 그녀는 그것을 갑자기 하느님의 영광을 위하거나 영혼들의 구원을 위해 어떤 일에 착수할 기회로 삼았다. 그러면 그녀는 다른 어떤 강장제의 도움 없이도〔음식을 섭취하지 않아도〕 눈 깜짝할 사이 기력을 완전히 회복하곤 했다.

16세부터 빵과 물과 야채만 먹고 살던 그녀는 23세부터는 빵을 포기하고, 성체와 냉수와 약간의 채소(대부분 쓰디쓴 허브)로 살아갔다. 33세 때는 꼬박 한 달 동안 식음을 전폐한 뒤 죽었다.

그녀는 극도의 식욕 부진을 보였던 생애 마지막 10년 동안을 가난한 사람들과 아픈 사람들을 돌보고 그들에게 음식을 제공하는 일로 보냈다. 그녀가 반복해서 일으킨 주요한 기적들은 모든 성인들이 그랬던 것처럼 병 치료와 음식 증대에 관한 것이다. 자신은 일상 음식을 금하고 대신에 성체와 병자의 오물을 먹었다. 일상 음식에 대해 욕지기가 나면, 임종하는 여성의 악취 나는 가슴에 입을 대거나 병자의 고름을 마셔 극복했다. 그러면서 "생전에 〔이 고름보다〕 더 달콤하고 맛있는 음식을 먹어본 적이 없다"라고 말했다. 상처를 입은 그리스도로부터 자신의 피를 먹으라는 환영을 보고 난 뒤부터 그녀는 일상 음식을 거부하고 고름과 성체를 즐겼다. 그녀의 성체 신앙은 남달랐다. 금식을 하는 다른 여성들처럼 카테리나는 일상 음식 대신에 성체를 자주 배령했다. 그녀는 성체 앞에서 엑스터시에 빠지고, 발작과 실신을 하고, 출혈과 눈물을 보이곤 했다.

이처럼 카테리나의 일생은 음식을 거부하는 대신 성체를 열렬히 배령하면서 병자와 빈자를 돌보고 이들에게 음식을 제공하는 일로 채워졌다. 모든 것이 음식과 관련이 있다. 바이넘에 따르면, 카테리나 말고도 다른 여성들의 신앙생활에서도 음식은 핵심 주제였다. 그렇다면 음식은 왜 여성들의 신비 체험에서 중요한 주제인가?

여성에게 음식이란 무엇인가?

비교문화적으로 볼 때 음식을 제공하는 일은 여성의 소관이다. 대부분 사회에서 남성이 밖에서 식량을 구해오면 집 안에서 음식을 만드는 일은 여성의 몫이다. 생물학적으로 여성은 수유를 통해 아기에게 핵심적인 영양을 공급하고 가족에게 음식을 만들어준다. 남성은 여성이 만든 음식을 먹는 사람이다. 중세 때 연회에서 남녀는 한자리에 앉지 않았으며, 남성은 정력제로서 고기 같은 무거운 음식을 먹고 여성은 가벼운 음식을 먹었다.

포기와 봉사에서도 남녀 간의 차이가 있었다. 단식이 남성에게는 정치적 저항의 의미를 지녔다면 여성에게는 종교적 의미를 지닌 행위였다. 남성은 돈과 재산과 자식을 포기하는 반면, 여성은 음식을 포기했다. 중세 말에 자의식이 강한 여성들이 선택할 수 있는 대안은 수녀원에 입회하거나(그러나 앞서 말했듯이 탁발 수도회는 여성을 받아들이지 않았다), 아니면 집에서 부모가 제공하는 음식을 거부하고 철야 기도를 하는 것이었다. 그들은 금식을 통한 자기 박탈과 빈자에게 음식을 제공하는 자선 행위를 통해 자신과 세상을 제어했다.

여성에게 음식은 가족을 통제하는 수단이었다. 음식 거부로 어머니에게 저항하고 음식으로 남편을 통제했다. 음식은 특히 원하지 않는 결혼을 거부하는 수단이었다. 결혼을 기피하기 위해 사춘기부터 자발적으로 굶고, 추하게 보이려고 삭발하거나 일부러 병에 걸리고, 자기 몸(코)을 절단하겠다고 위협했다. 여성 대다수가 강제 결혼을 하던 시절에 부모는 아들보다 딸의 종교적 소명을 더 거부했다. 그러므로 어린 여성에게 있어서 금식을 하고 그 음식을 가난한 사람에게 보시하는 것은 가족 내란을 일으키는 무기였다. 결혼 적령기가 되면 가족들로부터 결혼에 대한 압박이 시작되었다. 뭇 남성들의 눈길을 끌 수 있도록 예쁘게 치장하고 보호자와 함께 외출해야 했다. 그녀는 이에 대한 반발로 삭발과 단식, 침대 대신 마루에서 자기, 휴일에 강제로 끌려간 휴양지의 목욕탕에서 일부러 화상 입기 등으로 대응했다. 특히 음식 거부는 가족의 가치를 거부하는 수단이었다.

여성에게 음식을 거부하는 행위는 가족과 남편의 가치에 대한 거부일 뿐 아니라, 종교 당국을 제어하는 수단이기도 했다. 성체 환영, 자선, 음식 증대 기적과 금식은 남성 성직자의 리더십과 통제를 우회하게 해주었다. 금식하는 여성은 진짜 성체는 받아들이고 다른 음식은 토해냄으로써 가짜 성체를 가려내거나, 타락한 성직자가 성체를 잡으면 그의 손을 검게 변하게 하여 성직자의 부패를 감별했다. 그러므로 성체 환영은 성직자의 비도덕성이나 직무 태만을 알아내는 리트머스 시험지 같았다. 그러면서도 신비주의적 여성들은 남성 성직자를 존경하고 경외했다. 이들 여성들의 활동과 역할은 남성 성직자 흉내 내기도 아니고, 성직 특권에 대한 노골적 반항도 아니었다. 그것은 성직자 모델과는 다른 카리스마적·평신도적 모델이었다. 이들의 봉사 활동은 직권에 의해서가 아니라 신비적 체험으로 인가받은 것이다. 이들은 스스로를 성직자가 아니라 평신도, 축성자가 아니라 수혜자라고 자처했다.

가부장적 지배 질서와 여성 혐오가 강고하게 자리한 가운데 페미니즘 운동이 일어나려면 아직도 수백 년을 더 기다려야 했던 시절, 여성이 선택할 수 있는 금식과 성체 신앙은 남성 중심적 기성 질서를 직접적으로 훼손하지 않으면서 그리고 그 질서가 수용할 수 있는 범위를 고려하면서 여성이 자신과 사회를 제어하고 자신의 정체성을 찾으려는 처절한 몸부림이었는지 모른다.

2. 성인 유골 훔치기

어떤 수도사나 사제가 순례 여행을 떠난다. 그는 성인의 유해가
안치된 어떤 도시나 마을에 들른다. 성인의 삶과 공덕, 기적에 관한
이야기를 듣고 구미가 당긴 그는 자신의 지역 사회를 위해 성인의 유
골을 훔치기로 작정한다. 도굴꾼은 한밤중을 기다렸다가 교회에 몰
래 들어간다. 성인에게 자기를 따라 가자고 권유한다. 그러고 나서 무
덤을 파헤친다. 그는 성인의 유골을 탈취해가지고 부리나케 돌아온
다. 환희에 찬 신도들은 서둘러 새 성인을 맞이한다.

패트릭 J. 기어리가 쓴 『거룩한 도둑질』(1978)의 「프롤로그」에서
따온 말이다. 성인의 유골을 입수하기 위해 수도사들은 무덤을 파헤치
고, 탐욕스러운 장사꾼들은 교회를 약탈했으며, 도굴꾼들은 로마의 카
타콤(지하 묘지)을 뒤졌다. 탐나는 성인의 유골을 손에 넣은 종교 단체
와 지역 사회는 유골 도둑질을 범죄로 처벌하기는커녕 거룩한 행위라
며 환대했다. 중세 때 도굴꾼과 장사꾼은 물론 수도사와 사제 들까지
도 도굴이라는 방법을 동원해 성인의 유골을 구하려 했다. 사람들은
왜 그토록 성인의 유골을 탐냈는가? 유골 훔치기는 어떻게 정당화되
었는가?

성인 유골 숭배

중세에서 성인 유골 숭배는 순교자 숭배에서 비롯되었다. 순교는 예수의 십자가 수난을 재현한다는 의미를 지니고 있으며, 따라서 순교자의 죽음과 유골은 예수의 희생과 몸에 버금가는 거룩함을 획득했다. 이러한 순교자 숭배는 고대의 영웅 숭배와 유사하다. 영웅 숭배는 위인의 시체까지 숭경하는 심성을 함양했다. 그렇지만 순교자 숭배는, 영원히 죽은 자에 대한 숭경 형태에 머물러 있던 영웅 숭배를 넘어서는 것이었다. 순교자의 시신은 영웅의 시신과는 달리 '영원히' 죽은 것이 아니다. 초기 기독교 신자들은 부활에 대한 그리스도의 말씀을 그대로 받아들여 순교자들은 최후의 날에 본래의 육체를 회복할 것이라 기대했다. 그래서 기독교 신자들은 성인의 시신을 가까이하면 복을 받을 수 있으며, 성인의 무덤 곁에 매장된 이는 최후의 날에 성인과 함께 부활할 것이라고 믿었다. 피터 브라운이 지적했듯이 4세기부터 시작된 순교자 성인 유골 숭배는 10세기 말에 이르러 일상생활로 완전히 들어왔다.

313년 기독교 공인 이후에는 순교자가 더 이상 만들어지지 않음에 따라, 가장 존경받는 순교자 성인 말고도 지방의 주교와 증성자證聖者, 은수자와 성처녀도 숭배 대상이 되었다. 특히 중세 초의 혼란기에 국가를 대신해 정치·경제·사회·종교적 보호자 역할을 했던 주교들이 민심에 의해 성인으로 추대되는 경우가 많았다. 12세기 이전에 지역 사회가 저명한 보편적 성인 외에 무명의 지방 성인을 많이 숭경한 배경에는 이러한 사정이 작용했다(중세 초에는 지방 교회나 수도원의 통제에도 불구하고 민심에 의해 추대된 성인 수가 수천 명에 이른 반면, 12세기 말부터는 교황청이 성인 선포권을 독점하고 후보자의 생전 공덕과 사후 기적 등을 엄격하게 검증하여 시성함에 따라 새 성인, 특히 지방 성인의 수가 급감했다).

성인 유골 숭배 역사에서 카롤루스 왕조의 교회 개혁은 중요한 자리를 차지했다. 카롤루스 왕조는 모든 제단에 성인의 유골을 안치해야 한다는 법(801, 813)을 제정하고, 성인의 유골에 서약하는 관습을 공식적으로 장려했으며, 성인의 묘지 순례를 권장했다. 그리하여 카롤루스 왕조 성직자들은 프랑크 교회를 현양·보호하기 위해 로마에 있는 성인 유골을 알프스 이북 지역으로 공급하고 에스파냐에서까지 성인의 유골을 들여왔다.

서유럽 각지의 종교 기관과 지역 사회에서 성인의 유골에 대한 수요가 급증한 것은 9세기 후반부터다. 방대한 제국을 형성한 카롤루스 왕조는 왕가의 내분과 바이킹·사라센의 외침으로 붕괴하고 말았다. 현세에서 중앙 권력의 보호를 받을 수 없는 종교 단체와 지역 사회는 초자연적인 힘에 의탁할 수밖에 없었다. 성인의 유골은 기적을 일으켜 주민과 지역의 물리적 안녕을 보장해주고, 인근 권력의 잠식으로부터 보호해주며, 순례자들을 끌어들여 재정적 도움을 주는 등 다양한 역할을 했다. 성인의 유골에 대한 수요가 급증한 것은 바로 이 때문이었다. 수요가 있으면 이를 공급하려는 자가 있게 마련이다. 여기서 전문 도굴꾼과 유골 장사꾼이 등장했다. 이들은 인근 지역이나 로마와 에스파냐, 심지어 근동과 북아프리카에서까지 한밤중에 교회에 잠입하여 성인의 무덤을 파헤치고 유골을 훔쳐 왔다.

훔치기의 유형

각 종교 단체와 지역 사회가 성인의 유골을 입수하려 드는 정치·경제·사회·종교적 배경은 저마다 다르다. 첫째, 수도원끼리의 경쟁이 비화된 경우다. 유명한 성인의 유골을 보유하고 있으면 더 많은 순례자들을 끌어들일 수 있기 때문이다. 남프랑스의 콩크 수도원은 860년경 아키텐 지방의 아쟁에서 성 피데스(프랑스어 표기로는 '푸아')의 유골을 훔쳐 왔다. 성 피데스는 기독교가 공인되기 전인 303년 아쟁에서 13세의 어린 나이에 참수된 여성 순교자로, 남프랑스에서 인기 있는 성인이었다. 콩크 수도원 수도사들은 인근 피작 수도원이 입지가 더 좋아 더 많은 순례자들을 끌어모으는 것에 대한 대응으로 "지역의 안녕과 주민의 구원"을 위한다는 명분을 내세워 유골을 훔쳤다.

둘째, 교회 건축비를 조달할 목적으로 성인의 유골을 훔치기도 한다. 플랑드르 지방의 베르그 수도원은 1060년경 잉글랜드 서식스 지방의 한 수도원에서 성 레위나의 유골을 훔쳐 왔다. 베르그 수도원 수도사들은 인근 지역에 그녀에 대한 숭배를 정착시키기 위해 그녀의 유골을 갖고 순회를 했으며, 그러는 동안 유골은 수많은 기적을 일으켰다. 새로운 베르그 수도원 건축 시기와 일치하는 이러한 유골 순회는 건축비를 모금하기 위한 것이었다.

셋째, 자신의 교회를 현양하고 인근 교회의 명성을 압도하고자 했다. 베르됭의 생반 수도원은 1000년경 인근의 모Meaux 성당에 안치되었던 성 상티누스의 유골을 입수했다. 상티누스는 모와 베르됭의 초대 주교였다. 모에 대기근이 일어나 성당의 성직자들이 모두 도시를 떠나 있는 동안, 에스파냐에서 돌아오던 베르됭 상인들이 모에 들르는 길에 상티누스 유골을 훔쳐 왔다. 베르됭의 초대 주교였던 성 상티누스의 명성을 잘 알고 있던 생반 수도원장은 베르됭 상인들로부터 그 유골을 입수했다. 역대 베르됭 주교들의 유골을 모두 보유하고 있던 생반 수도원으로서는 마지막 수집 대상으로 가장 중요한 초대 주교의 유골을 채워놓는 기회였던 것이다.

넷째, 새롭게 유행하는 신심으로 위상이 높아진 성인의 유골을 탐내는 경우다. 부르고뉴 지방에 있는 베즐레 수도원은 9세기 말 성 막달라 마리아의 유골을 입수했다. 막달라 마리아의 유골이 어떻게 해서 유대에서 갈리아로 이동했는지는 정확하게 알 수 없으나, 한 기록에 따르면 예수가 승천한 뒤 나사로와 그의 두 누이 마르다와 마리아(막달라 마리아)가 유대인 박해를 피해 프로방스까지 오게 되었다고 한다. 9세기 말 부르고뉴 백작과 베즐레 수도원장은 프로방스로 한 수도사를 보내 성인의 유골을 가져오게 했다. 수도사가 밤에 도착해 막달라 마리아의 무덤을 파헤치니 시신은 썩지 않고 그대로 향기를 내뿜고 있었다. 성인이 환영 속에 나타나 전염병의 창궐로 파괴된 이 도시에서 자신을 이전해 가는 것을 승인했다. 수도사는 시신을 가지고 고향으로 돌아왔다. 지방적 정체성 의식이 고조되고 그에 따라 로마 성인들보다 지역 성인의 인기가 높아지던 11~12세기에 막달라 마리아는 앞에서 언급한 성 피데스와 함께 인기 있는 수호성인이었다. 이 두 성인의 유골이 안치되었던 베즐레 수도원과 콩크 수도원이 산티아고 데 콤포스텔라로 가는 순례길에 자리했다는 것은 우연이 아니다.

다섯째, 정치적 이유도 무시할 수 없다. 9세기 초 베네치아가 그러했다. 당시 카롤루스제국과 비잔티움제국의 각축 속에서 가급적 이 두 제국으로부터 독립을 유지하려 했던 베네치아에게는 이탈리아 북부 지역의 대주교직을 통해 영향력을 행사하려고 했던 카롤루스제국이 더 위협적인 세력이었다. 이에 대한 대응으로 베네치아는 성 마가의 유골을 훔쳐 오기로 결정했다. 마가는 베드로가 파견한 북부 이탈리아의 복음 전도자였다. 사도에 버금가는 권위를 지닌 마가는 북부 이탈리아에서 대주교보다 더 우월한 영적 권위를 누리고 있었다. 베네치아는 마가의 유골을 훔쳐 오기 위해 두 상인을 알렉산드리아로 보냈다. 그들은 밤에 마가의 유골을 꺼내고 성 클라우디아 유골로 대체했다. 마가의 유골에서 내뿜는 향기가 온 도시로 퍼져나갔다. 시민들은 낌새를 채고 마가의 무덤을 점검했다. 그러나 클라우디아의 유골을 보고는 마가의 유골이 없어진 사실을 눈치채지 못했다. 두 베네치아인은 무슬림이 혐오하는 돼지고기 덩어리 밑에 마가의 유골을 숨겨 세관의 화물 검색을 무사히 통과하고 배에 실어 돌아왔다. 베네치아는 그동안 그리스 출신의 로마군으로 306년에 순교한 테오도루스를 수호성인으로 섬겼다. 그러나 이제부터는 비잔티움을 연상시키는 테오도루스를 버리고, 북부 이탈리아와 관계가 있는 산마르코(성 마가의 이탈리아어 표기)를 수호성인으로 삼았다. 이것은 베네치아가 카롤루스제국뿐만 아니라 비잔티움제국으로부터도 독립을 유지하겠다는 의지를 상징적으로 드러내는 일거양득의 효과가 있었다.

마지막으로, 경제적 위기에 대한 대응으로 유골을 훔치기도 했다. 11세기 말 바리Bari가 그러했다. 이탈리아 반도 동남부에 자리한 항구 도시 바리는 동방 무역에서 중간 기착지로서 중요한 거점이었다. 그러나 베네치아와의 무역 경쟁에서는 열세를 면치 못했다. 이를 극복하기 위해 바리시 당국은 소아시아에 있는 미라의 초대 주교를 역임한 성 니콜라우스의 유골을 입수함으로써 돌파구를 찾으려 했다. 상인의 수호성인인 니콜라우스 성인의 유골은 바리의 종교적 명성과 위신을 드높여주고 많은 순례자를 끌어들일 것으로 기대했기 때문이다. 바리는 베네치아가 성 니콜라우스의 유골을 훔쳐 갈 계획을 갖고 있다는 걸 알아채고는 선수를 치기로 했다. 상인으로 위장한 바리 도굴꾼들은 묘지기를 매수하고 밤에 미라에서 성인의 유골을 꺼냈다. 유골에서 나오는 경이로운 향기가 인근 지역 수 마일까지 퍼져나갔다. 묘지기는 이 향기를 성인이 바리로 가고 싶다는 의사 표시로 해석했다. 향기의 의미를 깨달은 주민들이 몰려왔다. 바리 상인들은 유골을 가져가라는 신의 계시를 받았다고 해명했다. 그들은 속상해하는 주민들 틈에서 빠져나와 유골을 바리의 예배당에 안치했다.

훔치기의 정당화

9~11세기 도둑질 대상은 성 막달라 마리아, 성 마가, 성 니콜라우스 등 소수를 제외하고 대부분 무명의 지방 수호 성인들이었다. 아직까지 완전하게 기독교화하지 않은 신자들은 그리스도보다는 성인을 더 숭배했다. 이것은 이교의 민속 신앙을 성인 숭배로 전이한 민중 기독교적 심성으로 해석할 수 있다. 다시 말해 산·동굴·나무·바위·샘 등에 복을 빌었던 이교 신앙이 기독교화 과정을 거치며 성인 숭배 형태로 변형된 것이다.

그러나 12세기부터 이러한 지방 수호성인 숭배는 다른 세속적·영적인 세력의 보호 역할이 증대함에 따라 약화되었다. 첫째, 세속 권력이든 교회 권력이든 더 큰 단위로 통합된 중앙 권력이 신도들을 더 효율적으로 보호해주었다. 둘째, 농촌의 성장, 상업과 도시의 발전 등으로 비롯된 생산성의 향상과 재부의 효율적 관리를 통해 지방 성인의 경제적 보호 기능이 약화되었다. 셋째, 성모 마리아와 3사도(베드로·바울로·야고보) 같은 보편적 성인이 유럽 전역에서 널리 숭배되어 지방 성인의 비중이 상대적으로 낮아졌다. 마지막으로, 신자들이 지역적 경계를 넘어 주체적으로 수호성인을 선택했다는 점이다. 이러한 요인들이 복합적으로 작용하면서, 비록 사라지지 않았지만 12세기부터 무명의 지방 성인의 역할은 그전에 비해 위축되었다. 그리고 16세기부터는 종교개혁가들과 합리주의자들이 성인 숭배를 미신이나 우상 숭배라고 비판함에 따라 성인 유골 숭배도 그 열기가 한풀 꺾였다.

그러면 중세 중기 기독교 신자들은 성인 유골 도둑질을 어떻게 변호하고 정당화했는가? 카롤루스 왕조는 주교나 제후 또는 지방 공의회의 허가 없는 성인의 유골 이전을 금지하고 유골 거래를 규제했다. 따라서 훔친 유골을 입수한 종교 단체나 지역 사회는 그것이 불법임을 인식하고 있었다. 역설적인 것은 구입하거나 증여받은 유골보다 훔친 유골을 더 높이 쳤다는 점이다. 합법적인 입수 과정을 거치지 않고 도둑질하는 그 자체가 유골의 가치를 높여주었다. 유골 도둑질을 변호하고 합리화하기 위해서는 「유골 이전移轉기translationes」가 필요했다. 모든 「유골 이전기」는 정형화한 유서 깊은 '거룩한 도둑질' 문학 전통을 모방하여 작성됐다. 「유골 이전기」는 유골의 진품과 가치를 인증해주는 품질 보증서였다.

유골 훔치기를 정당화해주는 근거는 다음 몇 가지로 나눌 수 있다. 첫째, 성인 본인이 자신의 유골 이전을 허락하는 경우다. 성인은 환영 속에 나타나 도굴꾼에게 자신의 유골을 이전해달라며 무덤의 위치를 알려준다. 반대로 성인의 뜻을 거슬러 도둑질을 할 경우에는 기적을 일으켜 도굴꾼을 마비시키거나 즉사시켰고, 그렇지 않으면 폭풍우와 지진을 일으켜 유골지기에게 경고했다. 둘째, 유골의 안전을 고려한 경우다. 이교도의 수중으로 넘어가 있거나 비바람에 노출되어 유골 관리가 부실할 때 유골 이전은 정당화된다. 셋째, 유골을 이전해 오는 지역 사회의 안녕과 다수의 구원을 위한 경우다. 넷째, 도둑 개인의 영적·도덕적 상태다. 다시 말해 동일한 행위라도 선한 사람이 하면 선하고 악한 사람이 하면 악하다. 요약하면 유골의 장본인인 성인의 이전 의지와 관리 상태, 이전 목적지의 안녕, 이전 수행자의 도덕적 상태 등이 유골 도둑질의 정당화를 결정하는 요인이었다.

인류학적 견지에서 성인의 유골은 살아 있는 주체적 존재였다. 이것은 성인의 유골이 성체와 같은 반열로 등극한 데서 볼 수 있다. 성체가 "살아 있는 주님의 몸"이라면, 성인의 유골은 "살아 있는 성인"이었다. 성체가 구타를 당하면 피를 흘리듯이 성인의 유골 역시 구박을 당하면 피를 흘린다. 성인의 유골은 대리인(절도자)을 통해 자신의 뜻에 따라 마음대로 돌아다니며 이 교회 저 교회로 거처를 옮긴다. 성인의 뜻에 반해서는 어떠한 권력도 그를 움직일 수 없다. 이것은 성인의 유골이 살아 있다는 증거다. 그리하여 성인은 자신의 유골을 훔쳐 가는 불가피한 사정을 납득하고 자신을 이전해 가는 것을 허락했다. 성인의 동의, 성인이 내뿜은 향기, 성인이 일으키는 기적은 성인의 유골이 진품이라는 증거가 되었다.

성인 유골의 이전은 인류학자들이 말하는 통과의례의 세 단계, 즉 분리·경계·통합 단계를 거친다. 첫 단계인 분리는 절도 행위다. 대개 야간에 일어나며 흔히 무덤 파헤치기와 같은 폭력이 수반된다. 경계 단계는 유골의 정체가 의심받는 모호함과 주변성을 특징으로 한다. 유골의 정체성 상실, 위험과 불확실성의 시기다. 마지막 단계는 유골이 새 지역 사회에 받아들여져 통합되는 것이다. 지역 사회의 주민들이 양초와 향을 피우고 엄숙한 행렬을 이루어 하느님을 찬송하는 가운데 성인과 그의 유골을 가져온 도둑을 환대하고 유골을 그 지위에 걸맞게 새 성골함에 안치한다. 이러한 의례를 통해 새 성인은 지역 사회에 통합되어 주민들과 함께 살면서 그들을 보호해주는 수호성인의 역할을 수행한다.

탐나는 성인의 유골을 손에 넣은 지역 사회와 종교 단체에서는 해마다 유골 이전 기념식을 열었다. 「유골 이전기」를 낭독하며 그에 대한 기억을 영원히 간직하고, 지역 사회의 안녕과 번영을 성인에게 빌었다. 패트릭 J. 기어리는 지역 교회나 수도원에 안치된 유골을 밤새 지키는 수도사의 정신 상태를 『거룩한 도둑질』에서 이렇게 묘사했다.

고요한 지하 납골당에서 성인하고 단둘이 무덤에 잠들어 있는 그의 고른 숨소리를 들으면서, 아니면 아마도 어둠속에서 그와 번갈아 찬송을 부르면서, 유골지기는 자신이 그곳에 있는 것만으로도 유골에 대한 신심과 탐욕뿐 아니라 유골 도둑질 현상에 내포된 모순을 상징한다. 그는 성인이 허락해야만 훔쳐 갈 수 있는 보물을 지키고 있음을 안다. 그리고 만약 성인이 이동하고 싶으면 사람의 힘만으로는 그것을 막을 수 없다는 것도 안다. 이와 동시에 유골지기는 자신의 철야 경계로써 자신이 속한 사회에 크나큰 활력을 불어넣는 영적인 힘을 잃지 않도록 보호하고 있음을 확신한다. 물론 설득력 있는 논리와 막대한 뇌물에 넘어가 그것을 넘겨주지 않는 한에서 말이다.

제 2 장

민속과 기독교

1. 부적

부적, 세상에 이것만큼 신비한 것도 없다. 그것은 초자연과 신비로 가득한 낯선 세계를 연상하게 한다. 정령을 숭배하는 원시 사회에서만 부적이 있었던 건 아니다. 오늘날에도 종교가 무엇이든 세계 모든 사람들이 다양한 형태의 부적을 지니고 있다. 예컨대 안전한 운전과 여행을 위해, 서양 사람들은 어린 예수를 무등 태워 강을 건넜다고 하는 성 크리스토퍼 메달을 차 안에 비치하는가 하면, 동아시아 사람들은 어떤 신묘한 물건을 백미러에 달아둔다. 일상생활사의 차원에서 볼 때 부적은 욕망과 역경, 사랑과 질병과 죽음 앞에 선 무기력한 인간의 대응과 세계관을 드러내준다. '정상적' 수단이 실패할 때 인간은 초자연과 마술로 눈을 돌리게 마련이다. 오늘날 첨단 의학으로도 병을 고치지 못해 절망하는 사람들은 최후 수단으로 비합리적 방법이나 초자연적 비법에 의지하기도 한다.

부적에 대한 교회의 태도

고대부터 사용된 부적이 중세 때 크게 유행하기 시작한 데는 아랍과 유대의 영향이 크게 작용했다. 13세기 기독교·이슬람·유대 문화의 교차점이었던 톨레도에서 수많은 부적 관련 그리스 저작들, 특히 점성술과 연금술의 대가들인 헤르메스와 프톨레마이오스의 저작들이 아랍어를 거쳐 라틴어로 번역되었다. 15세기부터는 이탈리아에서, 16세기부터는 프랑스와 독일에서 지식인 사이에 부적이 크게 유행했다. 이들은 선학의 부적 관련 저술들을 편찬하고 논의했다. 16세기 신비 의학과 마술의 대부 파라켈수스Paracelsus는 부적에 관한 저술을 남겼다. 그에 따르면 부적은 천체의 기운이 실려 있는 물건인데 그중 보석은 가장 중요한 자리를 차지한다. 보석은 그 자체로 신비스러운 힘이 있기 때문이다. 그리고 그것이 효험을 가지려면 형상이나 글자가 반드시 필요하다고 보았다.

교회는 애초부터 부적에 대해 부정적 입장을 보였다. 오리게네스(184?~253?)는 부적에 대해 최초로 언급한 교부 철학자다. 그는 사람들이 종이나 납, 주석 등에 글자를 새긴 부적을 몸의 아픈 부위에 동여매고 다닌다고 언급하면서 그것을 우상 숭배의 잔재라고 규정했다. 성 아우구스티누스는 악마적 부적을 휴대하는 것은 어리석은 짓이라고 비난했다. 교부 철학자 성 크리소스토모스(349?~407)는 콘스탄티노폴리스의 주민들이 부적으로 알렉산드로스 대왕의 메달을 달고 다닌 반면, 신심 깊은 여성들은 아이가 병들어도 부적을 거부했다고 했다. 중세 초 일련의 공의회, 예컨대 로마 공의회(494)와 아그드 공의회(506)도 부적을 악마의 술수나 악마와의 소통 수단으로 규정했다. 692년 콘스탄티노폴리스 공의회는 부적 휴대자에게 6년의 파문형을, 극렬분자에게 종신 파문형을 부과하기로 결정했다. 요컨대 중세 초 교회는 사람들이 부적으로 인해 악마의 손아귀에 빠진다고 보았다.

이후에도 부적에 대한 교회와 성직자들의 개탄은 끊이지 않았다. 6세기 투르의 주교 그레고리우스는 성인 유골 장사꾼들이 자루에 숨겨 파는 부적(두더지 이빨, 생쥐 뼈, 곰의 발톱)을 발견하고는 신성 모독이라며 강물에 모조리 던져버렸다. 741년 성 보니파티우스는 부인네들이 이교 방식대로 팔과 장딴지에 부적을 달고 다닌다고 개탄했다. 카롤루스 대제와 루도비쿠스 경건황제 같은 세속 지배자들도 부적의 사용을 금지했다. 『참회 고행 지침서』에서도 부적의 제작과 휴대를 금지하고 위반자에게는 2년 동안의 참회 고행을 부과했다.

부적에 대한 기독교 사회의 투쟁 역사에서 토마스 아퀴나스는 특히 중요하다. 그는 교부 철학자들의 입장을 계승하면서 부적 문제를 체계화하고, 합법적 부적과 불법적 부적의 구분 기준과 이유를 제시했다. 그에 따르면 부적은 '사악한 마술,' 즉 마법이다. 그것은 그 자체로 자연적 덕을 갖고 있지 않은 사물을 이용하기에 초자연적 효과를 내지 못한다. 그러한 관습을 금지한 이유는, 부적을 통해 기대되는 효과가 하느님이나 자연에 부합하지 않으며, 그것이 교회에서 만든 것이 아니기 때문이다. 부적을 사용하는 자는 악마와 은밀하게 또는 명시적으로 협정을 맺는다는 것이다.

다른 한편 그는 기독교 부적의 합법성을 주장한다. "믿는 사람에게는 기적이 따를 것인데 내 이름으로 마귀도 쫓아내고 여러 가지 기이한 언어로 말도 하고 뱀을 쥐거나 독을 마셔도 아무런 해도 입지 않을 것이며 또 병자에게 손을 얹으면 병이 나을 것이다"(「마가복음」, 16장 17~18절)라는 복음서의 가르침을 그 근거로 내세웠다. 이에 따라 병이나 기타 불행으로부터 보호받기 위해 성스러운 구절을 목에 달고 다니는 것은 합법적이다. 또한 자신을 지키기 위해 성인의 유골을 목에 걸고 다니거나 성서의 구절을 장신구 등에 새기는 것은 허용되었다.

아퀴나스에 따르면 합법적 부적과 불법적 부적을 가르는 기준은 부적에 사용된 구절의 내용에 달렸다. 마귀에게 기원하는 것이라면 명백하게 미신이고 불법이다. 또한 불법적인 어떤 것을 숨기려고 '낯설고' '알 수 없는' 말이 들어 있는지, 거짓되고 허황된 것(미신)이 숨겨져 있지는 않은지 주의 깊게 살펴봐야 한다. 반면에 하느님을 존중한다면 성스러운 구절과 십자가 형상을 사용하는 것은 합법적이다. 그리고 하느님과 성인을 믿는다면 성인의 유골을 휴대하는 것도 불법이 아니다.

중세 말과 근대 초에도 아퀴나스의 부적 개념을 계승하면서 합법과 불법 논의는 계속 이어졌다. 마녀사냥이 본격화하는 15세기에 하인리히 크라머와 야코프 슈프렝거는 『마녀 퇴치』에서 아퀴나스를 따라 알 수 없는 표시는 불법으로 규정했고, 같은 시기 신학자들은 부적과의 대대적인 전쟁도 벌였다. 그들은 마녀에서 부적에 빠져 있는 평신도와 성직자에게로 점차 관심을 돌렸다. 16세기에는 거의 모든 공의회가 이 문제를 다루면서 부적 제작과 판매 처벌 및 부적 사용 금지를 규정했다. 이 시기 부적에 대한 교회의 금지 언급 빈도가 늘어난 이유는 마법적 실천과 해독 불가능한 부적이 폭발적으로 증가했기 때문이다. 17세기 프랑스 신학자 장-바티스트 티에르는 불법 부적의 기준으로 악마와의 계약, 이해할 수 없는 말, 속임수, 마법적 형상을 들었다.

교회의 집요한 노력에도 불구하고 부적은 근절되지 않았다. 대대적인 마녀사냥 시대인 17세기에도 티에르는 이 점을 명확히 인식하고 있었다. "교회가 미신 근절을 위해 기울인 노력과 투쟁에도 불구하고 그것은 민중의 심성에 깊이 뿌리를 내려 오늘날까지 기이한 혼란을 야기하고 있다."

기독교 부적

부적을 기독교와 결부시키는 걸 보고 사람들은 놀랄 것이다. 그러나 그것은 중세 기독교인의 신심을 모르고 하는 소리다. 사실을 말하자면 마술은 어느 때고 기독교 세계에서 낯설지 않았다. 영국의 역사가 키스 토마스가 종교와 마술에 관한 연구에서 밝혔듯이 중세 교회는 민속적 이교 마술의 인기에 맞서 그 대안으로 민중 친화적 형태의 기독교 마술을 제시했다. 성인의 유골과 메달, 십자가상과 성모 마리아상, 성경과 기도서의 구절 등과 같은 기독교 부적이 그러한 기독교 마술 유형에 속한다. 기독교 부적은 이교 부적과 동일한 질병 예방과 치료 기능을 갖고 있지만 마법적 힘은 없었다.

　기독교 부적을 다루기 전에 부적의 종류에 대해 간단히 언급할 필요가 있다. 기독교 이전의 이교 부적에는 크게 두 종류의 부적, 즉 자연부적amulet과 인공부적talisman이 있었다. 자연부적은 가공하지 않아도 자연적 효력을 지닌 물건(동물·식물·광물)으로 본래적 힘에 의해 그 자체로 부적 효과를 발휘한다. 예컨대 "벼룩이 있는 곳에 곰의 가죽을 놓으면 벼룩이 달아난다"거나 "바다표범의 심장을 돛대에 매달아 놓으면 배가 결코 침몰하지 않는다"는 식이다. 인공부적은 의례를 통해 마술적 힘을 부여한 가공된 물건으로 천체의 기운이 압축되어 있다. 여기서 '가공'이란 말은 돌이나 보석을 자르거나 새기고, 형상이나 상징을 넣는다는 넓은 의미다. 그렇기 때문에 무엇보다도 주술, 마술적 언술, 문자로 씌어진 주문이 중요한 역할을 한다. 이런 물건은 사랑·증오·죽음·파멸의 자극, 적·짐승·악마·질병의 종언, 은총·명예·배려의 획득, 소송과 전쟁에서의 승리 등과 같은 효과를 낼 수 있다. 요약하면 자연부적은 재료가 중요하고, 인공부적은 의례가 중요하다.

　교회는 이 두 부적 모두에 대해 부정적이었다. 교부들과 공의회는 자연부적 역시 미신적 치료라고 비난했다. 교회는 특히 글자가 새겨진 인공부적에 대해 부정적이었다. 글자나 기호의 모호성과 이해불가능성 때문이다. 실제로 교회는 "뱀이 꽃 속으로 스며들 듯이 악마가

부적으로 은근히 스며든다"며 그것이 악마와의 은밀한 계약이 아닌지 우려했다. 파리 주교를 역임한 기욤 도베르뉴Guillaume d'Auvergne(재임 1228~1249)는 부적 글자를 우상 숭배라고 비난했다. "글자와 형상, 낙인과 각인의 우상 숭배를 파괴해야 한다. 따라서 어떤 사람들은 어리석음으로 인해 그런 것들이, 그려졌든 새겨졌든 인쇄되었든 손으로 썼든, 명백하게 불가능한 경이도 수행할 수 있는 신적인 힘을 지녔다고 믿는다. 〔……〕 그러한 글자와 형상은 그 고유한 자연적인 덕에 의해서가 아니라 악마와 맺은 협정 덕택에 놀라운 기능을 수행한다." 따라서 그것은 불법적 '흑마술'(마법)이라는 것이다. 특히 14세기부터는 부적 글자가 히브리어, 사마리아어, 아랍어, 그리스어로 쓰였기 때문에 비밀 문자나 비의적 기호로 보였다.

글자가 쓰였거나 형상이 새겨졌다고 해서 다 불법적 흑마술인 것은 아니다. 토마스 아퀴나스는 알려지지 않은 이름을 담지 않고, 특정한 글자 형태를 띠지 않고, 특별한 의례와 연결되어 있지 않다는 조건부로 기독교 부적을 관용했다. 기독교 사회에서는 주기도문의 문구나 성모 마리아나 십자가를 담은 동전이나 메달, 성인의 유골, 동방박사가 새겨진 메달, 성인 메달과 그것을 담은 십자가, 성경 구절을 담은 인장·메달·반지, 거룩한 이름 등 다양한 부적이 있었다. 이 중에서 대표적 기독교 부적 두 가지를 소개하려 한다.

하나는 '거룩한 이름 부적'이다. 기독교 사회에서는 하느님을 대신하는 72개의 거룩한 이름 부적이 있었다. 이 중에서 가장 중요한 이름은 AGLA다. 이 글자는 네 단어로 된 히브리어 구절 "Atlah Gabor Leolam Adonay"(주여, 당신은 영원히 다스리십니다)의 머리글자다. AGLA라는 글자가 들어간 부적은 열병 치료, 중독 예방, 난산 치료, 화재 예방, 악령 감별과 마귀 추방, 도둑 감별, 양 떼 보호, 즐거운 여

〈그림 19〉 기독교 부적

〈그림 20〉 기독교 부적

행 간구, 변사와 급사 예방, 지옥에서의 악마 추방 등 다양한 용도로 사용되었다. 십자가 사이에 AGLA가 쓰여 있는 〈그림 19〉는 열병의 예방과 치료에 효험이 있다는 부적이다. 둘레에는 "열병을 막으려면 이 형상을 몸에 지녀라"라는 말이 쓰여 있다.

또 다른 대표적 사례는 〈그림 20〉의 '성 베네딕투스의 메달이 달린 십자가' 부적이다. 대대적인 마녀사냥 시대인 17세기에 기독교도 사이에 널리 사용된 이 부적은 인간과 가축을 마법으로부터 보호해주거나 병을 치료해주었다. 사람들은 이것을 물속에 담가 그 물을 마시거나 목욕을 했고, 몸에 지니고 다니거나 짐승에게 매달아주기도 했으며, 물건에 매달거나 집 안에 걸어두거나 대문 밑에 묻어두기도 했다.

메달과 십자가에는 다음과 같은 이니셜이 쓰여 있다.

V R S N S M V: *Vade Retro Satana Nunquam Suade Mihi Vana*(나를 절대로 설복시키지 못하는 허황된 사악은 물러가거라)

S M Q L I V B: *Sunt Mala Quae Libas Ipse Venena Biba*(네가 자청하여 맛보는 악은 독극물이니라)

C S S M L: *Crux Sacra Sit Mihi Lux*(성 십자가는 나에게 빛이어라)

N D S M D: *Non Draco Sit Mihi Dux*(용은 나에게 지도자가 아니어라)

앞의 두 이니셜은 메달의 둘레에 새겨 있고, 뒤의 두 이니셜은 십자가의 네 방향에 새겨 있다. 십자가의 네 방향 사이에 C S P B, 즉 "Croix Sainte de Patriarche Benoît"(수도원 창시자 베네딕투스의 거룩한 십자가)라는 구절의 이니셜이 보인다. 1678년 제작된 한 라틴어 책자는 이 부적의 유래를 전해준다. 1647년 바이에른 지방에서 마녀재판이 열렸을 때 마녀들은 메텐 수도원에 성 베네딕투스 십자가가 숨겨져 있어서 자신들이 그 수도원을 해코지할 수 없었다고 고백했다. 그래서 땅을 파보니 필사본 하나가 발굴되었다. 필사본 표지는 금과 보석과 성인 유골로 장식되어 있었다. 그 필사본에는 방금 위에서 살핀 기도문이 들어 있었다고 한다.

기독교 부적은 기독교 이전의 오래된 이교 전통에 기독교가 결합된 것이다. 평신도들이 위의 두 부적의 히브리어 이니셜이나 라틴어 이니셜을 이해할 수 있었을까? 아마도 제작자나 지식인이 설명해주지 않는 한, '이해할 수 없는' '모호한' 글씨이거나 형상으로 보였을 것이다. 기독교 부적 역시 이해할 수 없는 말과 마술적 기호 사용을 금지하는 성직자들의 권고를 대담하게 위반했다. 이러한 위반은 구약성서를 사용하는 히브리 부적에서도 마찬가지였다. 히브리어 부적을 휴대하고 다니는 사람들도 대부분 그것을 이해하지 못했다.

부적의 제작과 활용

앞에서 말했듯이 자연부적에서 중요한 것은 재료이고, 인공부적에서 중요한 것은 제작 의례다. 예나 지금이나 불행이 닥칠 때 초자연적·비합리적인 것으로 눈을 돌리는 것은 인간의 공통된 반응이다. 점성술적 부적의 경우, 천체가 인체를 지배하고 건강을 결정한다는 사고는 보편적이다. 그러한 사고가 대다수 자연부적을 인공부적으로 진화하도록 부추겼다. 인공부적을 제작하려면 6가지 기본 규칙을 숙지해야 했다. 첫째, 재료의 본성이다. 돌과 금속은 하늘의 본성과 비슷한 별의 형상을 부분적으로 받아들이기 때문에 돌과 금속의 별과의 공감적 본성을 숙지하고 있어야 한다. 둘째, 별자리의 글자와 인장, 이미지나 형상을 재료에 조각해야 한다. 셋째, 별의 기운을 끌어내기 위해 작업자는 별

자리를 향해야 한다. 넷째, 정확한 별자리 시간을 존중해야 한다. 다섯째, 별자리 시간을 정확히 알기 위해서는 좋은 기상학적 조건을 갖춰야 한다. 마지막으로, 제작자는 부적을 제작할 때 다른 생각을 하지 말고 혼신을 다해야 한다.

여기서 특히 주목해야 할 것은 별과 부적 재료 사이에 작용하는 공감의 연쇄다. 마술 세계에서는 모든 것이 신비적 조응에 의해 연결되어 있다. 별은 모든 물체에 작용하고, 그 힘과 덕을 광물·식물·동물에게 흩뿌린다. 그것은 인간의 신체에도 작용한다. 헤르메스에 따르면 별은 그에 공감하는 각각의 돌과 식물을 갖고 있다.

또한 인공부적 제작에는 의례가 핵심을 차지한다. 제작자는 먼저 정화 의례를 치러야 한다. 13세기에 라틴어로 번역된 아랍의 점성술서 『피카트릭스*Picatrix*』에 따르면 "네가 별에 기도하고 뭔가 간구하고 싶으면, 먼저 하느님을 믿고 마음에서 나쁜 생각을 씻어내고 옷에서 모든 오물을 털어내고 영혼을 씻고 정화해야 한다." 성적 금욕(2~7일), 목욕, 옷 갈아입기, 금식을 해야 한다. 부적을 제작하고 난 다음 마지막에 하는 의례는 훈증과 기도다. 향을 태워 훈증 의례를 하고, 부적에 "모두 한데 모여 이 향기를 호흡하고 그 자양분을 먹어라"라고 기도한다. "먼저 당신께 힘과 영을 주신 지고하신 하느님의 이름으로, 그리고 당신의 선의와 좋은 효과, 고귀하고 값진 본성을 통하여 저를 위해 이것을 해주실 것을 간청합니다." 겸손하게 부복하고 간구를 여러 번 반복한다.

이처럼 특별한 지식과 엄격한 의례는 부적 제작자를 마법사로 현인으로 지식인으로 만든다. 영과 접촉하는 마술적 활동은 매우 위험하기 때문에 이러한 규칙을 지키지 않는 제작자에게는 큰 불행이 닥칠 것이다.

부적은 어디에 사용되었는가? 이 낯선 세계에서 확인되는 사실은 부적이 "모든 문제에 응답하는 만병통치 효과"를 갖는 비상한 물건이라는 점이다. 그것은 어떤 상황에서도 보호하고 모면하고 실현하고 들어주는 신비한 수단이다. 중세 때 무수한 부적들이 있었던 것 같다. 13세기 에스파냐의 부적 관련 필사본 『형상과 상상의 책*Libro de las formas & ymagines*』에는 1,363개의 부적이 있었다. 그것을 효용별로 분류하면 다음과 같다.

첫째, 질병·야생동물·인간·악귀·악마의 공격으로부터 인간과 가축을 보호해주는 호부護符다. 둘째, 도둑·생쥐·파리·비둘기·거머리·파충류·메뚜기를 추방하거나 과일과 꿀벌을 증식시키고 숨겨진 보물을 찾게 해주고 화재 진압을 해주는 등 재산을 증대시켜주는 증부增符다. 셋째, 공기 오염, 적대감 고취, 역병, 여성의 젖 고갈, 마비와 살해, 급사·방자·지진·흉작·난파 등 해코지를 일으키는 해부害符다. 넷째, 험담의 진위 여부, 독성 음식 판별, 시기하는 사람 감별 등 진위와 선악을 감별하고 점쳐주는 점부다. 다섯째, 강신술, 죽음 대처법, 어둠의 영 이용법, 악마 통제력, 음식 기적 등 착한 마술을 행하는 백마술부다. 마지막으로 다산(아들), 평판과 경외심 고양, 사랑 증진, 순풍, 성공, 순항 등 소원을 들어주는 소원부다. 이 모든 부적은 삶, 죽음, 사랑, 건강, 번영 같은 인간의 기본 관심사를 충족시켜주는 효력을 지녔다.

부적 신앙은 근대에 들어서도 오랫동안 지속되었다. 19세기 프라하의 게토에서 나고 자란 보헤미아의 유대인 작가 레오폴트 콤페르트 Leopold Kompert는 자신이 쓴 『게토의 풍경*Scène du ghetto*』에서 출산 관련 '마녀'를 퇴치하는 부적의 제작과 활용에 대해 이렇게 묘사했다.

사람들은 마귀와 교통하며 신생아를 납치해가는 산파들을 유괴범benemmerinen이라고 부른다. 어떤 여자가 나타나면 아이가 죽거나 불구가 된다. 때로 산파들은 신생아를 몽마의 아기로 대체하기도 한다. 또한 그들은 산모를 유방 통증에 걸리게 하거나 다치게 하고 심지어 생명까지 앗아간다. 그들은 산모에게 공개적으로 접근하기 어려운 곳에서는 자물쇠 구멍을 통해 실내로 잠입한다. 그들은 번뜩이는 푸른 눈을 가진 고양이 모습으로 나타나기도 했다. 그리고 그런 모습으로 나타났을 때 사람들이 빗자루로 세게 때려 내쫓지 않으면 그 집에 불행이 닥친다.

여성이 산통을 하고 있을 때면 그러한 유괴범으로부터 보호받기 위해 사람들은 한 랍비에게 가서 일종의 부적을 만들어달라고 부탁한다. 그것은 다윗의 방패를 표상하는 글자들을 쓰고 히브리 신비 철학 구절을 곁들인 종이 몇 장으로 되어 있다. 이 부적은 마귀를 추방하는 데 큰 효험이 있는 것으로 알려져 있다. 사람들은 산모가 침대에 있는 동안 그 종이를 산모의 침실 문과 창문 위에 달아놓는다.

부적 같은 마술적 물건에 호소하는 사람들은 신비 과학을 통해 자연 법칙의 운행을 바꿀 수 있다고 생각했다. 모든 것이 부질없는 절망적인 상황에서 어떤 종교를 갖고 있든지 사람들은 비합리적인 것 속으로 도피하여 자신과 운명을 돌보는 임무를 초자연적인 것에 맡겼다. 16세기 잉글랜드 설교가 조지 기퍼드George Gifford가 설파했듯이 "번영과 역경을 초래하는 권능이 존재한다고 믿게 되면 그것을 숭배하게 되는 것이 인간의 본성"이기 때문이다. 곧 살필 개 숭배 신앙도 이와 별반 다르지 않을 것이다.

2. 어린이를 치료하는 개

예화

다음은 중세 말부터 프랑스 동남부 지방 농민들이 숭배하던 개에 관한 예화다. 예화例話, *exemplum*란 "신자들을 교화하여 구원의 길로 인도하기 위해 설교가들이 설교에서 삽입하여 사용하는, 사실로 간주된 짧은 이야기"다. 이 예화는 탁발 수도회 출신으로 이단 재판관이자 대중 설교가인 에티엔 드 부르봉Étienne de Bourbon이 13세기 중반 프랑스 동남부에 있는 리옹 교구에서 이단과 마법 퇴치 설교를 하면서 그 지방 여성들한테 들은 이야기를 기록한 것이다.

여섯번째로 모욕적인 미신에 대해 이야기해야겠다. 그것은 하느님뿐 아니라 이웃에게도 모욕적이다. 그것이 하느님에게 모욕적인 것은 악마나 기타 피조물에게 신격의 명예를 부여하는 미신이기 때문이다. 이것은 바로 우상 숭배가 저지르는 짓거리요, 딱총나무를 숭배하거나 거기에 봉헌을 하면서 복을 비는 마녀들이 하는 짓거리다. 이들은 교회나 성인의 유골을 능멸하고, 딱총나무나 개미집이나 기타 대상으로 아이들을 데리고 가 병을 낫게 해달라고 빌었다.

이것은 최근에 리옹 교구에서 일어난 일로 내가 마법 퇴치 설교를 하면서 많은 부인네들의 고해성사를 들을 때 그들이 고백한 이야

412

기다. 부인네들이 아이들을 성쁝 긴포르한테 데려가곤 한다는 것이다. 나는 그가 어떤 성인일 거라고 생각하고 조사에 착수했다. 마침내 그것은 사냥개와 관련이 있으며, 그 개는 아래와 같이 죽었다는 이야기를 들었다.

리옹 교구에 있는 뇌빌 수녀원 근처의 빌라르 나리 영지에 성이 하나 있었다. 성주城主는 아내와의 사이에 어린 아들이 하나 있었다. 어느 날 영주 부부와 유모가 아기만 요람에 남겨두고 외출했다. 엄청나게 큰 뱀이 집 안으로 들어와 요람으로 기어갔다. 그곳에 있던 사냥개가 이 광경을 보고 뱀을 따라가 요람 밑에서 공격했다. 요람은 넘어지고 뱀은 사냥개한테 물린 상처로 뒤덮였다. 뱀도 사냥개를 물어뜯으면서 방어했다. 드디어 사냥개가 뱀을 죽여 요람 멀리 내동댕이쳤다. 요람과 방바닥, 개의 꼬리와 머리가 온통 뱀의 피로 뒤범벅이 되었다. 뱀한테 혼쭐이 난 개는 요람 근처에 서 있었다.

집에 돌아와 이 광경을 본 유모는 개가 아이를 잡아먹었다고 생각하고 격렬한 고통의 울부짖음을 토해냈다. 이 소리를 듣고 달려온 아이 엄마도 유모와 똑같이 생각하고 울부짖기 시작했다. 그곳에 도착한 기사도 똑같이 생각하고는 칼을 뽑아 사냥개를 죽였다. 이들이 아기에게 다가가 보니, 아기는 말짱하게 곤히 잠들어 있었다. 상황을 파악해본 결과, 사냥개가 뱀을 물어 죽였음을 깨달았다. 진상을 알고는 자신들이 그렇게 좋은 일을 한 개를 부당하게 죽인 것을 후회했다. 이들은 개를 성문 앞 우물에 파묻고, 그 위에 거대한 돌무더기를 쌓았다. 그리고 이러한 사실을 기리기 위해 그 주변에 나무를 심었다. 그 뒤 성은 하느님의 뜻에 따라 파괴되고, 성터는 사람들이 살지 않아 폐허가 되었다.

그러나 사냥개의 숭고한 행동과 억울한 죽음에 대한 사연을 알게 된 농민들은 그곳을 방문해서 개를 순교자로 숭배하고 자신들의 병 치료와 소망을 빌었다. 이들 중 일부는 인간을 악에 물들게 하는 악마의 유혹과 환상의 희생자가 되었다. 특히 병약한 아기를 가진 여성들이 아기를 그곳으로 데려갔다. 그곳에서 십 리 떨어진 도읍에는 여성들에게 제의적 몸짓과 악마에의 봉헌과 악마 소환 방법을 가르쳐주고 여성들을 그곳으로 안내하는 노파vetula가 살고 있었다. 그들은 그곳에 가서는 소금과 기타 물건을 봉헌하고 주변 숲에 아기의 기저귀를 걸어놓았다. 그곳에서 자라난 나무에 못을 하나 박았다. 아기를 발가벗겨 두 나무통 사이를 통과하게 했다. 다시 말하면, 어미는 아기를 잡고서 건너편에 있는 노파에게 아기를 아홉 번 던졌다. 이들은 리미트 숲에 사는 목신牧神, fauna이 자신들의 병약한 아기를 데려가서 포동포동하고 튼튼한 아기로 만들어 돌려달라고 악귀들에게 간구했다.

그러고 나서 유아 살해적인 어미들은 아이를 도로 데려가 나무 밑동의 짚 부스러기 요람에 옷을 벗겨 놓았다. 엄지손가락 길이만 한 초 두 자루에 불을 붙여 나무줄기 위에 고정시켜놓았다. 초가 다 탈 때까지 아기의 울음소리도 듣지 못하고 아기를 보지도 못할 만큼 저 멀리 물러가 있었다. 아기 몇이 이 촛불에 타 죽었다고 여러 증인들이 전했다. 어느 한 여성은 목신에게 간구하고 물러날 때 늑대가 숲에서 나타나 아기에게 접근하는 걸 봤다고 나에게 고백했다. 그녀가 모성애가 작동해 아기에게 돌아가지 않았다면, 늑대 아니 그녀가 말하듯이 늑대로 위장한 악마가 아기를 잡아먹었을 것이다.

어미가 돌아와서 살아 있는 것을 발견하면, 샬라론Chalaronne이라 불리는 인근의 물살 세찬 강으로 아기를 데리고 가서 강물에 아홉 번 담갔다. 아기가 가라앉지 않고 곧바로 죽지 않으면 아기가 강한 내장을 가졌다는 증거였다.

우리는 그곳으로 가서 주민들을 불러 모아놓고 그런 짓을 하지 말라고 설교했다. 개의 사체를 파내고 성스러운 숲을 베어 개의 뼈와 함께 소각했다. 이제부터 위와 같은 목적으로 그곳으로 몰려가는 사람들은 재산을 몰수당하고 재구입해야 한다는 명령을 내리도록 관할 영주에게 당부했다.

13세기에는 설교가들이 속어 대중 설교에 예화를 많이 사용하고 후배 설교가를 위해 예화를 수집했다. 에티엔은 최초 예화 수집가 중 한 사람이었다. 위의 예화는 그가 리옹 북쪽 40킬로미터에 자리한 동브Dombes에서 발견하고 목격한 것을 성령칠은聖靈七恩에 관한 글에 수록한 것이다. 프랑스 중세사가 장-클로드 슈미트는 『거룩한 사냥개Le Saint lévrier』(1979)에서 이 예화의 민속학적 의미를 역사인류학적 견지에서 탁월하게 분석하고 있다.

민속 문화의 장기 지속

이 예화는 13세기 민속 문화를 이해하는 데 귀중한 사료다. 그러나 그것을 민속 문화에 대한 직접 증언으로 간주하는 것은 옳지 않다. 예화는 성직자가 라틴어로 쓴 기록이고, 민속을 잔인하게 탄압하는 상황에서 생산된 것이다. 또한 나중에 미신을 논박하는 논거로 사용되었다. 그러므로 이 예화는 민속 문화와 성직자 문화 사이의 관계를 이해하게 해주는 좋은 자료다.

에티엔은 어린이를 치료하는 개를 숭배하는 민속 신앙을 우상 숭배와 미신으로 규정하고, 그것을 성령칠은과 관련지어 설명했다. 성령칠은은 성령이 베푸는 경외·효경孝敬·지식·용맹·의견·통달·지혜의 일곱 은사恩賜를 말한다. 네번째 은사인 용맹이 지나치면 '7죄종'(교만·시기·분노·태만·인색·음욕·탐식)을 부추긴다. 용맹 은사가 부추기는 첫번째 악은 "모든 악의 머리이자 근원인" 교만이다. 교만에서 이단과 미신이 비롯된다. 그러므로 미신은 하느님과 교회와 기독교에 대한 공개적 적대감의 표현이다. 성 긴포르 예화가 바로 여기에 해당한다.

에티엔은 숭배 장소를 파괴하고 그 지방 영주에게 재발 방지를 당부한다. 그러나 에티엔은 긴포르 무덤을 순례하는 촌부들과 이러한 의례를 가르쳐주는 노파에게 어떠한 처벌도 내리지 않는다. 이것은 같은 시기에 이단을 엄벌하고 후대에 마녀사냥을 한 것에 비하면 놀라운 일이다. 에티엔이 이처럼 미신에 대해 관대했던 이유는 무엇인가?

에티엔의 시대에는 이단 퇴치가 더 시급했기 때문에 미신에 관심을 둘 여력이 없었다. 또한 촌부들과 노파는 아기를 살리기 위한 순수한 일념으로 악마의 술수에 놀아난 것에 불과하기 때문에 그들의 순박성을 고려해 이단과 똑같이 처벌해서는 안 된다고 보았다. 그러나 이단이 잠잠해지자 14세기 말부터 재판관들은 미신을 악마와 관련짓기 시작하고, 이웃을 해친다고 확신되는 마녀는 주저 없이 화형에 처해버렸다.

에티엔은 '순교한' 사냥개 성 긴포르 숭배를 억압하면서 순례 재발을 막으려 했다. 개의 뼈와 주변의 나무를 소각했고, 재범할 경우 모든 재산을 몰수하겠다고 농민들을 협박했다. 파괴는 완벽한 것처럼 보였다. 그렇다면 사냥개의 치유력을 믿는 민속은 교회의 바람대로 농촌에서 영원히 사라졌을까? 전혀 그렇지 않다. 순례는 15~17세기 마녀사냥의 시대를 견뎌내고, 19세기는 물론 20세기 초까지 이어졌다.

19세기 초 복고왕정기에 재설립된 이곳 교구의 신임 주교는 본당 신부들에게 교구 상황에 대한 설문 조사를 했다. 설문 중에는 "본당구에서 일상적 미신은 어떻습니까?"라는 질문이 들어 있었다. 1826년 관할 본당신부는 이렇게 대답했다. 한 거지가 땅의 주인인 뒤샤틀랑Du Châteland 씨의 숲에 무단 거주하고 있다. 거주 목적은 불법 종교를 이용해 보시를 받는 것이다. 그의 말로는 숲에서 한 성인을 발견했는데 그 매장지도 알고 있다. 많은 사람이 그곳으로 가서 작은 물건을 바쳤다. "사람들은 예부터 성 긴포르를 숭배하러 숲으로 왔다." 아픈 어린이, 열병에 걸린 아기가 있는 어머니들이 먼 곳에서 와서 작은 나뭇가지를 열이 나는 곳에 묶었다는 것이다.

장-클로드 슈미트가 여러 관련 문서와 현장 답사를 통해 확인한 바에 따르면, 비록 숲의 지명과 소유권자가 바뀌긴 했지만 13세기 중엽 사냥개를 숭배하던 순례지와 19세기 초의 순례지의 위치가 정확하게 일치했다. 다만, 민속학자 알베르 베시에르Albert Vayssière가 1879년 "성 긴포르 숲"으로 가서 그 지역 농민들한테 확인한 전설에 따르면, 예화의 주인공이 영주에서 농민으로 바뀌었을 뿐이다. 옛날에 어느 숯쟁이(일부 농민들에 따르면 소작농)가 일하러 나갈 때마다 아기를 긴포르라는 개에게 맡겨놓곤 했는데 어느 날 뱀이 오두막으로 잠입해 요람으로 기어가고 있었다. 개가 뱀을 가로막고 죽였다. 숯쟁이가 집에 돌아와서는 피로 범벅이 된 개의 꼬리를 보았다. 그는 개가 아기를 죽였다고 생각하고 도끼로 개를 죽였다는 것이다. 주인공만 바뀌었을 뿐 전설의 내용은 에티엔이 수집한 예화와 동일하다.

이러한 성 긴포르 숭배는 20세기 전반에 완전히 소멸한 것으로 보인다. 1902년 향토 민속학자들이 현장을 답사하고 성 긴포르 숭배가 여전함을 확인했다. 지역의 한 의사가 1972년 증언한 바에 따르면, 1940년경 그 숲에 마지막으로 간 사람들은 아기 엄마가 아니라 할머니들이었다. 젊은 여성들은 더 이상 그곳에 가지 않았다. 그리고 지역

노인들의 증언에 따르면, 에티엔 시대 때와 비슷한 역할을 한 노파가 1930년대까지 있었다고 한다(관할 관청에 보관된 호적부에는 이 무속인 노파가 '팡셰트 가댕'이라는 이름 아래 1936년 11월 23일 88세에 사망한 것으로 기록되어 있다). 20세기 들어 공식 기독교든 민속 신앙이든 종교가 영향력을 행사하던 시대는 이제 옛일이 되어버렸다.

의례의 민속적 의미

유아 사망률이 높았던 시절에 엄마들은 지푸라기라도 잡는 심정으로 아픈 아기를 위해 지극정성을 다했다. 그러나 그들이 아기를 치료하기 위해 제물을 바치고 숭경하는 딱총나무, 개미집, 성 긴포르 무덤은 이단 재판관의 눈에 동일한 성격을 지닌 우상 숭배요 미신적 관습으로 보였다. 딱총나무는 민속에서 신비한 힘이 있다고 여겼다. 치유력을 지닌 "의사"요, 그 잎은 요정의 은신처였으며, 또한 저주의 마법을 지니고 있어서 딱총나무로 동물을 때리면 그 동물이 죽거나, 딱총나무로 불을 피우면 닭이 알을 낳지 못한다. 개미집도 신비한 마력이 있었다. 개미집을 헝클어놓거나 부수면 소가 죽거나, 개미집에 놓인 계란을 개미가 먹으면 환자가 낫는다고 믿었다.

성 긴포르 순례지에서 실행하는 의례는 주로 '노파'가 주관하는 일종의 푸닥거리들이다. 예비 의례로 소금과 기타 물건을 봉헌한다. 여기서 소금은 마귀 추방의 의미가 있다. 아기의 기저귀를 수풀 속에 놓고, 개의 무덤 위에 자란 나무줄기에 못을 박는다. 옷·못·나무와 나무뿌리를 통해 환자의 육체와 순교견의 육체 사이의 관계가 수립된다. 나무를 사이에 두고 어미와 노파가 아홉 번에 걸쳐 아기를 주고받는다. 목신에게 병든 아기를 데려가서 건강한 아기로 되돌려달라고 간구한다. 이렇게 해서 아픈 아기에서 건강한 아기로 교체가 발생한다.

교체가 이뤄지는 동안 아기와 엄마는 격리되며, 그 시간은 양초가 다 타는 시간이다. 불로 인한 어린이의 화상과 사망은 의례의 한 부분이다. 늑대의 어린이 위협과 탐식도 마찬가지다. 여기서 늑대와 목신은 악마를 의미한다. 불과 늑대는 아기를 잡아먹을 가능성이 있다. 의례는 곧 시련이다. 아기가 죽으면 목신이 병든 아기를 돌려주길 거부하기 때문이다. 목신이 병약한 아기를 건강한 아기로 돌려주면 시련은 끝난다.

여기서 목신이 병든 아기를 데려가서 건강한 아기로 돌려주는 이야기는 민속에서 말하는 '아기 바꿔치기'와 밀접한 관련이 있다. 악령·요괴·난쟁이가 아이를 납치해 가서 자신의 아이로 바꿔치기한다. 악마의 아이는 지역에 따라 다양한 명칭을 가지고 있는데, 프랑스에서는 이런 바뀐 악마의 아기를 샹줄랭changelin이라 부른다. 태어나서 세례를 받지 않았거나 이름을 짓지 못했을 때는 악마한테 유괴될 위험이 크다. 이러한 '경계' 시기에는 어린이를 혼자 내버려 두어서는 안 된다. 그래서 침실 문 닫아두기, 새나 개로 하여금 경비하게 하기, 들에 나갈 때는 요람에 태워 외출하기, 침실에 촛불 밝히기, 요람 근처에 소금 뿌리기, 아침저녁 산책할 때 어린이 머리에 불 밝히기, 화덕 주변에서 아기 흔들기 등 세심한 주의가 필요하다.

그러면 악마가 샹줄랭을 어떻게 인간의 아기와 바꿔치기하는가? 15세기 프라하 대학과 하이델베르크 대학교수를 역임한 니콜라우스 폰 야우어Nikolaus von Jauer의 증언에 따르면 "사람들은 몽마가 아기를 바꿔치기 한다고 믿는다. 여성들은 몽마의 아기를 마치 자기 아이처럼 젖을 먹여 키운다. 그래서 그 아이를 샹줄랭이라 부른다. 샹줄랭은 늘 앙상하고 고통으로 울며 젖을 탐한다. 아무리 많은 젖을 먹어도 만족을 못한다."

앞의 예화에서는 병든 아기에게 샹줄랭이라는 말을 명시적으로 사용하지는 않았지만 아이 바꿔치기가 분명하게 존재했음을 볼 수 있다. 그러므로 이 예화는 샹줄랭에 대한 가장 훌륭한 증언 가운데 하나다. 에티엔은 믿지 않았지만 그가 심문한 여성들이 보기에 샹줄랭은 목신(악마)의 자식이다. 아기가 냇가의 찬물 시험을 견뎌내면 목신은 진짜 아기를 돌려준다. 반대로 샹줄랭이 너무 허약해 시험을 견뎌내지 못하고 죽으면 목신은 진짜 아기를 돌려보내지 않는다. 그런데 이 의례를 수행하는 과정에서 죽는 아기가 많았다. 병약한 아기가 알몸으로 숲에 노출되고, 사정없이 나무 사이에 흔들어지고, 찬물에 아홉 번 담기기 때문이다. 이러한 죽음에 대해 에티엔은 유아 살해라고 비난했다. 반면에 샹줄랭 신앙에서 죽은 아기는 인간의 아기가 아니라 악마의 아기다. 찬물에 담그기는 진짜 아기를 선별하거나 인식하는 의례다. 아이 엄마에게 중요한 것은 유아 살해가 아니라(죽은 아기는 자기 아기가 아니기 때문이다), 진짜 자기 아이를 찾아 구하는 것이다. 여기서 늑대가 잡아먹는 아기는 샹줄랭일 가능성이 높다.

민중 기독교

전설의 개에게 동브의 농민들은 순교자 성인 긴포르Guinefort의 이름을 부여했다. 에티엔은 처음 이 이야기를 듣고 농민들이 꾸며낸 것으로 생각했다. 그러나 사실은 그렇지 않다. 적어도 11세기부터 순교자 성인 긴포르는 인간의 형태로 여러 곳에서 숭경되었다.

긴포르는 기독교를 박해한 로마 황제 디오클레티아누스 때 밀라노에서 참수되어 파비아에 안장된 순교자 성인이다. 그는 밀라노와 파비아에서 절름발이 어린이 치료, 도둑 혐의의 무고함 입증, 물에 빠진 상인 구출, 페스트로부터 어린이 구출 등 수많은 기적을 일으켜 숭경을 받았다. 특히 그는 페스트 치료 전문가였다.

늦어도 1236년부터 파비아에 존재했던 것으로 입증된 성인 긴포르와, 1250년경 동브 농민들이 숭배했던 성견聖犬 긴포르는 동일한 성인인가? 하나는 인간이고 다른 하나는 개지만, 이름은 동일하며 둘 다 'saint,' 특히 '순교자'라 불렸다. 두 전설은 각기 다르다. 파비아 성인은 개와 전혀 관계없다. 다만 유일하게 비슷한 것이 하나 있다면, 전자는 참수를 당하고 후자는 칼을 맞고 죽었다는 점이다. 그러나 병 치료자로서 숭배의 유사성도 있다. 파비아 속담에 따르면 "성인 긴포르에 헌신한 자는 3일 후 살거나 죽는다." 동브 농민의 의례에서 강물에 잠수한 아이는 즉각 죽거나 아니면 살아난다.

그러면 성인 긴포르와 성견 긴포르는 어떻게 관련을 맺게 되었을까? 이 양자의 관련성에 대해 두 가지 설명이 가능하다. 하나는 파비아의 영향력이다. 1000년경 파비아는 군주권, 화폐주조, 상업, 교통 중심지 등으로 북이탈리아의 가장 중요한 도시로, 이 예화가 만들어진 남동 프랑스와 교류가 왕성했다. 상업 못지않게 종교적 관련성도 밀접했다. 999년 클뤼니 수도원은 파비아에 분원을 세웠고, 프랑스 중동부에 있는 본원과 파비아 분원을 잇는 길에 또 다른 분원들을 줄줄이 세웠다. 따라서 그 길에는 성인 긴포르를 기리는 지명과 숭배지가 산재했다. 수도원은 농민들의 노동으로 살아갔기 때문에 이들과 불가피하게 접촉했다. 클뤼니 수도원장 피에르 가경자可敬者(재임 1122~1156)는 『기적론*De Miraculis*』에 민담을 수록하고 그것을 성직자 문화에 통합하려 시도했다. 1158년 쥐라산에 있는 기니 분원 수도사들은 성 토랭의 유골을 갖고 순회하는 과정에서 동브 농민들에게 성인 긴포르에 관해 전해주었다. 이렇게 하여 동브 농민들은 성인 긴포르라는 이름에 친숙하게 되었다.

개와 성인의 통합을 설명하는 데 상업적·종교적 네트워크만으로는 충분하지 않다. 여기에 어원학적 유사성을 덧붙여야 한다. 민중 언어학에 따르면 '긴포르Guinefort'는 '꼬리 친다guinait'란 말에서 파생되었다. 꼬리 치기는 순례자들의 바람을 호의적으로 받아들인다는 '격려'의 의미가 있었다. 그렇기 때문에 농민들은 실존했던 성인 긴포르를 순교한 개와 쉽게 연결시킬 수 있었다. 또한 언어 역사적 해석에 따르면 프랑스 고어 'guigner'는 '신호하다' '눈짓하다' '꼬리 치다'를 의미한다. 그러므로 농민들은 자신들의 바람을 호의적인 눈빛으로 수용해달라고 간청했던 개에게 '긴포르'라는 이름을 붙였을 가능성이크다.

'Guinefort'는 성인과 개의 동일시를 더욱 쉽게 해주는 이름이기도 하다. 게르만어에서 이득·번영·우의를 의미하는 어근 'guini-' 또는 'wini-'는 'St. Winifred'(라틴어명은 St. Bonifatius)처럼 성인 이름에서 흔히 볼 수 있다. 또한 어미 '-fort'는 중세 기사 문학에서 기사들이 소유한 Brunfort(말 이름), Broiefort(말 이름), Tirefort(개 이름)처럼 주인이 애지중지하는 동물에게 붙여준 이름에 들어가 있었다.

이렇게 하여 동브의 농민들은 클뤼니 수도사들을 통해 들은 성 긴포르라는 이름과 그의 명성을 주인한테 부당하게 살해된 전설상의 사냥개와 연관 지었다. 거기에다 음성학적·어원학적 유사성은 둘 사이의 연상을 용이하게 했을 것이다. 두 순례지는 동일한 성인 이름, 순교자라는 명성, 거룩한 치료자라는 공통점을 갖고 있었다.

프랑스 남동부에 있는 외딴 숲속에 13세기부터 19세기까지 어린이 병을 치료하는 것으로 알려진 순례지가 있었다. 촌부들은 그곳에서 순교자 성인 긴포르에게 간구했다. 13세기 중엽은 물론이고 19세기 말에도 드러나는, 이곳과 관련된 전설은 그 성인이 개라는 것을 입증해주고 있다. 그사이 수 세기가 흘렀음에도 어머니들이 수행한 의례의 몸짓은 거의 변함이 없었다. 13세기 중엽 교회를 대변하는 이단 재판관 에티엔 드 부르봉은 성 긴포르 숲 순례를 근절하는 데 실패했다. 19세기에 본당신부를 비롯한 성직자들의 설교도 미신 숭배를 극복하지 못했다. 그러므로 성직자와 민속학자 들을 따라 이러한 민속 신앙을 두고 "이교적 잔재" 운운하는 것은 농민들의 심성을 이해하는 데 아무런 도움이 되지 않는다. 이곳 농민들이 기독교로 개종한 지가 줄잡아 천 년이 넘었는데도 아직까지 그렇게 말하고 있다니, 언제가 되어야 민속 신앙이 척결되어 기독교 속에 통합되었다고 할 수 있겠는가? 민속 신앙을 실천했던 농민들도 기독교 신자들이었다. 그러므로 중요한 것은 민중 기독교의 맥락에서 이해해보려 노력하는 것이다. 예화가 보여주듯 그것은 교회가 강력한 영향력을 행사하던 시대에 기독교 신자들의 민속적 신앙과 의례에 통합되어 있었다. 엄마들의 입장에선 자기 아이의 병을 낫게만 해준다면 그게 성인이든 성견이든 차이가 없었다. 성직자들이 기독교화 과정에서 정령 숭배를 성인 숭배로 전이했듯이 촌부들은 거꾸로 공식 기독교의 성인 숭배를 민중 기독교의 성견 숭배로 전유했던 것이다. 기독교라고 해서 성직자 기독교만 있는 것은 아니지 않는가.

제 3 장

전설과 상상

1. 늑대 인간

전설들

다음은 웨일스 수도사 네니우스Nennius의 『브리튼인의 역사Historia Brittonum』(830년경)에 수록된 이야기다.

켈트인 중에는 조상에게 경이적 힘을 물려받은 사람들이 있다. 이들은 악마의 힘 덕택에 자유자재로 날카로운 큰 이빨을 가진 늑대의 모습을 할 수 있다. 그들은 이렇게 변신하고는 힘없는 불쌍한 양들을 공격한다. 그러나 몽둥이와 무기로 무장한 사람들이 달려들면, 그들은 재빠르게 멀리 달아난다. 그들은 변신의 기미가 보이면, 인간 육체를 떠나면서 친구들에게 어떻게든 "자신을 흔들거나 만지지 말라"라고 당부한다. 만일 그런 일이 일어나면, 그들은 결코 인간 모습으로 되돌아올 수 없기 때문이다. 만약 그들이 늑대로 있는 동안 누가 그들을 때리거나 상처 나게 하면, 때린 자국이나 상처가 그들의 몸에 정확히 나타난다.

인간이 늑대로 변신하는 켈트 민속을 보여주는 이 글은 그것을 악마의 놀음으로 치부한다. 보름스의 주교 부르차르트(재임 1000~1025)는 자신이 편찬한, 이른바 『부르차르트 교령집Decretum Burchardi』(19장

5절)에서 타인을 늑대로 변신시키는 특별한 능력을 가진 여성(일종의 마녀)을 언급한다. "일부 사람들이 습관적으로 믿듯이 당신도 속어로 파르카(생사의 여신)라 불리는 여성들이 특별한 힘을 갖고 있다고 믿고 있습니다. 그들은 사람이 태어나면 그를 자신들이 원하는 대로 만들 수 있기 때문에 그를 자유자재로 늑대(우매한 민중은 그것을 늑대 인간loup-garou이라고 부른다)로 변신시키거나 다른 형태로 바꿀 수 있다고 말입니다."

파리 주교 기욤 도베르뉴는 『피조물의 세계De universo creaturarum』에서 늑대 인간을 언급하면서 그것을 마귀 들림으로 돌린다.

> 어떤 사람이 마귀 들렸다. 며칠 동안 악령이 그를 사로잡고 이성을 앗아갔기 때문에 그는 스스로를 늑대라 생각했다. 마귀 들린 동안 악마가 외딴 곳에 그를 죽은 사람처럼 던져버렸다. 그동안 악마가 늑대 속으로 잠입하거나 늑대의 모습을 하고는 만인에게 나타나 사람과 동물을 잔인하게 살해했다. 모두가 그를 보고는 잡아먹힐까 두려워 달아났다. 그 사람은 며칠 동안 늑대로 변신해 있었다는 소문이 돌았는데 그 자신도 그렇게 믿고 있었다. 그뿐만 아니라 그는 자신이 늑대가 되어 사람과 동물을 학살한 사실도 인정했다. 그러나 한 성인이 이 이야기를 듣고 현장으로 가서 사람들에게 그 사람이 늑대로 변신한다는 것을 믿는 것은 잘못이라고 설명했다.

이처럼 성직자들이 전하는 늑대 인간 전설은 악마와 관련되어 있다. 반면에 작가들은 늑대 인간의 변신을 주로 아내의 배신과 관련시킨다. 프랑스의 작가 마리 드 프랑스Marie de France가 1160년과 1170년 사이에 쓴 단시집 『비스클라브레Bisclavret』에는 늑대로 변신하는 남편과 이를 이용하는 아내 이야기가 등장한다. 브르타뉴 지방의 한 귀족 남성은 주기적으로 늑대로 변신하는 운명을 지녔다. 아내는 남편이 정기적으로 매주 3일씩 집을 비우고 늑대로 변신한다는 사실을 알아챈다. 그녀는 질투하는 척하며 남편에게 그 비밀을 털어놓으라고 간청한다. 남편이 자신의 비밀을 고백하자 그녀는 정부한테 달려가 남편이 남긴 옷을 훔쳐 그가 인간의 모습으로 되돌아올 수 없게 하라고 충동질한다. 그러나 늑대로 변신한 남편은 1년 뒤 간통을 저지른 아내의 코를 잘라 복수를 하고 인간의 모습으로 되돌아온다.

익명의 작가가 1190년과 1204년 사이에 쓴 『멜리옹*Mélion*』에서도 늑대 인간 이야기가 등장한다. 마리 드 프랑스의 『비스클라브레』를 토대로 하고 여기에 켈트 전통을 곁들여 쓴 이 작품은 늑대 인간 이야기를 아서왕 이야기와 결부시키고 있다. 주인공은 아일랜드 공주와 결혼한 젊은 기사 멜리옹이다. 아일랜드 출신의 아름다운 그의 부인은 남편이 준 마술 반지를 이용하여 그를 영원히 늑대로 변신시킨다. 그녀는 남편의 옷 옆에서 그를 기다리기는커녕, 남편의 시종과 함께 친정 아일랜드로 도주한다. 멜리옹은 아서왕의 도움으로 인간의 모습을 되찾고, 부인을 악마들에게 선물로 주어 복수한다.

13세기에 라틴어로 쓰여진 『아서왕과 고를라곤*Arthur et Gorlagon*』에서도 늑대 인간 이야기가 등장한다. 부인의 천성과 속내가 궁금했던 아서왕은 인근 왕국의 박학다식한 국왕 고를라곤을 찾아가 아내의 속마음을 읽는 비법을 가르쳐달라고 간청한다. 고를라곤은 늑대로 변신하는 운명을 지닌 한 왕과 음흉한 그의 부인 이야기를 전해준다. 한 과수원에 왕이 태어나는 순간부터 나뭇가지가 자라기 시작했다. 사람들은 그 나뭇가지로 왕의 머리를 때리면서 "늑대가 되어 늑대의 영혼을 가져라"라고 주문을 외쳤다. 그러자 왕은 즉각 늑대로 변신했다고 한다. 간교한 그의 부인은 한 이교도 왕에게 연심을 품고 그와의 정식 결혼을 원한다. 이를 위해 그녀는 자기 남편을 파멸시키겠다는 생각을 숨기지 않는다. 그녀는 아프다는 핑계를 대며 남편의 이런 변신 비밀을 알아낸다. 그러고 나서 남편을 나뭇가지로 때려 늑대로 변신시키고 숲속으로 몰아낸다. 남편은 2년 동안 늑대로 숲속을 방황하다가 인근 지방에 사는 그의 주군인 왕을 만난다. 어느 날 그는 주군의 궁정에서 자기 부인을 다시 만나 인간의 모습을 되찾는다. 아내의 정부는 극형을 받고, 사악한 부인은 피가 흥건한 공모자의 머리를 담은 쟁반을 들고 다녀야 하는 처벌을 받는다. 이것은 범죄의 잔악성을 만인에게 보여주기 위한 것이다.

12세기 말에 쓰인 궁정식 연애 이야기『기욤 드 팔레른Guillaume de Palerne』에도 늑대로 변신하는 짧은 일화가 등장한다. 에스파냐 왕자 알폰소가 계모의 주문으로 늑대로 변신한다. 어느 날 그는 푸이왕의 아들이자 살인자인 기욤을 어떤 음모로부터 구출해준다. 그 외에도 그는 기욤의 수많은 애정 행각과 전사적 모험에 도움을 준 다음, 결국 인간의 모습을 되찾고 기욤의 여동생과 결혼을 한다. 기욤의 숙부와 알폰소의 계모가 상속재산을 탈취하기 위해 꾸민 이중의 음모는 당연하게도 실패로 귀결되고, 알폰소는 에스파냐 왕으로 즉위한다. 알폰소가 마녀인 그의 계모를 용서한 것은 특이한 경우라 할 수 있다.

생령의 변신

이상에서 소개된 늑대 인간 이야기들처럼 중세 켈트·게르만·스칸디나비아 전통에서는 생령生靈, Double이 다양한 형태로 변신하는 것을 믿는 신앙이 있었다. 그러나 생령의 변신 문제가 여태까지 본격적으로 제기되지 못했다. 옛날 사람들의 심성에 대한 기독교 문화의 몰이해는 그에 대한 올바른 이해를 가로막았다. 성 아우구스티누스를 비롯한 중세 신학자들은 변신을 악마의 소행으로 치부하고 변신의 실재 자체를 인정하지 않았다. 중세 말에는 그것을 사탄에게 놀아난 마녀 퇴치의 관점에서 접근했다. 데카르트적 합리주의, 사회 통념, '황당한 이야기'에 가해지는 편견 등 시대의 감옥 또한 그러했다. 그렇기 때문에 신화학자들조차 오비디우스를 따라 생령 변신 신앙을 우화로 간주했다. 그러나 중세 민속에서는 인간이 실제로 동물로 변신할 수 있는 생령을 갖고 있다고 믿었다. 프랑스 민속학자 클로드 르쿠퇴Claude Lecouteux가 쓴 『중세의 요정, 마법사, 늑대 인간Fées, sorcières et loups-garous au Moyen Âge』(1992)은 중세 생령 신앙의 논리를 이해하는 데 도움이 된다.

토착 신앙의 입장에서 보면 기독교는 수입된 외래 종교다. 외래 종교가 성공할 수 있었던 것은 많은 점에서 토착 신앙과 화합을 했기 때문으로 볼 수 있다. 사실 가톨릭 기독교는 중세 천 년을 거치면서 이교 신앙과 많은 타협을 했다. 꿈·유령·환영의 영역에서 이교 문화와 기독교 문화 사이에 놀라울 정도로 비슷한 데가 있다.

먼저 기독교적 환영을 살펴보자. 영혼의 저승 여행을 의미하는 환영은 저승에서 인간을 기다리는 운명을 드러내준다. 중세 초에는 문맹자 농민도 환영을 경험했으나, 후대로 갈수록 교회가 독점했다. 중세 말에 이르면 하느님과의 합일을 추구하는 신비주의자들이 환영의 특권적 주인공들이었다. 환영을 볼 수 있는 가장 오래된 방식은 질병으로 인한 가사假死 체험이다. 기독교 지식인들은 이러저러한 방식으로 이를 증언해준다. 중세 환영의 기초자인 베다 가경자는 『교회사Historia Ecclesiastica』에서 한 수도사가 병들어 어느 날 죽어 있다가 이튿날 아침 깨어나서 그사이 일어난 일을 전해준다. 또한 투르의 주교 그레고리우스는 어떤 주교가 열병으로 죽어 입관까지 했으나 이튿날 깨어나 그

동안 경험했던 환영을 이야기한다. 건강한 사람도 간혹 환영을 체험했다. 수도사 기베르 드 노장Guibert de Nogent의 신앙심 깊은 모친은 소파에 누워 잠든 사이 "영혼이 육체를 이탈하여" 죽은 남편을 만나는 경험을 하였다. 금욕·금식·고행, 잠 안자기와 찬물 목욕 등을 실천하는 금욕주의자들도 앞에서 살폈던 성 카테리나처럼 신비한 환영 체험을 했다.

다음으로 이교적 생령 신앙이다. 이교 세계에서 꿈은 생령의 주요 활동 무대다. 꿈속에서 생령이 여러 가지 동물로 변신하는 경우가 허다하다. 제2의 자아alter ego인 생령이 육체를 벗어나 활동하는 것이다. 이러한 육체 이탈은 어떻게 가능한 것인가? 모두가 제2의 자아를 마음대로 해방시킬 수 있는 것은 아니다. 이를 전문으로 도와주는 사람들이 있다. 이들은 엑스터시의 전문가인 마법사magicien(시베리아의 샤먼-무당이 이에 해당한다)다. 이들은 육체와 생령의 연결을 끊는 방법을 알고 있다. 생령이 부재하는 동안 육체는 위험하므로 움직여서도 누가 만져서도 안 된다. 그렇지 않으면 죽는다.

생령 신앙의 증언들 중 가장 인상적인 증언 하나만 소개하려 한다. 웁살라 대주교가 독일을 여행하던 중 프로이센 국왕 프리드리히 빌헬름 4세(재위 1840~1861)의 궁정에 초대받은 적이 있다. 대주교가 그 자리에서 한 놀라운 이야기를 전해 듣고 기록한 연극인 프란츠 발너Franz Wallner의 『회고록Aus meinem Leben』은 고위 성직자의 입을 통해 증언하는 생령 신앙의 실상과 끈질긴 지속을 전해준다. 긴 이야기의 개요는 이렇다. 웁살라 대주교가 라포니아(스칸디나비아반도 북부 지방)에서 미신을 척결하기 위해 의사를 대동하고 현지 조사를 했다. 조사단은 목적을 숨긴 채 흑마술에 능하다는 피터 라르달Peter Lärdal이라는 사람의 집을 숙소로 잡는다. 놀랍게도 사람들은 라르달이 초자연적 힘을 발휘하는 마법사라는 사실을 숨기지 않는다. 대주교는 어느 날 아침 식사 자리에서 주인 라르달과 이 문제로 대화를 나눈다. 주인은 자신이 마법사라는 평판에 신경을 쓰지 않는다. 대주교는 미신을 척결하고 이러한 '얼빠진' 짓을 근절하기 위해 왔음을 밝힌다. 주인은 그것을 근절할 수 있겠지만, 그게 '얼빠진' 짓은 아니라고 항변하면서 오히려 그러한 신앙을 대주교에게 설득하려 한다. 그러면서 자기 영혼이 육체를 벗어나 대주교가 지정한 곳으로 갈 수 있다고 말하며, 돌아와서 그 증거를 보여주겠다고 한다. 대주교는 당장 그가 자신의 집에 가서 아내가 무엇을 했는지 알려달라고 한다. 30분 뒤 라르달은 손에 마른 약초가 가득 담긴 난로를 들고 나타나 약초에 불을 붙이고 그 연기를 흡입한다. 이러한 가사 상태에서는 자신을 깨우거나 만져서는 안 된다고 일러준다. 그의 영혼은 육체를 벗어나 대주교 집에 들러 그 아내의 소식을 가지고 돌아온다. 그사이 몇 분 동안 그의 몸은 약간 경련을 일으킨 뒤 소파에 쓰러져 죽은 사람처럼 가만있었다. 이에 깜짝 놀란 의사는 그가 약초 연기에 중독되어 즉각 구조하지 않으면 죽는다고 소리쳤다. 그러나 대주교는 의사를 말렸다. 라르달이 돌아와서 "그동안 당신의 아내는 부엌에 있었다"라고 말한다. 의사가 "그 시간에는 어느 집에서건 부인이 부엌에 있다"라고 대꾸한다. 라르달은 대주교의 집과 부엌에 대해 자세히 묘사했다. 그리고 대주교 아내의 결혼반지를 빵 바구니에 숨겨놓았다고 말했다. 대주교는 편지 왕래를 통해 아내의 진술이 라르달의 진술과 일치한다는 것을 확인했다.

대주교의 이 증언은 마법사를 통한 생령 활동의 존재를 입증해준다. 대주교는 이해할 수 없었지만 이교 세계는 기독교 세계와는 색다른 영혼 개념을 갖고 있었다. 이교 민속 전통에서는 기독교에서 말하는 영혼âme과 유사한 생령(스칸디나비아어로는 fylgja, hamr, hugr)이 살아생전에 자는 동안이나 혼수상태에서 육체를 벗어나 활동하며 때로는 동물로도 변신한다. 게르만의 생령 신앙에 대해 북유럽 민속 연구가인 레지스 부아예Régis Boyer는 이렇게 말했다. "인간이 오로지 물질적 차원으로만 환원될 수 없다는 것은 아주 분명하다. 현실/비현실, 육체/영혼, 삶/죽음과 같은 우리의 이분법적 범주는 그들에게 적합하지 않다. 육체와 영혼이 분리될 수 없는 그러한 복합체를 풍요롭게 그리고 본래적으로 이해하기 위해서는 우리의 평면적 이분법을 포기해야 한다."

생령은 여러 형태로 변신하는데, 요정은 그중 하나다. 다양한 요정 전설들은 남자를 애인으로 선택하고, 그의 삶을 손아귀에 쥐고, 그의 수호 정령이 된다는 공통점이 있다. 멜뤼진Mélusine 전설에서 곧 살펴보겠지만 인간과 요정의 결합 전설은 그것을 말하는 사회의 소망(부와 명예 등) 성취 욕구를 표현한 것이다. 그러나 민속에서 생령 변신에 불과한 요정이 기독교의 입장에서는 악마의 소행으로 간주된다.

생령은 또한 다양한 동물로도 변신한다. 8세기 말 파울루스 디아코누스가 쓴 『롬바르드족의 역사Historia Langobardorum』에는 게르만의 군트람왕 전설이 수록되어 있다. 어느 날 사냥을 하던 중 군트람은 충성스러운 신하의 무릎을 베개 삼아 나무 밑에서 잠이 들었다. 그의 입에서 작은 동물이 나와 인근 도랑을 건너려 애썼다. 신하가 칼로 다리를 만들어주자, 그 동물은 도랑을 건너 산속 동굴로 사라졌다. 잠시 후 동물이 돌아와 왕의 입속으로 다시 들어갔다. 잠에서 깨어난 군트람은 어떻게 자신이 잠들고서도 다리를 건너 산속으로 들어가 거기서 보석을 보게 되었는지 얘기해주었다. 군트람은 동물이 사라졌던 동굴 옆을 파게 하여 보물을 찾아냈다. 이 전설은 14세기 초 남프랑스의 카타리파 이단자 마을 몽타이유 농민들 사이에 전해지는 생령의 도마뱀 변신 전설과 흡사하다. 생령은 잠자는 자의 육체를 나와서 동물 모습을 하고 떠돌아다닌다. 깨어나서는 그동안 체험한 것을 얘기해준다. 생령은 생쥐·족제비·풍뎅이·벌·거미·파리·도마뱀·두꺼비·새(황새)·고양이·늑대 등 다양한 양태로 변신을 한다. 사실은 생령뿐 아니라 죽은 자의 유령도 새·개·파충류·말 등과 같은 동물로 변신을 한다.

이교 민속에서는 인간의 생령이 잠 속이나 최면 상태에서 또는 자신의 의지로 육체를 벗어나 변신을 한다. 기독교는 생령의 변신을 황당무계하다거나 악마의 놀음이라고 타매하고, 그러한 신앙을 제거하거나 접변시키려 노력했다. 성직자들은 반지나 막대기나 주문만으로도 인간이 변신할 수 있다는 것을 이해하지 못했다.

가정을 파괴하는 아내

앞에 소개한 늑대 인간 관련 전설들은 두 부류로 나눌 수 있다. 하나는 성직자들이 전하는 유형이다. 이 유형은 몇 가지 특징이 있다. 무엇보다도 악마가 늑대 인간을 만든다. 마귀가 스스로 늑대로 변신하거나 다른 사람을 홀려 늑대로 변신시킨다. 어떤 사람의 생령이 육체를 떠나 있는 동안 그 사람을 깨우거나 흔들거나 만지면 생령은 육체 속으로 돌아올 수 없다. 늑대 인간은 사람과 동물을 공격하여 해친다(〈그림 21〉 참조). 이 유형에서 늑대 인간은 사악한 모습을 띤다. 중세 사회에서 사람을 위협하고 잡아먹는 늑대는 뱀·용·곰과 다를 바 없었다.

다른 하나는 12~13세기 궁정 사회를 배경으로 작가들이 쓴 유형이다. 이 유형은 일정한 도식을 따르고 있다. 먼저 주인공은 늑대로 변신하는 신비한 능력이 있다. 그의 부인은 정부를 두고 있고 남편의 변신 비밀을 알아내어 그를 늑대로 변신시킨다. 남편의 옷을 숨겨둔 다음 정부와 음모하여 남편을 파멸시킨다. 결국 남편은 배신의 희생자가

〈그림 21〉 늑대 인간(루카스 말러, 1512년)

된다. 이야기의 결말에 이르러서야 늑대 인간은 인간의 모습을 되찾는
다. 그때 부인은 배신 행적 때문에 잔인한 처벌을 받는다. 이 유형에서
는 늑대 인간의 부인이 사악하게 묘사된다.

　여기서 우리의 관심을 끄는 것은 두번째 유형이다. 이 유형에서
늑대 인간의 옷은 첫번째 유형에서의 육체에 해당한다. 첫번째 유형
에서 생령이 육체를 떠난 뒤 장본인을 깨우거나 흔들거나 만지면 생
령이 육체로, 즉 인간 모습으로 돌아올 수 없다. 두번째 유형에서는 육
체에 해당하는 옷('두번째 몸')이 없으면 늑대 인간이 인간으로 돌아올
수 없다. 여기서 아내는 정부와 놀아나기 위해 남편의 변신 비밀을 알
아내고, 그의 옷을 숨겨 남편이 인간으로 돌아올 수 없게 한다.

　늑대 인간 전설에서 아내가 가정을 파괴한다면, 요정 멜뤼진 전설
에서는 아내가 가문을 일으킨다. 거의 같은 시기에 늑대 인간 전설과
요정 멜뤼진 전설에 등장하는 아내의 모습은 대조된다. 이것을 당시의

사회문화적 맥락에 자리 매김하여 해독할 필요가 있다.

늑대 인간과 요정 멜뤼진 관련 궁정문학은 누가, 왜 생산했는가? 작가는 생산자인가? 작가는 생산자이기도 하고 그렇지 않기도 하다. 후원자, 사회적 토대, 문학적 형식의 3중적 제약이 작가의 이니셔티브를 제한한다. 작가는 자신의 관심을 통해 '다른 사람들'이 자신을 표현하도록 허락한다. 이 '다른 사람들'은 누구인가? 그들은 다름 아니라 주인공이 속한 귀족층이다. 작가는 궁정문학의 후원자이자 소비자인 귀족층의 취향에 맞춰, 더 정확히 말하면 귀족 남성들의 소망에 맞춰 늑대 인간과 요정 멜뤼진 전설을 변주했다고 할 수 있다.

그러므로 궁정문학에 나타난 늑대 인간과 요정 멜뤼진 전설의 현실적 의미를 이해하기 위해서는 1200년을 전후한 시기 귀족 사회의 상황을 재차 환기할 필요가 있다. 우선 기사-귀족 계급은 폐쇄적인 특권층을 형성했다는 점이다. 귀족만이 기사가 될 수 있었고, 역으로 기사여야 귀족이 될 수 있었다. 따라서 기사서임 의식은 특권적 카스트로 들어가는 입회 의례로서 명예로운 승진의 의미를 지녔다. 이와 함께 가산을 유지하기 위해 장자상속제를 실시하고 가문 의식이 강화되었다. 또한 가문을 번성시키려면 남성뿐 아니라 여성도 중요하다. 아내는 가문의 순수한 혈통을 이어가기 위해 순결과 정조를 지켜야 한다. 그러므로 아내가 남편을 속이고 외간 남자와 정을 통하는 것은 가문 이데올로기에 반하는 것이었다.

이와 관련하여 교회와 세속 사회가 간통에 대해 어떻게 인식했는지를 살펴볼 필요가 있다. 교회는 간통에 대해 엄격한 태도를 보였다. 중세 때 교회는 로마 시대의 관행과는 달리 일부일처제와 결혼의 '불가해소성'을 강력하게 요구하고, 결혼을 하나의 성사로 격상시켰다. 또한 근친혼 금지 촌수를 7촌(우리의 계촌법으로는 14촌)까지 확대하여 같은 피붙이끼리의 결혼을 극도로 제한하였다. 1215년 제4차 라테라노 공의회에서 근친혼 금지 촌수를 4촌으로 축소하면서까지 보호하려고 했던 것은 결혼과 부부 생활의 안정성이었다. 이런 관점에서 보면 간통은 결혼의 안정성을 파괴하는 중죄였다. 남성의 간통보다 여성의 간통에 대해 더 엄격했다. 간통한 여성은 매춘 여성과 동일시되었으며 머리 밀기, 헌 옷 입기, 공개 모욕, 공개 태형 등과 같은 치욕스러운 처벌을 받았다. 12세기 세속법에서 부인이 간통하는 현장을 목격한 남편은 아내를 살해해도 처벌받지 않았다.

12~13세기에 유행했던 궁정식 연애 이야기 문학에서도 간통을 엄하게 다스렸다. 트리스탄과 이졸데의 간통이 그러했다. 아일랜드에서 마크왕의 신붓감으로 이졸데를 배에 태워오는 과정에서 트리스탄과 이졸데는 이졸데의 어머니가 처방해준 사랑의 미약을 음료수로 잘못 알고 마신 뒤, 서로 열정에 달아올라 육체관계를 맺는다. 트리스탄은 외삼촌이자 주군인 마크왕의 신부를 신방을 차리기도 전에 범한 셈이다. 이후 이들은 마크 왕궁에 있는 이졸데의 침실이며 과수원이며 숲속에서 수많은 밀회를 나눈다. 그러했기에 트리스탄과 이졸데의 사랑은 둘의 죽음으로 파멸을 맞는다.

현실에서건 문학에서건 간통한 아내의 결말은 불행으로 끝난다. 늑대 인간 전설에서 주인공의 아내의 간통도 마찬가지다. 늑대 인간의 부정한 아내는 현실 귀족 사회에서 남성들이 한편으로는 여성들을 억압하면서, 다른 한편으로는 그들이 자신들에게 복수하거나 배반할지 모른다는 불안감이 뒤섞인 복합 감정을 표현한 것이라 할 수 있다. 반면에 요정 멜뤼진은 배우자에게 배반당했으면서도 남편의 가문을 번성시켜주었다.

2. 요정 멜뤼진

전설들

공주로 태어나 죄를 짓고 절망하는 멜뤼진은 사탄에 의해 요정이 되었다. 그녀는 인간과 결혼하지 않으면 최후 심판 때 지옥으로 떨어질 운명이다. 사람들은 사막과 숲, 황무지와 묘원에서 그녀를 쉽게 만날 수 있었다.

요정 멜뤼진에 관한 기록은 12세기 말부터 등장한다. 잉글랜드 궁정 사제를 역임한 월터 맵Walter Map이 1181~1193년에 걸쳐 쓴 『궁정 야담De Nugis Curialium』에는 멜뤼진 이야기가 두 번 등장한다. 하나는 '큰 이빨의 에노'라 불리는 한 젊은 영주가 낯선 여자와 결혼하는 이야기다. 에노는 어느 날 점심 때 노르망디 해안 인근 숲에서 공주 차림으로 울고 있는 젊고 예쁜 여성과 마주친다. 그녀는 프랑스 왕과 결혼하기 위해 배를 타고 가던 중 난파를 당해 간신히 살아남았다고 털어놓는다. 그는 이 미모의 낯선 여성과 사랑에 빠져 결혼을 한다. 그녀는 그에게 예쁜 자식을 하나 낳아준다. 그러나 시어머니는 며느리가 신심 깊은 척하면서 미사와 성수 산포와 성체 배령을 회피한다는 걸 눈치채고는 며느리 침실 벽에 구멍을 낸다. 그녀는 며느리가 용의 모습으로 목욕을 하고는 이빨로 새 망토를 갈기갈기 찢은 뒤 인간 모습으로 돌아오는 광경을 목격한다. 어머니를 통해 이 사실을 알게 된 에노는 한 사제의 도움을 받아 아내에게 성수 산포를 해준다. 그러자 아내는 몸종과 함께 지붕을 뚫고 괴성을 지르면서 하늘로 사라진다. 에노와 그의 아내(용)에게서 퍼진 수많은 자손은 월터 맵의 시대에도 여전히 살아 있었다.

『궁정 야담』에는 '큰 이빨의 에노' 말고도 '야생인 에드릭'이 경험한 비슷한 이야기가 수록되어 있다. 레드베리의 영주인 에드릭은 사냥을 마친 어느 날 저녁, 숲속에서 길을 잃고 헤매다가 한밤중에 큰 저택에 당도한다. 저택에는 늘씬하고 아름다운 귀부인들이 춤을 추고 있었다. 그는 자신에게 반해버린 한 귀부인을 납치해 3일 밤낮을 그녀와 사랑을 나눈다. 나흘째 되는 날 그녀는 그가 자신의 자매들에 대해 그리고 자신이 납치된 장소와 숲에 대해 묻지 않는다면 그에게 행복과 건강과 재산을 주겠다고 약속한다. 그는 조건을 지키겠다고 약속하고 그녀와 결혼한다. 몇 년 뒤 에드릭이 사냥을 마치고 집에 돌아온 저녁에 그녀가 보이지 않는다. 그는 밤중에 집에 돌아온 그녀에게 화를 내며 "처제들이 왜 당신을 이처럼 오랫동안 붙들고 있었던 거야?"라고 추궁한다. 그러자 그녀는 사라진다. 그는 고통을 이기지 못하고 죽고, 이들 사이의 매우 총명한 아들이 곧바로 머리와 몸이 떨리는 중풍에 걸린다. 성지 순례를 하고 나서 병이 나은 그는 성인에게 레드베리의 땅과 연부 지대 30리브르를 바쳤다.

잉글랜드의 교회법 학자이자 작가인 저베이스 틸베리Gervase of Tilbury가 1209년에서 1214년 사이에 써 신성로마제국의 오토 4세에게 헌정한 『황제를 위한 오락Otia Imperialia』에서 언급되는 '에스페르비에 성의 귀부인' 이야기 역시 '큰 이빨의 에노' 이야기와 유사하다. 틸베리가 원수를 역임했던 아를 왕국의 발랑스 교구에 있는 에스페르비에 성의 귀부인도 에노의 부인처럼 미사에 지각하여 성체 배령을 할 수 없었다. 그녀의 남편과 하인들이 성체 배령을 시키려고 그녀를 교회에 강제로 억류하고 있을 때 그녀는 교회를 부수고 날아가 영원히 사라져버렸다. 틸베리 시대에 교회 인근의 폐허가 된 성은 연대를 알 수 없는 수많은 사건을 여전히 증언하고 있다.

이 이야기와 에노의 부인 이야기 사이에 비슷한 점이 하나 있다. 비록 에스페르비에성의 귀부인이 용으로 지칭되지는 않았지만, 그녀 역시 기독교 의식(성수 산포와 성체 배령)을 통해 추방되는 마귀라는 점이다. 그러나 이 이야기는 에노의 부인 이야기보다 내용이 빈약하다.『황제를 위한 오락』에 등장하는 또 다른 이야기 '루세성의 레몽'은 월터 맵이 기록한 '큰 이빨의 에노' 전설에 더 가깝다. 엑상프로방스에서 멀지 않은, 트레 계곡에 자리한 루세성의 영주는 아르크강 인근에서 멋진 차림을 한 아름다운 귀부인을 만난다. 그녀는 그를 불러 세우고는 그와 결혼하는 데 동의한다. 다만, 그가 그녀의 알몸을 봐서는 안 되며 이를 위반할 경우 그녀가 가져온 모든 재산을 잃을 것이라는 조건을 붙인다. 레몽은 조건을 지키겠다고 약속하고 행복한 결혼 생활을 누린다. 부와 권세와 건강, 많은 예쁜 아이 등 부족한 게 없다. 그러나 신중하지 못한 레몽은 어느 날 아내가 목욕하는 중에 커튼을 걷어버린다. 아름다운 아내는 뱀으로 변신하여 목욕물 속으로 영영 사라져버린다. 그녀가 남몰래 자기 아이들을 보러 돌아올 때 유모만이 그녀의 목소리를 알아들었다.

맵, 틸베리와 같은 시대에 살았던 시토회 수도사 엘리낭 드 프루아몽Hélinand de Froimont은 한 귀족이 여성—뱀과 결혼하여 살다가 헤어진 이야기를 전한다. 이 이야기는 도미니쿠스회 수도사 뱅상 드 보베Vincent de Beauvais의『자연의 거울Speculum naturale』에 요약 형태로 수록되어 있다. 랑그르Langres 지방의 한 귀족이 울창한 숲속에서 값비싼 옷차림을 한 아름다운 여성을 만난다. 그는 첫눈에 반해 그녀와 결혼한다. 그녀는 목욕하기를 즐긴다. 어느 날 뱀의 모습으로 욕조에서 꼬리 치며 헤엄치는 광경을 남편한테 들키자 그녀는 사라진다. 하지만 그 자손은 아직까지 살아 있다.

맵과 틸베리 이후 거의 두 세기가 지난 뒤 멜뤼진을 소재로 한 두 문학 작품이 연달아 나왔다. 하나는 프랑스 작가 장 다라스Jean d'Arras가 14세기 말 프랑스 국왕 장 선왕의 셋째 아들 베리Berry 공작과 그의 자매 마리를 위해 산문으로 쓴 로망이고, 다른 하나는 파리의 서적상인 쿠드레트Coudrette가 1401년과 1405년 사이 운문으로 쓴 로망이다. 이 두 작품에는 주요한 특징 세 가지가 있다. 길이가 훨씬 길고 그 형식이 로망(일종의 소설)이라는 점, 여성-뱀이 멜뤼진이라 불린다는 점, 그녀의 남편 가문이 푸아투Poitou의 유명한 귀족 뤼지냥Lusignan가라는 점이 그것이다. 이 두 작품은 비슷하며 멜뤼진에 관한 한 동일하다. 쿠드레트가 장 다라스의 산문 로망을 요약해 운문으로 쓴 것인지, 두 작품이 세간에 잊힌 동일한 모델에서 비롯된 것인지는 중요하지 않다. 다음은 14세기 말 장 다라스가 쓴 「산문 멜뤼진 로망Le Roman de Mélusine en prose」을 요약한 것이다.

알바니(스코틀랜드)의 왕 엘리나스Elinas가 숲속 사냥터에서 기막힐 정도의 미모에 매혹적인 목소리로 노래하는 한 여성 프레신Presine을 만난다. 그는 그녀에게 사랑을 고백하고 청혼을 한다. 그녀는 자신이 아이를 출산하는 자리에 그가 참석하지 않는 조건으로 청혼을 받아들인다. 그런데 엘리나스가 초혼에서 얻은 아들이, 방금 세 딸 멜뤼진, 멜리오르, 팔레스틴을 출산한 프레신을 보러가자고 그를 꼬드긴다. 남편의 약속 위반으로 프레신은 세 딸과 함께 '사라져버린 섬' 아발론으로 가서 은거한다. 15세가 되었을 무렵 부친의 배반 사연을 알게 된 딸들이 그를 산속에 감금시켜 복수한다. 늘 엘리나스를 사랑했던 프레신은 이에 화를 내며 딸들을 책벌한다. 멜리오르는 아르메니아의 에페르비에성에 유폐되고 팔레스틴은 카니구산에 감금된다. 죄가가장 큰 장녀 멜뤼진은 토요일마다 뱀으로 변신한다. 어떤 남자가 그녀와 결혼하면, 그녀는 죽거나(그녀는 죽음으로써 이러한 영벌을 벗어난다), 아니면 남편이 그녀가 토요일마다 뱀으로 변신하는 모습을 보게 된다(그러면 그녀는 고통을 겪게 된다).

포레 백작의 아들이자 푸아티에 백작의 조카인 래몽댕이 멧돼지사냥을 하는 중에 실수로 삼촌 푸아티에 백작을 죽인다. 래몽댕은 퐁텐 숲에서 미모의 여성 멜뤼진을 만난다. 멜뤼진은 삼촌을 죽인 그를위로하고 자신과 결혼하면 매우 강력한 영주로 만들어주겠다고 그에게 제안한다. 그는 이를 수락한다. 그녀는 토요일에는 자신을 결코 보려 해서는 안 된다는 당부도 잊지 않았다.

부부에게 번영이 넘쳐났다. 멜뤼진은 땅을 개간해 장원을 만들고, 뤼지냥성을 비롯한 성채를 짓는 등 개간과 건설에 힘을 쏟는다. 그리고 10명의 아들을 낳아준다. 이 중에 몇은 결혼을 통해 왕이 된다. 하지만 '큰 이빨의' 여섯째 아들 조프루아처럼 모든 아들이 얼굴에 각기다른 육체적 흠결이 있다.

아들 모두가 용맹스러웠다. 특히 사라센과의 싸움에서 그러했다. 래몽댕이 라로셸에 머물고 있을 때, 아버지를 이어 포레 백작이 된 형이 방문한다. 그는 멜뤼진에 관해 떠도는 소문을 알려준다. 토요일마다 남몰래 연인과 보내거나 아니면 요정이 되어 참회 고행을 수행한다는 것이다. 래몽댕은 "화도 나고 질투도 나서" 멜뤼진이 목욕하는동굴 문에 구멍을 낸다. 그는 결국 이 구멍을 통해 세이렌의 모습을 한그녀를 목격한다. 그러나 그는 아무에게도 발설하지 않는다. 멜뤼진은

〈그림 22〉 멜뤼진의 비상. 멜뤼진이 뱀으로 변신해 날아가는 모습을 남편
과 하인이 깜짝 놀란 표정으로 바라보고 있다(미상, 1401년).

아무 일도 없었다는 듯 태연히 나날을 보낸다.

　아들들의 용맹이 늘 칭찬거리만은 아니다. '큰 이빨의 조프루아'
가 마이유제 수도원에 방화를 한다. 멜뤼진은 아들에게 화를 내는 래
몽댕을 설득해 진정시키려 한다. 그러나 남편은 화를 참지 못하고 이
렇게 말한다. "아, 거짓말쟁이 뱀아! 맹세코 너와 네가 한 짓거리들은
허깨비에 불과해. 네가 가져다준 모든 상속자들 중 누구도 구원받지
못할 게야." 그러자 멜뤼진은 날개 달린 뱀으로 변신해 사라진다(〈그
림 22〉 참조). 그녀는 매일 밤 '요정의 울음소리'로 유모에게 신호를 보
내며(그녀는 유모에게만 보인다) 아들 르모네와 티에리를 돌보러 뤼지

냥으로 돌아온다. 절망에 빠진 래몽댕은 카탈루냐의 몬세라트산으로 들어가 은수자가 된다. 조프루아는 로마로 가서 교황한테 방화 사실을 고백하고 마이유제 수도원을 재건한다.

가문을 번성시키는 아내

위에서 언급한 멜뤼진 관련 텍스트의 출처는 무엇인가? 모든 텍스트들이 기록 자료를 기본으로 하고 있다. 월터 맵과 저베이스 틸베리는 기록 자료들이 많은 잉글랜드에서 교부들과 라틴 고전 자료들을 이용했다. 장 다라스는 연대기와 틸베리를 포함한 다수의 문헌을 이용했고, 쿠드레트는 두 라틴어 작품과 한 작품을 이용했다. 이들 모두 책을 통해 멜뤼진 자료를 획득했다.

이들은 기록 자료뿐 아니라 구전 자료도 이용했다. 월터 맵은 "자신이 하는 많은 이야기는 정체불명의 로망과 사가에서 비롯된 것으로 생각된다"며 문헌 외에 다수의 구전에서 차용했음을 토로했다. 저베이스 틸베리 역시 잉글랜드에서 문헌을 이용하는 것 말고도 볼로냐·나폴리·아를 등에서 근무하면서 풍부한 구전을 수집했다. 그는 '루세성의 레몽'의 출처가 "사람들이 하는 이야기"에서 나온 것임을 밝혔다. 특히 멜뤼진 연구에 주요한 자료가 되는 장 다라스의 멜뤼진 로망은 구전 자료에 많이 의존했다. 그는 "우리의 노인들이 전해주는 이야기," 푸아투와 기타 지역에서 "세간에 전해지는 이야기"를 이용했음을 밝힌다. 그러므로 다라스의 멜뤼진 로망의 가치는 노인들을 통해 전해지는 구전 전통에 있다. 구전 문학 참조는 12세기 말 성직자-지식인들이 알지 못하거나 무시한 요소들을 수집하고 받아들이게 했다. 따라서 고대에 그와 유사한 것들이 존재했다 하더라도 중세에 창조된 멜뤼진 전설은 민속의 관점에서 좋은 연구감이 된다.

유럽의 민속 전통을 연구한 스티스 톰슨Stith Thompson은 멜뤼진 전설을 모티프별로 분류했다. 첫째, 금기다. 남편은 초자연적인 아내의 모습(목욕, 나체나 출산)을 보아서는 안 된다. 둘째, 아내는 반은 여성이고 반은 뱀인 존재다. 말하자면 사람 머리를 한 뱀이다. 셋째, 여성은 경이적인 피조물, 곧 요정이다. 남성이 요정과 결혼하여 자기 집으로 데려간다. 넷째, 그녀는 마녀다. 마녀가 목욕을 할 때면 뱀으로 변신한다. 그러나 이러한 분류에 중세 현실 기독교 사회를 대입하면 다음과 같은 세 가지 문제가 발생한다. 먼저, 금기 위반의 중요성은 무엇인가? 남편의 약속 불이행은 아내의 '악마적' 성격에 비해 죄가 덜하지 않은가? 다음으로 이교의 토테미즘 전통에서는 신성이 동물 속에서 완전히 육화하고 신과 인간의 결합이 영광이지만, 인간을 본떠 신의 완벽한 육화 이미지를 만든 기독교 전통은 인간과 준동물의 결합을 자동적으로 격하시키지 않았는가? 마지막으로, 경이적인 여성이라는 하나의 존재 안에 백마술과 흑마술, 요정과 마녀의 요소가 공존하는 것이 어떻게 가능한가? 기독교는 멜뤼진에 대해 구원의 가능성을 제공했는가, 아니면 저주의 가능성을 제시했는가?

멜뤼진에 대한 기독교적 해석은 불가피하다. 멜뤼진은 음몽마녀나 타락한 천사와 유사한 요정이다. 반은 인간이고 반은 동물인 마귀이기 때문에 기독교 의식(성수 산포와 성체 배령)으로써 추방된다. 또한 그녀가 인간과의 사이에 얻은 아이들은 특수한 재능(딸은 미모, 아들은 용맹)을 가졌지만 타락하거나 불행해진다. 멜뤼진이 결혼하는 이유는 따로 있다. 여성이 뱀으로 변신하는 영원한 책벌에서 벗어날 수 있는 유일한 방법은 남자와 결혼하는 것이다. 이렇게 하면 또 다른 행복한 삶을 살다가 일생을 마칠 수 있기 때문이다. 멜뤼진에 나타나는 이러한 기독교적 외피는 중세 모든 문화생활의 기독교적 틀을 고려하면 당연하게 보인다. 그러나 이보다 더 중요한 것은 민속의 관점에서 멜뤼진 전설의 사회문화적 의미를 풀어내는 것이다.

멜뤼진 전설은 어디서 비롯된 것인가? 멜뤼진 전설은 12세기 말부터 뤼지냥 가문에서 베리 가문과 바르 가문으로 전파되었다. 15~16세기에는 다라스와 쿠드레트의 멜뤼진 로망이 플랑드르·독일·스위스·폴란드·우크라이나 등지로 전파되었다. 또한 고대의 그리스-로마 신화, 고대 인도의 신화, 켈트에서 아르메니아까지 기타 문화권의 전설과 신화에서 중세의 멜뤼진 전설과 비슷하거나 동일한 형태가 발견된다. 전설과 신화 연구가인 J. 콜러는 이 모든 전설과 신화에서 발견되는 공통된 특징을 이렇게 요약했다. "다른 본성을 가진 한 존재가 인간과 결합하고, 인간의 모습으로 함께 살다가 어떤 사건이 발생하면 사라진다." 그 존재를 사라지게 한 사건의 성격은 다양하지만, 가장 빈번하게 등장하는 사건은 마술적 존재의 본성이 탄로되는 데 있다. 그러한 범주의 가장 전형적인 형태는 마술적 존재가 그 세속적 파트너에 의해 본래 모습이 탄로 남에 따라 사라지는 '멜뤼진형'이다.

멜뤼진 전설의 기본 구조는 이렇다. 가문의 한 구성원이 사라진다(주인공이 사냥하러 간다). 멜뤼진은 주인공에게 금기(분만, 나체, 토요일)를 부여하며 그것을 어기지 않는 조건으로 그와 결혼한다. 그러나 금기는 지켜지지 않는다. 시어머니나 의붓아들 같은 훼방꾼이 등장하여 멜뤼진에 대해 정보를 얻으려 시도하고 행복한 가정에 불행을 가져온다. 이러한 기본 구조는 12세기부터 16세기까지 변함이 없었지만, 내용은 변화했다. 특히 다라스의 멜뤼진 로망에서는 내용의 변화가 현저하게 드러난다.

내용의 변화는 내적 메커니즘의 단순한 전개가 아니라, 자크 르고프의 해석대로 "역사의 요청에 대한 전설의 반응"이다. 멜뤼진 이야기의 주인공은 누구인가? 물론 요정의 남편이다. 멜뤼진은 뱀과 용의 기독교적 상징에 따라 악녀나 마귀로 취급된다. 그녀는 결국 남편의 배반으로 희생된다. 그러나 멜뤼진은 배반당했음에도 모정을 잃지 않는다. 아무도 못 보게 밤에 흐느끼며 어린 자식을 찾아가는 마지막 장면은 감동적인 모성애를 보여주는 어머니의 전형이다.

주도권이 누구에게 있건 멜뤼진의 재능은 남편의 가문에 번영을 가져다준다. 기원이 무엇이든, 즉 켈트적·토착적 생산의 여신이든, 인도-유럽의 다산의 여신이든, 땅·물·공기(각각 뱀·세이렌·용과 조응)와 관련이 있든, 그녀는 '어머니-여신'이나 '풍요의 요정'으로 등장하여 배우자에게 권력과 건강뿐만 아니라 번영도 가져다준다. 다라스의 멜뤼진 로망에서 그 번영은 세 종류로 나눌 수 있다. 하나는 농촌적 재산의 증식이다. 이들의 만남의 장소인 숲은 개간과 관련이 있다. 장 다라스의 로망에서 멜뤼진의 개간 활동은 상당한 몫을 차지한다. 다른 하나는 건설이다. 멜뤼진은 개간 못지않게 건축의 역군이기도 하다. 그녀는 손수 십장이 되어 수많은 성채를 건설한다. 그러므로 멜뤼진은 개간과 건설을 통해 가문을 번성시킨 요정이다. 마지막으로 자손의 번성이다. 멜뤼진은 래몽댕에게 아들을 열 명이나 낳아준다. 멜뤼진은 사라지고 난 뒤에도 사람들이 원하면 어머니로 돌아와 자신의 역할을 수행한다. 빛 속에서는 추방되지만 어둠 속에서는 어머니로 남아 있다. 멜뤼진은 남편 가문에 후손을 생산해주는 자궁인 셈이다.

또한 귀족들은 성인보다는 요정을 선호하고 토테미즘을 나름의 방식으로 향유하는 등 교회 모델과 어느 정도 거리를 두었다. 에노, 에드릭, 에스페르비에의 영주, 루세성의 레몽, 뤼지냥 가문의 래몽댕은 영지를 확장하고픈 욕망을 가진 기사들이다. 멜뤼진은 비록 귀족 남편들에게 배반당했지만, 그들에게 땅과 성채와 자손을 증대시켜주었다.

반면에 남편을 속이고 가정을 파탄 낸 늑대 인간의 아내는 요정 멜뤼진의 역상이다.

가문의 번성과 와해, 이것은 요정 멜뤼진 전설에 등장하는 가문의 운명이다. 그러나 멜뤼진 전설의 이야기꾼들은 요정이 지옥으로 사라질 때 어린 자식들을 그녀에서 떼어내어 그 모든 것이 이후에도 지속될 수 있도록 했다. 결국 모든 멜뤼진 전설들의 귀결은 하나로 모아진다. "아직도 후손이 살고 있다Adhuc extat prognies."

제 4 장

향신료와 환상

1. 향신료와 천국의 향기

향신료의 용도와 매력

향신료는 종이·화약·나침반처럼 동방에서 들어와 유럽사에 극적인 영향을 끼친 외래품이다. 향신료에 매료된 유럽인들은 동방에 관심이 많았지만 정작 향신료 산지인 인도·자바·수마트라·말루쿠가 어디에 있는지 14세기까지도 정확히 알지 못했다. 출처의 신비와 높은 가격으로 인한 매력에 끌려 향신료의 산지를 찾아내고 그 상로를 장악하려 시도했다. 바스쿠 다가마의 인도 여행과 콜럼버스의 아메리카 여행은 향신료 루트를 발견하려는 유럽인의 욕구를 드러낸 것이다.

향신료는 설탕·염료·담배·면화와 함께 역사에 가장 극적으로 영향을 끼친 일용품 중 하나다. 향신료 열풍은 유럽이 식민 모험에 나서게 한 단초이며, 세계의 인구·정치·문화·경제·생태를 변모시킨 요인이기도 하다. 18세기부터 향신료 열풍은 시들해져 단순한 조미료나 풍미재로 전락했다. 그럼 왜 과거에는 향신료를 열렬히 추구했는가?

향신료는 무엇보다도 조미료로 사용되었다. 오늘날에는 후추 외에 다른 향신료는 거의 사용되지 않지만, 중세 때는 현대 기준으로 볼 때 엄청난 양의 향신료를 소비했다. 예컨대 중세 하급 귀족이 1년에 4파운드의 향신료를 소비한 반면, 현대 프랑스 성인의 연평균 후추 소비량은 몇 온스에 불과하다. 중세 향신료에 대한 오해 가운데 하나는 향신료가 고기의 부패를 예방하거나 상한 냄새를 막아주는 방부제로 사용되었다는 것이다. 이 주장은 고깃값이 향신룟값보다 훨씬 저렴했기 때문에 설득력이 없다. 식용 향신료는 대부분 고기나 생선의 소스로 사용되었고, 일부는 디저트용 과자와 설탕·잼·푸딩·포도주에 첨가되었다.

중세 음식은 향신료가 많이 들어간 점에서 오늘날의 아랍이나 인도의 음식과 유사했다. 오늘날의 서양 음식은 대개 한 요리에 한 가지 향신료만 사용하지만, 중세 음식은 오늘날 인도와 아랍 세계처럼 한꺼번에 여러 향신료를 사용했다. 이 점에서 중세 음식은 근동과 북아프리카의 이슬람 음식 미각의 영향을 받았을 가능성이 있다. 에스파냐와 예루살렘에서 볼 수 있는 이슬람과의 빈번한 접촉은 쌀·종이·설탕·감귤 등과 같은 산물과 향신료의 전파를 자극했다. 그러나 후추를 애호하는 전통은 이슬람이 팽창하기 훨씬 전부터 있었다. 고대 로마 음식에서 레시피의 80퍼센트 이상에서 후추가 들어갔고, 1세기 로마 작가 연로年老 플리니우스Gaius Plinius Secundus가 동시대인의 이러한 후추 열광을 비난한 것은 이에 대한 증거가 된다. 향신료를 애용한 것은 영향 관계가 무엇이든 유럽과 아시아의 공통된 유구한 전통이었다.

향신료의 또 다른 쓰임새는 약재다. 중세 의학의 기본을 이루는 체액 병리학은 고대 그리스의 의사 히포크라테스와 갈레노스의 체액 이론에 기초한 것으로 르네상스 시기까지 권위를 누렸다. 사람의 건강과 성격은 피, 황담즙, 흑담즙, 담의 네 가지 체액에 좌우된다. 또한 인간과 자연은 소우주/대우주의 유비관계에 따라 온습溫濕한 피/공기, 온건溫乾한 황담즙/불, 건냉乾冷한 흑담즙/흙, 냉습冷濕한 담/물처럼 서로 조응하는 기질을 가지고 있다. 질병의 주요한 원인은 체액의 불균형에서 비롯된다. 이 점에서 서양의 전통 의학은 질병의 원인을 음양

오행의 부조화에서 찾는 한의학과 유사하다. 체액의 균형을 잡아주는 것으로 사혈瀉血과 관장灌腸, 약재(향신료 포함)가 있었다. 사혈과 관장은 과도한 체액을 몸 밖으로 배출해 병을 치료하는 만병통치술로 널리 활용되었다. 향신료는 체액의 균형을 복원해 몸을 건강하게 해준다. 향신료의 기질적 속성은 대부분 온건하고 따라서 냉습한 속성을 바로잡는 데 효과적이다. 예컨대 육두구와 후추는 매우 온건하기 때문에 고기나 생선처럼 냉습한 음식에 넣어 중화시켜 먹는 것이 좋다. 향신료를 첨가한 포도주는 소화를 촉진하고, 생강은 몸을 덥혀 성 기능을 향상시켜준다. 그밖에 검은 후추는 담 제거와 천식에 좋고, 육계는 간 보호와 식욕 촉진뿐 아니라 호흡 기능 향상과 충치 예방에도 도움이 된다. 정향은 부인병에 효험이 있고, 육두구의 씨는 원기 회복에 좋다고 알려져 있다.

향신료의 매력은 다양한 용도뿐 아니라 그 희소성 때문이기도 했다. 향신료 산지는 인도, 인도네시아와 인도차이나다. 향신료는 대개 인도에서 이슬람 상인을 거쳐 유럽으로 공급되었다. 그러나 몽골제국 시기(1206~1368)엔 사정이 달랐다. 1291년 맘루크 술탄국이 십자군의 최후 보루 아크라를 점령하자 교황은 이슬람과의 통상을 금지하는 칙령을 내렸다. 이를 계기로 14세기 초반까지 몽골제국의 서남아시아 변경 지역을 따라 이어지는 비교적 안전한 인도-페르시아만-아르메니아-흑해 루트가 향신료 무역 특수를 누렸다. 이 시기만 빼고는 아랍 상인들이 향신료 중개 무역을 독점했다. 이들이 인도-페르시아만-바그다드-베이루트 루트와, 인도-페르시아만-홍해-알렉산드리아 루트를 거쳐 향신료를 가져오면, 베네치아 상인들이 동부 지중해에서 이들한테 구입해 유럽에 판매했다. 향신료는 특정 지역에서만 생산되고 원하는 만큼 생산되지 않았기 때문에 대량 공급이 어려운 데다 아랍 상인과 베네치아 상인 같은 일부 중개상들의 독점으로 인한 의도적 공급 제한으로 희소성이 있었다(이와 관련해 1453년 오스만제국의 콘스탄티노폴리스 함락으로 향신료 수입이 중단되고 가격이 등귀해 인도 항로를 개척하게 되었다는 학계 일각의 주장은 설득력이 없다. 당시 유럽은 콘스탄티노폴리스가 아니라 맘루크 술탄국의 항구 베이루트와 알렉산드리아를 통해 필요한 향신료를 안정적으로 공급받고 있었기 때문이다. 베네치아 상인들은 해마다 8월이 되면 갤리선 3~5척에 선원 약 800명으로 구성된 향신료 수송 선단을 2개 꾸려 45일 안팎의 항해 끝에 베이루트와 알렉산드리아에 도착했다. 현지 베네치아 상관에 여장을 푼 상인들은 각종 세수를 노린 술탄의 보호를 받으며 후추와 생강 등을 사들이고, 베네치아의 성탄절 정기시 개장에 맞춰 12월 초 돌아왔다. 베네치아는 인도 항로 발견 이후 16세기까지도 향신료 무역의 활기를 이어갔다).

향신료의 매력은 향신료 수확의 어려움과 신비로움에서도 기인했다. 기원전 5세기 역사가 헤로도토스에 따르면 육계피는 인간이 접근하기 어려운 절벽에서 자란다. 그래서 육계피 가지로 둥지를 틀고 사는 새를 이용해 수확한다. 고깃덩어리에 유혹된 새가 그것을 둥지로 가져가 그 무게 때문에 둥지의 육계피나무 가지가 땅으로 떨어지면 그것을 수확한다. 7세기 세비야의 주교 이시도루스에 따르면, 사람들은 후추나무에 경비를 서는 독사를 불을 질러 쫓아내고 후추를 수확한다. 후대 저술가들은 후추나무를 태운다면 후추나무를 다시 심어야 한다고 비판하면서도 뱀 이야기는 전설로 계속 받아들였다. 이처럼 향신료 채취와 관련된 고기며 절벽이며 뱀 이야기는 아라비안나이트와 비잔티움 민담을 통해 널리 전파되었고, 중세 때는 알렉산드로스 대왕 이야기와 마르코 폴로의 여행기, 우화집과 지리서, 백과사전 등에도 등장했다.

천국의 향기

향신료는 풍미재와 약재뿐 아니라 교회 의례용 향료로도 사용되었다. 초기 기독교는 방향芳香 물질의 사용을 우상 숭배라고 비난했다. 로마에서 향은 정결보다는 목욕탕이나 매음굴과 관련되었다. 그럼에도 기분을 좋게 하는 향기가 건강에 도움이 되고 거룩하기까지 하다는 생각을 버리기는 쉽지 않았다. 신약성서는 방향 물질을 그리스도의 속성으로 간주하도록 자극했다. 예컨대 동방박사는 금과 함께 향신료를 가져왔다. 이리하여 기독교 전통은 향과 방향에 거룩함의 속성이 있다고 믿었다. 콘스탄티누스 황제는 향에 대한 공식적 태도를 개혁했다. 교회는 공공 의례를 거행하는 동안 교회 안에서만 방향 수지를 태우는 관습을 수용했고, 교황은 즉위식 때 다량의 사향(그리스도의 향기)을 받았다. 성유聖油는 발삼나무에서 채취한 수지로 신비한 힘을 내포했다.

반면에 이슬람 세계는 역설적으로 향신료의 산지이면서도 각종 의례에 향의 사용을 금지했다. 이슬람교는 세계의 주요 종교 가운데 향을 사용하지 않은 유일한 종교다. 이슬람교의 경전 쿠란(영어로는 코란)에서는 향보다 기도를 더 중시했다. 한편 기독교 세계에서 향은 신성한 것과 연결되어 있다. 교회에서 하는 분향 의례는 성스러운 일에 악마가 개입하는 것을 막아주고, 더 나아가 초자연적 세계의 문을 열어 신성한 존재를 맞을 준비를 해준다. 천사의 방문은 향기를 통해 알려지는데 순교자가 박해의 고초를 겪고 있을 때 천사가 찾아와 향기를 내뿜는 경우가 그러하다. 순교자 곧 성인의 거룩함 또한 향기를 통해 드러난다. 성인은 생전에 화농성 상처, 구역질 나는 전염병, 극도의 불결, 모든 악취 같은 고통을 겪지만, 사후에 그의 유골은 경이롭게도 달콤한 향기를 발산한다. 앞에서 살폈듯이 성인의 유골을 도굴하거나 이전할 때 유골이 내뿜는 향기는 성인의 이전 의사와 유골의 진위를 판단하는 데 중요한 기준이 된다. 천국은 갖가지 과일과 꽃, 다양한 향신료 향기가 가득한 곳인 반면, 지옥은 끔찍한 고문과 함께 갖은 악취가 진동하는 곳으로 묘사되었다.

향신료의 매력은 산지의 신비스러운 천국의 이미지와도 관련이 있다. 향신료는 행복한 나라에서 생산된다. 동부 아시아 어딘가에 향신료가 생산되는 곳이 있다. 성경에서도 금과 향신료가 나는 곳은 동쪽 어느 곳이다. 지상 낙원인 에덴동산은 동부 아시아에 있다. 향신료는 이처럼 먼 데서 왔다. 천국의 향기는 추상적 메타포가 아니라 지리적 민담에 스며 있는 생생한 개념이다.

향신료는 어디서 나는가? 제7차 십자군 원정(1248~1254) 때 루이 9세 성왕을 수행했던 장 드 주앵빌은 『루이 성왕의 전기Vie de Saint Louis』의 이집트 관련 부분에서 이렇게 썼다.

이제 지상 낙원에서 발원하여 이집트를 가로질러 흐르는 강에 대해 언급하는 것이 좋겠다. 〔……〕 이 강이 이집트로 접어드는 길목에서 사람들은 습관처럼 저녁이면 강물에 그물을 던져 펼쳐놓았다. 아침이 되자 사람들은 그물에 걸려 있는 생강·대황·알로에·계피 같은 물품들을 이집트로 가져와 무게 단위로 팔았다. 그러한 것들은 지상 낙원에서 온 것이라고 하는데 숲속에서 마른나무가 바람에 쓰러지듯 낙원에서도 바람에 나무가 쓰러졌다고 한다. 낙원의 마른 나무에서 강물로 떨어진 물건들을 상인들이 건져와 이 지방에 팔았다. 〔……〕 이 지방 사람들 말에 따르면 카이로의 술탄은 수차례 걸쳐 그 강물이 어디서 발원하는지 알려고 애썼다고 한다. 그는 그곳으로 사람들을 보냈다. 〔……〕 이들은 강을 따라 상당히 먼 길을 거슬러 올라갔을 때 너무나 높고 가팔라서 도저히 올라갈 수 없을 만큼 큰 바윗덩

〈그림 23〉 낙원의 강에서 알로에를 건져내는 모습(미상, 1490년경)

이에 도달했다. 이 바위에서 강물이 떨어져 흘러내렸고, 저 위에 있는
산꼭대기는 나무로 빽빽하게 뒤덮여 있는 듯했다.

주앵빌은 각종 향신료가 지상 낙원에 있는 나무에서 온 것이라 믿
었다. 비단 주앵빌만이 아니었다. 일찍이 4세기 로마 시인 프루덴티우
스Prudentius는 천국을 향신료 산지로 묘사했고, 같은 시기 성 에프렘
Ephrem도 에덴동산의 나무에서 향기로운 연고가 떨어진다고 보았다.

그럼 향신료 산지인 지상 낙원은 어디에 있는가?

주앵빌의 기록이 암시하듯 향신료의 공급은 지상 낙원의 강이 가져다주는 표류물에 달려 있었다. 에덴동산에서 발원하는 네 개의 강이 그러한 역할을 했다. 성 에프렘과 성 아우구스티누스는 티그리스강, 유프라테스강, 비손(갠지스)강, 기혼(나일)강이 에덴동산에서 발원하여 한동안 땅속으로 흐르다가 인도와 아프리카에서 솟아오른다고 생각했다. 1300년경 지도에 따르면 지상 낙원은 동방 아시아에 있는 섬이다. 여기서 낙원의 네 강이 발원한다.

동방의 강들은 보석의 출처였다. 향신료와 기타 값비싼 이국적 물품은 이집트·메소포타미아·에티오피아 등 낙원의 강물이 흐르는 동방에서 온다고 생각했다. 위에 인용한 주앵빌의 기록은 바로 이러한 장기적 '과학' 지식에 근거한 것이다. 낙원의 강에 가장 많이 표류하는 향신료는 알로에나무였다(〈그림 23〉 참조). 14세기 여행기 작가 존 맨더빌John Mandeville에 따르면 알로에나무는 낙원의 강에서 흘러온 것이고, 14세기 여행가 조반니 데 마리뇰리Giovanni de' Marignolli에 따르면, 보석과 알로에나무는 실론의 높은 산에 있는 낙원에서 흘러온다. 포르투갈제국의 황태자이자 항해가인 엔히크Henrique(1394~1460)에 따르면 알로에나무는 지상 낙원 부근의 나일강에 떠밀려 온다.

이처럼 향신료에 대한 매력은 대부분 그것이 지니고 있는 상징적·상상적 이미지에서 비롯되었다. 향신료는 매우 고가였기 때문에 그것을 소비하는 사람들의 권력과 위신을 상징했다. 또한 인도와 인근 섬들처럼 신비스럽고 풍요롭고 환상적인 먼 곳에서 왔기 때문에 무엇보다 이국적이었다. 게다가 에덴동산에서 발원한 강물을 따라 낙원에서 온 것이기 때문에 성스러운 천국의 향기를 지녔다고 여겨졌다.

2. 동방에 대한 환상

신비와 환상

지상 낙원에 인접한 인도는 보석이며 금이며 향신료 등 경이로운 물건이 넘쳐나는 환상의 땅이었다. 인도의 강에 대한 고대의 민담은 이러한 믿음을 보강해주었다. 기원전 400년경 그리스 작가 크테시아스 Ctesias는 나무의 수지가 히파르코스라는 강으로 떨어져 굳어진 것이 호박이라고 했다. 이 이야기는 알렉산드로스 대왕의 원정 이후 인도와 결부되었다. 호박이 인도가 아니라 북유럽에서 산출된다는 것을 알고 있던 연로 플리니우스조차 보석이 인도의 강에서 채취된다고 생각했다. 실제로도 근대 이전에 대부분의 보석은 인도에서 왔다. 2세기 히브리 민담에 따르면 알렉산드로스 대왕의 군대가 갠지스강에 이르러 낙원을 찾기로 했다. 복자가 사는, 입구가 없는 한 도성을 발견했는데 거기서 가져온 돌이 찬란한 빛을 발했다.

향신료가 인도와 그 인근에서 산출된다는 사실은 그것이 지상 낙원에 인접해 있다고 생각하게 했다. 그래서 낙원은 주변 지역에 영향을 끼치는 아시아의 어디에 있다고 간주되었다. 낙원의 위치와 인도의 위치는 학문적·상업적 질문과 연관된 문제였다.

전통적으로 낙원이 대서양에 있다는 견해는 극소수였다. 900년경 씌어진 아일랜드 수도사의 모험담 『대수도원장 성 브렌다누스의 항해기『Navigatio Sancti Brendani Abbatis』에서 성인과 동료는 "성인들의 약속의 땅"을 찾아 서쪽으로 항해했다. 이들은 영원한 행복의 땅에 도달했다고 생각했다. 이들 소수를 제외하면, 절대다수는 낙원이 동방에 있다는 것에 동의했다. 공간 가치 체계에서도 오리엔트orient(동방)는 해가 솟는 빛(생명)의 방향이고, 옥시덴트occident(서방)는 해가 지는 어둠(죽음)의 방향이다. 「창세기」에서 주님은 에덴동산을 동방에 위치시켰다. 4세기 알렉산드리아의 주교 아타나시우스는 「창세기」에 근거하여 낙원이 동방에 있다고 생각했다. 7세기 세비야의 주교 이시도루스역시 낙원이 동방의 아시아에 있다고 생각했다. 십자가형의 고딕식 성당에서도 제단은 동쪽을 향하고 출입구는 서쪽을 향하게 배치하였다. 기독교도들은 사후에 구원을 받을 수 있도록 손을 십자로 하여 가슴에 얹고 머리는 동쪽으로 향하게 매장하였다. 천상의 예루살렘으로 올라가는 관문인 예루살렘이 동쪽에 있기 때문이다. 이렇듯 동방은 이상향의 이미지가 서려 있는 곳이었다.

낙원의 위치 문제는 인도의 이미지와 위치에 영향을 주었다. 낙원과 인도는 동방의 아시아 어디에 있다고 생각했다. 그러나 마르코 폴로(1254~1324) 이전에는 유럽인들은 이곳을 가본 적 없다. 향신료 무역과 관련하여 낙원과 인도의 위치는 매우 중요했다. 13세기 지리 논고『세상의 이미지L'image du monde』에서는 인도는 낙원 동쪽에 있다. 반면 일반적 견해는 인도가 낙원 서쪽 경계에 있다고 생각했다. 단테의 스승 라티니는 낙원이 인도에 있다고 보았다. 이처럼 낙원은 인도에 있거나 인근 서쪽 아니면 동쪽에 있다.

그러하기에 인도는 신비스러운 이미지를 지니고 있다. 그곳은 인구가 조밀하고, 보석이며 금이며 향신료며 이상한 동물(코끼리와 일각수)이 가득한 풍요로운 땅이다. 그곳은 반야만인이 사는 이국적인 위험의 땅이기도 하다. 그곳은 프란체스코 수도회 선교사 오도리코 마티우치Odorico Mattiuzzi가 "세상에 이곳만큼 경이로운 곳이 없다"라고 말한 것처럼 기이함과 요괴 인간으로 가득한 경이의 땅이다. 연로 플리니우스의 『자연사*Naturalis Historia*』에 따르면, 인도와 에티오피아에는 난쟁이와 식인종, 개머리를 한 인간, 머리는 없고 가슴에 얼굴이 있는 괴물, 입이 없어 사과 향기를 먹고 사는 괴물, 외다리 인간 등과 같은 야만인들이 살았다. 향신료를 찾아 나선 콜럼버스는 이러한 괴물 이야기를 듣고 속으로 쾌재를 불렀다. 그들이 있는 곳엔 향신료가 있다고 믿었기 때문이다.

인도에는 매력과 공포가 감돌았다. 14세기 카탈루냐 지도에 따르면 인도 동쪽에 7,548개의 "향신료 섬들"(실론·수마트라·자바 등)이 있다. 거기에는 금과 은, 보석과 향신료가 넘쳐나고, 인어가 있고, 백인을 잡아먹는 거대한 흑인이 있으며, 여성 전사 아마존이 통치했다.

지상 낙원 인근에 존재했다고 알려진 전설적인 기독교 군주 사제 요한은 그의 서한(1165)에서 자신을 "3개 인도의 황제"라고 자처했다 ('3개 인도'란 '대인도' '중인도' '소인도'를 이른다. 마르코 폴로에 따르면, 오늘날의 베트남에서 동인도까지를 '소인도,' 남인도에서 파키스탄까지를 '대인도,' 에티오피아를 '중인도'라고 불렀다). 이곳은 보석과 이국적 동물(켄타우로스와 불사조)이 풍부하고, 괴물 인간(거인·아마존·난쟁이·개머리 인간)이 하루에 한 끼만 식사하고, 자신은 궁궐에서 3만 명으로부터 시중을 받으며 이교도 왕들을 거느리고 있고, 백성은 거짓말과 간통과 도둑질을 하지 않으며, 자연은 풍요롭고 땅은 거대한 후추 숲이다. 사제 요한은 낙원의 생명나무에서 불로장생의 정기를 받아 500살 넘게 사는 것으로 알려져 있었다. 1177년 교황 알렉산데르 3세는 사제 요한에게 사절을 보냈으나 아무 소식을 듣지 못했다. 인도와 에티오피아 사이 어디쯤에 있다고 추정된 사제 요한 왕국은 향신료 출처와 동일시되었다. 드디어 1497년 바스쿠 다가마는 포르투갈 왕이 사제 요한에게 보내는 서한을 휴대하고 인도로 출발했다. 사제 요한의 편지에서 다가마의 항해까지 300여 년 동안 축적한 동방에 대한 경험적·이론적 지식은 향신료 산지를 찾아 나서게 하는 데 결정적이었다.

향신료 땅을 찾아서

서유럽과 인도양 연안 지역을 제외한 유라시아 대륙 거의 대부분을 평정한 몽골제국은 13세기 중엽부터 14세기 중엽까지 전성기를 구가하며 아시아에 팍스 몽골리카*Pax Mongolica*를 가져왔다. 제국 영토에서 안전한 통행이 보장되는 몽골 평화 시대를 이용해 유럽인들은 동방에서 외교와 선교, 상업과 탐사 활동을 하면서 인도와 중국의 위치, 중국의 규모와 부와 국경, 향신료 산지의 위치 등과 같은 경험적 지리 지식을 얻었다. 특히 마르코 폴로는 중국의 크기와 많은 도시들, 버마며 인도차이나며 인도네시아며 일본의 크기를 알게 되었다. 그는 유럽인 가운데 최초로 인도를 직접 방문하고, 향신료가 인도만이 아니라 자바섬에서까지 생산된다는 것을 발견했다.

몽골제국의 붕괴와 함께 이슬람이 향신료 무역을 다시 독점했다. 아랍 상인들이 홍해를 거쳐 알렉산드리아로 들여온 향신료는 베네치아 상인들을 통해 유럽에 공급되었다. 포르투갈과 에스파냐는 향신료 무역을 독점한 이슬람과 이탈리아의 중개상을 우회하여 인도로 가는 직항로를 모색하게 되었다.

15세기 들어 동방에 대해 새로 획득한 지식은 인도로 가는 길을 모색하는 데 도움이 되었다. 이 시기 동방에 대한 지식에 급격한 변화를 초래한 요인은 재발견된 고대 그리스의 두 지리학자 프톨레마이오스와 스트라본의 영향이다. 이들의 지리학은 선원들의 경험과 이론에 적합했다. 두 고대 지리학자는 바다(대양)가 땅(대륙)보다 훨씬 더 크고 넓다는 것을 가르쳐주었다(그전까지는 성경에 근거하여 땅이 지구의 6/7을 차지한다고 생각했다). 프톨레마이오스보다 앞서 기원전 3세기 그리스 지리학자 에라토스테네스Eratosthenes는 지구 원주를 실제 길이에 거의 근접한 259,000스타디아로 추산한 바 있다. 그러나 프톨레마이오스는 에라토스테네스의 추산을 거부하고 그보다 훨씬 짧은, 말하자면 지구 원주의 실제 길이에 턱없이 못 미치는 180,000스타디아로 추정했다. 콜럼버스는 프톨레마이오스를 믿고 유럽과 아시아 사이가 비교적 가깝다고 생각해 대서양 항로를 택했을 가능성이 크다. 아무튼 15세기 말에 이르면 아랍 상인들의 향신료 무역 독점 권역을 피해 인도와 동아시아에 도달하는 길로, 아프리카를 우회하여 가는 루트와 대서양을 통해 가는 루트가 있다는 결론에 이르렀다.

애초에 아프리카 항로는 향신료와 인도 루트의 발견보다는 서아프리카의 금과 노예에 대한 관심에서 모색되었다. 사하라 남쪽 서아프리카에 있는 말리제국은 국내에서 채굴되는 풍부한 황금 덕분에 14세기 초부터 풍요의 나라로 알려져 있었다. 이에 매료된 포르투갈 사람들이 아프리카 항해에서 얻은 첫 부산물은 (생김새는 붉은 무화과 같고 씨는 후추 맛이 나는) '천국의 열매grains of paradise'라고 불리는 향신료였다. 1450년 직후 감비아강 남쪽 해안에서 발견된 이 향신료가 15세기 말 유럽인들에게 널리 알려졌다. 나중에 지도 제작자와 모험가들은 이 지역을 '천국의 열매 해안'(오늘날의 '아이보리 코스트')이라고 불렀다. '천국의 열매'는 아프리카가 풍요와 향신료의 고장 인도로 가는 길의 중간 지점일지 모른다는 생각을 품게 하고 모험적 항해를 자극했다.

1475년경 포르투갈 사람들은 아프리카 탐사보다는 인도 직항로를 발견하고픈 마음에서 적도를 지나갔다. 인도와 에티오피아 사이에 있다고 알려진 사제 요한 왕국이 점차 인도에서 아프리카 쪽으로 이동하는 추세였다. 인도는 동북 아프리카에 붙어 있고, 에티오피아는 이집트 남동쪽에서 인도 쪽으로 뻗어 있으며, 나일강이 아시아와 아프리카의 경계라고 상상했다. 그러므로 사제 요한 왕국은 아프리카를 경유하여 인도로 가는 항로를 제공하리라 생각했다.

포르투갈 왕은 대서양 항로를 통해 향신료 땅을 발견할 수 있다는 제안을 거절하고, 대신에 사제 요한 왕국으로 가는 동쪽 항로를 고집했다. 바스쿠 다가마는 1497년 7월 8일 선박 4척에 승무원 170명으로 선단을 꾸려 리스본을 출발했다. 희망봉을 거쳐 아프리카 동부 해안의 모잠비크에서 이슬람 향신료 상인과 조우했으나, 도중에 사제 요한 왕국의 흔적은 발견하지 못했다. 1498년 5월 18일 인도 서부 해안의 향신료 항구 캘리컷Calicut에 도착했다. 향신료는 많으나 금과 은은 없다는 캘리컷 지배자의 편지를 갖고 귀국해 국왕 마누엘에게 보고했다. 마누엘은 즉각 인도의 발견을 유럽에 알렸다. 포르투갈 사람들은 바스쿠 다가마를 제2의 알렉산드로스 대왕으로 칭송했고, 마누엘은 스스로 "에티오피아·아라비아·페르시아·인도 정복과 항해와 무역의 왕"이라는 칭호를 붙였다. 포르투갈 왕은 에스파냐 왕에게 향신료 무역을 통해 얻은 이윤으로 홍해를 봉쇄하고, 성지를 이슬람으로부터 해방시키는 데 공동 노력을 하자고 제안했다.

포르투갈은 인도네시아에서부터 인도·페르시아만·아라비아·이집트를 거쳐 동아프리카까지 대규모 평화적 상업 네트워크를 구축했다. 대포로 무장한 13척의 선박에 승무원 1,500명으로 구성된 2차 원정단을 보냈다. 브라질의 발견이라는 뜻밖의 선물을 얻었다. 대서양은 강한 바람과 세찬 조류로 남북 직항 운행이 불가했기 때문에 동서로 지그재그 운항을 해야 했고, 그 결과로 뜻하지 않게 1500년 브라질까지 표류하게 된 것이다. 포르투갈은 신세계 브라질에서 중국의 마카오까지 상업 군사 제국을 건설했다. 인도 서해안 고아Goa에 설치한 해외 본부를 거점으로 삼아 향신료 상업을 조직하고 인도양 산물의 상업 경쟁 분쇄와 독점을 시도했다. 그러나 포르투갈은 선진 무기와 잔혹한 야망에도 불구하고 이슬람 상인을 역내에서 축출하지 못했고, 신세계만큼 아시아의 경제와 사회를 심각하게 변화시키지 못했다. 많은 선박을 파견할 만큼 충분한 재력이 없었던 포르투갈로서는 인도양보다는 브라질이 훨씬 더 큰 매력과 가치가 있었던 것이다.

포르투갈이 아프리카를 우회하여 인도로 가는 길을 개척하는 동안, '재정복' 전쟁 때문에 뒤늦게 이에 관심을 보이기 시작한 에스파냐는 이슬람을 축출하고 아라곤과 카스티야를 통합한 뒤에야 본격적 팽창을 시작했다. 아프리카를 우회하는 인도 항로에 대해서는 바스쿠 다가마에 비해 관심이 소홀했던 콜럼버스는 다른 나라에서 거절당한 자신의 대서양 루트 탐험 프로젝트를 에스파냐에 판매했다. 그는 짧은 지구 원주를 상정한 프톨레마이오스를 좇아 유럽의 서쪽 끝은 아시아의 동쪽 끝에 인접해 있으며, 대서양 루트가 아프리카 우회 루트보다 더 짧다고 생각했다. 또한 아시아와 유럽 사이의 대서양 중간에 있는 많은 섬들이 횡단을 용이하게 할 것이라고 믿었다.

그는 카리브해의 섬들(소위 '서인도제도')에 이르러 정말로 향신료 땅 아시아에 도달했다고 생각하고, 신세계의 특산물을 아시아나 인도의 특산물로, 예컨대 용설란을 알로에로, 오크라를 유향수로, 서양자두를 겨자로 오해했다. 첫 항해의 결과는 모호했다. 아시아의 도시들을 발견하지 못했으며, 귀향 선박에 육계피나 후추 같은 향신료를 가득 싣고 오지도 못했다.

향신료 무역을 두고 포르투갈과 경쟁하고 있던 에스파냐는, 아프리카 우회 인도 항로를 선점한 포르투갈과의 경쟁을 피해 남아메리카 우회 항로를 통해 향신료 산지를 찾겠다는 프로젝트를 제시한 마젤란의 항해(1519~1522)에 자금을 지원했다. 이를 통해 남아메리카 남단(소위 '마젤란 해협')을 우회해서도 향신료 땅에 도달할 수 있다는 것은 입증했으나 그 거리와 어려움은 과소평가했다. 항해 거리는 콜럼버스의 15배였고, 마젤란은 필리핀 원주민에게 살해되었으며, 선단 5척 중 2척과 승무원 260명 중 18명만이 되돌아왔다. 그러나 향신료 무역의 투자 대비 수익은 엄청났다. 마젤란 선단 가운데 귀국한 빅토리아호에 싣고 온 53,000파운드의 정향으로 25배의 수익을 올렸고 이를 생존자와 투자자, 에스파냐 왕에게 분배했다.

에스파냐는 정향과 육두구 산지로 이름난 인도네시아의 말루쿠제도에 대한 포르투갈의 기득권을 인정하는 선에서 아시아의 이권을 추구하고, 자신의 국왕 펠리페 2세의 이름을 따 지은 필리핀을 식민 지배했다. 그러나 향신료 루트 탐색 과정에서 우연히 발견한 신대륙에서의 모험은 이보다 더 찬란했다. 1580년 포르투갈을 합병한 에스파냐 제국은 향신료보다는 서인도제도의 설탕과 귀금속, 멕시코와 페루의 금과 은에 더 마음이 끌렸다. 대신에 향신료를 찾는 대열은 네덜란드와 영국 같은 다른 열강들이 이어갔다.

향신료의 신비와 환상을 좇아 그 출처를 찾으려는 열풍은 이처럼 뜻하지 않게 아메리카 대륙을 발견하고 유럽을 팽창하게 했다. 그러나 이 과정에서 향신료의 출처가 알려지고 그 신비가 벗겨지면서 그 열풍은 시들해졌다. 향신료의 땅은 지상 낙원이 아니었다. 사제 요한 왕국도 에덴동산도 거기서 발원하는 낙원의 강들도 없었다. 향신료는 그저 커피나 차, 초콜릿 같은 단순한 산물에 불과했다. 이와 더불어 천국의 향기에 대한 환상도 깨지고 말았다.

향신료에 대한 환상이 깨지고 난 뒤 남은 것은 유럽인들의 벌거벗은 탐욕뿐이었다. 성지 예루살렘 십자군, 발트해 연안의 이교 십자군, 이베리아 반도의 '재정복' 십자군을 통해 식민 팽창을 했던 유럽은 이제 대항해 시대의 개막과 더불어 눈을 밖으로 돌려 본격적으로 해외 팽창과 세계 정복에 나섰다.

에필로그

대항해 시대의 개막과 함께 중세는 끝났는가? 사실 15세기에는 이것 말고도 큰일들이 많이 있었다. 정치적으로는 백년전쟁과 '재정복' 전쟁이 종료되면서 잉글랜드·프랑스·에스파냐 같은 주요 왕국들은 찬란한 미래를 맞이했다. 반면에 비잔티움제국은 멸망하고 러시아가 서서히 그 전통을 이어가게 되었다. 기울어진 신성로마제국과 교황의 권위는 과거의 영광을 끝내 회복하지 못했다. 사상적으로 르네상스 운동은 16세기 종교개혁, 17세기 과학혁명, 18세기 계몽운동의 시발점이 되었다. 이렇게 볼 때 15세기는 중세에서 근대로 가는 분기점이다.

다른 한편으로 중세는 과연 15세기에 끝났는가? 장기 지속적 구조의 측면에서 보면 15세기는 여전히 중세에 속한다. 장기 지속을 강조하는 역사가들은 중세가 18~19세기 시민혁명 및 산업혁명과 함께 비로소 종언을 고했다고 주장한다. 앞에서 살폈듯이 유럽 사람들은 18세기까지도 잉글랜드와 프랑스 왕의 치유 기적을 믿었고, 프랑스 동남부 지방의 촌부들은 20세기 초까지도 개의 유골이 아픈 어린이를 치유해준다고 믿었다. 집단 심성('망탈리테')의 측면에서 볼 때, 유럽인들이 17세기 과학혁명에서 비롯된 합리주의 정신을 바탕으로 세계관의 탈주술화·탈신성화·탈종교화를 체화하기 시작한 것은 18세기부터다.

물질적 차원에서 유럽의 인구 곡선은 중세의 장기 지속을 암시해 준다. 메릴 K. 베넷의 추산에 따르면, 로마제국 이래 전통 사회에서 가장 인구가 많던 시기는 '팍스 로마나' 말기인 200년경과 중세 전성기 말기인 1300년경이다. 그 당시 유럽 인구는 약 7,000만 명 정도였다. 마의 1억을 돌파한 17세기 이래로 더 이상 줄지 않고 증가하기만 하던 인구가 급기야 1800년경에는 2억, 1900년경에는 4억, 2000년경에는 7억을 돌파했다. 이렇게 볼 때 유럽 인구가 급증하기 시작한 것은 18세기부터라고 할 수 있다. 이것은 유럽인들이 비로소 중세사의 사악한 네 주역인 칼·기근·전염병·야수 중에서 기근과 전염병의 질곡으로부터 벗어나기 시작했음을 의미한다. 집단 심성과 물질문화의 차원에서 중세는 18세기에야 끝이 났다.

이 문제는 고대와 중세를 가르는 분기점으로 삼는 5세기에도 적용된다. 서로마제국의 마지막 황제를 폐위시킨 476년에 갑작스레 고대 문명이 단절되고 중세 문명이 출현했다고 할 수 있는가? 앞에서 살폈듯이 로마는 3세기부터 7세기까지 500여 년 동안 장기간에 걸쳐서 쇠퇴를 겪으며 몰락했다. 476년의 사건은 그러한 과정에서 일어난 하나의 에피소드에 불과하다. 그래서 일부 역사가들은 이 시기(3~7세기)를 '지체된 고대Antiquité tardive'인 동시에 '중세 초기'로 규정하기도 했다. 이런 관점에서는 12세기부터 18세기까지를 중세인 동시에 근대로 볼 수 있다. 앞에서 살폈듯이 낭만주의적 중세 연구가 이룩한 최대 성취는 12세기를 새롭게 발견한 것이었다. 물질과 정신의 측면에서 12세기는 혁신의 시대였다. 성장·개혁·합리·개체·다원성 같은 근대적·진보적 의제들이 12세기에 그 맹아를 보이기 시작했다. "거인의 어깨 위에 올라탄 난쟁이가 더 멀리 볼 수 있다"는 12세기 성 베르나르의 말은 '거인'(전통)과 '난쟁이'(혁신)의 비유를 통해 미약하나마 당시의 변화를 표현한 것이다. 이런 의미에서 근대는 이미 12세기에 태동하였다.

모든 시대는 서로 이질적인 것들이 중첩되어 있다. 비톨트 쿨라는 이것을 "비공시성의 공존"이라고 표현했다. 이 말은 중세의 시작과 종말의 분기점으로 삼는 전환기에 딱 들어맞는다. 다시 말하면 3~7세기는 고대의 성격과 중세의 성격이, 12~18세기는 중세적 특징과 근대적 특징이 뒤섞여 있는 시대인 것이다.

중세 문화는 어떤 측면에서 기독교적 보편성과 민족적 특수성, 유럽적 공통성과 지역적 다양성, 성직자 문화와 민속 문화, 교회 이념과 사회 현실, 교권과 속권, 영혼과 물질, 신앙과 이성, 상상과 현실, 저승과 이승이 때로는 갈등하고 때로는 공존하면서 뒤섞인 문화다. 특히 중세 문명은 그리스-로마 문명과 기독교 이념의 토대 위에 다양한 민족 집단들(켈트·게르만·바이킹·슬라브)의 정체성이 결합된 문명이다. 오늘날 유럽인들이 유럽연합EU으로 통합을 시도할 수 있었던 것도 그들이 오랫동안 공유한 이러한 공통의 문화 전통과 의식이 없었다면 불가능했을 것이다. 중세는 다양한 전통과 문화를 씨앗과 자양분으로 삼아 유럽을 탄생시킨 산실이다. 나는 이 책에서 중세의 이러한 복합적 면모를 되도록 많이 보여주려 노력했다.

장기 지속적 구조에서 본 중세는 산업화와 함께 끝났다. 산업화는 배고픔과 기근, 질병과 역병, 높은 사망률과 짧은 수명 등으로 점철된 신산한 삶을 벗어나게 해주었다. 또한 합리주의와 물질주의의 확산은 기적과 마법, 천사와 악마, 전설과 상상, 내세의 구원과 영생에 대한 믿음을 퇴조시켰다. 이것을 우리 한국 현대사에 오버랩해서 볼 수 있다. 다수의 한국인은 1960년대까지는 배고픔과 기근, 질병과 높은 사망률에 시달리고, 귀신과 도깨비, 민속신앙과 전설을 사실로 받아들였다. 단기간에 압축적으로 이룩한 근대화와 산업화는 이런 것들이 깃들어 있던, 아니 '살고 있던' 시간(집단 기억)과 공간(기억의 터전)을 다 지워버리고 밀어버리고 덮어버리고 추방시켜버렸다. 그것은 이제, 피터 래슬릿이 말한 것처럼 "우리가 잃어버린 세계"가 되었다. 젊은 사람들에겐 아주 오래된 옛날 옛적의 이야기처럼 들리는 이런 세계가, 나이 든 사람들과 우리의 부모나 할아버지, 할머니에게는 자신들이 살았던 어린 시절이다. 나는 이 책을 어떤 이는 역사로, 어떤 이는 향수 어린 시절의 회상으로 읽으면서 삶의 여러 가능성에 대해 생각해볼 수 있기를 바랐다.

***

집필을 마치면서 몇 마디 덧붙이려 한다. 먼저 인명과 용어 표기에 대해서다. 중세 초 인명을 라틴어 이름으로 표기했다. 프랑스와 독일이 자국사로 공유하는 프랑크 왕국 시기 인명을 어느 한 나라 언어로 표기하는 것은 공정치 않다고 보았기 때문이다. 또한 프랑크 왕국의 두 왕조명을 본뜻대로 표기했다. 우리가 여태껏 무심코 사용해온 '메로빙거(메로빙) 왕조' '카롤링거(카롤링) 왕조'란 표기는 사실은 독일어 표기 Merowinger와 Karolinger를 발음대로 옮기고 '왕조'란 말을 덧붙인 일본식 틀린 표기다. 전자의 어원 Merovingi는 시조 Meroveus와 어미 ingi(왕조·가문·후손이라는 의미)가, 후자의 어원 Karolingi는 시조 Karolus와 어미 ingi가 합성된 것이다. 이에 따라 두 왕조명을 '메로베우스 왕조' '카롤루스 왕조'로 바로잡아 표기했다. 뿐만 아니라 우리가 오랫동안 사용해온 Avignonese Captivity의 난해한 일본식 표기 '아비뇽 유수幽囚'를 '아비뇽 억류'로, 또한 États généraux의 어설픈 일본식 표기 '삼부회三部會'를 '총신분회'로 바꿔 표기했다.

책을 출간하기까지 많은 분들의 은혜를 입었다. 이 책의 집필에 결정적 계기가 되어준 것은 자크 르고프가 쓴 『서양 중세 문명』과, 자크 르고프와 장-클로드 슈미트가 공동 편찬한 *Dictionnaire raisonné de l'Occident médiéval*이다. 전자는 주제별 서술의 이점을 깨닫게 해주었고, 후자는 각 주제에 대한 기본 골격을 만드는 데 도움을 주었다. 각 주제별로 그동안 축적된 연구 성과를 각 분야 연구자들이 정리하여 소개한 후자의 글들 가운데 40여 편에서 많은 도움을 받았다. 이런 도움이 없었더라면 이 책의 저술을 감히 시도조차 못했을 것이다. 이 책의 제3부(일상적 삶의 세계)는 절판된 『서양 중세사 강의』(한국서양중세사학회 편)에 수록된 필자의 글을 보완하여 옮겨 실은 것이다. 제4부(신앙과 상상의 세계)는 캐럴라인 W. 바이넘, 패트릭 J. 기어리, 클로드 르쿠퇴, 장-클로드 슈미트, 자크 르고프, 에마뉘엘 르루아 라뒤리, 폴 프리드먼이 각 주제별로 연구한 업적들을 기본 골격으로 하여 구성한 것이다. 중세사에 입문하고부터 이 책을 내기까지 알게 모르게 많은 분들의 음덕을 입었다. 그중에서도 특히 중세사 공부의 즐거움을 깨우쳐준 자크 르고프 선생님, 날카로운 눈으로 학문적 성숙을 자극해준 제자들, 원고를 읽고 조언을 해준 강일휴 선생과 차용구 선생, 책을 알차고 예쁘게 만들어준 박지현 편집장과 김가영 책임편집자에게는 더없이 각별한 고마움을 표해도 부족하다.

도판 목록*

〈그림 1〉 장 푸케Jean Fouquet, 「교황으로부터 황제의 관을 받는 카롤루스 대제」(출처: 『프랑스 대연대기*Grandes Chroniques de France*』 수사본 삽화, 1450년)

〈그림 2〉 루아제 리에데Loyset Liédet, 「제3차 십자군 원정을 떠나는 리처드 사자왕과 그의 신료들」(출처: 『황제 연대기*Chroniques des empereurs*』 수사본 삽화, 15세기)

〈그림 3〉 미상, 「아서왕과 원탁의 기사들」(출처: 『호수의 랜슬롯*Livre de Lancelot du Lac*』 수사본 삽화, 15세기)

〈그림 4〉 미상, "개사냥"(출처: 『베리 공작의 매우 호화로운 기도서*Les très riches heures du duc de Berry*』 수사본 삽화, 1440년경)

〈그림 5〉 폴 드 랭부르Paul de Limbourg와 익명의 화가, "바퀴 달린 무거운 쟁기로 갈이질하는 농부"(출처: 『베리 공작의 매우 호화로운 기도서』 수사본 삽화, 1440년경)

〈그림 6〉 랭부르Limbourg 형제들, "밀을 거두고 양털을 깎는 모습"(출처: 『베리 공작의 매우 호화로운 기도서』 수사본 삽화, 1440년경)

〈그림 7〉 미상, "깃털이 달려 있는 꿩 구이"(14세기 유명한 요리사 타이유방 Taillevent이 쓴 『타이유방의 요리서*Viandier de Taillevent*』를 토대로 한 재현, 출처: 장-루이 플랑드랭Jean-Louis Flandrin·카롤 랑베르Carole Lambert, 『중세의 대식 축제*Fêtes gourmandes au Moyen Âge*』, Paris: Imprimerie Nationale, 1998)

〈그림 8〉 미상, "가금과 통돼지 구이"(〈그림 7〉과 동일)

〈그림 9〉 그리스도의 삶을 형상화한 스테인드글라스(프랑스 샤르트르 대성당,

---

* 원제목이 있는 경우 '홑낫표'(「 」)로 표시하고, 없는 경우 저자가 임의로 붙인 것은 '쌍따옴표'(" ")로 구분했다.

1170년경)

〈그림 10〉 미상, 「샤리바리」(출처: 제르베 뒤 뷔스Gervais du Bus, 『포벨의 로망
Roman de Fauvel』 수사본 삽화, 14세기 초)

〈그림 11〉 미상, 「롱스보 전투La bataille de Roncevaux」(출처: 파리국립도서관 수
사본 삽화, 1460년경)

〈그림 12〉 고딕서체(프랑스, 15세기)

〈그림 13〉 인문서체(이탈리아, 14세기)

〈그림 14〉 미상, "마상창시합을 하고 있는 앙리 2세"(동시대에 그려진 판화, 출
처:『포토마스 인덱스Fotomas Index』)

〈그림 15〉 로마네스크 양식의 반원형 아치와 궁륭 교차형 천장(독일 슈파이어
대성당, 1106년)

〈그림 16〉 고딕 양식의 첨두아치와 늑골 교차형 천장(프랑스 아미앵 대성당,
1220~1288년)

〈그림 17〉 미상, "화형당하는 얀 후스"(출처: 울리히 폰 리셴탈Ulrich von
Richenthal, 『연대기Chronicle』 수사본 삽화, 15세기)

〈그림 18〉 미상, "밤에 빗자루를 타고 날아다니는 마녀"(출처: 마르탱 르프랑
Martin le Franc, 『귀부인들의 수호자Champion des Dames』 수사본 삽화, 1451년)

〈그림 19〉 기독교 부적(출처: 클로드 르쿠퇴Claude Lecouteux, 『인공부적과 자연
부적 연구Le libre des talismans et des amulettes』, Paris: Imago, 2005)

〈그림 20〉 기독교 부적(〈그림 19〉와 동일)

〈그림 21〉 루카스 말러Lucas Maler, 「늑대 인간loup-garou」(1512년, 출처: 클로
드 르쿠퇴, 『중세의 요정, 마법사, 늑대 인간Fées, sorcières et loups-garous au Moyen Âge』,
Paris: Imago, 1992)

〈그림 22〉 미상, 「멜뤼진의 비상」(출처: 쿠드레트Couldrette, 『멜뤼진 로망Roman
de Mélunsine』 수사본 삽화, 1401년)

〈그림 23〉 미상, "낙원의 강에서 알로에를 건져내는 모습"(출처: 로비네 테스
타르Robinet Testard, 『상식 의료서Livre des simples médecines』 수사본 삽화, 1490년경)

참고문헌

1. 국내 저작물

강일휴, 「중세 프랑스 도시의 자치 및 농촌과의 관계」, 『서양중세사연구』, 7(2000), 71~82쪽.

──, 「중세 도시사 연구의 시각과 쟁점─프랑스를 중심으로」, 『사총』, 65(2007), 29~56쪽.

──, 「피렌 테제와 이슬람」, 『서양사론』, 108(2011), 212~230쪽.

김경수, 「종교정치신학으로서 샤를마뉴의 저작(the Libri Carolini)」, 『서양중세사연구』, 18(2006), 1~32쪽.

김동순, 「이단과 악마 숭배」, 『서양중세사연구』, 5(1999), 19~42쪽.

김병용, 「독일 마르크 브란덴부르크 농촌사회에서의 농민과 도시민의 관계(12~14세기)」, 『서양사론』, 60(1999), 21~47쪽.

김유경, 「중세 유럽 대학의 자유─libertas scolastica의 내용과 한계」, 『서양사론』, 74(2002), 37~58쪽.

김재현, 「중세 기독교 순례와 도시의 발전」, 『서양중세사연구』, 21(2008), 207~244쪽.

김정하, 「이탈리아 인문주의 시대의 서체에 대한 사례연구─'인문서적체'와 '인문필기체'를 중심으로」, 『서양중세사연구』, 16(2005), 145~170쪽.

김차규, 「8~9세기 비잔티움과 서방 간 필리오퀘 논쟁의 의미」, 『서양사론』, 110(2011), 324~351쪽.

남종국, 「중세 말 유럽에서의 향신료」, 『서양중세사연구』, 24(2009), 123~154쪽.

────, 『지중해 교역은 유럽을 어떻게 바꾸었을까?―중세』, 민음인, 2011.

────, 『이탈리아 상인의 위대한 도전―근대 자본주의와 혁신의 기원』, 앨피, 2015.

박승찬, 『중세의 재발견―현대를 비추어 보는 사상과 문화의 거울』, 길, 2017.

박용진, 「중세 말 '좋은 도시' 아미엥과 프랑스 왕권」, 『서양사론』, 82(2004), 175~204쪽.

────, 「고대 도시로부터 중세 도시로」, 『프랑스사연구』, 19(2008), 5~32쪽.

박준철, 「중세와 근대의 교차로에서―종교개혁의 시대적 의미」, 『서양중세사연구』, 41(2018), 3~40쪽.

박흥식, 「시장에서 도시로―독일 북부지역 중세도시의 형성과정에 대한 사례연구」, 『서양중세사연구』, 9(2002), 29~56쪽.

────, 「흑사병과 중세 말기 유럽의 인구 문제」, 『서양사론』, 93(2007), 5~32쪽.

서영건, 「중세 카스티야 변경 도시와 콘비벤시아」, 『서양중세사연구』, 21 (2008), 149~177쪽.

성백용, 「샤를마뉴, 열두 세기에 걸친 황제의 전설」, 『역사비평』, 72(2005), 388~416쪽.

────, 「중세의 부르주아―'새로운 인간'에서 '새로운 귀족'으로」, 『프랑스사연구』, 14(2006), 5~35쪽.

────, 「백년전쟁과 프랑스 귀족사회의 변화」, 『프랑스사연구』, 34(2016), 5~31쪽.

손은실, 「토마스 아퀴나스의 정의로운 가격(iustum pretium)론에 대한 재해석」, 『서양중세사연구』, 28(2011), 129~158쪽.

────, 「토마스 아퀴나스의 정의론의 관점에서 본 사적 소유권의 한계와 빈민의 권리」, 제10회 전국서양사연합학술대회(2015년 12월 5일, 한성대) 발표문, 201~214쪽.

안상준, 「코뮌과 도시영주—쾰른 코뮌 형성기 쾰른 대주교와 유력자들」, 『서양중세사연구』, 15(2005), 1~25쪽.

──, 「중세 유럽의 교황군주제와 십자군」, 『서양사론』, 101(2009), 5~32쪽.

유희수, 『사제와 광대—중세 교회문화와 민중문화』, 문학과지성사, 2009.

──, 「13세기 신명재판 쇠퇴의 성격—단절과 연속」, 『서양사론』, 115(2012), 159~185쪽.

──, 「크레티앙 드 트루아의 로망에 나타난 기사서임」, 『프랑스사연구』, 31(2014), 5~27쪽.

──, 「12~13세기 교회의 비판을 통해 본 마상창시합의 실상」, 『서양중세사연구』, 34(2014), 59~91쪽.

──, 「크레티앙 드 트루아의 로망에 나타난 기사도」, 『서양중세사연구』, 38(2016), 197~230쪽.

윤선자, 『샤리바리—성 일탈과 공동체 위기, 그리고 민중의 응징』, 열린책들, 2015.

이경구, 「콘스탄티누스 기진장의 작성 목적」, 『서양중세사연구』, 11(2003), 27~59쪽.

이기영, 「봉건사회의 성립과 발전」, 배영수 편, 『서양사강의』, 한울아카데미, 2000, 115~162쪽.

──, 『고전장원제와 봉건적 부역노동제도의 형성』, 사회평론, 2015.

──, 『고대에서 봉건사회로의 이행』, 사회평론, 2017.

이상동, 「성 마가렛 숭배 공간 변화의 의미—1250년 성 마가렛 유골 이장(translation)」, 『서양중세사연구』, 35(2015), 53~78쪽.

이영재, 「중세 말 아비뇽 교황청은 유폐인가? 아니면 성장인가?」, 『서양사론』, 120(2014), 121~149쪽.

이정민, 「11, 12세기 그리스도의 기사에 관한 고찰—오르데릭 비탈과 성 베르나르를 중심으로」, 『서양중세사연구』, 30(2012), 67~92쪽.

이종경, 「창조적 모험─고딕 건축을 통해 본 중세의 기술과 엔지니어링」, 『서
양중세사연구』, 4(1999), 57~78쪽.

이혜민, 「중세 유럽의 문자개념과 문자관」, 『서양중세사연구』, 30(2012),
1~32쪽.

이희만, 「John of Salisbury의 군주론에 대한 고찰」, 『서양중세사연구』,
2(1997), 1~29쪽.

장준철, 「교령〈unam sanctam〉에 나타난 교황의 보편적 지배권론」, 『서양중
세사연구』, 5(1999), 43~64쪽.

───, 『서양중세교회의 파문』, 혜안, 2014.

주경철, 「마녀 개념의 형성 연구─『캐논 에피스코피』에서 『말레우스 말레피
카룸』까지」, 『서양사연구』, 48(2013), 45~81쪽.

차용구, 「중세 독일 성직 제후의 축성 정책에 관한 연구─Passau 교구의 주
교 Gebhard(1222~1232)의 정책을 실례로」, 『서양사론』, 56(1998),
1~24쪽.

───, 「Femina est mas occasionatus─토마스 아퀴나스의 여성관에 미친 아
리스토텔레스의 영향」, 『서양중세사연구』, 14(2004), 67~98쪽.

───, 『남자의 품격─중세 기사는 어떻게 남자로 만들어졌는가』, 책세상,
2015.

한국서양중세사학회 편, 『서양 중세사 강의』, 느티나무, 2003.

홍용진, 「14세기 전반기 프랑스의 정치현실과 공공성」, 『서양사론』, 110(2011),
30~67쪽.

2. 번역서

가와하라 아쓰시·호리코시 고이치, 『중세 유럽의 생활』, 남지연 옮김, AK커뮤니케이션즈, 2017.

기베르 드 노장, 『기베르 드 노장의 자서전―12세기 어느 수도사의 고백』, 박용진 옮김, 한길사, 2014.

기어리, 패트릭 J., 『민족의 신화, 그 위험한 유산』, 이종경 옮김, 지식의풍경, 2004.

――――, 『거룩한 도둑질―중세 성유골 도둑 이야기』, 유희수 옮김, 길, 2010.

길로멘, 한스외르크, 『서양 중세 경제사』, 김병용 옮김, 에코리브르, 2017.

노라, 피에르 외, 『기억의 장소 1~5』, 김인중·유희수 외 옮김, 나남, 2010.

단테, 알리기에리, 『신곡』, 김운찬 옮김, 열린책들, 2007.

뒤비, 조르주, 『세 위계―봉건제의 상상 세계』, 성백용 옮김, 문학과지성사, 1997.

――――, 『전사와 농민』, 최생열 옮김, 동문선, 1999.

――――, 『중세의 결혼―기사, 여성, 성직자』, 최애리 옮김, 새물결, 1999.

――――, 『위대한 기사, 윌리엄 마셜』, 정숙현 옮김, 한길사, 2005.

――― & 필리프 아리에스 엮음, 『사생활의 역사2』, 성백용·김지현·김수연 옮김, 새물결, 2006.

라뒤리, 에마뉘엘 르루아, 『몽타이유―중세 말 남프랑스 어느 마을 사람들의 삶』, 유희수 옮김, 길, 2006.

르고프, 자크, 『서양 중세 문명』, 유희수 옮김, 문학과지성사, 2008(개정판).

――――, 『연옥의 탄생』, 최애리 옮김, 문학과지성사, 1995.

르박, 브라이언 P., 『유럽의 마녀사냥』, 김동순 옮김, 소나무, 2003.

리처즈, 제프리, 『중세의 소외집단―섹스·일탈·저주』, 유희수·조명동 옮김,

느티나무, 1999.

맨더빌, 존,『맨더빌 여행기』, 주나미 옮김, 오롯, 2014.

몬타나리, 맛시모,『유럽의 음식 문화』, 주경철 옮김, 새물결, 2001.

반리에르, 프란스,「중세 유럽 교회의 부패―어떻게 볼 것인가?」, 박은구 옮김,『숭실사학』, 26(2011), 391~416쪽.

부셔, 콘스턴스 B.,『중세프랑스의 귀족과 기사도』, 강일휴 옮김, 신서원, 2005.

브라운, 피터,『성인숭배』, 정기문 옮김, 새물결, 2002.

브로델, 페르낭,『지중해―펠리페 2세 시대의 지중해 세계 II(집단적 운명과 전체적 움직임)』, 남종국·윤은주 옮김, 까치, 2017.

블로크, 마르크,『봉건사회 I, II』, 한정숙 옮김, 한길사, 1986.

―――,『기적을 행하는 왕』, 박용진 옮김, 한길사, 2015.

슈미트, 장-클로드,『유령의 역사―중세 사회의 산 자와 죽은 자』, 주나미 옮김, 오롯, 2015.

스트레이어, 조지프 R.,『국가의 탄생―근대국가의 중세적 기원』, 중앙대학교 서양중세사연구회 옮김, 학고재, 2012.

슐츠, 크누트,『중세 유럽의 코뮌 운동과 시민의 형성』, 박흥식 옮김, 길, 2013.

아벨, 빌헬름,『농업위기와 농업경기』, 김유경 옮김, 한길사, 2011.

엘리아스, 노르베르트,『매너의 역사』, 유희수 옮김, 신서원, 1995.

오리고, 이리스,『프라토의 중세 상인』, 남종국 옮김, 앨피, 2009.

울만, 발터,『서양 중세 정치사상사』, 박은구·이희만 옮김, 숭실대학교 출판부, 2000.

이르미노 엮음,『생제르맹데프레 수도원의 영지명세장』, 이기영 옮김, 한국문화사, 2014.

자입트, 페르디난트,『중세, 천년의 빛과 그림자』, 차용구 옮김, 현실문화연구, 2013.

카이사르, 가이우스 율리우스, 『갈리아 전기』, 박광순 옮김, 범우사, 2006.

타이어니, 브라이언 & 시드니 페인터, 『서양중세사』, 이연규 옮김, 집문당, 1986.

토마스, 키스, 『종교와 마술 그리고 마술의 쇠퇴』, 이종흡 옮김, 나남, 2014.

파스투로, 미셸, 『블루, 색의 역사』, 고봉만·김연실 옮김, 한길아트, 2002.

──, 『곰, 몰락한 왕의 역사』, 주나미 옮김, 오롯, 2014.

──, 『돼지에게 살해된 왕』, 주나미 옮김, 오롯, 2018.

폴로, 마르코, 『동방견문록』, 김호동 역주, 사계절, 2000.

푸어만, 호르스트, 『교황의 역사─베드로부터 베네딕토 16세까지』, 차용구 옮김, 길, 2013.

피렌, 앙리, 『중세 유럽의 도시』, 강일휴 옮김, 신서원, 1997.

──, 『마호메트와 샤를마뉴』, 강일휴 옮김, 삼천리, 2010.

해스킨스, 찰스 H., 『12세기 르네상스』, 이희만 옮김, 혜안, 2017.

화이트, 린, 『중세의 기술과 사회 변화』, 강일휴 옮김, 지식의풍경, 2005.

3. 외국 문헌

Alessio, F., "Scolastique," J. Le Goff & J.-C. Schmitt(eds.), *Dictionnaire raisonné de l'Occident médiéval*(이하 *Dictionnaire ROM*으로 약기), Paris, 1999, pp. 1039~1055.

Amalvi, C., "Moyen Âge," *Dictionnaire ROM*, pp. 791~805.

Arnaldi, G., "Église et papauté," *Dictionnaire ROM*, pp. 322~345.

Barraclough, G., "Medium Aevum: Some Reflections on Medieval History and on the Term 'The Middle Ages'," *History in a Changing World*,

Oxford, 1957, pp. 46~53.

Barthélemy, D., "Seigneurie," *Dictionnaire ROM*, pp. 1056~1066.

————, "Modern Mythologies of Medieval Chivalry," P. Linehan & J. L. Nelson(eds.), *The Medieval World*, London/New York, 2001, pp. 214~228.

Bartlett, R., *Trial by Fire and Water: The Medieval Judicial Ordeal*, Oxford, 1986.

————, "Technique militaire et pouvoir politique, 900~1300," *Annales: Économies, Sociétés, Civilisations*(이하 *Annales ESC*로 약기), vol. 41, 1986, pp. 1135~1159.

Baschet, J., "Les conceptions de l'enfer en France au XIVe siècle: Imaginaire et pouvoir," *Annales ESC*, vol. 40, 1985, pp. 185~207.

————, *Les justices de l'au-delà. Les représentations de l'enfer en France et en Italie(XIIe-XVe siècle)*, Rome, 1993.

Bonnassie, P., "Survie et extinction du régime esclavagiste dans l'Occident du haut moyen âge(IVe-XIe s.)," *Cahiers de civilisation médiévale*, vol. 28, 1985, pp. 307~343.

————, "Liberté et Servitude," *Dictionnaire ROM*, pp. 595~609.

Bouchard, C. B., "The Origins of the French Nobility: A Reassessment," *The American Historical Review*, vol. 86, 1981, pp. 501~532.

Brown, P., "Society and the Supernatural: A Medieval Change," *Daedalus*, vol. 104, 1975, pp. 133~157.

Brundage, J. A., *Law, Sex, and Christian Society in Medieval Europe*, Chicago, 1987.

Bynum, C. W., *Holy Feast and Holy Fast: The Religious Significance of Food to Medieval Women*, Los Angeles, 1988.

Cardini, F., "The Warrior and the Knight," J. Le Goff(ed.), *Medieval Callings*, L.

G. Cochrane(trans.), Chicago/London, 1987, pp. 75~111.

————, "Guerre et croisade," *Dictionnaire ROM*, pp. 435~449.

Damgaard, P. D. B.,(etc.), "137 Ancient Human Genomes from across the Eurasian Steppes," *Nature*, vol. 557, 2018, pp. 369~374.

Dennett Jr., D. C., "Pirenne and Muhammad," *Speculum*, vol. 23, 1948, pp. 165~190.

Duby, G., *La société aux XIe et XIIe siècles dans la région mâconnaise*, Paris, 1953.

————, *Hommes et structures du Moyen Âge*, Paris, 1974.

————, *Rural Economy and Country Life in the Medieval West*, C. Postan(trans.), Colombia, 1976.

————(dir.), *Histoire de la France urbaine(II, La ville médiévale)*, Paris, 1980.

Erlande-Brandenburg, A., "Cathédrale," *Dictionnaire ROM*, pp. 136~148.

Fossier, R., "Terre," *Dictionnaire ROM*, pp. 1123~1136.

Freedman, P., *Out of the East: Spices and the Medieval Imagination*, London, 2008.

———— & G. M. Spiegel, "Medievalisms Old and New: The Rediscovery of Alterity in North American Medieval Studies," *The American Historical Review*, vol. 103, 1998, pp. 677~704.

Fujita, T., "Quelques considérations sur le problème du déclin des ordalies aux 12e et 13e siècles," *Changes of Social Structure in Late Medieval Europe*, The Third Koreanno-Japanese Symposium on Medieval History of Europe, 2-4 May, 1994, Seoul, pp. 180~207.

Ganshof, F. L., *Feudalism*, P. Guierason(trans.), London, 1952.

Gauvard, C., "Violence," *Dictionnaire ROM*, pp. 1201~1209.

Genet, J.-P., "État," *Dictionnaire ROM*, pp. 374~386.

Génicot, L., "Noblesse," *Dictionnaire ROM*, pp. 821~833.

Gorski, K., "Le roi-saint: un problème d'idéologie féodale," *Annales ESC*, vol. 24, 1969, pp. 370~376.

Guerreau-Jalabert, A., "Spiritus et caritas. Le baptême dans la société médiévale," F. Héritier & E. Copet-Rougier(dirs.), *La parenté sprituelle*, Paris, 1995, pp. 133~203.

———, "Qu'est-ce que l'*adoptio* dans la société Chrétienne médiévale?," *Médiévales*, vol. 35, 1998, pp. 33~49.

———, "Parenté," *Dictionnaire ROM*, pp. 861~876.

Goody, J., *The Development of the Family and Marriage in Europe*, Cambridge, 1983.

Gregory, T., "Nature," *Dictionnaire ROM*, pp. 806~820.

Guenée, B., "Y a-t-il un État des XIVe et XVe siècles?," *Annales ESC*, vol. 26, 1971, pp. 399~406.

Gurevich, A., *Medieval Popular Culture: Problems of Belief and Perception*, J. M. Bak & P. A. Hollingworth(trans.), London, 1988.

Guerreau, A., "Chasse," *Dictionnaire ROM*, pp. 166~178.

Harf-Lancner, L., "La métamorphose illusoire: des théories chrétiennes de la métamorphose aux images médiévales du loup-garou," *Annales ESC*, vol. 40, 1985, pp. 208~226.

Herlihy, D., *The History of feudalism*, London, 1970.

Ikegami, S, "L'image du loup-garou entre idéologie écclésiastique et culture populaire aux XIIe-XIIIe siècles," *Ecclesiastical Ideologies and Secular Cultures in Medieval Europe*, The Fifth Korean-Japanese Symposium on Medieval History of Europe, 29-30 August, 2003, Seoul, pp. 81~91.

Jarry, E., "La chrétienté médiévale," M. François(dir.), *La France et les Français*, Paris, 1972, pp. 439~490.

Joinville, J. D., *Vie de Saint Louis*, J. Monfrin(trans.), Paris, 1995.

Kantorowicz, Ernst H., *The King's Two Bodies: A Study in Medieval Political Theology*, New Jersey, 1957.

Kriegel, M., "Juifs," *Dictionnaire ROM*, pp. 569~586.

Laslett, P., *The World We Have Lost*, New york, 1965.

Lauwers, M., "Mort(s)," *Dictionnaire ROM*, pp. 771~789.

―――, "Mysticism," A. Vauchez(ed.), *Encyclopedia of the Middle Ages*, A. Walford(trans.), Cambridge, 2000, pp. 997~999.

Lecouteux, C., *Fées, sorcières et loups-garous au Moyen Âge*, Paris, 1992.

―――, *Le libre des talismans et des amulettes*, Paris, 2005.

Le Goff, J., "Ordres mendiants et urbanisation dans la France médiévale," *Annales ESC*, vol. 25, 1970, pp. 924~946.

―――, *Pour un autre Moyen âge: Temps, travail et culture en Occident*, Paris, 1977.

―――, *L'imaginaire médiéval*, Paris, 1985.

―――, "Au-delà," *Dictionnaire ROM*, pp. 89~102.

―――, "Merveilleux," *Dictionnaire ROM*, pp. 709~724.

―――, "Roi," *Dictionnaire ROM*, pp. 985~1004.

―――, "Temps," *Dictionnaire ROM*, pp. 1113~1122.

―――, "Ville," *Dictionnaire ROM*, pp. 1183~1200.

―――, "What did the Twelfth-Century Renaissance Mean?," P. Linehan & L. Nelson(eds.), *The Medieval World*, London/New York, 2001, pp. 635~647.

――― & E. Le Roy Ladurie, "Mélusine maternelle et défricheuse," *Annales ESC*, vol. 26, 1971, pp. 587~622.

――― & J.-C. Schmitt, "Au XIIIe siècle. Une parole nouvelle," J. Delumeau (ed.), *Histoire vécue du peuple chrétien*, Toulouse, 1979, pp. 257~279.

Lett, D., *Famille et parenté dans l'Occident médiéval V^e-XVe siècle*, Paris, 2000.

Little, L. K., "Pride Goes before Avarice: Social Change and the Vices in Latin Christendom," *The American Historical Review*, vol. 76, 1971, pp. 16~49.

———, "Moines et religieux," *Dictionnaire ROM*, pp. 741~758.

Lombard, M., "L'or musulman du VIIe au XIe siècle. Les bases monétaires d'une suprématie économique," *Annales ESC*, vol. 2, 1947, pp. 143~160.

Mierow, C. C.(ed.), *The Gothic History of Jordanes*, New Jersey, 2006.

Mommsen, Th. E., "Petrarch's Conception of the 'Dark Ages'," *Speculum*, vol. 17, 1942, pp. 226~242.

Monique, Z., "Hérésie," *Dictionnaire ROM*, pp. 464~482.

Montanari, M., "Alimentation," *Dictionnaire ROM*, pp. 20~31.

Moore, R. I., *The Formation of a Persecuting Society*, Oxford, 1987.

Parisse, M., "Empire," *Dictionnaire ROM*, pp. 346~359.

Pesez, J.-M., "Château," *Dictionnaire ROM*, pp. 179~198.

Piponnier, F., "Le quotidien," *Dictionnaire ROM*, pp. 917~933.

Polo de Beaulieu, M.-A., "Prédication," *Dictionnaire ROM*, pp. 906~916.

Radding, C. M., "Evolution of Medieval Mentalities: A Cognitive-Structural Approach," *The American Historical Review*, vol. 83, 1978, pp. 577~597.

Raepsaet, G., "Les prémices de la mécanisation agricole entre Seine et Rhin de l'antiquité au 13e siècle," *Annales HSS*, vol. 50, 1995, pp. 911~942.

Randsborg, K., "Les acitivités internationales des Vikings: raids ou commerce?," *Annales ESC*, vol. 36, 1981, pp. 862~868.

Régnier–Bohler, D., "Amour courtois," *Dictionnaire ROM*, pp. 32~41.

Rossiaud, J., *La prostitution médiévale*, pref. par G. Duby, Paris, 1988.

——, "Sexualité," *Dictionnaire ROM*, pp. 1067~1083.

——, "The City–Dweller and Life in Cities and Towns," J. Le Goff(ed.), *Medieval Callings*, pp. 138~179.

Sanfilippo, M., "Rome," *Dictionnaire ROM*, pp. 1005~1022.

Schmitt, J.–C., *Le Saint lévrier: Guinefort, Guérisseur d'enfants depuis le XIIIᵉ siècle*, Paris, 1979.

——, "Les traditions folkloriques dans la culture médiévale: Quelques réflecxions de méthode," *Archives de sciences sociales des religions*, no. 521, 1981, pp. 5~20.

——, "Les revenants dans la société féodale," *Le temps de la réflexion*, no. 3, pp. 285~306.

——, "Clercs et laïcs," *Dictionnaire ROM*, pp. 214~229.

——, "Sorcellerie," *Dictionnaire ROM*, pp. 1084~1096.

——, *L'invention de l'anniversaire*, Paris, 2010.

Sivéry, G., "La notion économique de l'usure selon saint Thomas d'Aquin," *Revue de Nord*, no. 86, 2004, pp. 697~708.

Sot, M., "Pèlerinage," *Dictionnaire ROM*, pp. 892~905.

Tacitus, *Germania*, M. Hutton(trans.), Cambridge, 1914.

Vauchez, A., "Miracle," *Dictionnaire ROM*, pp. 725~740.

Verger, J., "Université," *Dictionnaire ROM*, pp. 1166~1182.

Verhulst A., "The Origins of Towns in the Low Countries and Pirenne Thesis," *Past & Present*, no. 122, 1989, pp. 3~35.

Zaremska, H., "Marginaux," *Dictionnaire ROM*, pp. 639~654.

찾아보기